Windows
Malware Analysis
Accelerated

with Memory Dumps
Version 2.0

Windows
Malware Analysis
Accelerated

with Memory Dumps
Version 2.0

메모리 덤프로
윈도우 악성코드 분석하기
- 고급 2판

WinDbg 실습 교재

드미트리 보스토코프 지음   이명수 옮김

i!i
에이콘

 에이콘출판의 기틀을 마련하신 故 정완재 선생님 (1935-2004)

| 지은이 소개 |

드미트리 보스토코프^{Dmitry Vostokov}

국제적으로 인정받는 전문가, 강연자, 교육자, 과학자이자 저술가다. 패턴 지향 소프트웨어 진단, 포렌식, 사전 훈련, 그리고 소프트웨어 진단 교육기관 (DA+TA: DumpAnalysis.org + TraceAnlaysis.org)의 창립자다.

소프트웨어 진단, 포렌식, 문제 해결, 메모리 덤프 분석, 디버깅, 소프트웨어 추적 및 로그 분석, 역공학, 악성코드 분석 분야에서 30권 이상의 책을 저술 했다. 리더십, 테크놀로지, 인력 관리를 포함한 산업군에서 소프트웨어 아키 텍처, 디자인, 개발, 유지 보수에 있어 20년 이상의 경험이 있다. 또한 DiaThings, Logtellect, OpenTask Iterative and Incremental Publishing (OpenTask.com), Software Diagnostics Services(전 Memory Dump Analysis Services), PatternDiagnostics.com, Software Prognostics 등을 설립했다.

여가 시간에는 Debugging.TV에서 다양한 주제에 대해 강연을 하거나, 그가 개척한 소프트웨어 서술학^{Software Narratology} 및 소프트웨어 스토리에 관한 응용 과학 분야를 연구하며, 더 나아가 사물 서술학^{Narratology of Things}과 사물 진단^{DoT, Diagnostics of Things} 분야로 발전시켜 나가고 있다.

현재 이론적 소프트웨어 진단 및 이와 관련한 수학적 기반 지식에 관심을 갖고 있다.

이명수(crav3r@gmail.com)

1999년, 군에서 개발 업무를 하면서 IT 분야의 일을 시작했으며, 2006년부터 보안 교육센터와 군경 및 공공기관, 민간기업 등을 대상으로 리버스 엔지니어링, 익스플로잇 개발/패치 분석, 웹 해킹, 네트워크 해킹, 포렌식, 리눅스 프로그래밍 등의 보안 관련 강의 및 보안 프로젝트 등을 수행했다. 2011년 안랩에 입사해 A-FIRST^{AhnLab Forensics & Incident Response Service Team}에서 현재까지 침해 사고 분석가로 근무 중이다. 고려대학교 정보보호대학원에서 정보보호학 석사 학위를 받았다.

취미로 악기 연주를 즐기며 최근 몇 년간 바이올린 연주에 푹 빠져있다. 언젠간 강연 오프닝 때 바이올린 연주를 하는 것을 목표로 하고 있다.

헝가리의 수학자인 폰 노이만은 제어 장치, 산술 논리 장치, 메모리, 입출력 장치로 구성된 컴퓨터 구조를 확립했으며, 이후 현대의 대부분 컴퓨터는 폰 노이만의 설계 구조를 따르고 있다. 따라서 컴퓨터에서 데이터를 처리하려면 우선 데이터가 메모리에 로딩돼야 한다. 예컨대 파일을 실행하기 위해서는 실행 코드가 메모리에 로딩돼야 하고, 파일을 암호화하거나 복호화하기 위해서도 메모리에 데이터가 로딩돼야 한다. 즉, 모든 데이터는 메모리라는 작업 공간에서 처리된다. 메모리에 저장된 데이터를 확보하고 해석할 수 있다면 이론적으로는 컴퓨터의 거의 모든 동작을 파악할 수 있게 되는 셈이다.

2004년부터는 메모리 포렌식 분야가 태동하기 시작했다. 메모리는 RAM을 사용하므로 휘발성이 매우 높은 매체다. 전원이 인가되지 않은 경우 메모리에 저장된 데이터는 모두 사라진다. 이를 극복하고자 다양한 방법으로 활성 시스템의 메모리 데이터를 확보하기 위한 연구가 진행돼 왔다. 또한 메모리 덤프에서 정보를 얻는 방법도 초기에는 strings를 이용한 검색 수준이었지만, 현재는 OS 내부 구조체, 메모리 관리 방식 등에 대해 많은 연구가 진행돼 윈도우, 리눅스, 맥OS X 등의 운영체제에서 메모리 덤프만으로도 OS의 내부 상태, 애플리케이션의 프로세스, 악성코드 탐지, 루트킷 탐지 등 많은 정보를 추출할 수 있게 됐다. 예를 들어 volatility 같은 도구를 이용하면 분석가가 메모리의 구조나 동작 방식을 잘 모르더라도 한두 줄의 명령어를 입력하는 것만으로도 메모리에서 프로세스 목록을 추출하거나, 악성코드를 찾는 등 수백 가지의 플러그인을 활용해 메모리 덤프에서 다양한 정보를 추출해 낼 수 있다.

단순히 volatility 도구를 사용하는 것 이상의 정보를 얻기 위해 메모리를 직접 분석하기를 희망하는 엔지니어나 보안 분석가들은 이 책에서 소개하는 방법들을 이용해 윈도우 시스템의 메모리를 추적하거나 분석해볼 수 있을 것이다. 이 책은 악성코드 감염 여부를 식별하기 위해 마이크로소프트 사에서 무료로 제공하는 WinDbg 디버거를 이용해 프로세스 메모리 덤프나 컴플릿 메모리를 직접 분석하는 방법을 설명하며, 저자의 경험이 녹아있는 다양한 탐지 패턴을 소개하고 이를 실습할 수 있도록 구성돼 있다. 시스템 크래시, 행, CPU 튐, 메모리 누수와 같은 비정상인 증상이 발생된 시스템에서 증상의 원인을 파악하거나, 사전 대응 관점에서 메모리를 분석하고, 소프트웨어 흔적이나 로그에 대한 보완적 아티팩트로 활용하는 데 도움이 될 것이다. 메모리 분석 경험이 있는 독자라면 제공되는 메모리 덤프 파일을 먼저 분석한 후 저자의 분석 기법을 살펴보는 것도 좋은 접근 방식일 것이다.

이 책은 엔지니어를 지원하기 위한 교육 과정의 교재로 써진 책이다. 아쉽게도 아직까지 국내에 많이 소개되지는 않았지만, 저자인 드미트리 보스토코프는 이 분야에서 20년 이상의 경험이 있고, 30권 이상의 책을 저술한 전문가다. 이 책은 그중 일부에 불과하다. 이 책 이외에도 많은 교육 과정과 저서에 대해서는 http://patterndiagnostics.com을 참고하길 바란다.

번역서가 책으로 나올 때까지 많은 도움을 주신 에이콘출판사 관계자 분들에게 감사의 말씀을 전한다.

마지막으로 포렌식 분야를 시작하면서 항상 마음에 새기고 있는 문구를 소개하며 마친다.

"As you can see as much as you know(아는 만큼 보인다)."

| 차례 |

Windows
Malware Analysis
Accelerated

with Memory Dumps
Version 2.0

소개

선수 지식

다음 중 하나:

- WinDbg를 이용한 Windows 메모리 덤프 분석 (초/중급 수준)

- C/C++/C# 디버깅 기술

- 악성코드 분석(WinDbg 이외의 다른 도구 무관)

이 과정은 Debugging Tools for Windows에 포함된 WinDbg 디버거를 이용해 복잡한 소프트웨어 환경상의 메모리 덤프를 분석해야 하거나, 소프트웨어가 비정상적으로 동작할 경우 악성코드에 의한 것인지 악성코드의 존재 여부를 확인해야 하는 기술 지원 인력 및 고급 엔지니어를 대상으로 한다. 따라서 이 책은 컴퓨터 메모리 분석을 위해 WinDbg 디버거를 사용해보지 않은 소프트웨어 엔지니어, 품질 보증 및 소프트웨어 관리 엔지니어, 보안 연구원, 악성코드 분석가들에게 매우 유용할 것이다. 뿐만 아니라 악성코드 탐지 및 분석 개념이 WinDbg 명령에 어떻게 적용되는지도 배우게 될 것이다. 어셈블리어를 읽을 수 있다면 일부 도움이 되겠지만, 반드시 필요한 것은 아니다.

훈련 목표

- ◉ 악성코드 분석 기초 지식 습득

- ◉ 32비트 시스템의 메모리 덤프와 64비트 시스템의
  메모리 덤프 분석을 위한 기술과 명령어 습득

이 훈련의 주요 목표는 고급 악성코드 메모리 덤프 분석 기법을 배우는 것이다. 다른 고급 과정에서는 메모리 덤프 분석을 위해 필요한 필수 핵심 지식을 살펴봤다. 다른 과정에서 이미 다른 내용들이지만 필요할 경우 리뷰할 예정이며, 몇 장의 소개 슬라이드를 살펴본 후 분석을 진행할 것이다.

이 훈련에서는 프로세스, 커널, 컴플릿Complete 또는 물리 메모리 같은 여러 유형의 메모리 덤프를 분석하는 방법을 학습한다. 다만 커널 미니 덤프는 여기서 다루지 않을 것이다. 커널 미니 덤프는 커널 메모리 덤프와 유사하지만, 분석할 만한 정보가 훨씬 적어 미니 덤프에서 악성코드의 흔적을 찾으려면 매우 운이 좋아야 하기 때문이다. 또한 이 훈련은 메모리 덤프 수집에 대한 방법, 트릭, 팁 등이 아닌 메모리 분석에 초점을 맞추고 있다. 대신 메모리 수집에 대한 레퍼런스를 제공하기로 하겠다.

훈련 원칙

- ◎ 실제 증명할 수 있는 내용만 다룸

- ◎ 다수의 그림 제공

- ◎ 고유의 콘텐츠와 예제 사용

이 훈련을 위해 여러 가지 방식의 훈련 포맷을 고려해 본 결과, 이 책을 읽는 독자들은 이미 WinDbg에 어느 정도 익숙하다고 가정했기 때문에 예제를 이용한 연습에 집중하고 필요시 개념을 설명하는 방법을 선택했다.

주제

사용자 영역 프로세스 메모리

- ◉ 기초 지식 리뷰

- ◉ 연습

커널과 물리 영역 메모리

- ◉ 기초 지식 리뷰

- ◉ 연습

이 훈련은 두 개의 영역으로 나뉘는데, 사용자 영역 프로세스 메모리 분석, 커널과 물리 영역 메모리 분석이다.

악성코드와 피해 소프트웨어

악성코드 존재 여부를 확인해야 하는
전형적인 시나리오

- ⊙ 시스템 또는 응용 프로그램의
  비정상 행위

- ⊙ 분석 및 모니터링 도중 또는 이후에 발생된
  크래시 덤프

이 훈련은 엔지니어를 지원하기 위한 것이기 때문에 엔지니어 입장에서 악성코드 존재 여부를 확인해야 하는 다음과 같은 전형적인 시나리오를 생각해 볼 수 있다. 첫 번째는 크래시, 행hang, CPU 튐, 메모리 누수 등과 같은 비정상 소프트웨어 행위들이 발생하는 상황을 들 수 있다. 이는 의도되지 않은 소프트웨어 결함이나 컴포넌트의 복잡한 상호작용에 의해 발생할 수도 있지만, 악성코드의 실수나 의도적인 프로세스나 시스템 종료(서비스 거부 공격과 같은)에 의해서도 발생될 수 있기 때문이다. 두 번째 시나리오는 사전 대응 관점에서 메모리 덤프 분석을 수행하거나, 소프트웨어 흔적이나 로그에 대한 보완적인 아티팩트로 메모리 덤프를 사용하는 경우다. 다만 악성코드는 분석 대상 소프트웨어의 동작과 완전히 독립적일 수 있기 때문에 악성코드가 존재하지 않는 것처럼 보일 수도 있다는 사실에 주의해야 한다.

패턴 지향 접근법

◉ 악성코드는 어떻게 제작되는가?

◉ 덤프 파일에서 어떻게 악성코드를 확인할 수 있는가?

◉ 분석 도구로 WinDbg 이용하기

여기서는 이 과정의 주요 독자를 대상으로 접근 방식을 개괄적으로 설명한다. 악성코드가 주로 어떻게 제작되는지 알아보고, WinDbg 디버거를 이용해 실전 사례의 메모리 덤프상에서 이를 어떻게 확인해 볼 수 있는지 살펴본다. WinDbg 디버거는 컴퓨터 메모리 분석을 지원하기 위해 윈도우 소프트웨어 지원 팀에서 제공하는 주요 도구다.

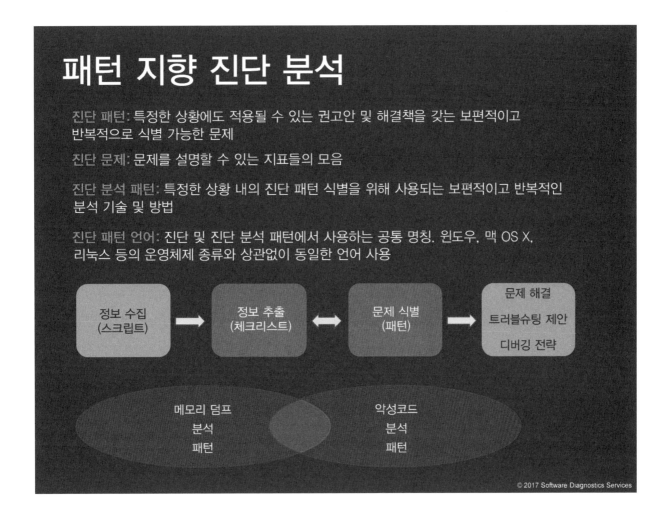

로그, 체크리스트, 패턴의 개념에 대해 잠시 살펴보자. 메모리 덤프 분석은 대개 텍스트로부터 패턴의 존재 여부를 파악하는 작업이다. 명령어를 실행하면 결과가 텍스트로 출력된다. 출력된 텍스트를 살펴본 후 뭔가 의심스러운 것이 발견되면 추가적인 명령어를 실행한다. 이때 체크리스트는 아주 유용할 수 있다. 훈련 말미에 체크리스트를 제공하겠다. 어떤 경우(예를 들어 컴플릿 메모리 덤프가 주어졌을 때)에는 여러 개의 명령어 집합(예를 들면 스크립트와 같은)을 한 번에 수행해 수집된 정보를 하나의 로그 파일로 저장해서 초기 분석을 하는 것이 더 효과적일수 있다. 이 책에서도 역시 컴플릿 메모리 덤프 분석 연습에서 이 방식을 사용할 예정이다. 악성코드 분석 패턴은 의도적인 비정상적 구조와 동작의 패턴이다. 따라서 의도적이지 않은 동작이거나 값을 추가하는 후킹hooking과 코드 패칭 같이 의도적이지만 정상 동작인 경우 의도적인 악성코드 동작과 유사할 수 있다. 이런 패턴들은 메모리 덤프 분석 패턴에서 겹칠 수 있다.

Windows
Malware Analysis
Accelerated

with Memory Dumps
Version 2.0

실전 연습

실전 연습

여기에서는 중요한 명령어들을 살펴보고, 그 명령어들의 실행 결과가 악성코드 분석 패턴 인지에 어떻게 도움이 될 수 있는지 알아본다.

링크

◉ 메모리 덤프 파일

링크는 페이지 하단 참고

◉ 연습 코드

이 책에 포함

http://www.patterndiagnostics.com/Training/AWMA/AWMA2-Dumps-Part1.zip

http://www.patterndiagnostics.com/Training/AWMA/AWMA-Dumps-Part2.zip

http://www.patterndiagnostics.com/Training/AWMA/AWMA-Dumps-Part3.zip

http://www.patterndiagnostics.com/Training/AWMA/AWMA-Dumps-Part4.zip

http://www.patterndiagnostics.com/Training/AWMA/InjectionResidue.zip

연습 0

- **목표**: Debugging Tools for Windows 설치 및 심볼의
  정확한 설정

- **패턴**: 잘못된 스택 트레이스

- \AWMA-Dumps\Exercise-0-Download-Setup-WinDbg.pdf

여기서는 여러분이 환경을 이미 준비했다고 가정하고, 이 연습은 생략한다.

연습 0: WinDbg 다운로드, 설치 및 확인

목표: Debugging Tools for Windows 설치 및 심볼의 정확한 설정

패턴: 잘못된 스택 트레이스

1. Debugging Tools for Windows 최신 버전을 다운로드한 후 설치한다(WinDbg 퀵 링크인 windbg.org 참고).

2. Windows Kits\WinDbg(X64) 또는 Windows Kits\WinDbg(X86) 경로에 존재하는 WinDbg를 실행한다(연습에서는 64비트 버전을 사용하기로 함).

3. \AWMA-Dumps\Processes\notepad.DMP 파일을 연다.

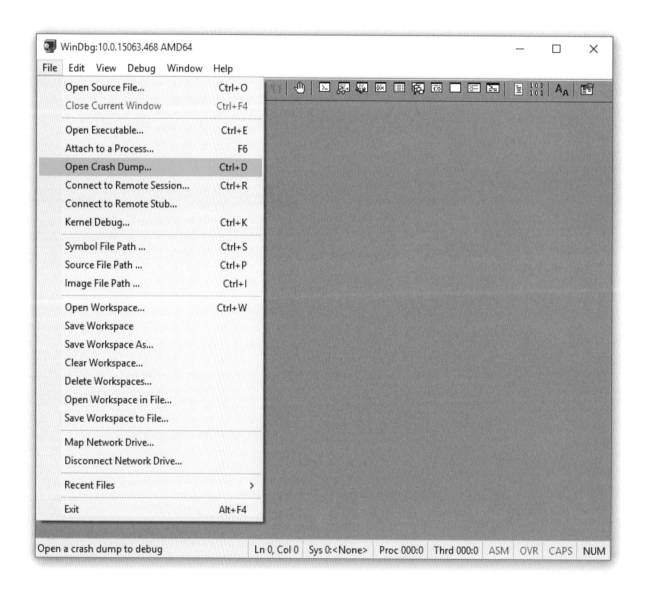

4. 덤프 파일이 로딩되는지 확인한다.

5. symfix c:\mss 명령어를 입력한다(명령어 입력 후 ENTER 키를 눌러야 한다). 이 명령어는 마이크로소프트 심볼 파일 서버로부터 심볼 파일을 다운로드받기 위한 경로를 지정할 때 사용한다.

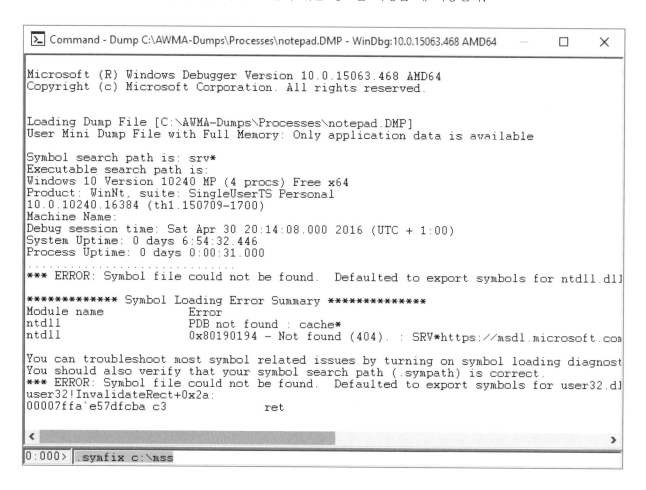

6. 필요시 심볼이 로드될 수 있도록 .reload 명령어를 입력한다.

```
 Command - Dump C:\AWMA-Dumps\Processes\notepad.DMP - WinDbg:10.0.15063.468 AMD64     □    ✕

Microsoft (R) Windows Debugger Version 10.0.15063.400 AMD64
Copyright (c) Microsoft Corporation. All rights reserved.


Loading Dump File [C:\AWMA-Dumps\Processes\notepad.DMP]
User Mini Dump File with Full Memory: Only application data is available

Symbol search path is: srv*
Executable search path is:
Windows 10 Version 10240 MP (4 procs) Free x64
Product: WinNt, suite: SingleUserTS Personal
10.0.10240.16384 (th1.150709-1700)
Machine Name:
Debug session time: Sat Apr 30 20:14:08.000 2016 (UTC + 1:00)
System Uptime: 0 days 6:54:32.446
Process Uptime: 0 days 0:00:31.000
.............................
*** ERROR: Symbol file could not be found.  Defaulted to export symbols for ntdll.d

************ Symbol Loading Error Summary **************
Module name              Error
ntdll                    PDB not found : cache*
ntdll                    0x80190194 - Not found (404). : SRV*https://msdl.microsoft.c

You can troubleshoot most symbol related issues by turning on symbol loading diagno
You should also verify that your symbol search path (.sympath) is correct.
*** ERROR: Symbol file could not be found.  Defaulted to export symbols for user32
user32!InvalidateRect+0x2a:
00007ffa`e57dfcba c3              ret
0:000> .symfix c:\mss
*** ERROR: Symbol file could not be found.  Defaulted to export symbols for user32

0:000> .reload
```

7. k 명령어를 입력한다. 이 명령어는 스택 트레이스의 정확성 여부를 확인한다.

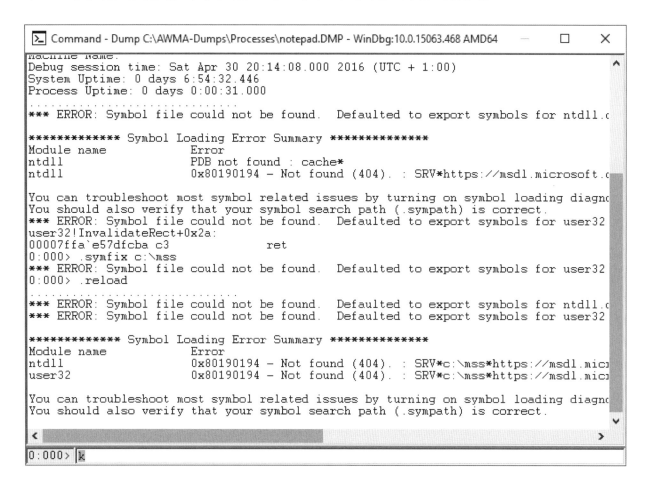

```
⌐ Command - Dump C:\AWMA-Dumps\Processes\notepad.DMP - WinDbg:10.0.15063.468 AMD64      —   □   ×

Module name             Error
ntdll                   PDB not found : cache*
ntdll                   0x80190194 - Not found (404). : SRV*https://msdl.microsoft.c
You can troubleshoot most symbol related issues by turning on symbol loading diagno
You should also verify that your symbol search path (.sympath) is correct.
*** ERROR: Symbol file could not be found.  Defaulted to export symbols for user32
user32!InvalidateRect+0x2a:
00007ffa`e57dfcba c3              ret
0:000> .symfix c:\mss
*** ERROR: Symbol file could not be found.  Defaulted to export symbols for user32
0:000> .reload
.............................
*** ERROR: Symbol file could not be found.  Defaulted to export symbols for ntdll.c
*** ERROR: Symbol file could not be found.  Defaulted to export symbols for user32
************* Symbol Loading Error Summary **************
Module name             Error
ntdll                   0x80190194 - Not found (404). : SRV*c:\mss*https://msdl.micr
user32                  0x80190194 - Not found (404). : SRV*c:\mss*https://msdl.micr

You can troubleshoot most symbol related issues by turning on symbol loading diagno
You should also verify that your symbol search path (.sympath) is correct.
0:000> k
 # Child-SP          RetAddr           Call Site
00 000000b4`520dfd48 00007ffa`e57cf8e5 user32!InvalidateRect+0x2a
01 000000b4`520dfd50 00007ff6`c5b33470 user32!GetMessageW+0x25
02 000000b4`520dfd80 00007ff6`c5b441f5 notepad!WinMain+0x178
03 000000b4`520dfe00 00007ffa`e3b42d92 notepad!WinMainCRTStartup+0x1c5
04 000000b4`520dfec0 00007ffa`e5bc9f64 kernel32!BaseThreadInitThunk+0x22
05 000000b4`520dfef0 00000000`00000000 ntdll!RtlUserThreadStart+0x34

0:000>
```

8. 명령 실행 결과는 다음처럼 나와야 한다.

```
0:000> k
 # Child-SP          RetAddr           Call Site
00 000000b4`520dfd48 00007ffa`e57cf8e5 user32!NtUserGetMessage+0xa
01 000000b4`520dfd50 00007ff6`c5b33470 user32!GetMessageW+0x25
02 000000b4`520dfd80 00007ff6`c5b441f5 notepad!WinMain+0x178
03 000000b4`520dfe00 00007ffa`e3b42d92 notepad!WinMainCRTStartup+0x1c5
04 000000b4`520dfec0 00007ffa`e5bc9f64 kernel32!BaseThreadInitThunk+0x22
05 000000b4`520dfef0 00000000`00000000 ntdll!RtlUserThreadStart+0x34
```

다음의 형태들과 유사하게 나온다면(실제 결과에는 빨간색으로 표시되지 않음) 심볼이 정확하게 설정되지 않은 것이다. 다음은 잘못된 스택 트레이스 패턴의 예다.

```
0:000> k
 # Child-SP          RetAddr           Call Site
00 000000b4`520dfd48 00007ffa`e57cf8e5 0x00007ffa`e57dfcba
01 000000b4`520dfd50 00007ff6`c5b457b0 0x00007ffa`e57cf8e5
02 000000b4`520dfd58 00000000`00000000 0x00007ff6`c5b457b0
```

```
0:000> k
 #  Child-SP          RetAddr           Call Site
00  000000b4`520dfd48 00007ffa`e57cf8e5 user32!NtUserGetMessage+0xa
01  000000b4`520dfd50 00007ff6`c5b33470 user32!GetMessageW+0x25
02  000000b4`520dfd80 000000b4`52182438 0x00007ff6`c5b33470
03  000000b4`520dfd88 00000000`0eb130d3 0x000000b4`52182438
04  000000b4`520dfd90 00000000`00000001 0xeb130d3
05  000000b4`520dfd98 000000b4`5218247c 0x1
06  000000b4`520dfda0 00000000`00002d0c 0x000000b4`5218247c
07  000000b4`520dfda8 00007ffa`00000000 0x2d0c
08  000000b4`520dfdb0 00007ff6`00000000 0x00007ffa`00000000
09  000000b4`520dfdb8 00000000`00000000 0x00007ff6`00000000

0:000> k
 #  Child-SP          RetAddr           Call Site
00  000000b4`520dfd48 00007ffa`e57cf8e5 user32!NtUserGetMessage+0xa
*** ERROR: Module load completed but symbols could not be loaded for notepad.exe
01  000000b4`520dfd50 00007ff6`c5b33470 user32!GetMessageW+0x25
02  000000b4`520dfd80 00007ff6`c5b441f5 notepad+0x6eca
*** ERROR: Symbol file could not be found.  Defaulted to export symbols for kernel32.dll -
03  000000b4`520dfe00 00007ffa`e3b42d92 notepad+0xcf8b
04  000000b4`520dfec0 00007ffa`e5bc9f64 kernel32!BaseThreadInitThunk+0x22
05  000000b4`520dfef0 00000000`00000000 ntdll!RtlUserThreadStart+0x34

0:000> k
 #  Child-SP          RetAddr           Call Site
00  000000b4`520dfd48 00007ffa`e57cf8e5 user32!NtUserGetMessage+0xa
01  000000b4`520dfd50 00007ff6`c5b33470 user32!GetMessageW+0x25
02  000000b4`520dfd80 00007ff6`c5b441f5 notepad+0x6eca
03  000000b4`520dfe00 00007ffa`e3b42d92 notepad+0xcf8b
04  000000b4`520dfec0 00007ffa`e5bc9f64 kernel32!BaseThreadInitThunk+0x22
05  000000b4`520dfef0 00000000`00000000 ntdll!RtlUserThreadStart+0x34

0:000> k
 #  Child-SP          RetAddr           Call Site
00  000000b4`520dfd48 00007ffa`e57cf8e5 user32!InvalidateRect+0x2a
01  000000b4`520dfd50 00007ff6`c5b33470 user32!GetMessageW+0x25
02  000000b4`520dfd80 00007ff6`c5b441f5 notepad!WinMain+0x178
03  000000b4`520dfe00 00007ffa`e3b42d92 notepad!WinMainCRTStartup+0x1c5
04  000000b4`520dfec0 00007ffa`e5bc9f64 kernel32!BaseThreadInitThunk+0x22
05  000000b4`520dfef0 00000000`00000000 ntdll!RtlUserThreadStart+0x34
```

스택 트레이스가 잘못된 사례 중에는 다음과 같이 ntdll.dll과 user32.dll 심볼을 찾을 수 없다는 에러가 발생되는 경우가 있을 수도 있다.

```
************* Symbol Loading Error Summary **************
Module name    Error
ntdll          0x80190194 - Not found (404). : SRV*c:\mss*https://msdl.microsoft.com/download/symbols
user32         0x80190194 - Not found (404). : SRV*c:\mss*https://msdl.microsoft.com/download/symbols
```

이는 마이크로소프트 심볼 서버에서 심볼 파일들이 누락됐거나 다운로드가 실패했을 때 발생할 수 있다. 이 경우 누락된 PDB 심볼 파일을 특정 폴더에 넣고 심볼 경로를 추가해 해결할 수 있다.

```
0:000> .sympath+ c:\AWMA-Dumps\missing
Symbol search path is: srv*;c:\AWMA-Dumps\missing
Expanded Symbol search path is:
SRV*c:\mss*https://msdl.microsoft.com/download/symbols;c:\awma-dumps\missing

************* Symbol Path validation summary **************
Response            Time (ms)    Location
Deferred                         srv*
OK                               c:\AWMA-Dumps\missing

0:000> .reload
............................

0:000> k
 #  Child-SP          RetAddr           Call Site
00  000000b4`520dfd48 00007ffa`e57cf8e5 user32!NtUserGetMessage+0xa
01  000000b4`520dfd50 00007ff6`c5b33470 user32!GetMessageW+0x25
02  000000b4`520dfd80 00007ff6`c5b441f5 notepad!WinMain+0x178
03  000000b4`520dfe00 00007ffa`e3b42d92 notepad!WinMainCRTStartup+0x1c5
04  000000b4`520dfec0 00007ffa`e5bc9f64 kernel32!BaseThreadInitThunk+0x22
05  000000b4`520dfef0 00000000`00000000 ntdll!RtlUserThreadStart+0x34
```

이 문제를 해결하기 위한 다른 방법들은 다음 링크의 게시글을 참고하자.

http://www.patterndiagnostics.com/missing-symbols

그 외에 심볼과 관련된 다른 문제를 발견했다면 www.patterndiagnostics.com로 연락주기 바란다.

불필요한 혼란과 문제들이 발생되지 않도록 각 연습 후에는 WinDbg를 종료하는 것을 권장한다.

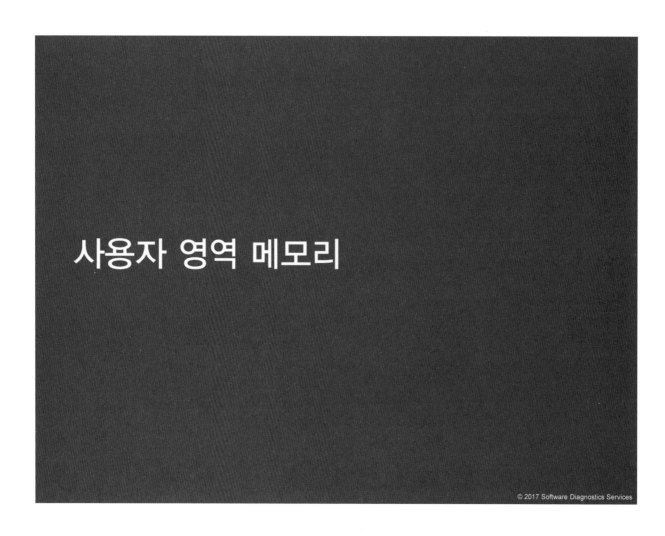

사용자 영역 메모리

모든 연습 예제는 실제 사례를 기반으로 특별히 제작된 애플리케이션을 통해 구성됐다. 모든 프로세스 덤프는 실제 시스템에서 구동 중인 윈도우 비스타 및 윈도우 7 시스템에서 저장됐다.

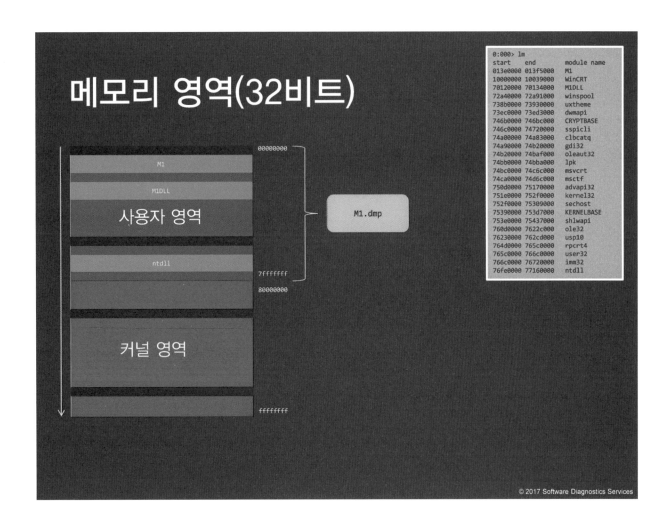

이 책의 독자 대부분은, 특히 "Accelerated Windows Memory Dump Analysis" 과정을 수강했거나 책을 읽었던 독자라면 32비트 프로세스 주소 영역 매핑에 익숙할 것이다. 간단히 복습하자면 애플리케이션이나 서비스 실행 시 그 실행 파일은 메모리에 로딩된다. 이 실행 파일이 다른 DLL 파일들을 참조하는 경우 해당 DLL 또한 메모리의 어딘가에 로딩된다. 이들 사이에는 그림의 검은색 영역처럼 갭이 존재하기도 한다. 또한 일부 메모리는 프로세스 실행에 필요한 추가적인 작업 영역을 위해 할당된다. 프로세스 메모리 덤프 조사 시 우리에게 중요하지 않은 부분도 존재한다. 메모리 덤프는 일반적으로 2GB의 범위를 가지며, lm 명령어를 사용하면 모듈이 로딩된 메모리 주소를 확인할 수 있다. 메모리 덤프를 저장할 때 로딩된 모듈을 포함한 모든 접근 가능한 메모리가 저장된다. 덤프 파일의 크기는 일반적으로 2GB보다 훨씬 작지만, 메모리 누수가 있었거나 또는 인메모리 데이터베이스와 같은 메모리 의존 애플리케이션이라면 그렇지 않을 수도 있다. 참고로 이 책의 초판 『Accelerated Windows Memory Dump Analysis』(Opentast, 2013)와 달리 영역 다이어그램에서 메모리 주소의 방향을 반대로 표현했다. 이는 WinDbg에서 나타나는 것과 동일한 방향으로 표현하기 위함이다. 메모리 주소는 위쪽이 낮은 주소이고 아래쪽으로 증가한다.

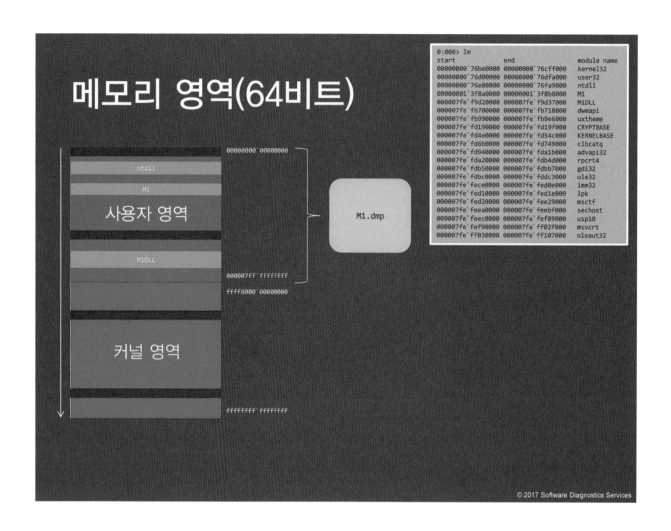

이 다이어그램은 64비트 윈도우의 프로세스 영역에 대한 그림이다. 사용자 영역이 더 이상 2GB ~ 3GB로 제한되지 않는다는 것을 알 수 있다. 일부 DLL은 예전과 같이 2GB 주소 범위 내에 로딩되기도 하지만 일반적으로는 그 이후의 주소에 로딩된다. 추후 연습에서 메모리 공간 할당이 어떻게 이뤄지는지를 살펴볼 것이다. 지금은 실행 파일과 DLL을 먼저 살펴보자.

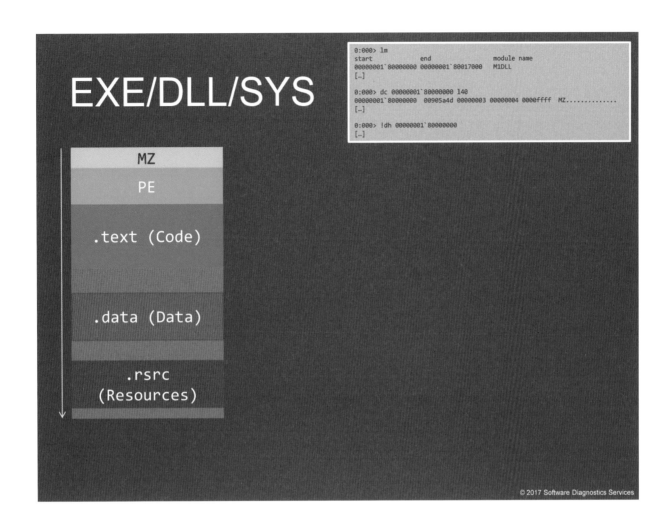

실행 파일, DLL, 드라이버(.SYS)는 동일한 파일 포맷을 사용한다. 맨 앞에는 MZ 시그니처를 포함한 MS-DOS 헤더가 오고, 그 뒤로 섹션들의 상대 주소를 포함한 PE 헤더Portable Executable Header가 따라온다. 섹션에는 코드 섹션, 데이터 섹션, 리소스 섹션 등이 있다. 리소스 섹션에는 주로 지역화된 문자열이나 다이얼로그 정보 등이 저장돼 있으나 이외에 어떤 데이터이든 리소스로서 저장될 수 있다. 추후 연습에서 이를 살펴볼 것이다.

연습 M1A

- 목표: 모듈 로딩 전 모듈의 헤더와
  버전 정보 살펴보기

- 패턴: 알려지지 않은 모듈

- \AWMA-Dumps\Exercise-M1A.pdf

WinDbg는 크래시 덤프를 로딩하는 것뿐만 아니라 실행 파일이나 DLL 파일을 크래시 덤프처럼 로딩할 수 있다. 첫 번째 연습에서 다루겠다.

연습 M1A

목표: 모듈을 로딩하기 전에 모듈의 헤더와 버전 정보 살펴보기

패턴: 알려지지 않은 모듈

1. Windows Kits\Windbg(X64) 또는 Windows Kits\WinDbg(X86)의 WinDbg를 실행한다.

2. \AWMA-Dumps\Executables\M1.exe를 연다.

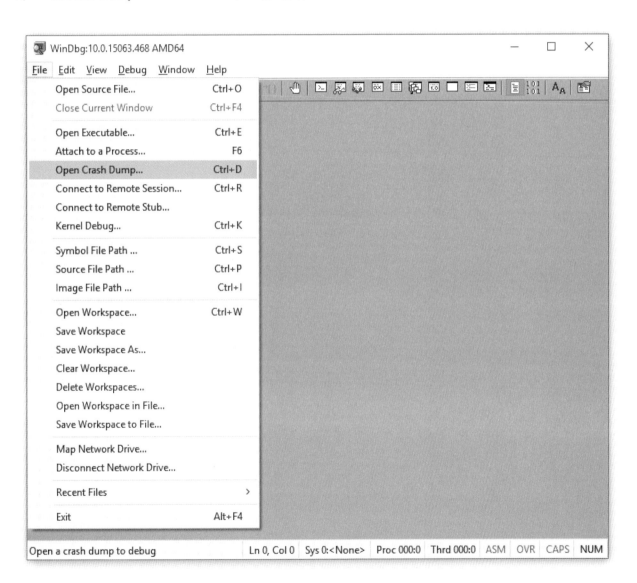

3. EXE 파일이 로딩된다.

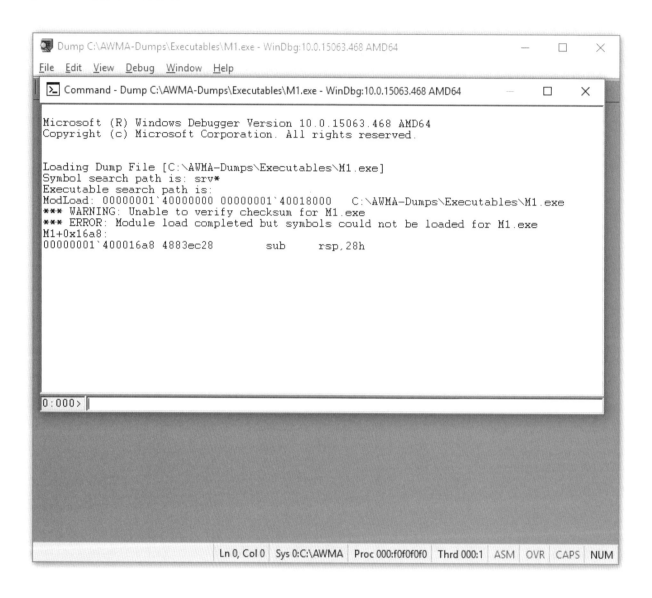

4. 이 연습은 심볼이 필요치 않다.

5. 로그 파일을 연다.

```
0:000> .logopen C:\AWMA-Dumps\M1A.log
Opened log file 'C:\AWMA-Dumps\M1A.log'
```

6. lmv 명령어로 모듈 정보를 나열한다.

```
0:000> lmv
start             end               module name
00000001`40000000 00000001`40018000   M1        C (no symbols)
    Loaded symbol image file: M1.exe
    Mapped memory image file: C:\AWMA-Dumps\Executables\M1.exe
    Image path: C:\AWMA-Dumps\Executables\M1.exe
    Image name: M1.exe
    Timestamp:          Mon Jan 28 15:24:45 2013 (5106983D)
    CheckSum:           00000000
    ImageSize:          00018000
    Translations:       0000.04b0 0000.04e4 0409.04b0 0409.04e4
```

모듈의 기본 로딩 주소를 확인한다.

7. !lmi 명령어로 좀 더 많은 정보를 확인한다.

```
0:000> !lmi 00000001`40000000
Loaded Module Info: [00000001`40000000]
         Module: M1
   Base Address: 0000000140000000
     Image Name: M1.exe
   Machine Type: 34404 (X64)
     Time Stamp: 5106983d Mon Jan 28 15:24:45 2013
           Size: 18000
       CheckSum: 0
 Characteristics: 22
 Debug Data Dirs: Type  Size      VA  Pointer
          CODEVIEW  3b, e370,    cb70 RSDS - GUID: {3F1487A5-A6DC-4351-AD23-76FC12BB9482}
              Age: 1, Pdb: C:\Work\AWMA\M1\x64\Release\M1.pdb
                ??  10, e3ac,    cbac [Data not mapped]
     Image Type: FILE   - Image read successfully from debugger.
              M1.exe
    Symbol Type: NONE   - PDB not found from image path.
    Load Report: no symbols loaded
```

PDB 파일을 확인한다. 개발자가 남겨둔 이 파일로부터 몇 가지 단서를 얻을 수 있다.

8. 첫 1KB를 덤프한다.

```
0:000> dc 00000001`40000000 L100
00000001`40000000  00905a4d 00000003 00000004 0000ffff  MZ..............
00000001`40000010  000000b8 00000000 00000040 00000000  ........@.......
```

```
00000001`40000020  00000000 00000000 00000000 00000000  ................
00000001`40000030  00000000 00000000 00000000 000000e8  ................
00000001`40000040  0eba1f0e cd09b400 4c01b821 685421cd  ........!..L.!Th
00000001`40000050  70207369 72676f72 63206d61 6f6e6e61  is program canno
00000001`40000060  65622074 6e757220 206e6920 20534f44  t be run in DOS
00000001`40000070  65646f6d 0a0d0d2e 00000024 00000000  mode....$.......
00000001`40000080  cb8e1818 98e0795c 98e0795c 98e0795c  ....\y..\y..\y..
00000001`40000090  982fbfad 98e0794e 982ebfad 98e07908  ../.Ny.......y..
00000001`400000a0  982dbfad 98e0795b 98e1795c 98e07903  ..-.[y..\y...y..
00000001`400000b0  98590ea0 98e07959 9833befe 98e0795e  ..Y.Yy....3.^y..
00000001`400000c0  9829befe 98e0795d 9877795c 98e0795d  ..).]y..\yw.]y..
00000001`400000d0  982cbefe 98e0795d 68636952 98e0795c  ..,.]y..Rich\y..
00000001`400000e0  00000000 00000000 00004550 00068664  ........PE..d...
00000001`400000f0  5106983d 00000000 00000000 002200f0  =..Q..........".
00000001`40000100  000b020b 00007400 0000d200 00000000  .....t..........
00000001`40000110  000016a8 00001000 40000000 00000001  ............@....
00000001`40000120  00001000 00000200 00000006 00000000  ................
00000001`40000130  00000006 00000000 00018000 00000400  ................
00000001`40000140  00000000 81600002 00100000 00000000  ......`.........
00000001`40000150  00001000 00000000 00100000 00000000  ................
00000001`40000160  00001000 00000000 00000000 00000010  ................
00000001`40000170  00000000 00000000 0000eaa4 0000003c  ............<...
00000001`40000180  00015000 00001d68 00014000 0000078c  .P..h....@......
00000001`40000190  00000000 00000000 00017000 00000530  .........p..0...
00000001`400001a0  00009320 00000038 00000000 00000000  ...8...........
00000001`400001b0  00000000 00000000 00000000 00000000  ................
00000001`400001c0  0000e300 00000070 00000000 00000000  ....p...........
00000001`400001d0  00009000 000002a0 00000000 00000000  ................
00000001`400001e0  00000000 00000000 00000000 00000000  ................
00000001`400001f0  7865742e 00000074 0000731b 00001000  .text....s......
00000001`40000200  00007400 00000400 00000000 00000000  .t..............
00000001`40000210  00000000 60000020 6164722e 00006174  ..... .`.rdata..
00000001`40000220  00006366 00009000 00006400 00007800  fc.......d...x..
00000001`40000230  00000000 00000000 00000000 40000040  ............@..@
00000001`40000240  7461642e 00000061 00003900 00010000  .data....9......
00000001`40000250  00001400 0000dc00 00000000 00000000  ................
00000001`40000260  00000000 c0000040 6164702e 00006174  ....@....pdata..
00000001`40000270  0000078c 00014000 00000800 0000f000  ....@...........
00000001`40000280  00000000 00000000 00000000 40000040  ............@..@
00000001`40000290  7273722e 00000063 00001d68 00015000  .rsrc...h....P..
00000001`400002a0  00001e00 0000f800 00000000 00000000  ................
00000001`400002b0  00000000 40000040 6c65722e 0000636f  ....@..@.reloc..
00000001`400002c0  00000c52 00017000 00000e00 00011600  R....p..........
00000001`400002d0  00000000 00000000 00000000 42000040  ............@..B
00000001`400002e0  00000000 00000000 00000000 00000000  ................
```

```
00000001`400002f0  00000000 00000000 00000000 00000000  ................
00000001`40000300  00000000 00000000 00000000 00000000  ................
00000001`40000310  00000000 00000000 00000000 00000000  ................
00000001`40000320  00000000 00000000 00000000 00000000  ................
00000001`40000330  00000000 00000000 00000000 00000000  ................
00000001`40000340  00000000 00000000 00000000 00000000  ................
00000001`40000350  00000000 00000000 00000000 00000000  ................
00000001`40000360  00000000 00000000 00000000 00000000  ................
00000001`40000370  00000000 00000000 00000000 00000000  ................
00000001`40000380  00000000 00000000 00000000 00000000  ................
00000001`40000390  00000000 00000000 00000000 00000000  ................
00000001`400003a0  00000000 00000000 00000000 00000000  ................
00000001`400003b0  00000000 00000000 00000000 00000000  ................
00000001`400003c0  00000000 00000000 00000000 00000000  ................
00000001`400003d0  00000000 00000000 00000000 00000000  ................
00000001`400003e0  00000000 00000000 00000000 00000000  ................
00000001`400003f0  00000000 00000000 00000000 00000000  ................
```

9.   !dh 명령어로 PE 헤더를 덤프한다.

```
0:000> !dh 00000001`40000000

File Type: EXECUTABLE IMAGE
FILE HEADER VALUES
    8664 machine (X64)
       6 number of sections
5106983D time date stamp Mon Jan 28 15:24:45 2013

       0 file pointer to symbol table
       0 number of symbols
      F0 size of optional header
      22 characteristics
            Executable
            App can handle >2gb addresses

OPTIONAL HEADER VALUES
     20B magic #
   11.00 linker version
    7400 size of code
    D200 size of initialized data
       0 size of uninitialized data
    16A8 address of entry point
    1000 base of code
         ----- new -----
0000000140000000 image base
```

```
    1000 section alignment
     200 file alignment
       2 subsystem (Windows GUI)
    6.00 operating system version
    0.00 image version
    6.00 subsystem version
   18000 size of image
     400 size of headers
       0 checksum
0000000000100000 size of stack reserve
0000000000001000 size of stack commit
0000000000100000 size of heap reserve
0000000000001000 size of heap commit
    8160 DLL characteristics
         High entropy VA supported
         Dynamic base
         NX compatible
         Terminal server aware
       0 [       0] address [size] of Export Directory
    EAA4 [      3C] address [size] of Import Directory
   15000 [    1D68] address [size] of Resource Directory
   14000 [     78C] address [size] of Exception Directory
       0 [       0] address [size] of Security Directory
   17000 [     530] address [size] of Base Relocation Directory
    9320 [      38] address [size] of Debug Directory
       0 [       0] address [size] of Description Directory
       0 [       0] address [size] of Special Directory
       0 [       0] address [size] of Thread Storage Directory
    E300 [      70] address [size] of Load Configuration Directory
       0 [       0] address [size] of Bound Import Directory
    9000 [     2A0] address [size] of Import Address Table Directory
       0 [       0] address [size] of Delay Import Directory
       0 [       0] address [size] of COR20 Header Directory
       0 [       0] address [size] of Reserved Directory


SECTION HEADER #1
   .text name
    731B virtual size
    1000 virtual address
    7400 size of raw data
     400 file pointer to raw data
       0 file pointer to relocation table
       0 file pointer to line numbers
       0 number of relocations
```

      0 number of line numbers
60000020 flags
         Code
         (no align specified)
         Execute Read

SECTION HEADER #2
  .rdata name
    6366 virtual size
    9000 virtual address
    6400 size of raw data
    7800 file pointer to raw data
       0 file pointer to relocation table
       0 file pointer to line numbers
       0 number of relocations
       0 number of line numbers
40000040 flags
         Initialized Data
         (no align specified)
         Read Only

Debug Directories(2)
    Type   Size   Address Pointer
    cv   3b   e370   cb70   Format: RSDS, guid, 1,
C:\Work\AWMA\M1\x64\Release\M1.pdb
   (12)   10   e3ac   cbac

SECTION HEADER #3
  .data name
    3900 virtual size
   10000 virtual address
    1400 size of raw data
    DC00 file pointer to raw data
       0 file pointer to relocation table
       0 file pointer to line numbers
       0 number of relocations
       0 number of line numbers
C0000040 flags
         Initialized Data
         (no align specified)
         Read Write

SECTION HEADER #4

```
  .pdata name
    78C virtual size
  14000 virtual address
    800 size of raw data
   F000 file pointer to raw data
      0 file pointer to relocation table
      0 file pointer to line numbers
      0 number of relocations
      0 number of line numbers
40000040 flags
        Initialized Data
        (no align specified)
        Read Only


SECTION HEADER #5
  .rsrc name
   1D68 virtual size
  15000 virtual address
   1E00 size of raw data
   F800 file pointer to raw data
      0 file pointer to relocation table
      0 file pointer to line numbers
      0 number of relocations
      0 number of line numbers
40000040 flags
        Initialized Data
        (no align specified)
        Read Only


SECTION HEADER #6
  .reloc name
    C52 virtual size
  17000 virtual address
    E00 size of raw data
  11600 file pointer to raw data
      0 file pointer to relocation table
      0 file pointer to line numbers
      0 number of relocations
      0 number of line numbers
42000040 flags
        Initialized Data
        Discardable
        (no align specified)
        Read Only
```

임포트 디렉토리, 임포트 주소 테이블 디렉토리, 그리고 코드가 들어있는 .text 섹션을 확인한다.

10. 동적 링킹이 되기 전 임포트 주소 테이블 디렉토리를 확인해보자.

```
0:000> dps 00000001`40000000+9000
00000001`40009000  ????????`????????
00000001`40009008  ????????`????????
00000001`40009010  ????????`????????
00000001`40009018  ????????`????????
00000001`40009020  ????????`????????
00000001`40009028  ????????`????????
00000001`40009030  ????????`????????
00000001`40009038  ????????`????????
00000001`40009040  ????????`????????
00000001`40009048  ????????`????????
00000001`40009050  ????????`????????
00000001`40009058  ????????`????????
00000001`40009060  ????????`????????
00000001`40009068  ????????`????????
00000001`40009070  ????????`????????
00000001`40009078  ????????`????????
```

임포트 주소 테이블 디렉토리는 접근할 수 없거나 존재하지 않는 것으로 나올 것이다. 하지만 임포트 디렉토리는 접근 가능하며, 모듈 이미지 주소, 상대 오프셋, 그리고 크기(바이트 단위)를 이용해 그 내용을 덤프할 수 있다. 그 구조는 각각 5개의 더블워드(더블워드당 4바이트) 배열로 구성된다. 그러므로 **dd** 명령어를 이용해 4바이트 크기로 나눠보자.

```
0:000> dd 00000001`40000000+EAA4 L3C/4
00000001`4000eaa4  0000eae0 00000000 00000000 0000ed90
00000001`4000eab4  00009000 0000ece0 00000000 00000000
00000001`4000eac4  0000eed8 00009200 00000000 00000000
00000001`4000ead4  00000000 00000000 00000000
```

각 구조의 첫 더블워드는 함수명 문자열 배열에 대한 상대 오프셋이다. 그리고 네 번째 더블워드는 임포트 DLL 이름에 대한 상대 오프셋이다.

```
0:000> da 00000001`40000000+0000ed90
00000001`4000ed90  "KERNEL32.dll"

0:000> da 00000001`40000000+0000eed8
00000001`4000eed8  "USER32.dll"
```

KERNEL32.dll에서 임포트한 함수명을 확인해보자.

```
0:000> dc 00000001`40000000+0000eae0
00000001`4000eae0  00000000`0000ed80 00000000`0000f34a
00000001`4000eaf0  00000000`0000f33a 00000000`0000f326
00000001`4000eb00  00000000`0000f316 00000000`0000f304
00000001`4000eb10  00000000`0000f2f4 00000000`0000f2e0
00000001`4000eb20  00000000`0000f2d0 00000000`0000f2c4
00000001`4000eb30  00000000`0000f2b2 00000000`0000f29c
00000001`4000eb40  00000000`0000f28e 00000000`0000f282
00000001`4000eb50  00000000`0000eee4 00000000`0000eef6


0:000> dc 00000001`40000000+00000000`0000ed80 L100
00000001`4000ed80  6f4c03c6 694c6461 72617262 00005779  ..LoadLibraryW..
00000001`4000ed90  4e52454b 32334c45 6c6c642e 02330000  KERNEL32.dll..3.
00000001`4000eda0  64616f4c 69727453 0057676e 6f4c021e  LoadStringW...Lo
00000001`4000edb0  63416461 656c6563 6f746172 00577372  adAcceleratorsW.
00000001`4000edc0  65470175 73654d74 65676173 03410057  u.GetMessageW.A.
00000001`4000edd0  6e617254 74616c73 63634165 72656c65  TranslateAcceler
00000001`4000ede0  726f7461 03430057 6e617254 74616c73  atorW.C.Translat
00000001`4000edf0  73654d65 65676173 00b60000 70736944  eMessage....Disp
00000001`4000ee00  68637461 7373654d 57656761 02260000  atchMessageW..&.
00000001`4000ee10  64616f4c 6e6f6349 02240057 64616f4c  LoadIconW.$.Load
00000001`4000ee20  73727543 0057726f 6552028a 74736967  CursorW...Regist
00000001`4000ee30  6c437265 45737361 00005778 72430071  erClassExW..q.Cr
00000001`4000ee40  65746165 646e6957 7845776f 03240057  eateWindowExW.$.
00000001`4000ee50  776f6853 646e6957 0000776f 7055035b  ShowWindow..[.Up
00000001`4000ee60  65746164 646e6957 0000776f 694400b3  dateWindow....Di
00000001`4000ee70  676f6c61 50786f42 6d617261 00ad0057  alogBoxParamW...
00000001`4000ee80  74736544 57796f72 6f646e69 00a10077  DestroyWindow...
00000001`4000ee90  57666544 6f646e69 6f725077 00005763  DefWindowProcW..
00000001`4000eea0  6542000e 506e6967 746e6961 00ea0000  ..BeginPaint....
00000001`4000eeb0  50646e45 746e6961 02720000 74736f50  EndPaint..r.Post
00000001`4000eec0  74697551 7373654d 00656761 6e4500e8  QuitMessage...En
00000001`4000eed0  61694464 00676f6c 52455355 642e3233  dDialog.USER32.d
00000001`4000eee0  00006c6c 654701e9 6d6f4374 646e616d  ll....GetCommand
00000001`4000eef0  656e694c 03860057 65447349 67677562  LineW...IsDebugg
00000001`4000ef00  72507265 6e657365 038b0074 72507349  erPresent...IsPr
00000001`4000ef10  7365636f 46726f73 75746165 72506572  ocessorFeaturePr
00000001`4000ef20  6e657365 02700074 4c746547 45747361  esent.p.GetLastE
00000001`4000ef30  726f7272 05250000 4c746553 45747361  rror..%.SetLastE
00000001`4000ef40  726f7272 022e0000 43746547 65727275  rror....GetCurre
00000001`4000ef50  6854746e 64616572 00006449 6e450140  ntThreadId..@.En
00000001`4000ef60  65646f63 6e696f50 00726574 65440118  codePointer...De
00000001`4000ef70  65646f63 6e696f50 00726574 78450173  codePointer.s.Ex
```

```
00000001`4000ef80  72507469 7365636f 02860073 4d746547   itProcess...GetM
00000001`4000ef90  6c75646f 6e614865 45656c64 00005778   oduleHandleExW..
00000001`4000efa0  654702bc 6f725074 64644163 73736572   ..GetProcAddress
00000001`4000efb0  03ef0000 746c754d 74794269 576f5465   ....MultiByteToW
00000001`4000efc0  43656469 00726168 654702e4 64745374   ideChar...GetStd
00000001`4000efd0  646e6148 0000656c 72570601 46657469   Handle....WriteF
00000001`4000efe0  00656c69 65470283 646f4d74 46656c75   ile...GetModuleF
00000001`4000eff0  4e656c69 57656d61 02c10000 50746547   ileNameW....GetP
00000001`4000f000  65636f72 65487373 00007061 6547025e   rocessHeap..^.Ge
00000001`4000f010  6c694674 70795465 036f0065 74696e49   tFileType.o.Init
00000001`4000f020  696c6169 7243657a 63697469 65536c61   ializeCriticalSe
00000001`4000f030  6f697463 646e416e 6e697053 6e756f43   ctionAndSpinCoun
00000001`4000f040  011f0074 656c6544 72436574 63697469   t...DeleteCritic
00000001`4000f050  65536c61 6f697463 02de006e 53746547   alSection...GetS
00000001`4000f060  74726174 6e497075 00576f66 7551043f   tartupInfoW.?.Qu
00000001`4000f070  50797265 6f667265 6e616d72 6f436563   eryPerformanceCo
00000001`4000f080  65746e75 022a0072 43746547 65727275   unter.*.GetCurre
00000001`4000f090  7250746e 7365636f 00644973 654702fb   ntProcessId...Ge
00000001`4000f0a0  73795374 546d6574 41656d69 6c694673   tSystemTimeAsFil
00000001`4000f0b0  6d695465 02470065 45746547 7269766e   eTime.G.GetEnvir
00000001`4000f0c0  656d6e6f 7453746e 676e6972 00005773   onmentStringsW..
00000001`4000f0d0  724601bd 6e456565 6f726976 6e656d6e   ..FreeEnvironmen
00000001`4000f0e0  72745374 73676e69 04bb0057 436c7452   tStringsW...RtlC
00000001`4000f0f0  75747061 6f436572 7865746e 04c20074   aptureContext...
00000001`4000f100  4c6c7452 756b6f6f 6e754670 6f697463   RtlLookupFunctio
00000001`4000f110  746e456e 00007972 745204c9 7269566c   nEntry....RtlVir
00000001`4000f120  6c617574 69776e55 0000646e 6e5505a0   tualUnwind....Un
00000001`4000f130  646e6168 4564656c 70656378 6e6f6974   handledException
00000001`4000f140  746c6946 00007265 6553055f 686e5574   Filter.._.SetUnh
00000001`4000f150  6c64656e 78456465 74706563 466e6f69   andledExceptionF
00000001`4000f160  65746c69 02290072 43746547 65727275   ilter.).GetCurre
00000001`4000f170  7250746e 7365636f 057e0073 6d726554   ntProcess.~.Term
```

!dh 명령어의 -i 또는 -a 옵션을 사용해서도 오프셋을 얻을 수 있다.

```
0:000> !dh -i 00000001`40000000
  _IMAGE_IMPORT_DESCRIPTOR 000000014000eaa4
    KERNEL32.dll
       0000000140009000 Import Address Table
       000000014000EAE0 Import Name Table
                      0 time date stamp
                      0 Index of first forwarder reference


  _IMAGE_IMPORT_DESCRIPTOR 000000014000eab8
```

```
USER32.dll
      0000000140009200 Import Address Table
      000000014000ECE0 Import Name Table
                     0 time date stamp
                     0 Index of first forwarder reference
```

11. 로그 파일을 닫는다.

```
0:000> .logclose
Closing open log file C:\AWMA-Dumps\M1A.log
```

불필요한 혼란과 문제들이 발생되지 않게 각 연습 후에는 WinDbg를 종료하는 것을 권장한다.

동적 링킹 디자인

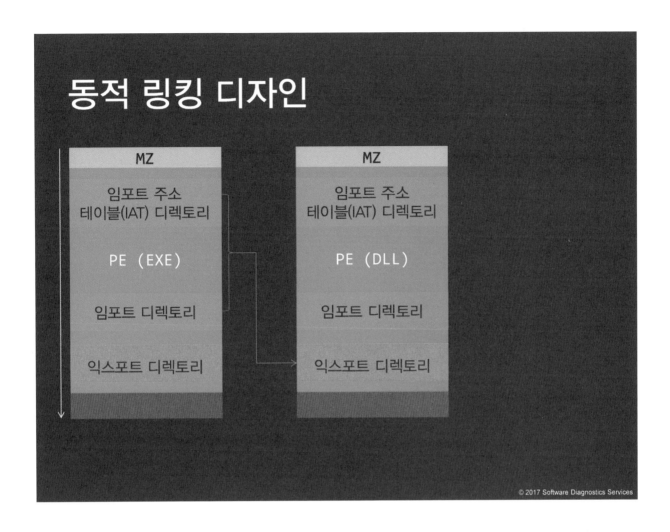

실행 파일이 메모리에 로드될 때 OS 링커는 해당 모듈이 다른 DLL 파일을 참고하는지를 체크한다. 여기서 DLL은 동적 연결 라이브러리^{Dynamic Link Library}다. 이것은 프로세스들 간의 공유될 수 있는 코드와 데이터의 집합이다. PE 헤더에는 다른 모듈로부터 익스포트된 함수의 주소를 저장하기 위한 위치를 포함하는 임포트 주소 테이블이 존재한다. 이런 방식은 DLL 간에서도 동일하다. 예를 들어 user32.dll은 ntdll.dll을 참조할 수 있다.

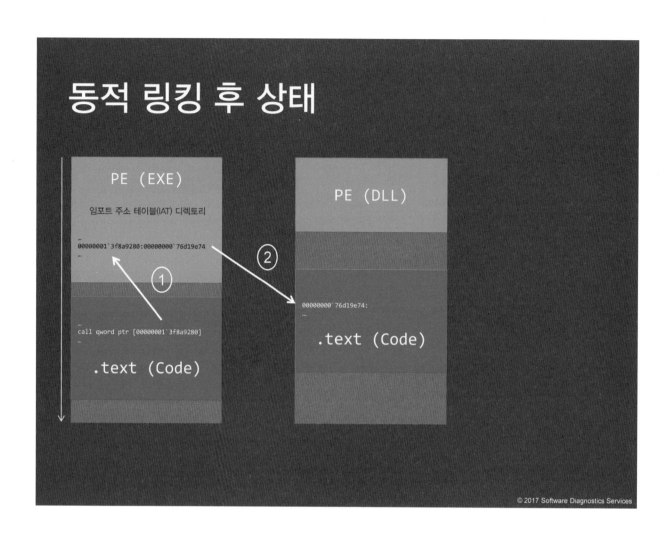

링킹Linking은 임포트 주소 테이블 디렉토리의 각 엔트리를 이미 로드된 다른 DLL 모듈의 실제 주소로 치환한다. 다른 모듈의 코드를 호출하기 위해서는 임포트 주소 테이블로부터 얻은 주소를 사용하며, 이 주소에는 간접 주소 방식으로 접근해야 한다. 연습을 통해 이를 확인해보자.

연습 M1B

- ◉ **목표**: 주소 맵, 모듈 헤더, 로드 후 버전 정보 확인,
  IAT 확인, 임포트 라이브러리 호출 확인,
  모듈 무결성 확인

- ◉ **패턴**: 알려지지 않은 모듈

- ◉ \AWMA-Dumps\Exercise-M1B.pdf

이제 다음 연습을 통해 동적 링킹이 이미 완료된 후 프로세스 메모리가 저장된 상태의 모듈들을 살펴보자.

연습 M1B

목표: 주소 맵, 모듈 헤더, 로드 후 버전 정보 확인, IAT 확인, 임포트 라이브러리 호출 확인, 모듈 무결성 확인

패턴: 알려지지 않은 모듈

1. Windows Kits\WinDbg(X64) 또는 Windows Kits\WinDbg(X86)에서 WinDbg를 실행한다.

2. \AWMA-Dumps\Processes\M1.dmp 파일을 연다.

3. 덤프 파일이 로딩되는지 확인한다.

```
Microsoft (R) Windows Debugger Version 10.0.15063.468 AMD64
Copyright (c) Microsoft Corporation. All rights reserved.


Loading Dump File [C:\AWMA-Dumps\Processes\M1.DMP]
User Mini Dump File with Full Memory: Only application data is available

Symbol search path is: srv*
Executable search path is:
Windows 7 Version 7601 (Service Pack 1) MP (4 procs) Free x64
Product: WinNt, suite: SingleUserTS Personal
Machine Name:
Debug session time: Mon Jan 28 16:37:44.000 2013 (UTC + 1:00)
System Uptime: 19 days 4:31:16.182
Process Uptime: 0 days 0:00:14.000
....................
user32!ZwUserGetMessage+0xa:
00000000`76d19e6a c3              ret
```

4. 로그 파일을 연다.

```
0:000> .logopen C:\AWMA-Dumps\M1B.log
Opened log file 'C:\AWMA-Dumps\M1B.log'
```

5. 마이크로소프트 심볼 서버에 대한 경로를 설정하고 심볼을 재로딩한다.

```
0:000> .symfix c:\mss

0:000> .reload
....................
```

6. lmt 명령어로 모듈 목록과 각 모듈의 타임스탬프를 확인한다.

```
0:000> lmt
start               end                 module name
00000000`76be0000 00000000`76cff000   kernel32     Mon Aug 20 19:45:21 2012 (503285C1)
00000000`76d00000 00000000`76dfa000   user32       Sat Nov 20 13:15:29 2010 (4CE7C9F1)
00000000`76e00000 00000000`76fa9000   ntdll        Thu Nov 17 06:32:46 2011 (4EC4AA8E)
00000001`3f8a0000 00000001`3f8b8000   M1           Mon Jan 28 15:24:45 2013 (5106983D)
000007fe`f9d20000 000007fe`f9d37000   M1DLL        Mon Jan 28 15:24:48 2013 (51069840)
000007fe`fb700000 000007fe`fb718000   dwmapi       Tue Jul 14 02:28:07 2009 (4A5BDF27)
000007fe`fb990000 000007fe`fb9e6000   uxtheme      Tue Jul 14 02:34:11 2009 (4A5BE093)
000007fe`fd190000 000007fe`fd19f000   CRYPTBASE    Tue Jul 14 02:29:53 2009 (4A5BDF91)
000007fe`fd4e0000 000007fe`fd54c000   KERNELBASE   Mon Aug 20 19:45:22 2012 (503285C2)
000007fe`fd6b0000 000007fe`fd749000   clbcatq      Tue Jul 14 02:26:18 2009 (4A5BDEBA)
000007fe`fd940000 000007fe`fda1b000   advapi32     Tue Jul 14 02:24:59 2009 (4A5BDE6B)
000007fe`fda20000 000007fe`fdb4d000   rpcrt4       Sat Nov 20 13:13:18 2010 (4CE7C96E)
000007fe`fdb50000 000007fe`fdbb7000   gdi32        Sat Nov 20 13:00:01 2010 (4CE7C651)
000007fe`fdbc0000 000007fe`fddc3000   ole32        Sat Nov 20 13:12:12 2010 (4CE7C92C)
000007fe`fece0000 000007fe`fed0e000   imm32        Tue Jul 14 02:28:32 2009 (4A5BDF40)
000007fe`fed10000 000007fe`fed1e000   lpk          Tue Jul 14 02:29:03 2009 (4A5BDF5F)
000007fe`fed20000 000007fe`fee29000   msctf        Tue Jul 14 02:30:18 2009 (4A5BDFAA)
000007fe`feea0000 000007fe`feebf000   sechost      Tue Jul 14 02:33:18 2009 (4A5BE05E)
000007fe`feec0000 000007fe`fef89000   usp10        Sat Nov 20 13:15:33 2010 (4CE7C9F5)
000007fe`fef90000 000007fe`ff02f000   msvcrt       Fri Dec 16 08:37:19 2011 (4EEB033F)
000007fe`ff030000 000007fe`ff107000   oleaut32     Sat Aug 27 06:21:44 2011 (4E587EE8)
```

새 모듈 M1이 로딩된 주소를 확인한다.

7. 주소 맵을 확인해보자(메모리 영역의 다양한 타입을 확인한다).

```
0:000> !address


Mapping file section regions...
Mapping module regions...
Mapping PEB regions...
Mapping TEB and stack regions...
Mapping heap regions...
Mapping page heap regions...
Mapping other regions...
Mapping stack trace database regions...
Mapping activation context regions...
```

```
        BaseAddress      EndAddress+1    RegionSize    Type         State        Protect         Usage
-----------------------------------------------------------------------------------------------------------
+    0`00000000      0`00010000    0`00010000                 MEM_FREE     PAGE_NOACCESS   Free
+    0`00010000      0`00020000    0`00010000    MEM_MAPPED   MEM_COMMIT   PAGE_READWRITE  Heap    [ID: 1; Handle:
0000000000010000; Type: Segment]
[...]
+    1`3f8a0000      1`3f8a1000    0`00001000    MEM_IMAGE    MEM_COMMIT   PAGE_READONLY       Image   [M1; "C:\AWMA\M1\x64\M1.exe"]
     1`3f8a1000      1`3f8a9000    0`00008000    MEM_IMAGE    MEM_COMMIT   PAGE_EXECUTE_READ   Image   [M1; "C:\AWMA\M1\x64\M1.exe"]
     1`3f8a9000      1`3f8b0000    0`00007000    MEM_IMAGE    MEM_COMMIT   PAGE_READONLY       Image   [M1; "C:\AWMA\M1\x64\M1.exe"]
     1`3f8b0000      1`3f8b4000    0`00004000    MEM_IMAGE    MEM_COMMIT   PAGE_READWRITE      Image   [M1; "C:\AWMA\M1\x64\M1.exe"]
     1`3f8b4000      1`3f8b8000    0`00004000    MEM_IMAGE    MEM_COMMIT   PAGE_READONLY       Image   [M1; "C:\AWMA\M1\x64\M1.exe"]
+    1`3f8b8000      7fe`f9d20000  7fd`ba468000                MEM_FREE     PAGE_NOACCESS   Free
+    7fe`f9d20000    7fe`f9d21000  0`00001000    MEM_IMAGE    MEM_COMMIT   PAGE_READONLY       Image   [M1DLL;
"C:\AWMA\M1\x64\M1DLL.dll"]
     7fe`f9d21000    7fe`f9d29000  0`00008000    MEM_IMAGE    MEM_COMMIT   PAGE_EXECUTE_READ   Image   [M1DLL;
"C:\AWMA\M1\x64\M1DLL.dll"]
     7fe`f9d29000    7fe`f9d30000  0`00007000    MEM_IMAGE    MEM_COMMIT   PAGE_READONLY       Image   [M1DLL;
"C:\AWMA\M1\x64\M1DLL.dll"]
     7fe`f9d30000    7fe`f9d34000  0`00004000    MEM_IMAGE    MEM_COMMIT   PAGE_READWRITE      Image   [M1DLL;
"C:\AWMA\M1\x64\M1DLL.dll"]
     7fe`f9d34000    7fe`f9d37000  0`00003000    MEM_IMAGE    MEM_COMMIT   PAGE_READONLY       Image   [M1DLL;
"C:\AWMA\M1\x64\M1DLL.dll"]
+    7fe`f9d37000    7fe`fb700000  0`019c9000                 MEM_FREE     PAGE_NOACCESS   Free
[...]
```

앞부분의 빨간색으로 하이라이트된 영역은 접근되지 않는 영역으로 NULL 포인터 접근을 잡기 위한 영역이다. 파랑색으로 하이라이트된 영역은 M1 모듈에 속한 부분이다. 첫 read-only 페이지는 MZ/PE 헤더 영역이다. 그리고 두 번째는 execute-read 페이지로 코드 섹션 영역이다. 메모리 맵의 요약 정보를 위해서는 !address -summary 명령어를 사용할 수 있다.

```
0:000> !address -summary

--- Usage Summary --------------- RgnCount ----------- Total Size -------- %ofBusy %ofTotal
Free                                 45       7ff`fb89e000 (  8.000 Tb)              100.00%
<unknown>                            23       0`033f5000   ( 51.957 Mb)   72.85%    0.00%
Image                               124       0`00d88000   ( 13.531 Mb)   18.97%    0.00%
Heap                                 11       0`00320000   (  3.125 Mb)    4.38%    0.00%
Other                                 9       0`001b2000   (  1.695 Mb)    2.38%    0.00%
Stack                                 3       0`00100000   (  1.000 Mb)    1.40%    0.00%
TEB                                   1       0`00002000   (  8.000 kb)    0.01%    0.00%
PEB                                   1       0`00001000   (  4.000 kb)    0.01%    0.00%

--- Type Summary (for busy) ------ RgnCount ----------- Total Size -------- %ofBusy %ofTotal
MEM_MAPPED                           23       0`02593000   ( 37.574 Mb)   52.68%    0.00%
MEM_PRIVATE                          24       0`01436000   ( 20.211 Mb)   28.34%    0.00%
MEM_IMAGE                           125       0`00d89000   ( 13.535 Mb)   18.98%    0.00%
```

```
--- State Summary ---------------- RgnCount ----------- Total Size -------- %ofBusy %ofTotal
MEM_FREE                                45      7ff`fb89e000 (  8.000 Tb)                   100.00%
MEM_RESERVE                             14      0`025a2000 ( 37.633 Mb)  52.77%     0.00%
MEM_COMMIT                             158      0`021b0000 ( 33.688 Mb)  47.23%     0.00%


--- Protect Summary (for commit) - RgnCount ----------- Total Size -------- %ofBusy %ofTotal
PAGE_READONLY                           80      0`01783000 ( 23.512 Mb)  32.97%     0.00%
PAGE_EXECUTE_READ                       21      0`008be000 (  8.742 Mb)  12.26%     0.00%
PAGE_READWRITE                          40      0`00153000 (  1.324 Mb)   1.86%     0.00%
PAGE_WRITECOPY                          16      0`0001a000 (104.000 kb)   0.14%     0.00%
PAGE_READWRITE|PAGE_GUARD                1      0`00002000 (  8.000 kb)   0.01%     0.00%


--- Largest Region by Usage ----------- Base Address -------- Region Size ----------
Free                                  1`3f8b8000      7fd`ba468000 (   7.991 Tb)
<unknown>                             0`00c67000      0`01029000 (  16.160 Mb)
Image                                 7fe`fdbc1000     0`0017e000 (   1.492 Mb)
Heap                                  0`002f8000      0`000c8000 ( 800.000 kb)
Other                                 0`00700000      0`00181000 (   1.504 Mb)
Stack                                 0`001c0000      0`000f9000 ( 996.000 kb)
TEB                                   7ff`fffde000     0`00002000 (   8.000 kb)
PEB                                   7ff`fffd7000     0`00001000 (   4.000 kb)
```

8. M1 모듈 헤더를 덤프하고 섹션들을 확인해보자.

```
0:000> !dh 00000001`3f8a0000


File Type: EXECUTABLE IMAGE
FILE HEADER VALUES
    8664 machine (X64)
       6 number of sections
5106983D time date stamp Mon Jan 28 15:24:45 2013


       0 file pointer to symbol table
       0 number of symbols
      F0 size of optional header
      22 characteristics
            Executable
            App can handle >2gb addresses


OPTIONAL HEADER VALUES
     20B magic #
   11.00 linker version
    7400 size of code
    D200 size of initialized data
       0 size of uninitialized data
```

```
      16A8  address of entry point
      1000  base of code
            ----- new -----
000000013f8a0000 image base
      1000  section alignment
       200  file alignment
         2  subsystem (Windows GUI)
      6.00  operating system version
      0.00  image version
      6.00  subsystem version
     18000  size of image
       400  size of headers
         0  checksum
0000000000100000 size of stack reserve
0000000000001000 size of stack commit
0000000000100000 size of heap reserve
0000000000001000 size of heap commit
      8160  DLL characteristics
            High entropy VA supported
            Dynamic base
            NX compatible
            Terminal server aware
         0 [       0] address [size] of Export Directory
      EAA4 [      3C] address [size] of Import Directory
     15000 [    1D68] address [size] of Resource Directory
     14000 [     78C] address [size] of Exception Directory
         0 [       0] address [size] of Security Directory
     17000 [     530] address [size] of Base Relocation Directory
      9320 [      38] address [size] of Debug Directory
         0 [       0] address [size] of Description Directory
         0 [       0] address [size] of Special Directory
         0 [       0] address [size] of Thread Storage Directory
      E300 [      70] address [size] of Load Configuration Directory
         0 [       0] address [size] of Bound Import Directory
      9000 [     2A0] address [size] of Import Address Table Directory
         0 [       0] address [size] of Delay Import Directory
         0 [       0] address [size] of COR20 Header Directory
         0 [       0] address [size] of Reserved Directory


SECTION HEADER #1
   .text  name
    731B  virtual size
    1000  virtual address
    7400  size of raw data
```

```
     400  file pointer to raw data
       0  file pointer to relocation table
       0  file pointer to line numbers
       0  number of relocations
       0  number of line numbers
60000020  flags
          Code
          (no align specified)
          Execute Read


SECTION HEADER #2
   .rdata name
    6366  virtual size
    9000  virtual address
    6400  size of raw data
    7800  file pointer to raw data
       0  file pointer to relocation table
       0  file pointer to line numbers
       0  number of relocations
       0  number of line numbers
40000040  flags
          Initialized Data
          (no align specified)
          Read Only




Debug Directories(2)
        Type       Size    Address  Pointer
        cv          3b      e370     cb70     Format: RSDS, guid, 1,
C:\Work\AWMA\M1\x64\Release\M1.pdb
      (  12)        10      e3ac     cbac


SECTION HEADER #3
    .data name
    3900  virtual size
   10000  virtual address
    1400  size of raw data
    DC00  file pointer to raw data
       0  file pointer to relocation table
       0  file pointer to line numbers
       0  number of relocations
       0  number of line numbers
C0000040  flags
          Initialized Data
          (no align specified)
```

```
        Read Write


SECTION HEADER #4
   .pdata  name
      78C  virtual size
    14000  virtual address
      800  size of raw data
     F000  file pointer to raw data
        0  file pointer to relocation table
        0  file pointer to line numbers
        0  number of relocations
        0  number of line numbers
 40000040  flags
           Initialized Data
           (no align specified)
           Read Only


SECTION HEADER #5
   .rsrc  name
     1D68  virtual size
    15000  virtual address
     1E00  size of raw data
     F800  file pointer to raw data
        0  file pointer to relocation table
        0  file pointer to line numbers
        0  number of relocations
        0  number of line numbers
 40000040  flags
           Initialized Data
           (no align specified)
           Read Only


SECTION HEADER #6
   .reloc  name
      C52  virtual size
    17000  virtual address
      E00  size of raw data
    11600  file pointer to raw data
        0  file pointer to relocation table
        0  file pointer to line numbers
        0  number of relocations
        0  number of line numbers
 42000040  flags
           Initialized Data
           Discardable
```

```
      (no align specified)
      Read Only
```

9.　임포트 주소 테이블을 살펴보고, 이전 연습과 어떻게 다른지 비교해보자.

```
0:000> dps 00000001`3f8a0000+9000 L2A0/8
00000001`3f8a9000  00000000`76bf6f80 kernel32!LoadLibraryW
00000001`3f8a9008  00000000`76c02f10 kernel32!CloseHandleImplementation
00000001`3f8a9010  00000000`76bf3d40 kernel32!WriteConsoleW
00000001`3f8a9018  00000000`76beaf00 kernel32!SetFilePointerExStub
00000001`3f8a9020  00000000`76c2bce0 kernel32!SetStdHandleStub
00000001`3f8a9028  00000000`76c02df0 kernel32!GetConsoleMode
00000001`3f8a9030  00000000`76c205e0 kernel32!GetConsoleCP
00000001`3f8a9038  00000000`76be69f0 kernel32!FlushFileBuffersImplementation
00000001`3f8a9040  00000000`76c00d70 kernel32!LCMapStringWStub
00000001`3f8a9048  00000000`76e282d0 ntdll!RtlSizeHeap
00000001`3f8a9050  00000000`76bf9070 kernel32!GetStringTypeWStub
00000001`3f8a9058  00000000`76c03580 kernel32!WideCharToMultiByteStub
00000001`3f8a9060  00000000`76e33f20 ntdll!RtlReAllocateHeap
00000001`3f8a9068  00000000`76e533a0 ntdll!RtlAllocateHeap
00000001`3f8a9070  00000000`76bfc420 kernel32!GetCommandLineWStub
00000001`3f8a9078  00000000`76be8290 kernel32!IsDebuggerPresentStub
00000001`3f8a9080  00000000`76c2cc50 kernel32!IsProcessorFeaturePresent
00000001`3f8a9088  00000000`76c02d60 kernel32!GetLastErrorStub
00000001`3f8a9090  00000000`76c02d80 kernel32!SetLastError
00000001`3f8a9098  00000000`76bf3ee0 kernel32!GetCurrentThreadIdStub
00000001`3f8a90a0  00000000`76e33bd0 ntdll!RtlEncodePointer
00000001`3f8a90a8  00000000`76e29c50 ntdll!RtlDecodePointer
00000001`3f8a90b0  00000000`76e240f0 ntdll!RtlExitUserProcess
00000001`3f8a90b8  00000000`76beb780 kernel32!GetModuleHandleExWStub
00000001`3f8a90c0  00000000`76c03620 kernel32!GetProcAddressStub
00000001`3f8a90c8  00000000`76bf5b50 kernel32!MultiByteToWideCharStub
00000001`3f8a90d0  00000000`76bfd6f0 kernel32!GetStdHandleStub
00000001`3f8a90d8  00000000`76c03530 kernel32!WriteFileImplementation
00000001`3f8a90e0  00000000`76bf7700 kernel32!GetModuleFileNameWStub
00000001`3f8a90e8  00000000`76c02fe0 kernel32!GetProcessHeapStub
00000001`3f8a90f0  00000000`76c02d90 kernel32!GetFileTypeImplementation
00000001`3f8a90f8  00000000`76bf64e0 kernel32!InitializeCriticalSectionAndSpinCountStub
00000001`3f8a9100  00000000`76e25350 ntdll!RtlDeleteCriticalSection
00000001`3f8a9108  00000000`76bf8080 kernel32!GetStartupInfoWStub
00000001`3f8a9110  00000000`76bf6500 kernel32!QueryPerformanceCounterStub
00000001`3f8a9118  00000000`76bf5a50 kernel32!GetCurrentProcessIdStub
00000001`3f8a9120  00000000`76bf3f40 kernel32!GetSystemTimeAsFileTimeStub
00000001`3f8a9128  00000000`76bf6d20 kernel32!GetEnvironmentStringsWStub
00000001`3f8a9130  00000000`76bf6d00 kernel32!FreeEnvironmentStringsWStub
```

```
00000001`3f8a9138  00000000`76c2b6f0 kernel32!RtlCaptureContextStub
00000001`3f8a9140  00000000`76c2b610 kernel32!RtlLookupFunctionEntryStub
00000001`3f8a9148  00000000`76c2b5b0 kernel32!RtlVirtualUnwindStub
00000001`3f8a9150  00000000`76c79300 kernel32!UnhandledExceptionFilter
00000001`3f8a9158  00000000`76bf9b80 kernel32!SetUnhandledExceptionFilter
00000001`3f8a9160  00000000`76bf5cf0 kernel32!GetCurrentProcessStub
00000001`3f8a9168  00000000`76c2bca0 kernel32!TerminateProcessStub
00000001`3f8a9170  00000000`76bf7100 kernel32!TlsAllocStub
00000001`3f8a9178  00000000`76c02b80 kernel32!TlsGetValueStub
00000001`3f8a9180  00000000`76bf5cd0 kernel32!TlsSetValueStub
00000001`3f8a9188  00000000`76bf1590 kernel32!TlsFreeStub
00000001`3f8a9190  00000000`76c036c0 kernel32!GetModuleHandleWStub
00000001`3f8a9198  00000000`76c12d20 kernel32!RtlUnwindExStub
00000001`3f8a91a0  00000000`76e52fc0 ntdll!RtlEnterCriticalSection
00000001`3f8a91a8  00000000`76e53000 ntdll!RtlLeaveCriticalSection
00000001`3f8a91b0  00000000`76c03000 kernel32!HeapFree
00000001`3f8a91b8  00000000`76c02b20 kernel32!SleepStub
00000001`3f8a91c0  00000000`76bf9090 kernel32!IsValidCodePageStub
00000001`3f8a91c8  00000000`76bf6f90 kernel32!GetACPStub
00000001`3f8a91d0  00000000`76bfb520 kernel32!GetOEMCPStub
00000001`3f8a91d8  00000000`76bf6ce0 kernel32!GetCPInfoStub
00000001`3f8a91e0  00000000`76bf6640 kernel32!LoadLibraryExWStub
00000001`3f8a91e8  00000000`76beb760 kernel32!OutputDebugStringWStub
00000001`3f8a91f0  00000000`76bf1870 kernel32!CreateFileWImplementation
00000001`3f8a91f8  00000000`00000000
00000001`3f8a9200  00000000`76d250b0 user32!EndDialog
00000001`3f8a9208  00000000`76d07400 user32!PostQuitMessage
00000001`3f8a9210  00000000`76d16e30 user32!ZwUserEndPaint
00000001`3f8a9218  00000000`76d16e40 user32!NtUserBeginPaint
00000001`3f8a9220  00000000`76e2b0ac ntdll!NtdllDefWindowProc_W
00000001`3f8a9228  00000000`76d0cbf0 user32!ZwUserDestroyWindow
00000001`3f8a9230  00000000`76d1d410 user32!DialogBoxParamW
00000001`3f8a9238  00000000`76d12790 user32!UpdateWindow
00000001`3f8a9240  00000000`76d11930 user32!NtUserShowWindow
00000001`3f8a9248  00000000`76d10810 user32!CreateWindowExW
00000001`3f8a9250  00000000`76d10e9c user32!RegisterClassExW
00000001`3f8a9258  00000000`76d11498 user32!LoadCursorW
00000001`3f8a9260  00000000`76d114c0 user32!LoadIconW
00000001`3f8a9268  00000000`76d1991c user32!DispatchMessageW
00000001`3f8a9270  00000000`76d196f0 user32!TranslateMessage
00000001`3f8a9278  00000000`76d19390 user32!TranslateAcceleratorW
00000001`3f8a9280  00000000`76d19e74 user32!GetMessageW
00000001`3f8a9288  00000000`76d0b080 user32!LoadAcceleratorsW
00000001`3f8a9290  00000000`76d0f99c user32!LoadStringW
00000001`3f8a9298  00000000`00000000
```

접근 가능한 메모리 내에 실제 주소를 갖고 있음을 확인할 수 있다.

10. 임포트된 함수가 어떻게 호출되는지 확인해보자. 현재 스레드의 스택 트레이스를 살펴보자.

```
0:000> k
Child-SP          RetAddr           Call Site
00000000`002bfa38 00000000`76d19e9e user32!ZwUserGetMessage+0xa
*** WARNING: Unable to verify checksum for M1.exe
*** ERROR: Module load completed but symbols could not be loaded for M1.exe
00000000`002bfa40 00000001`3f8a10ac user32!GetMessageW+0x34
00000000`002bfa70 00000001`3f8a1638 M1+0x10ac
00000000`002bfae0 00000000`76bf652d M1+0x1638
00000000`002bfb20 00000000`76e2c521 kernel32!BaseThreadInitThunk+0xd
00000000`002bfb50 00000000`00000000 ntdll!RtlUserThreadStart+0x1d
```

다시 한 번 명령어를 반복하면 경고와 에러 메시지가 표시되지 않을 것이다.

```
0:000> k
Child-SP          RetAddr           Call Site
00000000`002bfa38 00000000`76d19e9e user32!ZwUserGetMessage+0xa
00000000`002bfa40 00000001`3f8a10ac user32!GetMessageW+0x34
00000000`002bfa70 00000001`3f8a1638 M1+0x10ac
00000000`002bfae0 00000000`76bf652d M1+0x1638
00000000`002bfb20 00000000`76e2c521 kernel32!BaseThreadInitThunk+0xd
00000000`002bfb50 00000000`00000000 ntdll!RtlUserThreadStart+0x1d
```

리턴 주소(RetAddr)는 자신을 호출한 사이트[Call Site]로 복귀하기 위한 주소를 뜻한다. 역방향 디스어셈블리는 주로 콜[Call] CPU 명령을 보여주므로, 이 예제에서는 GetMessageW 함수를 호출할 것으로 예상된다.

```
0:000> ub 00000001`3f8a10ac
M1+0x1090:
00000001`3f8a1090 f4              hlt
00000001`3f8a1091 810000488944    add     dword ptr [rax],44894800h
00000001`3f8a1097 2420            and     al,20h
00000001`3f8a1099 4533c9          xor     r9d,r9d
00000001`3f8a109c 4533c0          xor     r8d,r8d
00000001`3f8a109f 33d2            xor     edx,edx
00000001`3f8a10a1 488d4c2428      lea     rcx,[rsp+28h]
00000001`3f8a10a6 ff15d4810000    call    qword ptr [M1+0x9280 (00000001`3f8a9280)]
```

대괄호는 간접 주소를 의미한다. 메모리 주소 00000001`3f8a9280의 값은 실행을 전달하기 위한 주소를 포함하고 있어야 한다.

```
0:000> dps 00000001`3f8a9280 L1
00000001`3f8a9280  00000000`76d19e74 user32!GetMessageW
```

임포트 주소 테이블에는 00000001`3f8a928 주소가 기록된다.

11. 마지막으로 M1 모듈의 무결성을 확인해보자.

```
0:000> !chkimg -v -d M1
Searching for module with expression: M1
Error for M1: Could not find image file for the module. Make sure binaries are included in the symbol path.
```

WinDbg가 덤프 파일 내의 모듈과 비교를 위한 파일을 찾을 수 없다는 에러를 만나게 되면 실행 모듈을 찾기 위한 경로를 지정해야 한다.

```
0:000> .exepath+ C:\AWMA-Dumps\Executables\
Executable image search path is: srv*;C:\AWMA-Dumps\Executables\
Expanded Executable image search path is:
SRV*c:\mss*https://msdl.microsoft.com/download/symbols;c:\awma-dumps\executables\

************* Symbol Path validation summary **************
Response            Time (ms)    Location
Deferred                         srv*
OK                               C:\AWMA-Dumps\Executables\

0:000> !chkimg -v -d M1
Searching for module with expression: M1
Will apply relocation fixups to file used for comparison
Will ignore NOP/LOCK errors
Will ignore patched instructions
Image specific ignores will be applied
Comparison image path: C:\AWMA-Dumps\Executables\M1.exe
No range specified

Scanning section:    .text
Size: 29467
Range to scan: 13f8a1000-13f8a831b
Total bytes compared: 29467(100%)
Number of errors: 0


Scanning section:    .rdata
Size: 25446
Range to scan: 13f8a9000-13f8af366
Total bytes compared: 25446(100%)
Number of errors: 0
```

```
Scanning section:      .pdata
Size: 1932
Range to scan: 13f8b4000-13f8b478c
Total bytes compared: 1932(100%)
Number of errors: 0

Scanning section:      .rsrc
Size: 7528
Range to scan: 13f8b5000-13f8b6d68
Total bytes compared: 7528(100%)
Number of errors: 0
0 errors : M1
```

12. 로그 파일을 닫는다.

```
0:000> .logclose
Closing open log file C:\AWMA-Dumps\M1B.log
```

불필요한 혼란과 문제들이 발생되지 않도록 각 연습 후에는 WinDbg를 종료하는 것을 권장한다.

패킹된 코드와 데이터

- ◉ 문자열이 없거나 매우 적음

- ◉ 코드 시그니처가 없거나 매우 적음

- ◉ 임포트 함수가 없거나 매우 적음

- ◉ 다른 섹션들이 보임

예제: UPX

섹션의 개수와 이름은 임의로 지정이 가능하다. 다른 이름을 가져도 되고, 심지어 하나 또는 두 개의 섹션만 존재하는 것도 가능하다. 결국 모듈은 특정 메모리 주소에 로딩되는 바이너리일 뿐이다. 자신만의 로더와 링커를 작성할 수도 있다. 코드와 데이터 또한 패킹될 수도 있다. 패킹된 모듈이 포함된 프로세스 덤프 파일을 보면 컴파일 후 UPX 패커로 패킹된 모듈은 시작 시 프로그램이 동일한 모듈을 로드하지만, 비교를 위해서는 언패킹이 필요하다. 보통 일반적인 모듈에서는 상당히 많은 문자열이 발견된다. 하지만 패킹된 모듈에서는 일부 문자열이 발견되기는 하지만, 확실히 발견되는 문자열의 수가 적다. 이를 소위 사전 난독화 잔류 패턴이라 부른다. 모든 함수는 보통 함수 프롤로그와 함수 에필로그라 불리는 일부 표준화된 특징을 가진다. 또한 임포트 주소 테이블은 비어있거나 일부 함수가 포함돼 있다. 그리고 섹션명과 속성 등은 UPX(http://upx.sourceforge.net/)로 패킹된 모듈과는 완전히 다르다.

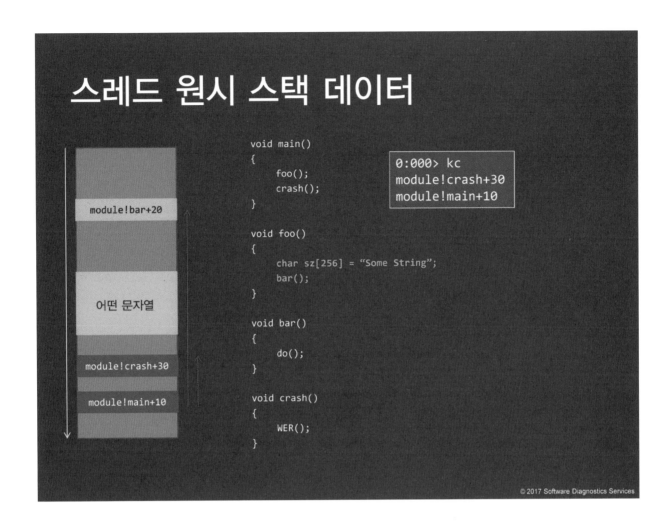

각 스레드의 실행은 사용자 영역 메모리에 스택이라 불리는 자신의 영역을 가진다. 이를 스택 트레이스와 구별하기 위해 원시 스택이라 부른다. 모든 함수는 호출 시 복귀 주소가 스택에 저장된다. 어떤 경우에는 그다음 호출에 의해 복귀 주소가 덮어 써지는 경우도 있고, 그렇지 않고 스택에 그대로 남아있는 경우도 있다. 이를 실행 흔적이라고 부른다. 이렇게 살아남은 흔적에서 아스키 또는 유니코드 문자열이 발견되기도 한다. 예외 처리 코드를 호출하는 crash( ) 함수를 호출한 후에 스택 트레이스를 확인하면 bar( ) 함수의 실행 흔적이 남아있는 경우도 있다. 버퍼가 미리 할당되기 때문이다. 또한 스택 상자 우측 파란색 화살표의 방향처럼 스택은 메모리 주소가 낮아지는 쪽으로 자란다는 것을 잊지 말자.

연습 M2

- 목표: 패킹 또는 숨겨진 모듈 및 실행 흔적 검사

- 패턴: 패킹된 코드, 숨겨진 모듈, 사전 난독화 흔적, 실행 흔적, 문자열 힌트

- \AWMA-Dumps\Exercise-M2.pdf

연습 M2

목표: 패킹 또는 숨겨진 모듈 및 실행 흔적 검사

패턴: 패킹된 코드, 숨겨진 모듈, 사전 난독화 흔적, 실행 흔적

1. Windows Kits\WinDbg(X64) 또는 Windows Kits\WinDbg(X86)의 WinDbg를 실행한다.

2. \AWMA-Dumps\Processes\M2.dmp를 연다.

3. 덤프 파일이 로딩된다.

```
Microsoft (R) Windows Debugger Version 10.0.15063.468 AMD64
Copyright (c) Microsoft Corporation. All rights reserved.


Loading Dump File [C:\AWMA-Dumps\Processes\M2.DMP]
User Mini Dump File with Full Memory: Only application data is available

Symbol search path is: srv*
Executable search path is:
Windows 7 Version 7601 (Service Pack 1) MP (4 procs) Free x86 compatible
Product: WinNt, suite: SingleUserTS Personal
Machine Name:
Debug session time: Wed Jan 30 19:24:22.000 2013 (UTC + 1:00)
System Uptime: 21 days 7:17:59.279
Process Uptime: 0 days 0:00:28.000
.......
eax=00000000 ebx=00000000 ecx=00000000 edx=00000000 esi=0045f9bc edi=00000000
eip=76fffd71 esp=0045f978 ebp=0045f9e0 iopl=0         nv up ei pl zr na pe nc
cs=0023  ss=002b  ds=002b  es=002b  fs=0053  gs=002b         efl=00000246
ntdll!NtDelayExecution+0x15:
76fffd71 83c404          add     esp,4
```

4. 로그 파일을 연다.

```
0:000> .logopen C:\AWMA-Dumps\M2.log
Opened log file 'C:\AWMA-Dumps\M2.log'
```

5. 마이크로소프트 심볼 서버와 연결할 경로를 지정하고, 심볼을 재로딩한다.

```
0:000> .symfix c:\mss

0:000> .reload
.......
```

6. 모듈 목록을 확인하고, 각 모듈의 타임스탬프를 확인한다.

```
0:000> lmt
start     end       module name
012e0000  012ec000  M2         Wed Jan 30 18:23:18 2013 (51096516)
5ea70000  5eb46000  msvcr110   Tue Nov 06 03:35:42 2012 (5098858E)
60640000  60654000  calc3du    Wed Jan 30 16:21:24 2013 (51094884)
71610000  71627000  calc3d     Wed Jan 30 16:21:24 2013 (51094884)
751e0000  752f0000  kernel32   Mon Aug 20 18:40:01 2012 (50327671)
75390000  753d7000  KERNELBASE Mon Aug 20 18:40:02 2012 (50327672)
76fe0000  77160000  ntdll      Thu Nov 17 05:28:47 2011 (4EC49B8F)
```

일부 모듈은 비슷한 빌드 타임스탬프를 가지며, 이들은 관련성이 있을 수 있다.

7. 각 모듈의 헤더를 확인해보자. 이 작업은 !for_each_module 명령어로 자동화할 수 있다(이 로그는 매우 유용하다).

```
0:000> !for_each_module ".echo Module name: @#ModuleName; !dh @#ModuleName"
[...]

Module name: calc3d

File Type: DLL
FILE HEADER VALUES
     14C machine (i386)
       5 number of sections
51094884 time date stamp Wed Jan 30 16:21:24 2013

       0 file pointer to symbol table
       0 number of symbols
      E0 size of optional header
    2102 characteristics
         Executable
         32 bit word machine
         DLL

OPTIONAL HEADER VALUES
```

```
      10B  magic #
    11.00  linker version
     6400  size of code
     9800  size of initialized data
        0  size of uninitialized data
     1262  address of entry point
     1000  base of code
           ----- new -----
 60640000  image base
     1000  section alignment
      200  file alignment
        2  subsystem (Windows GUI)
     6.00  operating system version
     0.00  image version
     6.00  subsystem version
    14000  size of image
      400  size of headers
        0  checksum
 00100000  size of stack reserve
 00001000  size of stack commit
 00100000  size of heap reserve
 00001000  size of heap commit
      140  DLL characteristics
           Dynamic base
           NX compatible
     C600  [    A9]  address [size] of Export Directory
     C034  [    28]  address [size] of Import Directory
    10000  [   1E0]  address [size] of Resource Directory
        0  [     0]  address [size] of Exception Directory
        0  [     0]  address [size] of Security Directory
    11000  [   B80]  address [size] of Base Relocation Directory
     8140  [    38]  address [size] of Debug Directory
        0  [     0]  address [size] of Description Directory
        0  [     0]  address [size] of Special Directory
        0  [     0]  address [size] of Thread Storage Directory
     BCA0  [    40]  address [size] of Load Configuration Directory
        0  [     0]  address [size] of Bound Import Directory
     8000  [   100]  address [size] of Import Address Table Directory
        0  [     0]  address [size] of Delay Import Directory
        0  [     0]  address [size] of COR20 Header Directory
        0  [     0]  address [size] of Reserved Directory


SECTION HEADER #1
   .text  name
```

```
  6320  virtual size
  1000  virtual address
  6400  size of raw data
   400  file pointer to raw data
     0  file pointer to relocation table
     0  file pointer to line numbers
     0  number of relocations
     0  number of line numbers
60000020  flags
          Code
          (no align specified)
          Execute Read


SECTION HEADER #2
  .rdata name
  46A9  virtual size
  8000  virtual address
  4800  size of raw data
  6800  file pointer to raw data
     0  file pointer to relocation table
     0  file pointer to line numbers
     0  number of relocations
     0  number of line numbers
40000040  flags
          Initialized Data
          (no align specified)
          Read Only



Debug Directories(2)
        Type    Size    Address     Pointer
        cv       3b      bce8        a4e8  Format: RSDS, guid, 1,
C:\Work\AWMA\M2\Release\calc3d.pdb
       (   12)   10      bd24        a524


SECTION HEADER #3
   .data name
  2BF4  virtual size
  D000  virtual address
   E00  size of raw data
  B000  file pointer to raw data
     0  file pointer to relocation table
     0  file pointer to line numbers
     0  number of relocations
     0  number of line numbers
```

```
C0000040  flags
          Initialized Data
          (no align specified)
          Read Write


SECTION HEADER #4
   .rsrc name
     1E0 virtual size
   10000 virtual address
     200 size of raw data
    BE00 file pointer to raw data
       0 file pointer to relocation table
       0 file pointer to line numbers
       0 number of relocations
       0 number of line numbers
40000040 flags
          Initialized Data
          (no align specified)
          Read Only


SECTION HEADER #5
  .reloc name
    2106 virtual size
   11000 virtual address
    2200 size of raw data
    C000 file pointer to raw data
       0 file pointer to relocation table
       0 file pointer to line numbers
       0 number of relocations
       0 number of line numbers
42000040 flags
          Initialized Data
          Discardable
          (no align specified)
          Read Only


File Type: DLL
FILE HEADER VALUES
     14C machine (i386)
       3 number of sections
51094884 time date stamp Wed Jan 30 16:21:24 2013

       0 file pointer to symbol table
       0 number of symbols
      E0 size of optional header
```

```
        2102  characteristics
              Executable
              32 bit word machine
              DLL


OPTIONAL HEADER VALUES
         10B  magic #
       11.00  linker version
        6000  size of code
        1000  size of initialized data
        F000  size of uninitialized data
       15600  address of entry point
       10000  base of code
              ----- new -----
    71610000  image base
        1000  section alignment
         200  file alignment
           2  subsystem (Windows GUI)
        6.00  operating system version
        0.00  image version
        6.00  subsystem version
       17000  size of image
        1000  size of headers
           0  checksum
    00100000  size of stack reserve
    00001000  size of stack commit
    00100000  size of heap reserve
    00001000  size of heap commit
         140  DLL characteristics
              Dynamic base
              NX compatible
       16274  [    AC]  address [size] of Export Directory
       161DC  [    98]  address [size] of Import Directory
       16000  [   1DC]  address [size] of Resource Directory
           0  [     0]  address [size] of Exception Directory
           0  [     0]  address [size] of Security Directory
       16320  [    10]  address [size] of Base Relocation Directory
           0  [     0]  address [size] of Debug Directory
           0  [     0]  address [size] of Description Directory
           0  [     0]  address [size] of Special Directory
           0  [     0]  address [size] of Thread Storage Directory
       157CC  [    48]  address [size] of Load Configuration Directory
           0  [     0]  address [size] of Bound Import Directory
           0  [     0]  address [size] of Import Address Table Directory
           0  [     0]  address [size] of Delay Import Directory
```

```
       0 [       0] address [size] of COR20 Header Directory
       0 [       0] address [size] of Reserved Directory


SECTION HEADER #1
    UPX0 name
    F000 virtual size
    1000 virtual address
       0 size of raw data
       0 file pointer to raw data
       0 file pointer to relocation table
       0 file pointer to line numbers
       0 number of relocations
       0 number of line numbers
60000080 flags
         Uninitialized Data
         (no align specified)
         Execute Read


SECTION HEADER #2
    UPX1 name
    6000 virtual size
   10000 virtual address
    5A00 size of raw data
     400 file pointer to raw data
       0 file pointer to relocation table
       0 file pointer to line numbers
       0 number of relocations
       0 number of line numbers
60000040 flags
         Initialized Data
         (no align specified)
         Execute Read


SECTION HEADER #3
    .rsrc name
    1000 virtual size
   16000 virtual address
     400 size of raw data
    5E00 file pointer to raw data
       0 file pointer to relocation table
       0 file pointer to line numbers
       0 number of relocations
       0 number of line numbers
C0000040 flags
         Initialized Data
```

```
        (no align specified)
        Read Write
```

[...]

calc3d.dll이 71610000에 로딩됐고 임포트 주소 테이블이 비어있으며, 섹션의 이름이 UPX0와 UPX1으로 된 것을 주목하라.

8. UPX1 주소 범위에서 아스키 문자열을 나열해보자(유니코드 문자열을 보기 위해서는 s-su 명령어를 사용할 수 있다).

```
0:000> s-sa 71610000+10000 L6000
71624009  "GetCommandLineA"
7162401a  "GetCurrentThreadId"
7162402e  "IsDebuggerPresent"
71624041  "EncodePointer"
71624050  "DecodePointer"
7162405f  "IsProcessorFeaturePresent"
7162407a  "GetLastError"
71624088  "SetLastError"
71624096  "InterlockedIncrement"
716240ac  "InterlockedDecrement"
716240c2  "ExitProcess"
716240cf  "GetModuleHandleExW"
716240e3  "GetProcAddress"
716240f3  "MultiByteToWideChar"
71624108  "GetProcessHeap"
71624118  "GetStdHandle"
71624126  "GetFileType"
71624133  "InitializeCriticalSectionAndSpin"
71624153  "Count"
7162415a  "DeleteCriticalSection"
71624171  "GetStartupInfoW"
71624182  "GetModuleFileNameA"
71624196  "HeapFree"
716241a0  "QueryPerformanceCounter"
716241b9  "GetCurrentProcessId"
716241ce  "GetSystemTimeAsFileTime"
716241e7  "GetEnvironmentStringsW"
716241ff  "FreeEnvironmentStringsW"
71624218  "WideCharToMultiByte"
7162422d  "UnhandledExceplionFilter"
71624247  "SetUnhandledExceptionFilter"
71624264  "GetCurrentProcess"
```

```
71624277  "TerminateProcess"
71624289  "TlsAlloc"
71624293  "TlsGetValue"
716242a0  "TlsSetValue"
716242ad  "TlsFree"
716242b6  "GetModuleHandleW"
716242c8  "Sleep"
716242cf  "EnterCriticalSection"
716242e5  "LeaveCriticalSection"
716242fb  "IsValidCodePage"
7162430c  "GetACP"
71624314  "GetOEMCP"
7162431e  "GetCPInfo"
71624329  "WriteFile"
71624334  "GetModuleFileNameW"
71624348  "LoadLibraryExW"
71624358  "RtlUnwind"
71624363  "HeapAlloc"
7162436e  "HeapReAlloc"
7162437b  "GetStringTypeW"
7162438b  "OutputDebugStringW"
7162439f  "LoadLibraryW"
716243ad  "HeapSize"
716243b7  "LCMapStringW"
716243c5  "FlushFileBuffers"
716243d7  "GetConsoleCP"
716243e5  "GetConsoleMode"
716243f5  "SetStdHandle"
71624403  "SetFilePointerEx"
71624415  "WriteConsoleW"
71624424  "CloseHandle"
71624431  "CreateFileW"
[...]
71624ae4  ".text"
71624b0b  "`.rdata"
71624b33  "@.data"
71624b5c  ".rsrc"
71624b83  "@.reloc"
[...]
71624ce7  "o:\Work\AWMA\M2\ReleaseN"
71624d02  "\:c3d.pd"
[...]
7162502a  "ommand"
71625041  "IsDe"
71625049  "buggerP"
```

```
71625054  "Encodnmk"
[...]
```

9.   스레드의 개수를 확인하고, 현재 스레드의 원시 스택을 살펴본다.

```
0:000> ~
.  0  Id: 233c.1254 Suspend: 0 Teb: 7efdd000 Unfrozen

0:000> k
ChildEBP RetAddr
0045f978 753a3bc8 ntdll!NtDelayExecution+0x15
0045f9e0 753a4498 KERNELBASE!SleepEx+0x65
0045f9f0 012e101e KERNELBASE!Sleep+0xf
WARNING: Stack unwind information not available. Following frames may be wrong.
0045fa38 751f33aa M2+0x101e
0045fa44 77019ef2 kernel32!BaseThreadInitThunk+0xe
0045fa84 77019ec5 ntdll!__RtlUserThreadStart+0x70
0045fa9c 00000000 ntdll!_RtlUserThreadStart+0x1b
```

!teb 명령어를 이용해 스택 영역 주소를 확인한다.

```
0:000> !teb
TEB at 7efdd000
    ExceptionList:        0045f9d0
    StackBase:            00460000
    StackLimit:           0045e000
    SubSystemTib:         00000000
    FiberData:            00001e00
    ArbitraryUserPointer: 00000000
    Self:                 7efdd000
    EnvironmentPointer:   00000000
    ClientId:             0000233c . 00001254
    RpcHandle:            00000000
    Tls Storage:          7efdd02c
    PEB Address:          7efde000
    LastErrorValue:       0
    LastStatusValue:      c0000139
    Count Owned Locks:    0
    HardErrorMode:        0
```

이제 dps 명령어를 이용해 심볼이 적용된 메모리 값을 덤프할 수 있다.

```
0:000> dps 0045e000 00460000
0045e000  00000000
0045e004  00000000
0045e008  00000000
0045e00c  00000000
0045e010  00000000
[...]
0045eb80  00000000
0045eb84  00000000
0045eb88  0045ec18
0045eb8c  0045ebc4
0045eb90  753bea9e KERNELBASE!LCMapStringEx+0x130
0045eb94  00000000
0045eb98  00000200
0045eb9c  0045ee28
0045eba0  00000100
0045eba4  0045ec18
0045eba8  008a4498
0045ebac  7efb0222
0045ebb0  00000100
0045ebb4  0045ebe8
0045ebb8  753c0c6e KERNELBASE!WideCharToMultiByte+0x19f
0045ebbc  008a4498
0045ebc0  0045ec18
0045ebc4  0045ee18
0045ebc8  0045f2d0
0045ebcc  0045f3d0
0045ebd0  00000000
0045ebd4  00000100
0045ebd8  0045ec18
0045ebdc  0045ee28
0045ebe0  008a4498
0045ebe4  00000000
0045ebe8  0045f040
0045ebec  6064503b calc3du!fncalc3d+0x3fdb
0045ebf0  00000000
0045ebf4  00000000
0045ebf8  0045ec18
0045ebfc  00000001
0045ec00  0045f2d0
0045ec04  0045f040
0045ec08  6064504a calc3du!fncalc3d+0x3fea
0045ec0c  0045ee28
0045ec10  0000cccc
[...]
```

```
0045f964  0045f950
0045f968  7701c439 ntdll!LdrpLoadDll+0x635
0045f96c  0045fa28
0045f970  770571d5 ntdll!_except_handler4
0045f974  6db8e6f2
0045f978  76fffd71 ntdll!NtDelayExecution+0x15
0045f97c  753a3bc8 KERNELBASE!SleepEx+0x65
0045f980  00000000
0045f984  0045f9bc
0045f988  4f2ad6dc
0045f98c  00000000
0045f990  00000001
0045f994  00000000
0045f998  00000024
0045f99c  00000001
0045f9a0  00000000
0045f9a4  00000000
0045f9a8  00000000
0045f9ac  00000000
0045f9b0  00000000
0045f9b4  00000000
0045f9b8  00000000
0045f9bc  00000000
0045f9c0  80000000
0045f9c4  00000000
0045f9c8  0045f988
0045f9cc  001c001a
0045f9d0  0045fa28
0045f9d4  753c6fa0 KERNELBASE!_except_handler4
0045f9d8  3a53a6c4
0045f9dc  00000000
0045f9e0  0045f9f0
0045f9e4  753a4498 KERNELBASE!Sleep+0xf
0045f9e8  ffffffff
0045f9ec  00000000
0045f9f0  0045fa38
0045f9f4  012e101e M2+0x101e
0045f9f8  ffffffff
0045f9fc  012e1231 M2+0x1231
0045fa00  00000001
0045fa04  008c9660
0045fa08  008cbb78
0045fa0c  22fb0166
0045fa10  00000000
0045fa14  00000000
```

```
0045fa18  7efde000
0045fa1c  00000000
0045fa20  0045fa0c
0045fa24  000002c5
0045fa28  0045fa74
0045fa2c  012e17e9 M2+0x17e9
0045fa30  2390dab6
0045fa34  00000000
0045fa38  0045fa44
0045fa3c  751f33aa kernel32!BaseThreadInitThunk+0xe
0045fa40  7efde000
0045fa44  0045fa84
0045fa48  77019ef2 ntdll!__RtlUserThreadStart+0x70
0045fa4c  7efde000
0045fa50  1afddd0e
0045fa54  00000000
0045fa58  00000000
0045fa5c  7efde000
0045fa60  00000000
0045fa64  00000000
0045fa68  00000000
0045fa6c  0045fa50
0045fa70  00000000
0045fa74  ffffffff
0045fa78  770571d5 ntdll!_except_handler4
0045fa7c  6db8e2ba
0045fa80  00000000
0045fa84  0045fa9c
0045fa88  77019ec5 ntdll!_RtlUserThreadStart+0x1b
0045fa8c  012e1299 M2+0x1299
0045fa90  7efde000
0045fa94  00000000
0045fa98  00000000
0045fa9c  00000000
[...]
```

calc3du 모듈 흔적을 볼 수 있다. 메모리 영역 내에 존재하는 상수 같은 값과 우연히 일치한 것은 아닌지 확인해야 한다.

```
0:000> ub 6064504a
calc3du!fncalc3d+0x3fd2:
60645032 ff7524           push    dword ptr [ebp+24h]
60645035 ff156c806460     call    dword ptr [calc3du!fncalc3d+0x700c (6064806c)]
6064503b 8bf8             mov     edi,eax
```

```
6064503d 56              push    esi
6064503e e860000000      call    calc3du!fncalc3d+0x4043 (606450a3)
60645043 59              pop     ecx
60645044 53              push    ebx
60645045 e859000000      call    calc3du!fncalc3d+0x4043 (606450a3)

0:000> ub 6064503b
calc3du!fncalc3d+0x3fc7:
60645027 eb06            jmp     calc3du!fncalc3d+0x3fcf (6064502f)
60645029 ff7520          push    dword ptr [ebp+20h]
6064502c ff751c          push    dword ptr [ebp+1Ch]
6064502f 57              push    edi
60645030 56              push    esi
60645031 50              push    eax
60645032 ff7524          push    dword ptr [ebp+24h]
60645035 ff156c806460    call    dword ptr [calc3du!fncalc3d+0x700c (6064806c)]
```

이전 명령어가 call이기 때문에 이 리턴 주소는 과거에 실행된 때 저장된 주소일 가능성이 더 높다. 이 영역에서 s-sa와 s-su 명령어를 이용해 문자열을 확인할 수 있다. 또한 dpa, dpu와 같은 명령어를 이용해 모든 값을 문자열 포인터로 해석할 수도 있다. dpp 명령어는 모든 값을 메모리 주소로 취급하며, 각 주소가 가리키는 값을 가능한 심볼과 함께 보여준다(더블 리다이렉션).

10. 다음으로 calc3d와 calc3du 모듈의 전체 주소 영역에서 웹 사이트, 패스워드, HTTP 형태의 악의적인 문자열을 조사한다.

```
0:000> lm
start    end        module name
012e0000 012ec000   M2      C (no symbols)
5ea70000 5eb46000   msvcr110   (deferred)
60640000 60654000   calc3du C (export symbols)      calc3du.dll
71610000 71627000   calc3d    (deferred)
751e0000 752f0000   kernel32   (pdb symbols)
c:\mss\wkernel32.pdb\E1C01974DA974A699700CC37CD94A9202\wkernel32.pdb
75390000 753d7000   KERNELBASE   (pdb symbols)
c:\mss\wkernelbase.pdb\615FE84E96114FE8B63193C923E026F51\wkernelbase.pdb
76fe0000 77160000   ntdll    (pdb symbols)
c:\mss\wntdll.pdb\D74F79EB1F8D4A45ABCD2F476CCABACC2\wntdll.pdb

0:000> s-su 60640000 60654000
[...]
60648178 https://www.dumpanalysis.com
[...]
```

```
0:000> s-su 71610000 71627000
[...]
71618178 https://www.dumpanalysis.com
[...]
```

11. MZ/PE 시그니처를 검색하는 `.imgscan` 명령어를 이용해 로드된 모듈 목록에 보이지 않는 숨겨진 모듈이 있는지 확인한다.

```
0:000> .imgscan
MZ at 012e0000, prot 00000002, type 01000000 - size c000
  Name: M2.exe
MZ at 5ea70000, prot 00000002, type 01000000 - size d6000
  Name: MSVCR110.dll
MZ at 60640000, prot 00000002, type 01000000 - size 14000
  Name: calc3d.dll
MZ at 71610000, prot 00000002, type 01000000 - size 17000
  Name: calc3d.dll
MZ at 72e00000, prot 00000002, type 01000000 - size 8000
  Name: wow64cpu.dll
MZ at 72e10000, prot 00000002, type 01000000 - size 5c000
  Name: wow64win.dll
MZ at 72e70000, prot 00000002, type 01000000 - size 3f000
  Name: wow64.dll
MZ at 751e0000, prot 00000002, type 01000000 - size 110000
  Name: KERNEL32.dll
MZ at 75390000, prot 00000002, type 01000000 - size 47000
  Name: KERNELBASE.dll
MZ at 76e00000, prot 00000002, type 01000000 - size 1a9000
  Name: ntdll.dll
MZ at 76fe0000, prot 00000002, type 01000000 - size 180000
  Name: ntdll.dll
```

wow64 모듈들과 두 개의 ntdll 모듈을 볼 수 있다. 이는 64비트 윈도우에서 수집된 32비트 덤프 파일이기 때문이다.

MZ 문자열을 검색해봄으로써 발견된 내용을 다시 한 번 확인해보자. `s-sa` 명령어는 기본적으로 2바이트 아스키 문자를 무시하므로 `l2` 파라미터를 사용하자. 이 옵션을 지정해 M2 모듈 주소 범위에서 검색하면 두 번째 MZ/PE 헤더가 보이고, UPX 패커에 의해 패킹된 것으로 보이는 문자열들도 발견할 수 있다.

```
0:000> s -[l2]sa 012e0000 012ec000
012e0000  "MZ"
012e004d  "!This program cannot be run in D"
012e006d  "OS mode."
```

```
012e00c0  "S;"
012e00c8  "S;"
012e00d8  "S;"
012e00e0  "Rich"
012e00f0  "PE"
012e0170  "D"""
012e017c  "0d"
012e01b8  "8!"
012e01e8  ".text"
012e020f  "`.rdata"
012e0237  "@.data"
012e0260  ".rsrc"
012e0268  "0d"
012e0287  "@.reloc"
012e1002  "!."
012e1008  " ."
012e100d  "!."
012e1013  " ."
[...]
012e40b0  "MZ"
012e40fd  "!This program cannot be run in D"
012e411d  "OS mode."
012e4188  "Rich"
012e4198  "PE"
012e4210  "tb"
012e4238  " c"
012e4290  "UPX0"
012e42b8  "UPX1"
012e42e0  ".rsrc"
012e448b  "3.08"
012e4490  "UPX!"
[...]
```

M2 모듈 헤더를 덤프하면 리소스 섹션에 위치한 숨겨진 모듈을 확인할 수 있다.

```
0:000> !dh 012e0000

[...]

SECTION HEADER #4
   .rsrc name
   6430 virtual size
   4000 virtual address
   6600 size of raw data
   1600 file pointer to raw data
```

```
      0  file pointer to relocation table
      0  file pointer to line numbers
      0  number of relocations
      0  number of line numbers
40000040  flags
          Initialized Data
          (no align specified)
          Read Only
```

[...]

아스키 문자열이 많이 발견되지 않는다면 그 모듈은 패킹돼 있거나, 아직 실행을 위해 로딩되기 전일 것이다. 그러나 여기에서는 사전 난독화 흔적이나 문자열 조각들을 확인할 수 있다.

```
0:000> s-sa 012e4000 L6600
012e40fd  "!This program cannot be run in D"
012e411d  "OS mode."
012e4188  "Rich"
012e4290  "UPX0"
012e42b8  "UPX1"
012e42e0  ".rsrc"
012e448b  "3.08"
012e4490  "UPX!"
012e449c  "9T5"
012e44d1  "vqx"
[...]
012e84b8  "%BoxW"
012e84c2  "ActiveWindowas"
[...]
012e9197  "o:\Work\AWMA\M2\ReleaseN"
[...]
012e94da  "ommand"
012e94f1  "IsDe"
012e94f9  "buggerP"
[...]
```

12. 임베디드 바이너리를 폴더에 저장하고, 언패킹(012e40b0는 MZ 시그니처의 주소임)을 시도하면 추후 분석할 때 언패킹된 상태의 크래시 덤프를 로딩할 수 있다.

```
0:000> .writemem c:\AWMA-Dumps\module.bin 012e40b0 L6600
Writing 6600 bytes............
```

13. 로그 파일을 닫는다.

```
0:000> .logclose
Closing open log file C:\AWMA-Dumps\M2.log
```

불필요한 혼란과 문제들이 발생되지 않도록 각 연습 후에는 WinDbg를 종료하는 것을 권장한다.

악성코드 필요조건

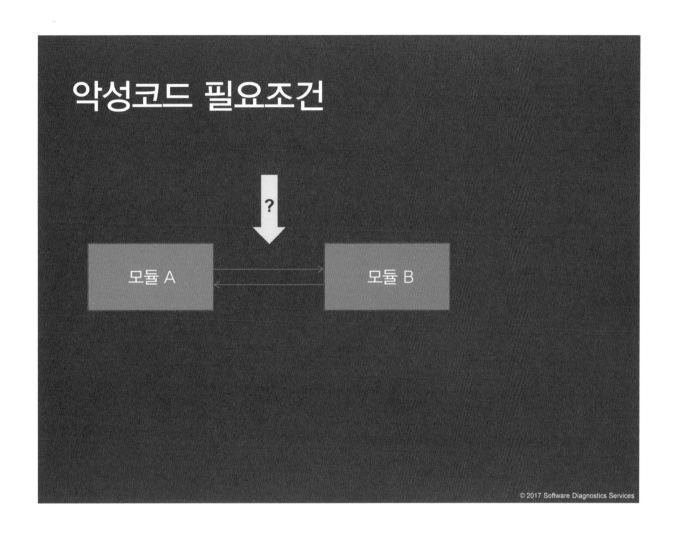

악성코드가 악의적인 행위를 하기 위해서는 자신이 실행돼야 한다. 즉, 기본적으로 요구되는 것은 메모리에 로딩되고 CPU 자원을 할당받는 것이다.

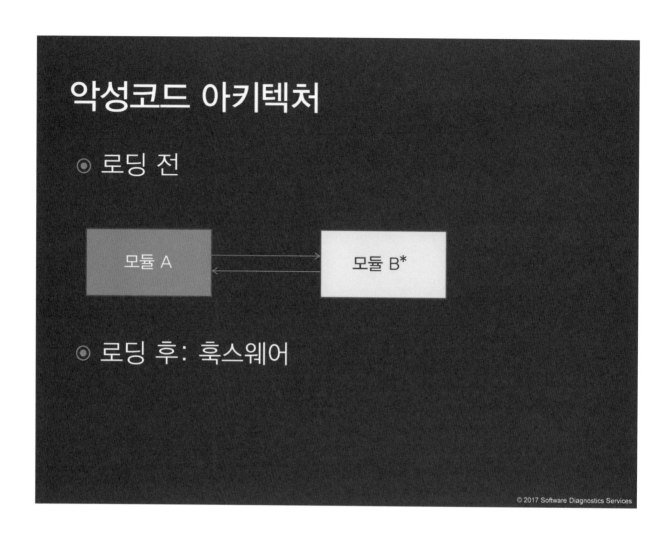

악성코드의 이러한 요구 사항은 기존 모듈을 가짜 모듈로 교체하거나 메모리에 로딩되기 전에 어떻게든 기존 모듈을 수정해 구현될 수 있다. 또 다른 방법은 악성코드 모듈 자체를 로딩한 후 기존 모듈이나 메모리 내의 구조체들을 수정해 자기 자신의 코드로 리다이렉션시키는 것이다. 이런 악성코드를 훅스웨어[Hooksware]라 부르며, 윈도우 훅, 패칭, 원격 스레드 실행에 의한 DLL 인젝션 등의 방법을 사용한다.

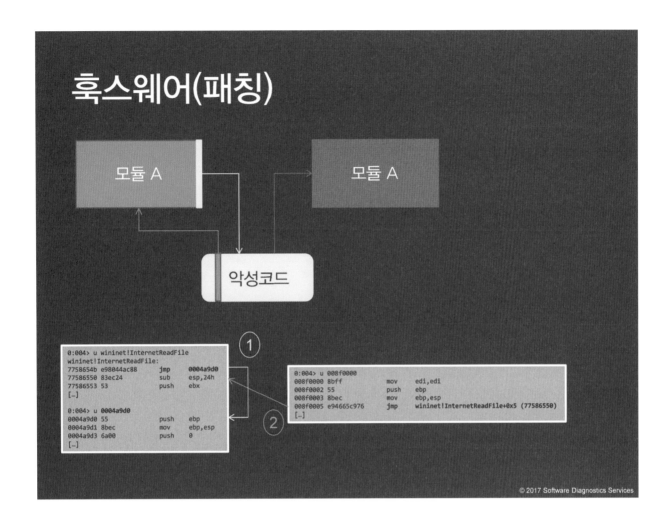

여기서는 코드 패칭만 다룰 예정으로, DLL 인젝션에 대해서는 무료로 제공되는 Debugging TV(www.debugging.tv의 Frame 0x20 에피소드)를 참고하길 바란다. 이후 연습에서는 패치의 영향에 대해 알아보자. 일반적으로 함수의 최초 코드는 저장되고, 다른 코드 영역으로 점프할 수 있는 코드로 대체된다. 악의적인 행위를 마친 후에는 실행 흐름이 저장된 부분을 실행하게 되므로 이전 코드로 돌아가게 된다.

연습 M3

- ◉ **목표:** 피해 프로그램 프로세스의 메모리 덤프에서 악성코드 점검하기

- ◉ **패턴:** 스택 트레이스 수집, RIP 스택 트레이스, 훅스웨어, 패치된 코드, 숨겨진 모듈, 비정상 모듈, 문자열 힌트, 가짜 모듈, 심볼이 없는 컴포넌트, 네임스페이스

- ◉ \AWMA-Dumps\Exercise-M3.pdf

이제 악성코드 분석 패턴들을 가지고 실제 악성코드 크래시 덤프 파일을 분석해보자.

연습 M3

목표: 피해 프로그램 프로세스의 메모리 덤프에서 악성코드 점검하기

패턴: 스택 트레이스 수집, RIP 스택 트레이스, 훅스웨어, 패치된 코드, 숨겨진 모듈, 비정상 모듈, 문자열 힌트, 가짜 모듈, 심볼이 없는 컴포넌트, 네임스페이스

1. Windows Kits\WinDbg(X64) 또는 Windows Kits\WinDbg(X86)의 WinDbg를 실행한다.

2. \AWMA-Dumps\Processes\iexplore.exe.5564.dmp를 연다.

3. 덤프 파일이 로딩된다.

```
Microsoft (R) Windows Debugger Version 10.0.15063.468 AMD64
Copyright (c) Microsoft Corporation. All rights reserved.


Loading Dump File [C:\AWMA-Dumps\Processes\iexplore.exe.5564.dmp]
User Mini Dump File with Full Memory: Only application data is available


Symbol search path is: srv*
Executable search path is:
Windows Server 2008/Windows Vista Version 6002 (Service Pack 2) MP (2 procs) Free x86 compatible
Product: WinNt, suite: SingleUserTS Personal
Machine Name:
Debug session time: Sun Sep 26 09:19:07.000 2010 (UTC + 1:00)
System Uptime: 0 days 18:41:40.127
Process Uptime: 0 days 0:00:48.000
...........................................................
.........................................................
Loading unloaded module list
..
This dump file has an exception of interest stored in it.
The stored exception information can be accessed via .ecxr.
(15bc.650): Unknown exception - code c0000374 (first/second chance not available)
eax=00000000 ebx=00000000 ecx=00000400 edx=00000000 esi=026e0000 edi=000015bc
eip=77815e74 esp=02c9cb1c ebp=02c9cba0 iopl=0          nv up ei pl nz na po nc
cs=001b  ss=0023  ds=0023  es=0023  fs=003b  gs=0000            efl=00040202
ntdll!KiFastSystemCallRet:
77815e74 c3              ret
```

덤프 파일에 저장된 예외 메시지를 확인한다.

4. 로그 파일을 연다.

```
0:004> .logopen C:\AWMA-Dumps\M3.log
Opened log file 'C:\AWMA-Dumps\M3.log'
```

5. 마이크로소프트 심볼 서버와 연결할 경로를 지정하고, 심볼을 재로딩한다.

```
0:004> .symfix c:\mss

0:004> .reload
...............................................................
.............................................................
Loading unloaded module list
..
```

6. 우선 !analyze -v 명령어를 실행한다.

```
0:004> !analyze -v
*******************************************************************************
*                                                                             *
*                        Exception Analysis                                   *
*                                                                             *
*******************************************************************************

*** ERROR: Symbol file could not be found.  Defaulted to export symbols for msidcrl40.dll -
GetUrlPageData2 (WinHttp) failed: 12002.

DUMP_CLASS: 2

DUMP_QUALIFIER: 400

CONTEXT:  (.ecxr)
eax=02c9d01c ebx=00000000 ecx=7fffffff edx=00000000 esi=00290000 edi=04f1ffe0
eip=7785faf8 esp=02c9d00c ebp=02c9d084 iopl=0         nv up ei pl zr na pe nc
cs=001b  ss=0023  ds=0023  es=0023  fs=003b  gs=0000              efl=00040246
ntdll!RtlReportCriticalFailure+0x5b:
7785faf8 eb1c            jmp     ntdll!RtlReportCriticalFailure+0x6f (7785fb16)
Resetting default scope

FAULTING_IP:
ntdll!RtlReportCriticalFailure+5b
7785faf8 eb1c            jmp     ntdll!RtlReportCriticalFailure+0x6f (7785fb16)

EXCEPTION_RECORD:  (.exr -1)
```

```
ExceptionAddress: 7785faf8 (ntdll!RtlReportCriticalFailure+0x0000005b)
   ExceptionCode: c0000374
  ExceptionFlags: 00000001
NumberParameters: 1
   Parameter[0]: 7787c040


PROCESS_NAME: iexplore.exe

ERROR_CODE: (NTSTATUS) 0xc0000374 - A heap has been corrupted.

EXCEPTION_CODE: (NTSTATUS) 0xc0000374 - A heap has been corrupted.

EXCEPTION_CODE_STR: c0000374

EXCEPTION_PARAMETER1: 7787c040

WATSON_BKT_PROCSTAMP: 4c25813d

WATSON_BKT_PROCVER: 8.0.6001.18943

PROCESS_VER_PRODUCT: Windows® Internet Explorer

WATSON_BKT_MODULE: ntdll.dll

WATSON_BKT_MODSTAMP: 49e03821

WATSON_BKT_MODOFFSET: afaf8

WATSON_BKT_MODVER: 6.0.6002.18005

MODULE_VER_PRODUCT: Microsoft® Windows® Operating System

BUILD_VERSION_STRING: 6.0.6002.18005 (lh_sp2rtm.090410-1830)

MODLIST_WITH_TSCHKSUM_HASH: 89051facdff200a7311def85548775def150d059

MODLIST_SHA1_HASH: 3183dea2540e4006f7d6e1647f68bdd13e7e886a

NTGLOBALFLAG: 400

PROCESS_BAM_CURRENT_THROTTLED: 0

PROCESS_BAM_PREVIOUS_THROTTLED: 0

APPLICATION_VERIFIER_FLAGS: 0
```

PRODUCT_TYPE: 1

SUITE_MASK: 784

DUMP_FLAGS: c07

DUMP_TYPE: 3

ANALYSIS_SESSION_HOST: TRAINING-PC

ANALYSIS_SESSION_TIME: 10-01-2017 15:57:24.0517

ANALYSIS_VERSION: 10.0.15063.468 amd64fre

LAST_CONTROL_TRANSFER: from 77860704 to 7785faf8

THREAD_ATTRIBUTES:
FAULTING_THREAD: ffffffff

THREAD_SHA1_HASH_MOD_FUNC: 73d5ace7e3839658dba1a081c18dc664d03264b6

THREAD_SHA1_HASH_MOD_FUNC_OFFSET: 5a601f4ac9b40c7280e7cf3774f6bd6ddd5079ff

OS_LOCALE: ENI

PROBLEM_CLASSES:

    ID: [0n244]
    Type: [ACTIONABLE]
    Class: Addendum
    Scope: DEFAULT_BUCKET_ID (Failure Bucket ID prefix)
             BUCKET_ID
    Name: Add
    Data: Add
             String: [EntryCorruption]
    PID: [Unspecified]
    TID: [Unspecified]
    Frame: [0]

    ID: [0n245]
    Type: [HEAP_CORRUPTION]
    Class: Primary
    Scope: DEFAULT_BUCKET_ID (Failure Bucket ID prefix)
             BUCKET_ID

```
    Name:      Add
    Data:      Omit
    PID:       [Unspecified]
    TID:       [0x650]
    Frame:     [0] : ntdll!RtlReportCriticalFailure


BUGCHECK_STR:  HEAP_CORRUPTION_ACTIONABLE_EntryCorruption


DEFAULT_BUCKET_ID:  HEAP_CORRUPTION_ACTIONABLE_EntryCorruption


PRIMARY_PROBLEM_CLASS:  HEAP_CORRUPTION


STACK_TEXT:
7787c078 7782b1a5 ntdll!RtlpCoalesceFreeBlocks+0x4b9
7787c07c 7781730a ntdll!RtlpFreeHeap+0x1e2
7787c080 77817545 ntdll!RtlFreeHeap+0x14e
7787c084 76277e4b kernel32!GlobalFree+0x47
7787c088 760f7277 ole32!ReleaseStgMedium+0x124
7787c08c 76594a1f urlmon!ReleaseBindInfo+0x4c
7787c090 765f7feb urlmon!CINet::ReleaseCNetObjects+0x3d
7787c094 765b9a87 urlmon!CINetHttp::OnWininetRequestHandleClosing+0x60
7787c098 765b93f0 urlmon!CINet::CINetCallback+0x2de
7787c09c 77582078 wininet!InternetIndicateStatus+0xfc
7787c0a0 77588f5d wininet!HANDLE_OBJECT::~HANDLE_OBJECT+0xc9
7787c0a4 7758937a wininet!INTERNET_CONNECT_HANDLE_OBJECT::~INTERNET_CONNECT_HANDLE_OBJECT+0x209
7787c0a8 7758916b wininet!HTTP_REQUEST_HANDLE_OBJECT::`scalar deleting destructor'+0xd
7787c0ac 77588d5e wininet!HANDLE_OBJECT::Dereference+0x22
7787c0b0 77589419 wininet!_InternetCloseHandle+0x9d
7787c0b4 77589114 wininet!InternetCloseHandle+0x11e



STACK_COMMAND:  .ecxr ; kb ; dps 7787c078 ; kb


THREAD_SHA1_HASH_MOD:  d46f94b382bdea43ae745d0e14a8c5dfd721ff6b


FOLLOWUP_IP:
urlmon!ReleaseBindInfo+4c
76594a1f 57              push    edi


FAULT_INSTR_CODE:  56006a57


SYMBOL_STACK_INDEX:  5


SYMBOL_NAME:  urlmon!ReleaseBindInfo+4c
```

FOLLOWUP_NAME: MachineOwner

MODULE_NAME: urlmon

IMAGE_NAME: urlmon.dll

DEBUG_FLR_IMAGE_TIMESTAMP: 4c2598b9

BUCKET_ID: HEAP_CORRUPTION_ACTIONABLE_EntryCorruption_urlmon!ReleaseBindInfo+4c

FAILURE_EXCEPTION_CODE: c0000374

FAILURE_IMAGE_NAME: urlmon.dll

BUCKET_ID_IMAGE_STR: urlmon.dll

FAILURE_MODULE_NAME: urlmon

BUCKET_ID_MODULE_STR: urlmon

FAILURE_FUNCTION_NAME: ReleaseBindInfo

BUCKET_ID_FUNCTION_STR: ReleaseBindInfo

BUCKET_ID_OFFSET: 4c

BUCKET_ID_MODTIMEDATESTAMP: 4c2598b9

BUCKET_ID_MODCHECKSUM: 1347e4

BUCKET_ID_MODVER_STR: 8.0.6001.18943

BUCKET_ID_PREFIX_STR: HEAP_CORRUPTION_ACTIONABLE_EntryCorruption_

FAILURE_PROBLEM_CLASS: HEAP_CORRUPTION

FAILURE_SYMBOL_NAME: urlmon.dll!ReleaseBindInfo

FAILURE_BUCKET_ID: HEAP_CORRUPTION_ACTIONABLE_EntryCorruption_c0000374_urlmon.dll!ReleaseBindInfo

WATSON_STAGEONE_URL:
http://watson.microsoft.com/StageOne/iexplore.exe/8.0.6001.18943/4c25813d/ntdll.dll/6.0.6002.1800
5/49e03821/c0000374/000afaf8.htm?Retriage=1

TARGET_TIME: 2010-09-26T08:19:07.000Z

OSBUILD: 6002

OSSERVICEPACK: 18005

SERVICEPACK_NUMBER: 0

OS_REVISION: 0

OSPLATFORM_TYPE: x86

OSNAME: Windows Vista

OSEDITION: Windows Vista WinNt (Service Pack 2) SingleUserTS Personal

USER_LCID: 0

OSBUILD_TIMESTAMP: 2009-04-11 07:25:33

BUILDDATESTAMP_STR: 090410-1830

BUILDLAB_STR: lh_sp2rtm

BUILDOSVER_STR: 6.0.6002.18005

ANALYSIS_SESSION_ELAPSED_TIME: 689f

ANALYSIS_SOURCE: UM

FAILURE_ID_HASH_STRING:
um:heap_corruption_actionable_entrycorruption_c0000374_urlmon.dll!releasebindinfo

FAILURE_ID_HASH: {cfc9f375-dd8e-ac69-2897-b6988ca80919}

Followup: MachineOwner

힙 손상이 진단된 것을 확인할 수 있다. 전체 페이지 힙을 활성화하고 덤프를 새로 수집하고 싶은 생각이 들겠지만, 그 전에 좀 더 덤프를 분석해보자.

7. 모든 프로세스 스레드들의 스택 트레이스를 체크한다.

```
0:004> ~*k

  0  Id: 15bc.12c4 Suspend: 1 Teb: 7ffdf000 Unfrozen
ChildEBP RetAddr
001df4d8 77815610 ntdll!KiFastSystemCallRet
001df4dc 7627a5d7 ntdll!ZwWaitForMultipleObjects+0xc
001df578 77420f8d kernel32!WaitForMultipleObjectsEx+0x11d
001df5cc 7647334a user32!RealMsgWaitForMultipleObjectsEx+0x13c
001df61c 76474942 iertutil!IsoDispatchMessageToArtifacts+0x22c
001df63c 708c416a iertutil!IsoManagerThreadZero_WindowsPump+0x52
001df68c 00ff12e3 ieframe!LCIEStartAsTabProcess+0x25f
001df7d8 00ff147a iexplore!wWinMain+0x368
001df86c 7627d0e9 iexplore!_initterm_e+0x1b1
001df878 777f19bb kernel32!BaseThreadInitThunk+0xe
001df8b8 777f198e ntdll!__RtlUserThreadStart+0x23
001df8d0 00000000 ntdll!_RtlUserThreadStart+0x1b

  1  Id: 15bc.17a8 Suspend: 1 Teb: 7ffde000 Unfrozen
ChildEBP RetAddr
0258f6d8 77815610 ntdll!KiFastSystemCallRet
0258f6dc 777f2934 ntdll!ZwWaitForMultipleObjects+0xc
0258f870 7627d0e9 ntdll!TppWaiterpThread+0x328
0258f87c 777f19bb kernel32!BaseThreadInitThunk+0xe
0258f8bc 777f198e ntdll!__RtlUserThreadStart+0x23
0258f8d4 00000000 ntdll!_RtlUserThreadStart+0x1b

  2  Id: 15bc.1148 Suspend: 1 Teb: 7ffdc000 Unfrozen
ChildEBP RetAddr
02a2ed3c 77815610 ntdll!KiFastSystemCallRet
02a2ed40 7627a5d7 ntdll!ZwWaitForMultipleObjects+0xc
02a2eddc 7627a6f0 kernel32!WaitForMultipleObjectsEx+0x11d
02a2edf8 7646f08c kernel32!WaitForMultipleObjects+0x18
02a2fe24 76474819 iertutil!CForeignProcessToCurrentProcessMessaging::_vThreadProc+0xa1
02a2fe2c 7627d0e9 iertutil!CForeignProcessToCurrentProcessMessaging::_sThreadProc+0xd
02a2fe38 777f19bb kernel32!BaseThreadInitThunk+0xe
02a2fe78 777f198e ntdll!__RtlUserThreadStart+0x23
02a2fe90 00000000 ntdll!_RtlUserThreadStart+0x1b

  3  Id: 15bc.9e8 Suspend: 1 Teb: 7ffdb000 Unfrozen
ChildEBP RetAddr
028ef9a8 77815610 ntdll!KiFastSystemCallRet
028ef9ac 7627a5d7 ntdll!ZwWaitForMultipleObjects+0xc
028efa48 77420f8d kernel32!WaitForMultipleObjectsEx+0x11d
```

```
028efa9c 7647334a user32!RealMsgWaitForMultipleObjectsEx+0x13c
028efaec 764748b6 iertutil!IsoDispatchMessageToArtifacts+0x22c
028efb0c 7627d0e9 iertutil!IsoManagerThreadNonzero_WindowsPump+0x59
028efb18 777f19bb kernel32!BaseThreadInitThunk+0xe
028efb58 777f198e ntdll!__RtlUserThreadStart+0x23
028efb70 00000000 ntdll!_RtlUserThreadStart+0x1b

# 4  Id: 15bc.650 Suspend: 0 Teb: 7ffda000 Unfrozen
ChildEBP RetAddr
02c9cb18 77815620 ntdll!KiFastSystemCallRet
02c9cb1c 77843c62 ntdll!ZwWaitForSingleObject+0xc
02c9cba0 77843d4b ntdll!RtlReportExceptionEx+0x14b
02c9cbe0 7785fa87 ntdll!RtlReportException+0x3c
02c9cbf4 7785fb0d ntdll!RtlpTerminateFailureFilter+0x14
02c9cc00 777b9bdc ntdll!RtlReportCriticalFailure+0x6b
02c9cc14 777b4067 ntdll!_EH4_CallFilterFunc+0x12
02c9cc3c 77815f79 ntdll!_except_handler4+0x8e
02c9cc60 77815f4b ntdll!ExecuteHandler2+0x26
02c9cd10 77815dd7 ntdll!ExecuteHandler+0x24
02c9cd10 7785faf8 ntdll!KiUserExceptionDispatcher+0xf
02c9d084 77860704 ntdll!RtlReportCriticalFailure+0x5b
02c9d094 778607f2 ntdll!RtlpReportHeapFailure+0x21
02c9d0c8 7782b1a5 ntdll!RtlpLogHeapFailure+0xa1
02c9d110 7781730a ntdll!RtlpCoalesceFreeBlocks+0x4b9
02c9d208 77817545 ntdll!RtlpFreeHeap+0x1e2
02c9d224 76277e4b ntdll!RtlFreeHeap+0x14e
02c9d26c 760f7277 kernel32!GlobalFree+0x47
02c9d280 76594a1f ole32!ReleaseStgMedium+0x124 [d:\longhorn\com\ole32\ole232\base\api.cpp @ 964]
02c9d294 765f7feb urlmon!ReleaseBindInfo+0x4c
02c9d2a4 765b9a87 urlmon!CINet::ReleaseCNetObjects+0x3d
02c9d2bc 765b93f0 urlmon!CINetHttp::OnWininetRequestHandleClosing+0x60
02c9d2d0 77582078 urlmon!CINet::CINetCallback+0x2de
02c9d418 77588f5d wininet!InternetIndicateStatus+0xfc
02c9d448 7758937a wininet!HANDLE_OBJECT::~HANDLE_OBJECT+0xc9
02c9d464 7758916b wininet!INTERNET_CONNECT_HANDLE_OBJECT::~INTERNET_CONNECT_HANDLE_OBJECT+0x209
02c9d470 77588d5e wininet!HTTP_REQUEST_HANDLE_OBJECT::`scalar deleting destructor'+0xd
02c9d480 77584e72 wininet!HANDLE_OBJECT::Dereference+0x22
02c9d48c 77589419 wininet!DereferenceObject+0x21
02c9d4b4 77589114 wininet!_InternetCloseHandle+0x9d
02c9d4d4 0004aaaf wininet!InternetCloseHandle+0x11e
WARNING: Frame IP not in any known module. Following frames may be wrong.
02c9d4e0 765a5d25 0x4aaaf
02c9d4fc 765a5c1b urlmon!CINet::TerminateRequest+0x82
02c9d50c 765a5a3c urlmon!CINet::MyTerminate+0x7b
02c9d51c 765a5998 urlmon!CINetProtImpl::Terminate+0x13
```

```
02c9d538 765a5b92 urlmon!CINetEmbdFilter::Terminate+0x17
02c9d548 765b9bc1 urlmon!CINet::Terminate+0x23
02c9d55c 765979f2 urlmon!CINetHttp::Terminate+0x48
02c9d574 7659766b urlmon!COInetProt::Terminate+0x1d
02c9d598 765979c0 urlmon!CTransaction::Terminate+0x12d
02c9d5b8 76597a2d urlmon!CBinding::ReportResult+0x92
02c9d5d0 76596609 urlmon!COInetProt::ReportResult+0x1a
02c9d5f8 76596322 urlmon!CTransaction::DispatchReport+0x1d9
02c9d624 7659653e urlmon!CTransaction::DispatchPacket+0x31
02c9d644 765a504b urlmon!CTransaction::OnINetCallback+0x92
02c9d65c 7741fd72 urlmon!TransactionWndProc+0x28
02c9d688 7741fe4a user32!InternalCallWinProc+0x23
02c9d700 7742018d user32!UserCallWinProcCheckWow+0x14b
02c9d764 7742022b user32!DispatchMessageWorker+0x322
02c9d774 7094c1d5 user32!DispatchMessageW+0xf
02c9f87c 708f337e ieframe!CTabWindow::_TabWindowThreadProc+0x54c
02c9f934 7647426d ieframe!LCIETab_ThreadProc+0x2c1
02c9f944 7627d0e9 iertutil!CIsoScope::RegisterThread+0xab
02c9f950 777f19bb kernel32!BaseThreadInitThunk+0xe
02c9f990 777f198e ntdll!__RtlUserThreadStart+0x23
02c9f9a8 00000000 ntdll!_RtlUserThreadStart+0x1b
   5  Id: 15bc.efc Suspend: 1 Teb: 7ffd9000 Unfrozen
ChildEBP RetAddr
02e8fa48 77815610 ntdll!KiFastSystemCallRet
02e8fa4c 7627a5d7 ntdll!ZwWaitForMultipleObjects+0xc
02e8fae8 7627a6f0 kernel32!WaitForMultipleObjectsEx+0x11d
02e8fb04 275c55c0 kernel32!WaitForMultipleObjects+0x18
WARNING: Stack unwind information not available. Following frames may be wrong.
02e8fc4c 777f4123 msidcrl40!CreatePassportAuthUIContext+0x2ab30
02e8fc88 777f3e23 ntdll!RtlpTpTimerCallback+0x62
02e8fcac 777f2fcf ntdll!TppTimerpExecuteCallback+0x14d
02e8fddc 7627d0e9 ntdll!TppWorkerThread+0x545
02e8fde8 777f19bb kernel32!BaseThreadInitThunk+0xe
02e8fe28 777f198e ntdll!__RtlUserThreadStart+0x23
02e8fe40 00000000 ntdll!_RtlUserThreadStart+0x1b


   6  Id: 15bc.10ec Suspend: 1 Teb: 7ffd8000 Unfrozen
ChildEBP RetAddr
0409fd70 77814780 ntdll!KiFastSystemCallRet
0409fd74 76279990 ntdll!NtDelayExecution+0xc
0409fddc 76231c6c kernel32!SleepEx+0x62
0409fdec 76123f1d kernel32!Sleep+0xf
0409fdf8 7613eb46 ole32!CROIDTable::WorkerThreadLoop+0x14
[d:\longhorn\com\ole32\com\dcomrem\refcache.cxx @ 1345]
0409fe14 761257ab ole32!CRpcThread::WorkerLoop+0x26 [d:\longhorn\com\ole32\com\dcomrem\threads.cxx
```

@ 257]
0409fe24 7627d0e9 ole32!CRpcThreadCache::RpcWorkerThreadEntry+0x16
[d:\longhorn\com\ole32\com\dcomrem\threads.cxx @ 63]
0409fe30 777f19bb kernel32!BaseThreadInitThunk+0xe
0409fe70 777f198e ntdll!__RtlUserThreadStart+0x23
0409fe88 00000000 ntdll!_RtlUserThreadStart+0x1b

   7 Id: 15bc.1500 Suspend: 1 Teb: 7ffd6000 Unfrozen
ChildEBP RetAddr
03f0fb68 778150b0 ntdll!KiFastSystemCallRet
03f0fb6c 7627d11e ntdll!NtRemoveIoCompletion+0xc
03f0fb98 75ec03c8 kernel32!GetQueuedCompletionStatus+0x29
03f0fbd4 75ec04fd rpcrt4!COMMON_ProcessCalls+0xb5
03f0fc44 75ec011c rpcrt4!LOADABLE_TRANSPORT::ProcessIOEvents+0x138
03f0fc4c 75ec00e3 rpcrt4!ProcessIOEventsWrapper+0xd
03f0fc70 75ec0166 rpcrt4!BaseCachedThreadRoutine+0x5c
03f0fc7c 7627d0e9 rpcrt4!ThreadStartRoutine+0x1e
03f0fc88 777f19bb kernel32!BaseThreadInitThunk+0xe
03f0fcc8 777f198e ntdll!__RtlUserThreadStart+0x23
03f0fce0 00000000 ntdll!_RtlUserThreadStart+0x1b

   8 Id: 15bc.1364 Suspend: 1 Teb: 7ffd5000 Unfrozen
ChildEBP RetAddr
0474f5f8 77815620 ntdll!KiFastSystemCallRet
0474f5fc 75471aa6 ntdll!ZwWaitForSingleObject+0xc
0474f63c 7547179d mswsock!SockWaitForSingleObject+0x19f
0474f728 77381693 mswsock!WSPSelect+0x38c
0474f7a8 7757e9a9 ws2_32!select+0x494
0474fb00 7759deab wininet!ICAsyncThread::SelectThread+0x242
0474fb08 7627d0e9 wininet!ICAsyncThread::SelectThreadWrapper+0xd
0474fb14 777f19bb kernel32!BaseThreadInitThunk+0xe
0474fb54 777f198e ntdll!__RtlUserThreadStart+0x23
0474fb6c 00000000 ntdll!_RtlUserThreadStart+0x1b
   9 Id: 15bc.1224 Suspend: 1 Teb: 7ffaf000 Unfrozen
ChildEBP RetAddr
051ff8a8 778157b0 ntdll!KiFastSystemCallRet
051ff8ac 777f2eb0 ntdll!NtWaitForWorkViaWorkerFactory+0xc
051ff9dc 7627d0e9 ntdll!TppWorkerThread+0x1f6
051ff9e8 777f19bb kernel32!BaseThreadInitThunk+0xe
051ffa28 777f198e ntdll!__RtlUserThreadStart+0x23
051ffa40 00000000 ntdll!_RtlUserThreadStart+0x1b

   10 Id: 15bc.990 Suspend: 1 Teb: 7ffad000 Unfrozen
ChildEBP RetAddr
04dbf860 778150b0 ntdll!KiFastSystemCallRet

```
04dbf864 754764f1 ntdll!NtRemoveIoCompletion+0xc
04dbf89c 7627d0e9 mswsock!SockAsyncThread+0x69
04dbf8a8 777f19bb kernel32!BaseThreadInitThunk+0xe
04dbf8e8 777f198e ntdll!__RtlUserThreadStart+0x23
04dbf900 00000000 ntdll!_RtlUserThreadStart+0x1b


  11  Id: 15bc.fa4 Suspend: 1 Teb: 7ffac000 Unfrozen
ChildEBP RetAddr
0568fe78 77815620 ntdll!KiFastSystemCallRet
0568fe7c 76279884 ntdll!ZwWaitForSingleObject+0xc
0568feec 762797f2 kernel32!WaitForSingleObjectEx+0xbe
0568ff00 6ca4a731 kernel32!WaitForSingleObject+0x12
0568ff24 6c9b0778 mshtml!CDwnTaskExec::ThreadExec+0x23c
0568ff2c 6c9b083b mshtml!CExecFT::ThreadProc+0x39
0568ff38 7627d0e9 mshtml!CExecFT::StaticThreadProc+0xe
0568ff44 777f19bb kernel32!BaseThreadInitThunk+0xe
0568ff84 777f198e ntdll!__RtlUserThreadStart+0x23
0568ff9c 00000000 ntdll!_RtlUserThreadStart+0x1b


  12  Id: 15bc.d10 Suspend: 1 Teb: 7ffaa000 Unfrozen
ChildEBP RetAddr
06e1fca0 77815620 ntdll!KiFastSystemCallRet
06e1fca4 76279884 ntdll!ZwWaitForSingleObject+0xc
06e1fd14 762797f2 kernel32!WaitForSingleObjectEx+0xbe
06e1fd28 6ca4a731 kernel32!WaitForSingleObject+0x12
06e1fd4c 6c9b0778 mshtml!CDwnTaskExec::ThreadExec+0x23c
06e1fd54 6c9b083b mshtml!CExecFT::ThreadProc+0x39
06e1fd60 7627d0e9 mshtml!CExecFT::StaticThreadProc+0xe
06e1fd6c 777f19bb kernel32!BaseThreadInitThunk+0xe
06e1fdac 777f198e ntdll!__RtlUserThreadStart+0x23
06e1fdc4 00000000 ntdll!_RtlUserThreadStart+0x1b


  13  Id: 15bc.294 Suspend: 1 Teb: 7ffa9000 Unfrozen
ChildEBP RetAddr
06f1f6dc 77815610 ntdll!KiFastSystemCallRet
06f1f6e0 7627a5d7 ntdll!ZwWaitForMultipleObjects+0xc
06f1f77c 7627a6f0 kernel32!WaitForMultipleObjectsEx+0x11d
06f1f798 275b4879 kernel32!WaitForMultipleObjects+0x18
WARNING: Stack unwind information not available. Following frames may be wrong.
06f1fabc 275b4a58 msidcrl40!CreatePassportAuthUIContext+0x19de9
06f1fae4 275c9655 msidcrl40!CreatePassportAuthUIContext+0x19fc8
06f1fb1c 275c96fa msidcrl40!CreatePassportAuthUIContext+0x2ebc5
06f1fb30 777f19bb msidcrl40!CreatePassportAuthUIContext+0x2ec6a
06f1fb70 777f198e ntdll!__RtlUserThreadStart+0x23
06f1fb88 00000000 ntdll!_RtlUserThreadStart+0x1b
```

14 Id: 15bc.ebc Suspend: 1 Teb: 7ffa8000 Unfrozen
ChildEBP RetAddr
0775f5fc 77815610 ntdll!KiFastSystemCallRet
0775f600 7627a5d7 ntdll!ZwWaitForMultipleObjects+0xc
0775f69c 7627a6f0 kernel32!WaitForMultipleObjectsEx+0x11d
0775f6b8 275b4879 kernel32!WaitForMultipleObjects+0x18
WARNING: Stack unwind information not available. Following frames may be wrong.
0775f9dc 275b4a58 msidcrl40!CreatePassportAuthUIContext+0x19de9
0775fa04 275c9655 msidcrl40!CreatePassportAuthUIContext+0x19fc8
0775fa3c 275c96fa msidcrl40!CreatePassportAuthUIContext+0x2ebc5
0775fa50 777f19bb msidcrl40!CreatePassportAuthUIContext+0x2ec6a
0775fa90 777f198e ntdll!__RtlUserThreadStart+0x23
0775faa8 00000000 ntdll!_RtlUserThreadStart+0x1b

15 Id: 15bc.99c Suspend: 1 Teb: 7ffa6000 Unfrozen
ChildEBP RetAddr
0501faf4 778157b0 ntdll!KiFastSystemCallRet
0501faf8 777f2eb0 ntdll!NtWaitForWorkViaWorkerFactory+0xc
0501fc28 7627d0e9 ntdll!TppWorkerThread+0x1f6
0501fc34 777f19bb kernel32!BaseThreadInitThunk+0xe
0501fc74 777f198e ntdll!__RtlUserThreadStart+0x23
0501fc8c 00000000 ntdll!_RtlUserThreadStart+0x1b

16 Id: 15bc.1128 Suspend: 1 Teb: 7ffa5000 Unfrozen
ChildEBP RetAddr
0785f748 77815620 ntdll!KiFastSystemCallRet
0785f74c 76279884 ntdll!ZwWaitForSingleObject+0xc
0785f7bc 762797f2 kernel32!WaitForSingleObjectEx+0xbe
0785f7d0 6ca4a731 kernel32!WaitForSingleObject+0x12
0785f7f0 6c9b0778 mshtml!CDwnTaskExec::ThreadExec+0x23c
0785f7f8 6c9b083b mshtml!CExecFT::ThreadProc+0x39
0785f804 7627d0e9 mshtml!CExecFT::StaticThreadProc+0xe
0785f810 777f19bb kernel32!BaseThreadInitThunk+0xe
0785f850 777f198e ntdll!__RtlUserThreadStart+0x23
0785f868 00000000 ntdll!_RtlUserThreadStart+0x1b

17 Id: 15bc.b44 Suspend: 1 Teb: 7ffa1000 Unfrozen
ChildEBP RetAddr
0868fc78 77815620 ntdll!KiFastSystemCallRet
0868fc7c 76279884 ntdll!ZwWaitForSingleObject+0xc
0868fcec 762797f2 kernel32!WaitForSingleObjectEx+0xbe
0868fd00 6cbe8fed kernel32!WaitForSingleObject+0x12
0868fd24 6c9b0778 mshtml!CTimerMan::ThreadExec+0x90
0868fd2c 6c9b083b mshtml!CExecFT::ThreadProc+0x39

```
0868fd38 7627d0e9 mshtml!CExecFT::StaticThreadProc+0xe
0868fd44 777f19bb kernel32!BaseThreadInitThunk+0xe
0868fd84 777f198e ntdll!__RtlUserThreadStart+0x23
0868fd9c 00000000 ntdll!_RtlUserThreadStart+0x1b


 18  Id: 15bc.4d0 Suspend: 1 Teb: 7ffa0000 Unfrozen
ChildEBP RetAddr
0b99fbbc 7741feef ntdll!KiFastSystemCallRet
0b99fbc0 77418af3 user32!NtUserGetMessage+0xc
0b99fbe4 7450145c user32!GetMessageA+0x8a
0b99fc1c 7627d0e9 winmm!mciwindow+0x102
0b99fc28 777f19bb kernel32!BaseThreadInitThunk+0xe
0b99fc68 777f198e ntdll!__RtlUserThreadStart+0x23
0b99fc80 00000000 ntdll!_RtlUserThreadStart+0x1b


 19  Id: 15bc.e10 Suspend: 1 Teb: 7ff9f000 Unfrozen
ChildEBP RetAddr
0bc7fa20 77815610 ntdll!KiFastSystemCallRet
0bc7fa24 7627a5d7 ntdll!ZwWaitForMultipleObjects+0xc
0bc7fac0 742d4f1d kernel32!WaitForMultipleObjectsEx+0x11d
0bc7faf8 742d7e96 wdmaud!CWorker::_ThreadProc+0x5e
0bc7fb04 7627d0e9 wdmaud!CWorker::_StaticThreadProc+0x18
0bc7fb10 777f19bb kernel32!BaseThreadInitThunk+0xe
0bc7fb50 777f198e ntdll!__RtlUserThreadStart+0x23
0bc7fb68 00000000 ntdll!_RtlUserThreadStart+0x1b


 20  Id: 15bc.15b0 Suspend: 1 Teb: 7ffa4000 Unfrozen
ChildEBP RetAddr
0b04fc00 77815610 ntdll!KiFastSystemCallRet
0b04fc04 7627a5d7 ntdll!ZwWaitForMultipleObjects+0xc
0b04fca0 77420f8d kernel32!WaitForMultipleObjectsEx+0x11d
0b04fcf4 77417f5a user32!RealMsgWaitForMultipleObjectsEx+0x13c
0b04fd10 745974b2 user32!MsgWaitForMultipleObjects+0x1f
0b04fd5c 7627d0e9 GdiPlus!BackgroundThreadProc+0x59
0b04fd68 777f19bb kernel32!BaseThreadInitThunk+0xe
0b04fda8 777f198e ntdll!__RtlUserThreadStart+0x23
0b04fdc0 00000000 ntdll!_RtlUserThreadStart+0x1b


 21  Id: 15bc.15a8 Suspend: 1 Teb: 7ffdd000 Unfrozen
ChildEBP RetAddr
0bb7fb08 778150b0 ntdll!KiFastSystemCallRet
0bb7fb0c 7627d11e ntdll!NtRemoveIoCompletion+0xc
0bb7fb38 75ec03c8 kernel32!GetQueuedCompletionStatus+0x29
0bb7fb74 75ec04fd rpcrt4!COMMON_ProcessCalls+0xb5
0bb7fbe4 75ec011c rpcrt4!LOADABLE_TRANSPORT::ProcessIOEvents+0x138
```

```
0bb7fbec 75ec00e3 rpcrt4!ProcessIOEventsWrapper+0xd
0bb7fc14 75ec0166 rpcrt4!BaseCachedThreadRoutine+0x5c
0bb7fc20 7627d0e9 rpcrt4!ThreadStartRoutine+0x1e
0bb7fc2c 777f19bb kernel32!BaseThreadInitThunk+0xe
0bb7fc6c 777f198e ntdll!__RtlUserThreadStart+0x23
0bb7fc84 00000000 ntdll!_RtlUserThreadStart+0x1b
```

확인된 문제 스레드는 4번 스레드로, 힙 손상 탐지 이후 예외 처리 코드가 포함됐다. 스택 트레이스에는 원시 명령 포인터^{RIP}도 보인다. 이는 종종 JIT^{Just-in-Time} 컴파일된 닷넷^{.NET} 코드를 갖는 닷넷 실행 환경에서 볼 수 있다. 그러나 스택 트레이스에 scorwks.dll이나 clr.dll 같은 닷넷 CLR 모듈이 존재하진 않는다.

8. RIP^{raw instruction pointer} 주소를 백워드 디스어셈블해 살펴보자.

```
0:004> ub 0x4aaaf
0004aa97 740c            je      0004aaa5
0004aa99 8b4508          mov     eax,dword ptr [ebp+8]
0004aa9c 50              push    eax
0004aa9d e82eedffff      call    000497d0
0004aaa2 83c404          add     esp,4
0004aaa5 8b4d08          mov     ecx,dword ptr [ebp+8]
0004aaa8 51              push    ecx
0004aaa9 ff1580aa0500    call    dword ptr ds:[5AA80h]
```

또 다른 주소인 5AA80을 통해서 간접 호출되는 것을 확인할 수 있다.

```
0:004> db 5AA80
0005aa80  00 00 93 00 00 00 8f 00-00 00 27 00 00 00 90 00  ..........'.....
0005aa90  00 00 25 00 00 00 dc 01-4d 6f 7a 69 6c 6c 61 2f  ..%.....Mozilla/
0005aaa0  34 2e 30 20 28 63 6f 6d-70 61 74 69 62 6c 65 3b  4.0 (compatible;
0005aab0  20 4d 53 49 45 20 38 2e-30 3b 20 57 69 6e 64 6f   MSIE 8.0; Windo
0005aac0  77 73 20 4e 54 20 36 2e-30 3b 20 54 72 69 64 65  ws NT 6.0; Tride
0005aad0  6e 74 2f 34 2e 30 3b 20-4d 61 74 68 50 6c 61 79  nt/4.0; MathPlay
0005aae0  65 72 20 32 2e 31 30 64-3b 20 53 4c 43 43 31 3b  er 2.10d; SLCC1;
0005aaf0  20 2e 4e 45 54 20 43 4c-52 20 32 2e 30 2e 35 30   .NET CLR 2.0.50

0:004> dps 5AA80
0005aa80  00930000
0005aa84  008f0000
0005aa88  00270000
0005aa8c  00900000
0005aa90  00250000
0005aa94  01dc0000
0005aa98  697a6f4d
0005aa9c  2f616c6c
```

```
0005aaa0  20302e34
0005aaa4  6d6f6328
0005aaa8  69746170
0005aaac  3b656c62
0005aab0  49534d20
0005aab4  2e382045
0005aab8  57203b30
0005aabc  6f646e69
0005aac0  4e207377
0005aac4  2e362054
0005aac8  54203b30
0005aacc  65646972
0005aad0  342f746e
0005aad4  203b302e
0005aad8  6874614d
0005aadc  79616c50
0005aae0  32207265
0005aae4  6430312e
0005aae8  4c53203b
0005aaec  3b314343
0005aaf0  454e2e20
0005aaf4  4c432054
0005aaf8  2e322052
0005aafc  30352e30

0:004> u 00930000
00930000 8bff           mov     edi,edi
00930002 55             push    ebp
00930003 8bec           mov     ebp,esp
00930005 e98390c576     jmp     wininet!InternetCloseHandle+0x5 (7758908d)
0093000a 0000           add     byte ptr [eax],al
0093000c 0000           add     byte ptr [eax],al
0093000e 0000           add     byte ptr [eax],al
00930010 0000           add     byte ptr [eax],al
```

dps 명령어 결과에서 아스키ASCII 데이터 전에 나오는 모든 주소를 확인해보자.

```
0:004> u 008f0000
008f0000 8bff           mov     edi,edi
008f0002 55             push    ebp
008f0003 8bec           mov     ebp,esp
008f0005 e94665c976     jmp     wininet!InternetReadFile+0x5 (77586550)
008f000a 0000           add     byte ptr [eax],al
008f000c 0000           add     byte ptr [eax],al
008f000e 0000           add     byte ptr [eax],al
```

```
008f0010 0000                add      byte ptr [eax],al


0:004> u 00270000
00270000 8bff                mov      edi,edi
00270002 55                  push     ebp
00270003 8bec                mov      ebp,esp
00270005 e905a73877          jmp      wininet!HttpSendRequestExA+0x5 (775fa70f)
0027000a 0000                add      byte ptr [eax],al
0027000c 0000                add      byte ptr [eax],al
0027000e 0000                add      byte ptr [eax],al
00270010 0000                add      byte ptr [eax],al


0:004> u 00900000
00900000 8bff                mov      edi,edi
00900002 55                  push     ebp
00900003 8bec                mov      ebp,esp
00900005 e97c33ca76          jmp      wininet!InternetReadFileExA+0x5 (775a3386)
0090000a 0000                add      byte ptr [eax],al
0090000c 0000                add      byte ptr [eax],al
0090000e 0000                add      byte ptr [eax],al
00900010 0000                add      byte ptr [eax],al


0:004> u 00250000
00250000 8bff                mov      edi,edi
00250002 55                  push     ebp
00250003 8bec                mov      ebp,esp
00250005 e984ee3477          jmp      wininet!HttpSendRequestA+0x5 (7759ee8e)
0025000a 0000                add      byte ptr [eax],al
0025000c 0000                add      byte ptr [eax],al
0025000e 0000                add      byte ptr [eax],al
00250010 0000                add      byte ptr [eax],al
```

이 모든 점프 코드는 후킹된 원본 함수로 되돌아가기 위한 것으로 보인다. 각각의 함수들에서 첫 번째 명령어들을 확인해보자.

```
0:004> u wininet!InternetCloseHandle
wininet!InternetCloseHandle:
77589088 e9031aac88          jmp      0004aa90
7758908d 51                  push     ecx
7758908e 51                  push     ecx
7758908f 53                  push     ebx
77589090 56                  push     esi
77589091 57                  push     edi
77589092 33db                xor      ebx,ebx
```

```
77589094 33ff                 xor      edi,edi
0:004> u wininet!InternetReadFile
wininet!InternetReadFile:
7758654b e98044ac88           jmp      0004a9d0
77586550 83ec24               sub      esp,24h
77586553 53                   push     ebx
77586554 56                   push     esi
77586555 57                   push     edi
77586556 33ff                 xor      edi,edi
77586558 393db8116277         cmp      dword ptr [wininet!GlobalDataInitialized (776211b8)],edi
7758655e 897df4               mov      dword ptr [ebp-0Ch],edi


0:004> u wininet!HttpSendRequestExA
wininet!HttpSendRequestExA:
775fa70a e9f1faa488           jmp      0004a200
775fa70f 53                   push     ebx
775fa710 56                   push     esi
775fa711 57                   push     edi
775fa712 33db                 xor      ebx,ebx
775fa714 33c9                 xor      ecx,ecx
775fa716 33d2                 xor      edx,edx
775fa718 33f6                 xor      esi,esi


0:004> u wininet!InternetReadFileExA
wininet!InternetReadFileExA:
775a3381 e97a76aa88           jmp      0004aa00
775a3386 83ec20               sub      esp,20h
775a3389 53                   push     ebx
775a338a 33db                 xor      ebx,ebx
775a338c 391db8116277         cmp      dword ptr [wininet!GlobalDataInitialized (776211b8)],ebx
775a3392 56                   push     esi
775a3393 57                   push     edi
775a3394 895dfc               mov      dword ptr [ebp-4],ebx


0:004> u wininet!HttpSendRequestA
wininet!HttpSendRequestA:
7759ee89 e952b2aa88           jmp      0004a0e0
7759ee8e 6a10                 push     10h
7759ee90 6a00                 push     0
7759ee92 ff7518               push     dword ptr [ebp+18h]
7759ee95 ff7514               push     dword ptr [ebp+14h]
7759ee98 ff7510               push     dword ptr [ebp+10h]
7759ee9b ff750c               push     dword ptr [ebp+0Ch]
7759ee9e ff7508               push     dword ptr [ebp+8]
```

해당 주소의 속성에 대해 확인해보자.

```
0:004> !address 0x4aaaf



Mapping file section regions...
Mapping module regions...
Mapping PEB regions...
Mapping TEB and stack regions...
*** Failure in mapping Heap (80004005: ExtRemoteTyped::Field: unable to retrieve field 'BaseAddress'
at ffffffff99654a5f)
Mapping page heap regions...
Mapping other regions...
Mapping stack trace database regions...
Mapping activation context regions...


Usage:                   <unknown>
Base Address:            00040000
End Address:             0005d000
Region Size:             0001d000 ( 116.000 kB)
State:                   00001000              MEM_COMMIT
Protect:                 00000040              PAGE_EXECUTE_READWRITE
Type:                    00020000              MEM_PRIVATE
Allocation Base:         00040000
Allocation Protect:      00000040              PAGE_EXECUTE_READWRITE


Content source: 1 (target), length: 12551
```

이 영역은 일반 코드 영역과 달리 쓰기 가능한 속성을 갖고 있는 것을 확인할 수 있다.

```
0:004> !address 775fa70a


Usage:                   Image
Base Address:            77571000
End Address:             77621000
Region Size:             000b0000
State:                   00001000              MEM_COMMIT
Protect:                 00000020              PAGE_EXECUTE_READ
Type:                    01000000              MEM_IMAGE
Allocation Base:         77570000
Allocation Protect:      00000080              PAGE_EXECUTE_WRITECOPY
Image Path:              C:\Windows\System32\wininet.dll
Module Name:             wininet
```

```
Loaded Image Name:        wininet.dll
Mapped Image Name:
More info:                lmv m wininet
More info:                !lmi wininet
More info:                ln 0x775fa70a
More info:                !dh 0x77570000
```

9. 베이스 주소에 모듈 정보가 포함돼 있는지 확인한다.

```
0:004> dc 00040000
00040000  00905a4d 00000003 00000004 0000ffff  MZ..............
00040010  000000b8 00000000 00000040 00000000  ........@.......
00040020  00000000 00000000 00000000 00000000  ................
00040030  00000000 00000000 00000000 000000d8  ................
00040040  0eba1f0e cd09b400 4c01b821 685421cd  ........!..L.!Th
00040050  70207369 72676f72 63206d61 6f6e6e61  is program canno
00040060  65622074 6e757220 206e6920 20534f44  t be run in DOS
00040070  65646f6d 0a0d0d2e 00000024 00000000  mode....$.......


0:004> !dh 00040000


File Type: EXECUTABLE IMAGE
FILE HEADER VALUES
      14C machine (i386)
        4 number of sections
 4C9E36D3 time date stamp Sat Sep 25 18:52:19 2010

        0 file pointer to symbol table
        0 number of symbols
       E0 size of optional header
      102 characteristics
            Executable
            32 bit word machine


OPTIONAL HEADER VALUES
      10B magic #
     9.00 linker version
    12200 size of code
     7000 size of initialized data
        0 size of uninitialized data
     D5F0 address of entry point
     1000 base of code
          ----- new -----
 00400000 image base
     1000 section alignment
```

```
     200  file alignment
       2  subsystem (Windows GUI)
    5.00  operating system version
    0.00  image version
    5.00  subsystem version
   1D000  size of image
     400  size of headers
       0  checksum
00100000  size of stack reserve
00001000  size of stack commit
00100000  size of heap reserve
00001000  size of heap commit
    8540  DLL characteristics
          Dynamic base
          NX compatible
          No structured exception handler
          Terminal server aware
       0 [       0]  address [size] of Export Directory
       0 [       0]  address [size] of Import Directory
       0 [       0]  address [size] of Resource Directory
       0 [       0]  address [size] of Exception Directory
       0 [       0]  address [size] of Security Directory
   1C000 [     3F0]  address [size] of Base Relocation Directory
       0 [       0]  address [size] of Debug Directory
       0 [       0]  address [size] of Description Directory
       0 [       0]  address [size] of Special Directory
       0 [       0]  address [size] of Thread Storage Directory
       0 [       0]  address [size] of Load Configuration Directory
       0 [       0]  address [size] of Bound Import Directory
       0 [       0]  address [size] of Import Address Table Directory
       0 [       0]  address [size] of Delay Import Directory
       0 [       0]  address [size] of COR20 Header Directory
       0 [       0]  address [size] of Reserved Directory


SECTION HEADER #1
   .text  name
   1203B  virtual size
    1000  virtual address
   12200  size of raw data
     400  file pointer to raw data
       0  file pointer to relocation table
       0  file pointer to line numbers
       0  number of relocations
       0  number of line numbers
```

```
60000020  flags
          Code
          (no align specified)
          Execute Read


SECTION HEADER #2
   .rdata  name
     7D0  virtual size
    14000 virtual address
     800  size of raw data
    12600 file pointer to raw data
        0 file pointer to relocation table
        0 file pointer to line numbers
        0 number of relocations
        0 number of line numbers
40000040  flags
          Initialized Data
          (no align specified)
          Read Only


SECTION HEADER #3
   .data   name
    6008   virtual size
    15000  virtual address
    4000   size of raw data
    12E00  file pointer to raw data
        0  file pointer to relocation table
        0  file pointer to line numbers
        0  number of relocations
        0  number of line numbers
C0000040  flags
          Initialized Data
          (no align specified)
          Read Write


SECTION HEADER #4
   .reloc  name
     5F0   virtual size
    1C000  virtual address
     600   size of raw data
    16E00  file pointer to raw data
        0  file pointer to relocation table
        0  file pointer to line numbers
        0  number of relocations
        0  number of line numbers
```

```
42000040  flags
          Initialized Data
          Discardable
          (no align specified)
          Read Only
```

이 모듈은 임포트 테이블을 갖고 있지 않다.

10.   문자열 힌트가 있는지 모듈 영역을 확인한다.

```
0:004> s-sa 00040000 0005d000
0004004d  "!This program cannot be run in D"
0004006d  "OS mode."
00040081  "3y@"
000400b8  "Rich"
000401d0  ".text"
000401f7  "`.rdata"
0004021f  "@.data"
00040248  ".reloc"
[...]
00054000  "HELLO"
00054008  "%s:%s"
00054010  "READY"
00054018  "GET /stat?uptime=%d&downlink=%d&"
00054038  "uplink=%d&id=%s&statpass=%s&comm"
00054058  "ent=%s HTTP/1.0"
000540ac  "%s%s%s"
000540d8  "ftp://%s:%s@%s:%d"
000540fc  "Accept-Encoding:"
00054118  "Accept-Encoding:"
00054130  "0123456789ABCDEF"
00054144  "://"
00054160  "POST %s HTTP/1.0"
00054172  "Host: %s"
0005417c  "User-Agent: %s"
0005418c  "Accept: text/html"
0005419f  "Connection: Close"
000541b2  "Content-Type: application/x-www-"
000541d2  "form-urlencoded"
000541e3  "Content-Length: %d"
000541fc  "id="
00054208  "POST %s HTTP/1.1"
0005421a  "Host: %s"
00054224  "User-Agent: %s"
00054234  "Accept: text/html"
```

```
00054247  "Connection: Close"
0005425a  "Content-Type: application/x-www-"
0005427a  "form-urlencoded"
0005428b  "Content-Length: %d"
000542a4  "id=%s&base="
000542b8  "id=%s&brw=%d&type=%d&data="
000542d8  "POST %s HTTP/1.1"
000542ea  "Host: %s"
000542f4  "User-Agent: %s"
00054304  "Accept: text/html"
00054317  "Connection: Close"
0005432a  "Content-Type: application/x-www-"
0005434a  "form-urlencoded"
0005435b  "Content-Length: %d"
00054378  "id=%s&os=%s&plist="
00054390  "POST %s HTTP/1.1"
000543a2  "Host: %s"
000543ac  "User-Agent: %s"
000543bc  "Accept: text/html"
000543cf  "Connection: Close"
000543e2  "Content-Type: application/x-www-"
00054402  "form-urlencoded"
00054413  "Content-Length: %d"
00054430  "id=%s&data=%s"
00054440  "POST %s HTTP/1.1"
00054452  "Host: %s"
0005445c  "User-Agent: %s"
0005446c  "Accept: text/html"
0005447f  "Connection: Close"
00054492  "Content-Type: application/x-www-"
000544b2  "form-urlencoded"
000544c3  "Content-Length: %d"
000544e0  "GET %s HTTP/1.0"
000544f1  "Host: %s"
000544fb  "User-Agent: %s"
0005450b  "Connection: close"
00054528  "POST /get/scr.html HTTP/1.0"
00054545  "Host: %s"
0005454f  "User-Agent: %s"
0005455f  "Connection: close"
00054572  "Content-Length: %d"
00054586  "Content-Type: multipart/form-dat"
000545a6  "a; boundary=--------------------"
000545c6  "-------%d"
000545d4  "--------------------------%d"
```

```
000545f8   "%sContent-Disposition: form-data"
00054618   "; name="id""
00054630   "%sContent-Disposition: form-data"
00054650   "; name="screen"; filename="%d""
00054670   "Content-Type: application/octet-"
00054690   "stream"
000546a0   "%s(%d) : %s"
000546ac   "%s failed with error %d: %s"
000546c8   "%02X"
000546d8   "BlackwoodPRO"
000546e8   "FinamDirect"
000546f4   "GrayBox"
000546fc   "MbtPRO"
00054704   "Laser"
0005470c   "LightSpeed"
00054718   "LTGroup"
00054720   "Mbt"
00054724   "ScotTrader"
00054730   "SaxoTrader"
00054740   "Program:    %s"
0005474f   "Username:  %s"
0005475e   "Password:  %s"
0005476d   "AccountNO: %s"
0005477c   "Server:    %s"
00054790   "%s %s"
0005479c   "PROCESSOR_IDENTIFIER"
[...]
0005a8e0   "glebk"
0005aa98   "Mozilla/4.0 (compatible; MSIE 8."
0005aab8   "0; Windows NT 6.0; Trident/4.0; "
0005aad8   "MathPlayer 2.10d; SLCC1; .NET CL"
0005aaf8   "R 2.0.50727; Media Center PC 5.0"
0005ab18   "; .NET CLR 3.5.30729; .NET CLR 3"
0005ab38   ".0.30729)"
[...]

0:004> s-su 00040000 0005d000
[...]
00055004   "\chkntfs.exe"
00055020   "\chkntfs.dat"
[...]
00058e20   "kernel32.dll"
00058e3c   "user32.dll"
00058e54   "ws2_32.dll"
00058e6c   "ntdll.dll"
```

```
00058e80  "wininet.dll"
00058e98  "nspr4.dll"
00058eac  "ssl3.dll"
0005a4e0  "C:\Users\dima\AppData\Roaming\ch"
0005a520  "kntfs.dat"
[...]
```

여기에서 가짜 chkntfs.exe를 참조하는 몇 가지 정보와 이 악성코드 동작에 필요한 모듈 목록을 발견할 수 있다.
또한 "greb"은 러시아인들의 이름이지만 이것은 우연일 가능성도 있다.

11. MZ/PE 시그니처를 검색하는 `.imgscan` 명령어를 이용해 로드된 모듈 목록에 보이지 않는 숨겨진 모듈이
     있는지 확인한다.

```
0:004> .imgscan
MZ at 00040000, prot 00000040, type 00020000 - size 1d000
MZ at 00fa0000, prot 00000002, type 00040000 - size 2000
MZ at 00ff0000, prot 00000002, type 01000000 - size 9c000
  Name: iexplore.exe
MZ at 044b0000, prot 00000002, type 00040000 - size 2000
MZ at 08f50000, prot 00000002, type 01000000 - size 335000
  Name: igdumd32.dll
MZ at 0a390000, prot 00000002, type 00040000 - size 191000
MZ at 10000000, prot 00000004, type 00020000 - size 5000
  Name: screens_dll.dll
MZ at 16080000, prot 00000002, type 01000000 - size 25000
  Name: mdnsNSP.dll
MZ at 27500000, prot 00000002, type 01000000 - size 11a000
  Name: msidcrl40.dll
MZ at 29500000, prot 00000002, type 01000000 - size 67000
  Name: IDBHO.DLL
MZ at 633d0000, prot 00000002, type 01000000 - size 4f000
  Name: rpbrowserrecordplugin.dll
MZ at 634b0000, prot 00000002, type 01000000 - size 1d000
  Name: rpchromebrowserrecordhelper.dll
MZ at 68f80000, prot 00000002, type 01000000 - size 5e3000
  Name: Flash.ocx
MZ at 6a2b0000, prot 00000002, type 01000000 - size 45b000
  Name: agcore.dll
MZ at 6bfb0000, prot 00000002, type 01000000 - size d8000
  Name: NPCTRL.dll
MZ at 6c8c0000, prot 00000002, type 01000000 - size 6a000
  Name: VBSCRIPT.dll
MZ at 6c9a0000, prot 00000002, type 01000000 - size 5b0000
  Name: MSHTML.dll
```

```
MZ at 6d150000, prot 00000002, type 01000000 - size 39000
  Name: dxtrans.dll
MZ at 6d1d0000, prot 00000002, type 01000000 - size b4000
  Name: JSCRIPT.dll
MZ at 6d2c0000, prot 00000002, type 01000000 - size a000
  Name: DDRAWEX.DLL
MZ at 6d3e0000, prot 00000002, type 01000000 - size e000
  Name: PNGFILTER.DLL
MZ at 6d440000, prot 00000002, type 01000000 - size c000
  Name: jp2ssv.dll
MZ at 6dbf0000, prot 00000002, type 01000000 - size 33000
  Name: IEShims.dll
MZ at 6e080000, prot 00000002, type 01000000 - size 29000
  Name: msls31.dll
MZ at 6e100000, prot 00000002, type 01000000 - size 40000
  Name: SWEEPRX.dll
MZ at 6e150000, prot 00000002, type 01000000 - size 2f000
  Name: iepeers.DLL
MZ at 6e520000, prot 00000002, type 01000000 - size b000
  Name: msimtf.dll
MZ at 6e550000, prot 00000002, type 01000000 - size c000
  Name: ImgUtil.dll
MZ at 6e8a0000, prot 00000002, type 01000000 - size 1b000
  Name: CRYPTNET.dll
MZ at 6e960000, prot 00000002, type 01000000 - size 26000
  Name: DSSENH.dll
MZ at 6ea00000, prot 00000002, type 01000000 - size 30000
  Name: MLANG.dll
MZ at 6f320000, prot 00000002, type 01000000 - size 6000
  Name: SensApi.dll
MZ at 6f340000, prot 00000002, type 01000000 - size 31000
  Name: TAPI32.dll
MZ at 6f3c0000, prot 00000002, type 01000000 - size 14000
  Name: rasman.dll
MZ at 6f3e0000, prot 00000002, type 01000000 - size 4a000
  Name: RASAPI32.dll
MZ at 6f840000, prot 00000002, type 01000000 - size 70000
  Name: DSOUND.dll
MZ at 6f8d0000, prot 00000002, type 01000000 - size 136000
  Name: MSXML3.dll
MZ at 6fa40000, prot 00000002, type 01000000 - size c000
  Name: rtutils.dll
MZ at 70320000, prot 00000002, type 01000000 - size 3e000
  Name: pdh.dll
MZ at 70620000, prot 00000002, type 01000000 - size e5000
```

```
  Name: DDRAW.dll
MZ at 70820000, prot 00000002, type 01000000 - size a94000
  Name: IEFRAME.dll
MZ at 71a70000, prot 00000002, type 01000000 - size 62000
  Name: mscms.dll
MZ at 71bb0000, prot 00000002, type 01000000 - size 12000
  Name: PNRPNSP.dll
MZ at 723c0000, prot 00000002, type 01000000 - size 53000
  Name: SWEEPRX.dll
MZ at 72430000, prot 00000002, type 01000000 - size 42000
  Name: WINSPOOL.DRV
MZ at 72ff0000, prot 00000002, type 01000000 - size 6000
  Name: rasadhlp.dll
MZ at 73320000, prot 00000002, type 01000000 - size c000
  Name: dwmapi.dll
MZ at 74120000, prot 00000002, type 01000000 - size 14000
  Name: MSACM32.dll
MZ at 74140000, prot 00000002, type 01000000 - size 66000
  Name: audioeng.dll
MZ at 74240000, prot 00000002, type 01000000 - size 7000
  Name: MIDIMAP.dll
MZ at 74260000, prot 00000002, type 01000000 - size 9000
  Name: MSACM32.DRV
MZ at 742a0000, prot 00000002, type 01000000 - size 21000
  Name: AudioSes.DLL
MZ at 742d0000, prot 00000002, type 01000000 - size 2f000
  Name: WINMMDRV.dll
MZ at 74300000, prot 00000002, type 01000000 - size bb000
  Name: PROPSYS.dll
MZ at 743e0000, prot 00000002, type 01000000 - size 8000
  Name: WINRNR.dll
MZ at 743f0000, prot 00000002, type 01000000 - size c000
  Name: wshbth.dll
MZ at 74400000, prot 00000002, type 01000000 - size 3d000
  Name: OLEACC.dll
MZ at 744e0000, prot 00000002, type 01000000 - size 14000
  Name: ATL.DLL
MZ at 74500000, prot 00000002, type 01000000 - size 32000
  Name: WINMM.dll
MZ at 74570000, prot 00000002, type 01000000 - size 6000
  Name: DCIMAN32.dll
MZ at 74580000, prot 00000002, type 01000000 - size 1ab000
  Name: gdiplus.dll
MZ at 748a0000, prot 00000002, type 01000000 - size f000
  Name: NAPINSP.dll
```

```
MZ at 74bd0000, prot 00000002, type 01000000 - size 19e000
  Name: COMCTL32.dll
MZ at 74d70000, prot 00000002, type 01000000 - size f000
  Name: nlaapi.dll
MZ at 74db0000, prot 00000002, type 01000000 - size 28000
  Name: MMDevAPI.DLL
MZ at 74e40000, prot 00000002, type 01000000 - size 15000
  Name: Cabinet.dll
MZ at 74e80000, prot 00000002, type 01000000 - size 4000
  Name: ksuser.dll
MZ at 74e90000, prot 00000002, type 01000000 - size 7000
  Name: AVRT.dll
MZ at 74ed0000, prot 00000002, type 01000000 - size 3f000
  Name: UxTheme.dll
MZ at 74f60000, prot 00000002, type 01000000 - size 2d000
  Name: WINTRUST.dll
MZ at 75140000, prot 00000002, type 01000000 - size 5000
  Name: WSHTCPIP.dll
MZ at 75150000, prot 00000002, type 01000000 - size 5000
  Name: MSIMG32.dll
MZ at 75160000, prot 00000002, type 01000000 - size 1a000
  Name: POWRPROF.dll
MZ at 75180000, prot 00000002, type 01000000 - size 21000
  Name: NTMARTA.dll
MZ at 751e0000, prot 00000002, type 01000000 - size 15000
  Name: GPAPI.dll
MZ at 75220000, prot 00000002, type 01000000 - size 3b000
  Name: RSAENH.dll
MZ at 75260000, prot 00000002, type 01000000 - size 46000
  Name: SCHANNEL.dll
MZ at 75470000, prot 00000002, type 01000000 - size 3b000
  Name: MSWSOCK.dll
MZ at 754e0000, prot 00000002, type 01000000 - size 5000
  Name: WSHIP6.dll
MZ at 75570000, prot 00000002, type 01000000 - size 45000
  Name: bcrypt.dll
MZ at 755c0000, prot 00000002, type 01000000 - size 35000
  Name: ncrypt.dll
MZ at 75610000, prot 00000002, type 01000000 - size 8000
  Name: VERSION.dll
MZ at 75630000, prot 00000002, type 01000000 - size 7000
  Name: CREDSSP.dll
MZ at 75670000, prot 00000002, type 01000000 - size 22000
  Name: dhcpcsvc6.DLL
MZ at 756a0000, prot 00000002, type 01000000 - size 7000
```

```
  Name: WINNSI.DLL
MZ at 756b0000, prot 00000002, type 01000000 - size 35000
  Name: dhcpcsvc.DLL
MZ at 756f0000, prot 00000002, type 01000000 - size 19000
  Name: IPHLPAPI.DLL
MZ at 75750000, prot 00000002, type 01000000 - size 3a000
  Name: slc.dll
MZ at 75790000, prot 00000002, type 01000000 - size f2000
  Name: CRYPT32.dll
MZ at 758f0000, prot 00000002, type 01000000 - size 12000
  Name: MSASN1.dll
MZ at 75930000, prot 00000002, type 01000000 - size 11000
  Name: SAMLIB.dll
MZ at 759a0000, prot 00000002, type 01000000 - size 76000
  Name: NETAPI32.dll
MZ at 75a20000, prot 00000002, type 01000000 - size 2c000
  Name: DNSAPI.dll
MZ at 75c30000, prot 00000002, type 01000000 - size 5f000
  Name: sxs.dll
MZ at 75c90000, prot 00000002, type 01000000 - size 2c000
  Name: apphelp.dll
MZ at 75cf0000, prot 00000002, type 01000000 - size 14000
  Name: Secur32.dll
MZ at 75d10000, prot 00000002, type 01000000 - size 1e000
  Name: USERENV.dll
MZ at 75e50000, prot 00000002, type 01000000 - size 7000
  Name: PSAPI.DLL
MZ at 75e60000, prot 00000002, type 01000000 - size 6000
  Name: NSI.dll
MZ at 75e70000, prot 00000002, type 01000000 - size c3000
  Name: RPCRT4.dll
MZ at 75f40000, prot 00000002, type 01000000 - size 18a000
  Name: SETUPAPI.dll
MZ at 760d0000, prot 00000002, type 01000000 - size 9000
  Name: LPK.dll
MZ at 760e0000, prot 00000002, type 01000000 - size 145000
  Name: ole32.dll
MZ at 76230000, prot 00000002, type 01000000 - size dc000
  Name: KERNEL32.dll
MZ at 76310000, prot 00000002, type 01000000 - size 1e8000
  Name: iertutil.dll
MZ at 76500000, prot 00000002, type 01000000 - size 8d000
  Name: OLEAUT32.dll
MZ at 76590000, prot 00000002, type 01000000 - size 133000
  Name: urlmon.dll
```

```
MZ at 766d0000, prot 00000002, type 01000000 - size b10000
  Name: SHELL32.dll
MZ at 771e0000, prot 00000002, type 01000000 - size 84000
  Name: CLBCatQ.DLL
MZ at 77270000, prot 00000002, type 01000000 - size aa000
  Name: msvcrt.dll
MZ at 77320000, prot 00000002, type 01000000 - size 59000
  Name: SHLWAPI.dll
MZ at 77380000, prot 00000002, type 01000000 - size 2d000
  Name: WS2_32.dll
MZ at 773b0000, prot 00000002, type 01000000 - size 4b000
  Name: GDI32.dll
MZ at 77400000, prot 00000002, type 01000000 - size 9d000
  Name: USER32.dll
MZ at 774a0000, prot 00000002, type 01000000 - size 73000
  Name: COMDLG32.dll
MZ at 77520000, prot 00000002, type 01000000 - size 49000
  Name: WLDAP32.dll
MZ at 77570000, prot 00000002, type 01000000 - size e6000
  Name: WININET.dll
MZ at 77660000, prot 00000002, type 01000000 - size 7d000
  Name: USP10.dll
MZ at 776e0000, prot 00000002, type 01000000 - size c6000
  Name: ADVAPI32.dll
MZ at 777b0000, prot 00000002, type 01000000 - size 127000
  Name: ntdll.dll
MZ at 778e0000, prot 00000002, type 01000000 - size 3000
  Name: Normaliz.dll
MZ at 778f0000, prot 00000002, type 01000000 - size 1e000
  Name: IMM32.dll
MZ at 77910000, prot 00000002, type 01000000 - size 29000
  Name: imagehlp.dll
MZ at 77940000, prot 00000002, type 01000000 - size c8000
  Name: MSCTF.dll
MZ at 7c340000, prot 00000002, type 01000000 - size 56000
  Name: MSVCR71.dll
MZ at 7c3a0000, prot 00000002, type 01000000 - size 7b000
  Name: MSVCP71.dll
```

다른 모듈들과는 달리 읽기/쓰기 보호 속성을 가진 screens_dll.dll을 확인할 수 있다.

```
0:004> !address 10000000


Usage:                   <unknown>
Base Address:            10000000
```

```
End Address:                 10001000
Region Size:                 00001000 (   4.000 kB)
State:                       00001000            MEM_COMMIT
Protect:                     00000004            PAGE_READWRITE
Type:                        00020000            MEM_PRIVATE
Allocation Base:             10000000
Allocation Protect:          00000004            PAGE_READWRITE


Content source: 1 (target), length: 1000
```

12. 이 DLL의 모듈 헤더를 확인한다.

```
0:004> !dh 10000000


File Type: DLL
FILE HEADER VALUES
      14C  machine (i386)
        4  number of sections
4C8FEE9E  time date stamp Tue Sep 14 22:52:30 2010


        0  file pointer to symbol table
        0  number of symbols
       E0  size of optional header
     2102  characteristics
           Executable
           32 bit word machine
           DLL


OPTIONAL HEADER VALUES
      10B  magic #
     9.00  linker version
      400  size of code
      800  size of initialized data
        0  size of uninitialized data
     12F3  address of entry point
     1000  base of code
           ----- new -----
10000000  image base
     1000  section alignment
      200  file alignment
        2  subsystem (Windows GUI)
     5.00  operating system version
     0.00  image version
     5.00  subsystem version
```

```
    5000  size of image
     400  size of headers
       0  checksum
00100000  size of stack reserve
00001000  size of stack commit
00100000  size of heap reserve
00001000  size of heap commit
     140  DLL characteristics
          Dynamic base
          NX compatible
    2330  [      50]  address [size] of Export Directory
    20E0  [      78]  address [size] of Import Directory
       0  [       0]  address [size] of Resource Directory
       0  [       0]  address [size] of Exception Directory
       0  [       0]  address [size] of Security Directory
    4000  [      34]  address [size] of Base Relocation Directory
    2060  [      1C]  address [size] of Debug Directory
       0  [       0]  address [size] of Description Directory
       0  [       0]  address [size] of Special Directory
       0  [       0]  address [size] of Thread Storage Directory
       0  [       0]  address [size] of Load Configuration Directory
       0  [       0]  address [size] of Bound Import Directory
    2000  [      58]  address [size] of Import Address Table Directory
       0  [       0]  address [size] of Delay Import Directory
       0  [       0]  address [size] of COR20 Header Directory
       0  [       0]  address [size] of Reserved Directory


SECTION HEADER #1
   .text  name
10001000  virtual size
    1000  virtual address
     400  size of raw data
     400  file pointer to raw data
       0  file pointer to relocation table
       0  file pointer to line numbers
       0  number of relocations
       0  number of line numbers
60000020  flags
          Code
          (no align specified)
          Execute Read


SECTION HEADER #2
   .rdata  name
```

```
10002000  virtual size
    2000  virtual address
     400  size of raw data
     800  file pointer to raw data
       0  file pointer to relocation table
       0  file pointer to line numbers
       0  number of relocations
       0  number of line numbers
40000040  flags
          Initialized Data
          (no align specified)
          Read Only


Debug Directories(1)
          Type      Size    Address  Pointer
          cv        46      2094      894  Format: RSDS, guid, 1,
C:\MyWork\screens_dll\Release\screens_dll.pdb

SECTION HEADER #3
   .data  name
10003000  virtual size
    3000  virtual address
       0  size of raw data
       0  file pointer to raw data
       0  file pointer to relocation table
       0  file pointer to line numbers
       0  number of relocations
       0  number of line numbers
C0000040  flags
          Initialized Data
          (no align specified)
          Read Write

SECTION HEADER #4
  .reloc  name
10004000  virtual size
    4000  virtual address
     200  size of raw data
     C00  file pointer to raw data
       0  file pointer to relocation table
       0  file pointer to line numbers
       0  number of relocations
       0  number of line numbers
42000040  flags
```

```
                Initialized Data
                Discardable
                (no align specified)
                Read Only
```

이 모듈은 일반적인 DLL처럼 보이지만 임포트 주소 테이블을 보면 이 모듈의 목적이 화면 캡처임을 알 수 있다.

```
0:004> dps 10000000+2000 L58/4
10002000  773b6101 gdi32!CreateCompatibleDC
10002004  773b93d6 gdi32!StretchBlt
10002008  773b7461 gdi32!CreateDIBSection
1000200c  773b62a0 gdi32!SelectObject
10002010  00000000
10002014  7627a411 kernel32!lstrcmpW
10002018  762740aa kernel32!VirtualFree
1000201c  7627ad55 kernel32!VirtualAlloc
10002020  00000000
10002024  77419ced user32!ReleaseDC
10002028  77413ba7 user32!NtUserGetWindowDC
1000202c  77420e21 user32!GetWindowRect
10002030  00000000
10002034  745975e9 GdiPlus!GdiplusStartup
10002038  745876dd GdiPlus!GdipSaveImageToStream
1000203c  745bdd38 GdiPlus!GdipGetImageEncodersSize
10002040  745871cf GdiPlus!GdipDisposeImage
10002044  74598591 GdiPlus!GdipCreateBitmapFromHBITMAP
10002048  745bdbae GdiPlus!GdipGetImageEncoders
1000204c  00000000
10002050  7613d51b ole32!CreateStreamOnHGlobal
10002054  00000000
```

13. 그리고 마침내 손상된 엔트리의 힙 분석을 통해 패스워드를 확인할 수 있다.

```
0:004> !heap -s -v
SEGMENT HEAP ERROR: failed to initialize the extention
*************************************************************
*                                                           *
*                    HEAP ERROR DETECTED                    *
*                                                           *
*************************************************************


Details:


Heap address:  00290000
```

```
Error address:  04f1ffe0
Error type:     HEAP_FAILURE_ENTRY_CORRUPTION
Details:        The heap manager detected a corrupt heap entry.
Follow-up:      Enable pageheap.

Stack trace:
        7782b1a5: ntdll!RtlpCoalesceFreeBlocks+0x000004b9
        7781730a: ntdll!RtlpFreeHeap+0x000001e2
        77817545: ntdll!RtlFreeHeap+0x0000014e
        76277e4b: kernel32!GlobalFree+0x00000047
        760f7277: ole32!ReleaseStgMedium+0x00000124
        76594a1f: urlmon!ReleaseBindInfo+0x0000004c
        765f7feb: urlmon!CINet::ReleaseCNetObjects+0x0000003d
        765b9a87: urlmon!CINetHttp::OnWininetRequestHandleClosing+0x00000060
        765b93f0: urlmon!CINet::CINetCallback+0x000002de
        77582078: wininet!InternetIndicateStatus+0x000000fc
        77588f5d: wininet!HANDLE_OBJECT::~HANDLE_OBJECT+0x000000c9
        7758937a:
wininet!INTERNET_CONNECT_HANDLE_OBJECT::~INTERNET_CONNECT_HANDLE_OBJECT+0x00000209
        7758916b: wininet!HTTP_REQUEST_HANDLE_OBJECT::`scalar deleting
destructor'+0x0000000d
        77588d5e: wininet!HANDLE_OBJECT::Dereference+0x00000022
        77589419: wininet!_InternetCloseHandle+0x0000009d
        77589114: wininet!InternetCloseHandle+0x0000011e

[...]
0:004> dc 04f1ffe0-20
04f1ffc0  6161613d 61616161 26616161 50747874  =aaaaaaaaaa&txtP
04f1ffd0  77737361 3d64726f 61616161 61616161  assword=aaaaaaaa
04f1ffe0  74933b00 0310f0ba 00000000 00000000  .;.t............
04f1fff0  04e20038 04e20038 04f20000 00000000  8...8...........
04f20000  ???????? ???????? ???????? ????????  ????????????????
04f20010  ???????? ???????? ???????? ????????  ????????????????
04f20020  ???????? ???????? ???????? ????????  ????????????????
04f20030  ???????? ???????? ???????? ????????  ????????????????
```

14. 모든 모듈에서 패치된 코드가 있는지 확인해야 한다.

```
0:004> !for_each_module "!chkimg -v -d @#ModuleName"

[...]

Scanning section:    .text
Size: 1307933
Range to scan: 74bd1000-74d1051d
```

```
    74ca8814-74ca8818  5 bytes - comctl32!PropertySheetW
        [ 8b ff 55 8b ec:e9 e8 d8 d9 fb ]
    74ca882c-74ca8830  5 bytes - comctl32!PropertySheetA (+0x18)
        [ 8b ff 55 8b ec:e9 70 d9 d9 fb ]
Total bytes compared: 1307933(100%)
Number of errors: 10

[...]

Scanning section:    .text
Size: 1204234
Range to scan: 760e1000-7620700a
    76101e12-76101e16  5 bytes - ole32!OleLoadFromStream
        [ 8b ff 55 8b ec:e9 b9 30 94 fa ]
    76139ea6-76139eaa  5 bytes - ole32!CoCreateInstance (+0x38094)
        [ 8b ff 55 8b ec:e9 d5 3c 81 fa ]
Total bytes compared: 1204234(100%)
Number of errors: 10

[...]

Scanning section:    .text
Size: 528293
Range to scan: 76501000-76581fa5
    76503df0-76503df4  5 bytes - oleaut32!VariantClear
        [ 8b ff 55 8b ec:e9 1f 1d 54 fa ]
    76503e40-76503e44  5 bytes - oleaut32!SysFreeString (+0x50)
        [ 8b ff 55 8b ec:e9 f3 10 54 fa ]
    7650462b-7650462f  5 bytes - oleaut32!SysAllocStringByteLen (+0x7eb)
        [ 8b ff 55 8b ec:e9 4a 14 54 fa ]
    765074bc-765074c0  5 bytes - oleaut32!VariantChangeType (+0x2e91)
        [ 8b ff 55 8b ec:e9 04 e6 53 fa ]
    765670ae-765670b2  5 bytes - oleaut32!OleCreatePropertyFrameIndirect (+0x5fbf2)
        [ 8b ff 55 8b ec:e9 96 e6 4d fa ]
Total bytes compared: 528293(100%)
Number of errors: 25

[...]

Scanning section:    .text
Size: 3612636
Range to scan: 766d1000-76a42fdc
    767589a8-767589ab  4 bytes - shell32!CRegFolder::`vftable'
        [ 88 20 76 76:4d 30 c1 6d ]
    767589b0-767589b7  8 bytes - shell32!CRegFolder::`vftable'+8 (+0x08)
```

```
      [ 2f 92 75 76 df e4 75 76:57 2f c1 6d 9c 5b c0 6d ]
Total bytes compared: 3612636(100%)
Number of errors: 12


[...]


Scanning section:    .text
Size: 422527
Range to scan: 77401000-7746827f
    774072a2-774072a6  5 bytes - user32!CreateDialogParamW
      [ 8b ff 55 8b ec:e9 09 6c 54 f9 ]
    7740863c-77408640  5 bytes - user32!GetAsyncKeyState (+0x139a)
      [ 8b ff 55 8b ec:e9 f6 08 46 f9 ]
    774087ad-774087b1  5 bytes - user32!SetWindowsHookExW (+0x171)
      [ 8b ff 55 8b ec:e9 23 13 54 f9 ]
    77408e3b-77408e3f  5 bytes - user32!CallNextHookEx (+0x68e)
      [ 8b ff 55 8b ec:e9 f5 42 53 f9 ]
    774098db-774098df  5 bytes - user32!NtUserUnhookWindowsHookEx (+0xaa0)
      [ b8 52 12 00 00:e9 86 ad 4a f9 ]
    7740cd8b-7740cd8f  5 bytes - user32!EnableWindow (+0x34b0)
      [ 8b ff 55 8b ec:e9 ad 0f 54 f9 ]
    77411305-77411309  5 bytes - user32!CreateWindowExW (+0x457a)
      [ 8b ff 55 8b ec:e9 1a c8 53 f9 ]
    77418cb1-77418cb5  5 bytes - user32!GetKeyState (+0x79ac)
      [ 8b ff 55 8b ec:e9 35 46 53 f9 ]
    77420745-77420749  5 bytes - user32!IsDialogMessageW (+0x7a94)
      [ 8b ff 55 8b ec:e9 c9 52 45 f9 ]
    774217aa-774217ae  5 bytes - user32!CreateDialogParamA (+0x1065)
      [ 8b ff 55 8b ec:e9 27 40 62 f9 ]
    77421847-7742184b  5 bytes - user32!IsDialogMessageA (+0x9d)
      [ 8b ff 55 8b ec:e9 26 38 62 f9 ]
    774226f1-774226f5  5 bytes - user32!CreateDialogIndirectParamA (+0xeaa)
      [ 8b ff 55 8b ec:e9 17 31 62 f9 ]
    77429a62-77429a66  5 bytes - user32!CreateDialogIndirectParamW (+0x7371)
      [ 8b ff 55 8b ec:e9 dd bd 61 f9 ]
    77430987-7743098b  5 bytes - user32!NtUserSetKeyboardState (+0x6f25)
      [ b8 20 12 00 00:e9 55 4a 61 f9 ]
    774310b0-774310b4  5 bytes - user32!DialogBoxParamW (+0x729)
      [ 8b ff 55 8b ec:e9 4c 44 44 f9 ]
    77432ef5-77432ef9  5 bytes - user32!DialogBoxIndirectParamW (+0x1e45)
      [ 8b ff 55 8b ec:e9 55 1c 61 f9 ]
    77432f75-77432f79  5 bytes - user32!NtUserSendInput (+0x80)
      [ b8 0d 12 00 00:e9 25 30 61 f9 ]
    7743326e-77433272  5 bytes - user32!EndDialog (+0x2f9)
      [ 8b ff 55 8b ec:e9 47 4c 44 f9 ]
```

```
    77446fb2-77446fb6  5 bytes - user32!SetCursorPos (+0x13d44)
       [ 8b ff 55 8b ec:e9 3c f0 5f f9 ]
    77448152-77448156  5 bytes - user32!DialogBoxParamA (+0x11a0)
       [ 8b ff 55 8b ec:e9 95 c9 5f f9 ]
    7744847d-77448481  5 bytes - user32!DialogBoxIndirectParamA (+0x32b)
       [ 8b ff 55 8b ec:e9 30 c7 5f f9 ]
    7745d4d9-7745d4dd  5 bytes - user32!MessageBoxIndirectA (+0x1505c)
       [ 8b ff 55 8b ec:e9 a3 75 5e f9 ]
    7745d5d3-7745d5d7  5 bytes - user32!MessageBoxIndirectW (+0xfa)
       [ 8b ff 55 8b ec:e9 3e 74 5e f9 ]
    7745d639-7745d63d  5 bytes - user32!MessageBoxExA (+0x66)
       [ 8b ff 55 8b ec:e9 76 73 5e f9 ]
    7745d65d-7745d661  5 bytes - user32!MessageBoxExW (+0x24)
       [ 8b ff 55 8b ec:e9 f0 72 5e f9 ]
    7745d972-7745d976  5 bytes - user32!keybd_event (+0x315)
       [ 8b ff 55 8b ec:e9 ac 89 5e f9 ]
Total bytes compared: 422527(100%)
Number of errors: 130

[...]


Scanning section:    .text
Size: 320529
Range to scan: 774a1000-774ef411
    774a30cf-774a30d3  5 bytes - comdlg32!PrintDlgW
       [ 8b ff 55 8b ec:e9 41 28 5a f9 ]
    774ced29-774ced2d  5 bytes - comdlg32!PageSetupDlgW (+0x2bc5a)
       [ 8b ff 55 8b ec:e9 4d 6b 57 f9 ]
Total bytes compared: 320529(100%)
Number of errors: 10
10 errors : comdlg32 (774a30cf-774ced2d)

[...]


Scanning section:    .text
Size: 794010
Range to scan: 777b1000-77872d9a
    77814dba-77814dbd  4 bytes - ntdll!ZwQueryDirectoryFile+6
       [ 00 03 fe 7f:e8 af 05 00 ]
    778151ba-778151bd  4 bytes - ntdll!ZwResumeThread+6 (+0x400)
       [ 00 03 fe 7f:d8 af 05 00 ]
Total bytes compared: 794010(100%)
Number of errors: 8

[...]
```

패치된 주소를 보면 대부분의 주소가 IE에 속한다는 것을 알 수 있다.

```
0:004> u 774a30cf
comdlg32!PrintDlgW:
774a30cf e941285af9      jmp      ieframe!Detour_PrintDlgW (70a45915)
774a30d4 81eca0040000    sub      esp,4A0h
774a30da a1ac034f77      mov      eax,dword ptr [comdlg32!__security_cookie (774f03ac)]
774a30df 33c5            xor      eax,ebp
774a30e1 8945fc          mov      dword ptr [ebp-4],eax
774a30e4 56              push     esi
774a30e5 8b7508          mov      esi,dword ptr [ebp+8]
774a30e8 689c040000      push     49Ch
```

하지만 마지막 두 개의 주소는 IE에 속하지 않은 내용으로 보여 의심스럽다.

```
0:004> u 77814dba
ntdll!ZwQueryDirectoryFile+0x6:
77814dba e8af0500ff      call     shell32!MetadataLayout::UpdateDesiredSize+0x218 (7681536e)
77814dbf 12c2            adc      al,dl
77814dc1 2c00            sub      al,0
77814dc3 90              nop
ntdll!NtQueryDirectoryObject:
77814dc4 b8db000000      mov      eax,0DBh
77814dc9 ba0003fe7f      mov      edx,offset SharedUserData!SystemCallStub (7ffe0300)
77814dce ff12            call     dword ptr [edx]
77814dd0 c21c00          ret      1Ch


0:004> u 7681536e
shell32!MetadataLayout::UpdateDesiredSize+0x218:
7681536e 46              inc      esi
7681536f 18894df80f82    sbb      byte ptr [ecx-7DF007B3h],cl
76815375 51              push     ecx
76815376 ff              ???
76815377 ff              ???
76815378 ff8b46288b55    dec      dword ptr [ebx+558B2846h]
7681537e 108d04988b08    adc      byte ptr [ebp+88B9804h],cl
76815384 014df0          add      dword ptr [ebp-10h],ecx


0:004> ub 77814dba
          ^ Unable to find valid previous instruction for 'ub 77814dba'
```

여기서는 함수의 시작 부분을 확인하는 것이 필요하다. 주소 또는 오프셋 등을 변경하는 명령의 일부로 패치된 것일 수도 있기 때문이다.

```
0:004> u ntdll!ZwQueryDirectoryFile
ntdll!ZwQueryDirectoryFile:
77814db4 b8da000000      mov     eax,0DAh
77814db9 bae8af0500      mov     edx,5AFE8h
77814dbe ff12            call    dword ptr [edx]
77814dc0 c22c00          ret     2Ch
77814dc3 90              nop
ntdll!NtQueryDirectoryObject:
77814dc4 b8db000000      mov     eax,0DBh
77814dc9 ba0003fe7f      mov     edx,offset SharedUserData!SystemCallStub (7ffe0300)
77814dce ff12            call    dword ptr [edx]
```

간접 호출 주소가 변경된 것을 확인할 수 있다. 일반적인 경우에서는 다음과 같이 나타난다.

```
0:004> dps 7ffe0300 L1
7ffe0300  77815e70 ntdll!KiFastSystemCall
```

하지만 이 경우에는 앞서 확인된 악성코드 모듈로 실행 흐름이 전환된다.

```
0:004> dps 5AFE8h L1
0005afe8  0004efe0


0:004> u 0004efe0
0004efe0 58              pop     eax
0004efe1 8d0510ec0400    lea     eax,ds:[4EC10h]
0004efe7 ffe0            jmp     eax
0004efe9 c3              ret
0004efea cc              int     3
0004efeb cc              int     3
0004efec cc              int     3
0004efed cc              int     3


0:004> u 4EC10h
0004ec10 55              push    ebp
0004ec11 8bec            mov     ebp,esp
0004ec13 83ec38          sub     esp,38h
0004ec16 0fb64530        movzx   eax,byte ptr [ebp+30h]
0004ec1a 50              push    eax
0004ec1b 8b4d2c          mov     ecx,dword ptr [ebp+2Ch]
0004ec1e 51              push    ecx
0004ec1f 0fb65528        movzx   edx,byte ptr [ebp+28h]


0:004> !address 4EC10h
```

```
Mapping file section regions...
Mapping module regions...
Mapping PEB regions...
Mapping TEB and stack regions...
Mapping heap regions...
*** Failure in mapping Heap (80004005: ExtRemoteTyped::Field: unable to retrieve field 'BaseAddress'
at ffffffff99654a5f)
Mapping page heap regions...
Mapping other regions...
Mapping stack trace database regions...
Mapping activation context regions...


Usage:                  <unknown>
Base Address:           00040000
End Address:            0005d000
Region Size:            0001d000 ( 116.000 kB)
State:                  00001000          MEM_COMMIT
Protect:                00000040          PAGE_EXECUTE_READWRITE
Type:                   00020000          MEM_PRIVATE
Allocation Base:        00040000
Allocation Protect:     00000040          PAGE_EXECUTE_READWRITE


Content source: 1 (target), length: e3f0
```

여기에서는 시스템 콜 디스패치를 기반으로 한 실행 리다이렉션을 확인할 수 있는데, 이것은 임포트 주소 테이블을 이용한 것과는 다른 방식이다. 여기서 ntdll!Zw* 함수들은 커널 영역으로 전환해 해당 시스템 서비스를 실행하기 위해 사용됐다. 이 전환은 보통 SharedUserData 의사 모듈을 통해 수행된다.

```
0:004> !address SharedUserData

Usage:                  Other
Base Address:           7ffe0000
End Address:            7ffe1000
Region Size:            00001000 (   4.000 kB)
State:                  00001000          MEM_COMMIT
Protect:                00000002          PAGE_READONLY
Type:                   00020000          MEM_PRIVATE
Allocation Base:        7ffe0000
Allocation Protect:     00000002          PAGE_READONLY
Additional info:        User Shared Data


Content source: 1 (target), length: 1000
```

```
0:004> dps SharedUserData!SystemCallStub L1
7ffe0300  77815e70 ntdll!KiFastSystemCall


0:004> uf ntdll!KiFastSystemCall
ntdll!KiFastSystemCall:
77815e70 8bd4              mov     edx,esp
77815e72 0f34              sysenter
77815e74 c3                ret
```

15. 추가로 확인해야 할 부분은 예외 처리 핸들러다. 현재의 문제 스레드를 확인할 수도 있고 ~*e 명령어를 이용해 모든 스레드를 대상으로도 확인할 수 있다. 예외는 각기 다른 핸들러를 갖고 있는 각각의 스레드에서 발생될 수 있다.

```
0:004> !exchain
02c9cb90: ntdll!_except_handler4+0 (777b99fa)
  CRT scope  0, func:    ntdll!RtlReportExceptionEx+187 (77843ca3)
02c9cbd0: ntdll!_except_handler4+0 (777b99fa)
  CRT scope  0, filter: ntdll!RtlReportException+53 (77843d67)
              func:    ntdll!RtlReportException+57 (77843d70)
02c9cc54: ntdll!ExecuteHandler2+3a (77815f8d)
02c9d074: ntdll!_except_handler4+0 (777b99fa)
  CRT scope  0, filter: ntdll!RtlReportCriticalFailure+5d (7785faff)
              func:    ntdll!RtlReportCriticalFailure+6c (7785fb13)
02c9d0b8: ntdll!_except_handler4+0 (777b99fa)
  CRT scope  0, filter: ntdll!RtlpLogHeapFailure+83 (778607cf)
              func:    ntdll!RtlpLogHeapFailure+90 (778607e1)
02c9d1f8: ntdll!_except_handler4+0 (777b99fa)
  CRT scope  0, func:    ntdll!RtlpFreeHeap+b0c (7782b9f7)
02c9d25c: kernel32!_except_handler4+0 (7626fd89)
  CRT scope  0, filter: kernel32!GlobalFree+11c (7628e1e7)
              func:    kernel32!GlobalFree+133 (7628e203)
02c9d6f0: user32!_except_handler4+0 (7746522d)
  CRT scope  0, func:    user32!UserCallWinProcCheckWow+150 (77436e2c)
02c9d754: user32!_except_handler4+0 (7746522d)
  CRT scope  0, filter: user32!DispatchMessageWorker+144 (77437cbc)
              func:    user32!DispatchMessageWorker+157 (77437cd4)
02c9f980: ntdll!_except_handler4+0 (777b99fa)
  CRT scope  0, filter: ntdll!__RtlUserThreadStart+3b (77827f8d)
              func:    ntdll!__RtlUserThreadStart+70 (77827fc7)
Invalid exception stack at ffffffff

0:004> ~*e !exchain
001df568: kernel32!_except_handler4+0 (7626fd89)
  CRT scope  1, func:    kernel32!WaitForMultipleObjectsEx+18a (7627a628)
```

```
            CRT scope  0, func:    kernel32!WaitForMultipleObjectsEx+186 (7627a630)
001df85c: iexplore!_except_handler4+0 (00ff6944)
   CRT scope  1, filter: iexplore!_initterm_e+1da (00ff3153)
              func:    iexplore!_initterm_e+1ee (00ff316c)
001df8a8: ntdll!_except_handler4+0 (777b99fa)
   CRT scope  0, filter: ntdll!__RtlUserThreadStart+3b (77827f8d)
              func:    ntdll!__RtlUserThreadStart+70 (77827fc7)
Invalid exception stack at ffffffff
0258f860: ntdll!_except_handler4+0 (777b99fa)
   CRT scope  2, func:    ntdll!TppWaiterpThread+63c (7783a9bb)
   CRT scope  1, func:    ntdll!TppWaiterpThread+6e9 (777c098e)
   CRT scope  0, filter: ntdll!TppWaiterpThread+6f2 (7783aa39)
              func:    ntdll!TppWaiterpThread+703 (7783aa4f)
0258f8ac: ntdll!_except_handler4+0 (777b99fa)
   CRT scope  0, filter: ntdll!__RtlUserThreadStart+3b (77827f8d)
              func:    ntdll!__RtlUserThreadStart+70 (77827fc7)
Invalid exception stack at ffffffff
02a2edcc: kernel32!_except_handler4+0 (7626fd89)
   CRT scope  1, func:    kernel32!WaitForMultipleObjectsEx+18a (7627a628)
   CRT scope  0, func:    kernel32!WaitForMultipleObjectsEx+186 (7627a630)
02a2fe68: ntdll!_except_handler4+0 (777b99fa)
   CRT scope  0, filter: ntdll!__RtlUserThreadStart+3b (77827f8d)
              func:    ntdll!__RtlUserThreadStart+70 (77827fc7)
Invalid exception stack at ffffffff
028efa38: kernel32!_except_handler4+0 (7626fd89)
   CRT scope  1, func:    kernel32!WaitForMultipleObjectsEx+18a (7627a628)
   CRT scope  0, func:    kernel32!WaitForMultipleObjectsEx+186 (7627a630)
028efb48: ntdll!_except_handler4+0 (777b99fa)
   CRT scope  0, filter: ntdll!__RtlUserThreadStart+3b (77827f8d)
              func:    ntdll!__RtlUserThreadStart+70 (77827fc7)
Invalid exception stack at ffffffff
02c9cb90: ntdll!_except_handler4+0 (777b99fa)
   CRT scope  0, func:    ntdll!RtlReportExceptionEx+187 (77843ca3)
02c9cbd0: ntdll!_except_handler4+0 (777b99fa)
   CRT scope  0, filter: ntdll!RtlReportException+53 (77843d67)
              func:    ntdll!RtlReportException+57 (77843d70)
02c9cc54: ntdll!ExecuteHandler2+3a (77815f8d)
02c9d074: ntdll!_except_handler4+0 (777b99fa)
   CRT scope  0, filter: ntdll!RtlReportCriticalFailure+5d (7785faff)
              func:    ntdll!RtlReportCriticalFailure+6c (7785fb13)
02c9d0b8: ntdll!_except_handler4+0 (777b99fa)
   CRT scope  0, filter: ntdll!RtlpLogHeapFailure+83 (778607cf)
              func:    ntdll!RtlpLogHeapFailure+90 (778607e1)
02c9d1f8: ntdll!_except_handler4+0 (777b99fa)
   CRT scope  0, func:    ntdll!RtlpFreeHeap+b0c (7782b9f7)
```

```
02c9d25c: kernel32!_except_handler4+0 (7626fd89)
   CRT scope  0, filter: kernel32!GlobalFree+11c (7628e1e7)
                func:    kernel32!GlobalFree+133 (7628e203)
02c9d6f0: user32!_except_handler4+0 (7746522d)
   CRT scope  0, func:    user32!UserCallWinProcCheckWow+150 (77436e2c)
02c9d754: user32!_except_handler4+0 (7746522d)
   CRT scope  0, filter: user32!DispatchMessageWorker+144 (77437cbc)
                func:    user32!DispatchMessageWorker+157 (77437cd4)
02c9f980: ntdll!_except_handler4+0 (777b99fa)
   CRT scope  0, filter: ntdll!__RtlUserThreadStart+3b (77827f8d)
                func:    ntdll!__RtlUserThreadStart+70 (77827fc7)
Invalid exception stack at ffffffff
02e8fad8: kernel32!_except_handler4+0 (7626fd89)
   CRT scope  1, func:    kernel32!WaitForMultipleObjectsEx+18a (7627a628)
   CRT scope  0, func:    kernel32!WaitForMultipleObjectsEx+186 (7627a630)
02e8fc40: msidcrl40!CreatePassportAuthUIContext+5e13b (275f8bcb)
02e8fc78: ntdll!_except_handler4+0 (777b99fa)
   CRT scope  0, func:    ntdll!RtlpTpTimerCallback+8e (7783b037)
02e8fdcc: ntdll!_except_handler4+0 (777b99fa)
   CRT scope  8, filter: ntdll!TppWorkerThread+515 (77839f8d)
                func:    ntdll!TppWorkerThread+531 (77839fae)
   CRT scope  2, func:    ntdll!TppWorkerThread+6c2 (777e6fdb)
   CRT scope  1, func:    ntdll!TppWorkerThread+78e (777e70cf)
   CRT scope  0, filter: ntdll!TppWorkerThread+79f (7783a09f)
                func:    ntdll!TppWorkerThread+7b4 (7783a0b9)
02e8fe18: ntdll!_except_handler4+0 (777b99fa)
   CRT scope  0, filter: ntdll!__RtlUserThreadStart+3b (77827f8d)
                func:    ntdll!__RtlUserThreadStart+70 (77827fc7)
Invalid exception stack at ffffffff
0409fdcc: kernel32!_except_handler4+0 (7626fd89)
   CRT scope  0, func:    kernel32!SleepEx+91 (76293fa6)
0409fe60: ntdll!_except_handler4+0 (777b99fa)
   CRT scope  0, filter: ntdll!__RtlUserThreadStart+3b (77827f8d)
                func:    ntdll!__RtlUserThreadStart+70 (77827fc7)
Invalid exception stack at ffffffff
03f0fcb8: ntdll!_except_handler4+0 (777b99fa)
   CRT scope  0, filter: ntdll!__RtlUserThreadStart+3b (77827f8d)
                func:    ntdll!__RtlUserThreadStart+70 (77827fc7)
Invalid exception stack at ffffffff
0474f718: mswsock!_except_handler4+0 (7549148b)
   CRT scope  0, filter: mswsock!WSPSelect+52d (7547e749)
                func:    mswsock!WSPSelect+531 (7547e752)
0474f798: ws2_32!_except_handler4+0 (773a24ba)
   CRT scope  0, filter: ws2_32!select+3ba (7738fe6e)
                func:    ws2_32!select+3be (7738fe77)
```

```
0474fb44: ntdll!_except_handler4+0 (777b99fa)
  CRT scope  0, filter: ntdll!__RtlUserThreadStart+3b (77827f8d)
              func:    ntdll!__RtlUserThreadStart+70 (77827fc7)
Invalid exception stack at ffffffff
051ff9cc: ntdll!_except_handler4+0 (777b99fa)
  CRT scope  5, filter: ntdll!TppWorkerThread+219 (77839e5c)
              func:    ntdll!TppWorkerThread+230 (77839e78)
  CRT scope  2, func:    ntdll!TppWorkerThread+6c2 (777e6fdb)
  CRT scope  1, func:    ntdll!TppWorkerThread+78e (777e70cf)
  CRT scope  0, filter: ntdll!TppWorkerThread+79f (7783a09f)
              func:    ntdll!TppWorkerThread+7b4 (7783a0b9)
051ffa18: ntdll!_except_handler4+0 (777b99fa)
  CRT scope  0, filter: ntdll!__RtlUserThreadStart+3b (77827f8d)
              func:    ntdll!__RtlUserThreadStart+70 (77827fc7)
Invalid exception stack at ffffffff
04dbf8d8: ntdll!_except_handler4+0 (777b99fa)
  CRT scope  0, filter: ntdll!__RtlUserThreadStart+3b (77827f8d)
              func:    ntdll!__RtlUserThreadStart+70 (77827fc7)
Invalid exception stack at ffffffff
0568fedc: kernel32!_except_handler4+0 (7626fd89)
  CRT scope  1, func:    kernel32!WaitForSingleObjectEx+fc (762937c7)
  CRT scope  0, func:    kernel32!WaitForSingleObjectEx+110 (762937e2)
0568ff74: ntdll!_except_handler4+0 (777b99fa)
  CRT scope  0, filter: ntdll!__RtlUserThreadStart+3b (77827f8d)
              func:    ntdll!__RtlUserThreadStart+70 (77827fc7)
Invalid exception stack at ffffffff
06e1fd04: kernel32!_except_handler4+0 (7626fd89)
  CRT scope  1, func:    kernel32!WaitForSingleObjectEx+fc (762937c7)
  CRT scope  0, func:    kernel32!WaitForSingleObjectEx+110 (762937e2)
06e1fd9c: ntdll!_except_handler4+0 (777b99fa)
  CRT scope  0, filter: ntdll!__RtlUserThreadStart+3b (77827f8d)
              func:    ntdll!__RtlUserThreadStart+70 (77827fc7)
Invalid exception stack at ffffffff
06f1f76c: kernel32!_except_handler4+0 (7626fd89)
  CRT scope  1, func:    kernel32!WaitForMultipleObjectsEx+18a (7627a628)
  CRT scope  0, func:    kernel32!WaitForMultipleObjectsEx+186 (7627a630)
06f1fad8: msidcrl40!CreatePassportAuthUIContext+5c340 (275f6dd0)
06f1fb0c: msidcrl40!CreatePassportAuthUIContext+2dc00 (275c8690)
06f1fb60: ntdll!_except_handler4+0 (777b99fa)
  CRT scope  0, filter: ntdll!__RtlUserThreadStart+3b (77827f8d)
              func:    ntdll!__RtlUserThreadStart+70 (77827fc7)
Invalid exception stack at ffffffff
0775f68c: kernel32!_except_handler4+0 (7626fd89)
  CRT scope  1, func:    kernel32!WaitForMultipleObjectsEx+18a (7627a628)
  CRT scope  0, func:    kernel32!WaitForMultipleObjectsEx+186 (7627a630)
```

```
0775f9f8: msidcrl40!CreatePassportAuthUIContext+5c340 (275f6dd0)
0775fa2c: msidcrl40!CreatePassportAuthUIContext+2dc00 (275c8690)
0775fa80: ntdll!_except_handler4+0 (777b99fa)
   CRT scope  0, filter: ntdll!__RtlUserThreadStart+3b (77827f8d)
              func:    ntdll!__RtlUserThreadStart+70 (77827fc7)
Invalid exception stack at ffffffff
0501fc18: ntdll!_except_handler4+0 (777b99fa)
   CRT scope  5, filter: ntdll!TppWorkerThread+219 (77839e5c)
              func:    ntdll!TppWorkerThread+230 (77839e78)
   CRT scope  2, func:    ntdll!TppWorkerThread+6c2 (777e6fdb)
   CRT scope  1, func:    ntdll!TppWorkerThread+78e (777e70cf)
   CRT scope  0, filter: ntdll!TppWorkerThread+79f (7783a09f)
              func:    ntdll!TppWorkerThread+7b4 (7783a0b9)
0501fc64: ntdll!_except_handler4+0 (777b99fa)
   CRT scope  0, filter: ntdll!__RtlUserThreadStart+3b (77827f8d)
              func:    ntdll!__RtlUserThreadStart+70 (77827fc7)
Invalid exception stack at ffffffff
0785f7ac: kernel32!_except_handler4+0 (7626fd89)
   CRT scope  1, func:    kernel32!WaitForSingleObjectEx+fc (762937c7)
   CRT scope  0, func:    kernel32!WaitForSingleObjectEx+110 (762937e2)
0785f840: ntdll!_except_handler4+0 (777b99fa)
   CRT scope  0, filter: ntdll!__RtlUserThreadStart+3b (77827f8d)
              func:    ntdll!__RtlUserThreadStart+70 (77827fc7)
Invalid exception stack at ffffffff
0868fcdc: kernel32!_except_handler4+0 (7626fd89)
   CRT scope  1, func:    kernel32!WaitForSingleObjectEx+fc (762937c7)
   CRT scope  0, func:    kernel32!WaitForSingleObjectEx+110 (762937e2)
0868fd74: ntdll!_except_handler4+0 (777b99fa)
   CRT scope  0, filter: ntdll!__RtlUserThreadStart+3b (77827f8d)
              func:    ntdll!__RtlUserThreadStart+70 (77827fc7)
Invalid exception stack at ffffffff
0b99fc58: ntdll!_except_handler4+0 (777b99fa)
   CRT scope  0, filter: ntdll!__RtlUserThreadStart+3b (77827f8d)
              func:    ntdll!__RtlUserThreadStart+70 (77827fc7)
Invalid exception stack at ffffffff
0bc7fab0: kernel32!_except_handler4+0 (7626fd89)
   CRT scope  1, func:    kernel32!WaitForMultipleObjectsEx+18a (7627a628)
   CRT scope  0, func:    kernel32!WaitForMultipleObjectsEx+186 (7627a630)
0bc7fb40: ntdll!_except_handler4+0 (777b99fa)
   CRT scope  0, filter: ntdll!__RtlUserThreadStart+3b (77827f8d)
              func:    ntdll!__RtlUserThreadStart+70 (77827fc7)
Invalid exception stack at ffffffff
0b04fc90: kernel32!_except_handler4+0 (7626fd89)
   CRT scope  1, func:    kernel32!WaitForMultipleObjectsEx+18a (7627a628)
   CRT scope  0, func:    kernel32!WaitForMultipleObjectsEx+186 (7627a630)
```

```
0b04fd98: ntdll!_except_handler4+0 (777b99fa)
  CRT scope  0, filter: ntdll!__RtlUserThreadStart+3b (77827f8d)
             func:   ntdll!__RtlUserThreadStart+70 (77827fc7)
Invalid exception stack at ffffffff
0bb7fc5c: ntdll!_except_handler4+0 (777b99fa)
  CRT scope  0, filter: ntdll!__RtlUserThreadStart+3b (77827f8d)
             func:   ntdll!__RtlUserThreadStart+70 (77827fc7)
Invalid exception stack at ffffffff
```

여기서는 원시 모듈이 없는 포인터 등 비정상적인 흔적을 살펴보았으나 발견되지 않았다.

16. 로그 파일을 닫는다.

```
0:004> .logclose
Closing open log file C:\AWMA-Dumps\M3.log
```

DLL 인젝션

Debugging TV Frame 0x20

숙제 : InjectionResidue.DMP

무료로 이용할 수 있는 사례 연구 자료들이 있으므로, 여기에서는 원격 스레드를 이용한 DLL 인젝션과 이에 대한 실행 흔적에 대해서는 다루지 않는다. 하지만 독자들이 내용을 따라갈 수 있도록 크래시 덤프를 숙제로 제공한다.

디버깅^{Debugging} TV: http://www.debugging.tv/

경로

- ◉ 임포트 주소 테이블

- ◉ 시스템 콜 디스패치

- ◉ 예외 처리

요약하자면 연습 M3에서는 악성코드를 실행시키기 위한 세 가지 기본적인 방법을 살펴봤다. 그 세 가지는 임포트 주소 테이블 후킹, 시스템 콜 디스패치 메커니즘 패칭, 예외 전파를 처리하는 예외 처리 체인과 테이블 조작 등이다.

패턴 링크

스택 트레이스 모음   패킹된 코드
RIP 스택 트레이스   심볼이 없는 컴포넌트
훅스웨어   사전 난독화 흔적
숨겨진 모듈   비정상 모듈
문자열 힌트   알려지지 않은 모듈
가짜 모듈   실행 흔적
패치된 코드   네임스페이스

아래는 앞서 연습에서 찾은 패턴들에 대한 링크다(이 목록은 'Memory Dump Analysis Anthology', 'Encyclopedia of Crash Dump Analysis patterns'과 이 책의 부록에서도 확인 가능).

스택 트레이스 모음(Stack Trace Collection)

http://www.dumpanalysis.org/blog/index.php/2007/09/14/crash-dump-analysis-patterns-part-27/

패킹된 코드(Packed Code)

http://www.dumpanalysis.org/blog/index.php/2013/01/19/malware-analysis-patterns-part-3/

RIP 스택 트레이스(RIP Stack Trace)

http://www.dumpanalysis.org/blog/index.php/2013/01/20/malware-analysis-patterns-part-11/

심볼이 없는 컴포넌트(No Component Symbols)

http://www.dumpanalysis.org/blog/index.php/2007/04/20/crash-dump-analysis-patterns-part-12/

훅스웨어(Hooksware)

http://www.dumpanalysis.org/blog/index.php/2008/08/10/hooksware/

사전 난독화 흔적(Pre—Obfuscation Residue)

http://www.dumpanalysis.org/blog/index.php/2013/01/19/malware-analysis-patterns-part-4/

숨겨진 모듈(Hidden Module)

http://www.dumpanalysis.org/blog/index.php/2008/08/07/crash-dump-analysis-patterns-part-75/

비정상 모듈(Deviant Module)

http://www.dumpanalysis.org/blog/index.php/2012/07/15/crash-dump-analysis-patterns-part-179/

문자열 힌트(String Hint)

http://www.dumpanalysis.org/blog/index.php/2013/02/01/malware-analysis-patterns-part-18/

알려지지 않은 모듈(Unknown Module)

http://www.dumpanalysis.org/blog/index.php/2007/08/16/crash-dump-analysis-patterns-part-22/

가짜 모듈(Fake Module)

http://www.dumpanalysis.org/blog/index.php/2012/12/29/malware-analysis-patterns-part-2/

실행 흔적(Execution Residue)

http://www.dumpanalysis.org/blog/index.php/2008/04/29/crash-dump-analysis-patterns-part-60/

패치된 코드(Patched Code)

http://www.dumpanalysis.org/blog/index.php/2013/02/09/malware-analysis-patterns-part-21/

네임스페이스(Namespace)

http://www.dumpanalysis.org/blog/index.php/2013/02/05/malware-analysis-patterns-part-20/

커널 영역 메모리

이제 커널 영역이다. 여기서의 목표는 분석에 필요한 중요한 명령어들을 확인하고, 그 명령어의 실행 결과가 비정상 소프트웨어의 행위를 탐지할 때 악성코드 패턴들을 인지하는 데 얼마나 도움이 되는지 확인하는 것이다. 모든 컴플릿 메모리 덤프는 가상 환경의 32비트 윈도우 비스타와 실제 PC에서 동작 중인 64비트 윈도우 8에서 수집했다.

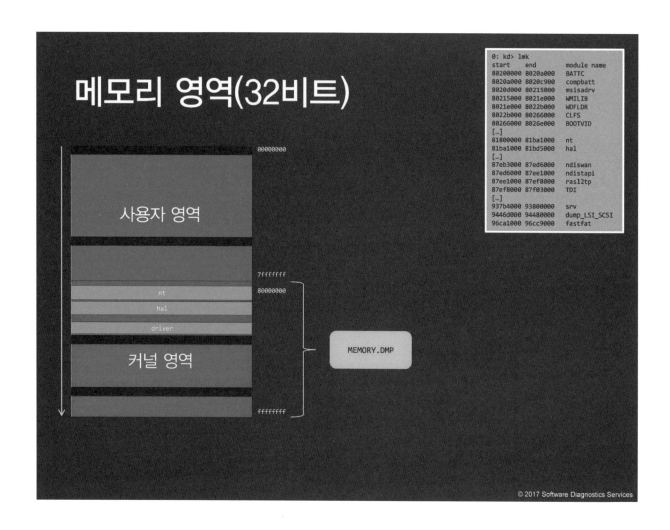

사용자 영역 슬라이드에서 살펴본 것처럼 커널 영역에 대해서도 간단히 복습해보자. 운영체제가 부팅될 때 그 실행 파일은 hal과 같은 추가 모듈들과 함께 메모리에 로드된다. 이 운영체제의 실행 파일은 nt 모듈로 발견된다. 드라이버의 로딩 단계에서는 DLL처럼 동적으로 로딩되고, 다른 DLL을 참조하는 경우 해당 DLL들이 추가로 로딩된다. PE 헤더 포맷에서 배운 모든 지식이 여기에서도 동일하게 적용된다. 사실상 .SYS 파일은 시스템 DLL 파일이라 볼 수 있으므로 .SYS 파일이라 하더라도 특별할 것은 없다. 위 그림의 검은 색 영역처럼 모듈들과 다른 영역 사이에 간격이 있을 수 있다. 어떤 메모리는 시스템 실행을 위해 필요한 작업 영역으로 할당되기도 한다. 커널 영역은 보통 2GB 범위를 가진다. lm이나 lmk 명령어를 이용해서 모듈들이 어디에 위치해 있는지를 확인할 수 있다. 메모리 덤프를 저장할 때는 로딩된 드라이버를 포함해 접근 가능한 모든 메모리가 저장된다. 커널 메모리 누수 또는 드라이버가 메모리를 요구하는 경우가 아니라면 덤프의 크기는 일반적으로 2GB보다 훨씬 작다.

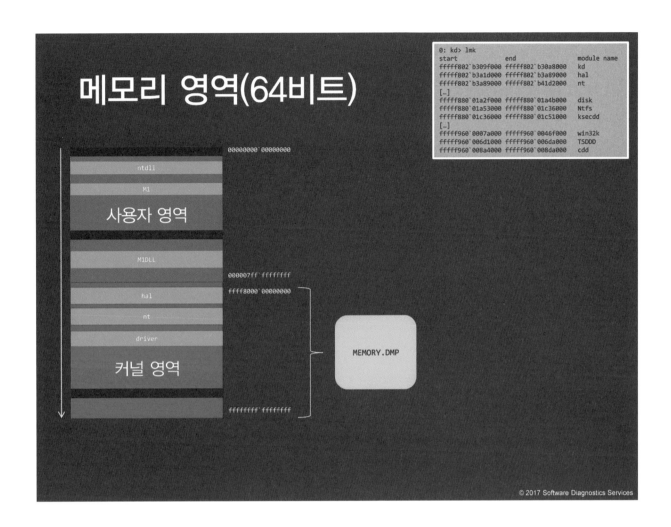

이 그림은 64비트 윈도우의 프로세스 영역을 표현한 것이다. 커널 영역이 더 이상 2GB 또는 1GB로 제한되지 않음을 볼 수 있다. 연습을 통해 메모리 영역이 어떻게 구성돼 있는지 확인하고, 전형적인 드라이버의 PE 헤더와 사용자 영역 모듈이 어떤 차이가 있는지 알아보자.

드라이버 PE 포맷

- 비페이징 코드
- 페이징 코드
- 비페이징 데이터
- 페이징 데이터
- 폐기 가능 코드와 데이터

사용자 영역 실행 파일 및 동적 링크 라이브러리에서는 각각 하나의 코드 섹션과 데이터 섹션을 볼 수 있었다. 커널 영역에서 일부 코드 섹션과 데이터 섹션은 물리 메모리 내에 항상 존재해야 하는데, 이들 섹션은 페이징 되지 않게 설정된다. 또한 페이징 가능한 코드 섹션 및 데이터 섹션이나 폐기 가능한 드라이버 초기화 코드들도 존재한다. 그 외의 나머지들은 임포트 주소 테이블을 포함해 동일하다.

의심 행위

- 블루스크린 발생(BSOD)

- CPU 소모

- 네트워크 통신

- 느려진 시스템

의심스럽고 비정상적인 시스템 동작에 대한 몇 가지 사례가 있다. 이들은 잠재적으로 악성코드 또는 악성코드의 결함에 의해 발생될 수 있다. 예를 들어 커널 레벨 루트킷은 힙 손상과 유사하게 커널 풀을 손상시킬 수 있어 버그체크bugcheck에 의해 블루스크린이 유발될 수 있다.

블루스크린 발생(BSOD)

```
CRITICAL_STRUCTURE_CORRUPTION (109)
This bugcheck is generated when the kernel detects that critical kernel code or
data have been corrupted. There are generally three causes for a corruption:
1) A driver has inadvertently or deliberately modified critical kernel code
 or data. See http://www.microsoft.com/whdc/driver/kernel/64bitPatching.mspx
2) A developer attempted to set a normal kernel breakpoint using a kernel
 debugger that was not attached when the system was booted. Normal breakpoints,
 "bp", can only be set if the debugger is attached at boot time. Hardware
 breakpoints, "ba", can be set at any time.
3) A hardware corruption occurred, e.g. failing RAM holding kernel code or data.
Arguments:
Arg1: a4a039d897c2787e, Reserved
Arg2: b4b7465eea408b28, Reserved
Arg3: fffff88000f2ef1c, Failure type dependent information
Arg4: 0000000000000002, Type of corrupted region, can be
        0 : A generic data region
        1 : Modification of a function or .pdata
        2 : A processor IDT
        3 : A processor GDT
        4 : Type 1 process list corruption
        5 : Type 2 process list corruption
        6 : Debug routine modification
        7 : Critical MSR modification
```

최신 윈도우 운영체제는 패치 등과 같은 커널 구조체의 변경을 탐지하고 버그체크를 동작시킨다. 이는 !analyze -v 명령어 실행 결과를 통해 확인할 수 있다. 여기서는 IDT의 변경이 확인됐다. 다음 연습에서 IDT에 대해 다룬다.

첫 단계

- 현재 스레드 확인하기: `!thread -1 3f`

- 현재 프로세스 확인하기: `!process -1 3f`

- 현재 CPU IDT 확인하기

- 현재 스레드의 원시 스택 확인하기

- 동작 중이거나 준비 상태의 스레드 확인하기

- 모든 프로세스와 스레드 목록화하기

- 모든 CPU의 IDT를 목록화하기

BSOD 사례에서 무엇을 가장 먼저 확인해야 할까? 현재 스레드와 프로세스, 그리고 CPU를 확인해야 할 것이다. 물리 메모리 덤프를 분석하려면 3f 플래그가 필요하게 될 것이다. 커널 메모리 덤프에서는 커널 영역에 대한 동일한 출력을 가지므로 여기에서부터 시작하는 것이 좋다. 문제에 따라 스레드가 실행 또는 준비 상태인지를 확인하거나 모든 프로세스와 스레드를 확인할 수도 있다. 스레드의 출력을 통해 커널 모드 및 사용자 모드의 소비 시간, 스택 트레이스의 모듈, 원시 주소들의 존재 등을 파악할 수도 있다. CPU의 경우 인터럽트 디스크립터 테이블을 확인할 수도 있다.

IDT

◉ 인터럽트 처리

◉ One for each CPU

◉ !idt

◉ !idt -a

IDT^{인터럽트 디스크립터 테이블}는 인터럽트 발생 시 실행을 커널 함수로 전달하기 위해 사용한다. 그 테이블의 각 엔트리는 인터럽트 번호(0에서 255)에 대응한다. 그리고 각 커널 함수를 가리키는 포인터를 가진다. 일반적인 인터럽트는 페이지 폴트, 0으로 나누기, 그리고 하드웨어 인터럽트를 포함한다. 다음 연습에서 이 명령어들을 알아보자. 의심 포인터들이 존재하는지 확인하기 위해 모든 인터럽트 테이블 엔트리를 확인할 수도 있다. 일반적으로 사용되지 않는 인터럽트 엔트리는 통신을 위해 사용된다. 또한 주의할 것은 CPU마다 각자의 IDT를 갖고 있다는 점이다.

원시 스택

- 시스템 스레드

- 프로세스 스레드를 위한 커널 스택

- 전체 스레드용 스크립트

이전 연습에서 사용자 영역 스택에 대해 언급했던 내용을 상기해보자. 이와 같은 영역이 각 스레드별로 커널에 존재한다. 스레드는 커널에서 생성된 스레드일 수도 있고, 일부 프로세스로부터 생성된 스레드일 수도 있다. 후자인 경우 서로 다른 영역에 두 개의 스택 영역이 있다.

전체 스레드용 스크립트(『Volume 7 of Memory Dump Analysis Anthology』 또는 이 책의 부록에서도 확인 가능):

http://www.dumpanalysis.org/blog/index.php/2012/01/22/raw-stack-dump-of-all-threads-part-5/

프로세스와 스레드

- ◎ !process 0 0

- ◎ !process 0 3f

- ◎ !sprocess <session> 3f

- ◎ !for_each_thread "command"

- ◎ !vm

이제 프로세스들과 각 프로세스의 스레드 스택 트레이스들을 확인할 차례다. 이를 위한 다양한 방법이 있다. 처음 두 개의 명령어는 개별 스레드 및 프로세스에 대한 명령과 유사하다. 모든 프로세스 목록을 확인하기 위해 -1 대신에 0을 입력했다. 또한 터미널 세션 환경이거나 하나의 세션만 확인하려면 세 번째 명령어를 사용할 수 있다. 그리고 네 번째 명령어는 앞의 전체 스레드용 스크립트에서 소개한 것처럼 스레드의 스택 출력을 커스터마이징할 수 있다. 프로세스 출력은 다섯 번째 명령어로도 가능하다. 종료된 경우('좀비 프로세스'라 부름)에도 여전히 참조가 가능하다. 이는 출력의 마지막 부분에 잘 그룹화돼 있었다.

연결된 스레드

```
THREAD fffffa80033b5b50  Cid 0004.0030   Teb: 0000000000000000 Win32Thread: 0000000000000000 WAIT:
(WrPushLock) KernelMode Non-Alertable
  fffff880021d9750  SynchronizationEvent
Not impersonating
DeviceMap                fffff8a0000088f0
Owning Process           fffffa80033879e0       Image:        System
Attached Process         fffffa800439c620       Image:        AppA.exe
Wait Start TickCount      30819             Ticks: 14746574 (2:15:54:08.028)
Context Switch Count      2800
UserTime                 00:00:00.000
KernelTime               00:00:00.374
Win32 Start Address nt!ExpWorkerThread (0xfffff8000189e530)
Stack Init fffff880021d9db0 Current fffff880021d9470
Base fffff880021da000 Limit fffff880021d4000 Call 0
Priority 12 BasePriority 12 UnusualBoost 0 ForegroundBoost 0 IoPriority 2 PagePriority 5
```

일부 시스템 스레드들은 그 리소스가 필요한 경우 특정 프로세스에 연결될 수 있다. 이 부분에서 해당 스레드는
커널 영역에서 생성됐으나, AppA 프로세스에 연결돼 필요시 프로세스 주소 영역에 접근하는 것이 가능하다.

CPU 튐

- ⊙ !running [-i] [-t]*

- ⊙ !ready [f]*

- ⊙ Ticks: 0

- ⊙ <u>스크립트</u>

*사용자 영역의 스택 트레이스를 정확하게 보여주지 않는다.

CPU 튐 증상 및 관련 스레드를 확인하기 위해 다양한 명령어를 사용할 수 있다. 제공된 링크에 있는 WinDbg 스크립트를 이용하면 커널 모드와 사용자 모드에서 가장 많은 시간을 소비한 스레드를 찾을 수 있다. 이는 처음 두 명령어와 Ticks 출력에서는 확인할 수 없다.

CPU 소비 스크립트(windbg.org와 Volume 7 of Memory Dump Analysis Anthology를 참고하라, 전체 스크립트 사례 연구는 Advanced Windows memory Dump Analysis 훈련 코스에서 가능하다):

http://www.dumpanalysis.org/blog/index.php/2011/12/03/2-windbg-scripts-that-changed-the-world/

연습 M4

- ◎ **목표**: 커널 메모리 영역을 살펴보고 CPU, 프로세스, 스레드를 목록화하고 분석하기

- ◎ **패턴**: 스택 트레이스 모음, 실행 흔적, 자가 진단

- ◎ \AWMA-Dumps\Exercise-M4.pdf

이제 컴플릿 메모리 덤프를 분석해보자. 우선 커널 부분에 초점을 맞춘다.

연습 M4

목표: 커널 메모리 영역을 살펴보고 CPU, 프로세스, 스레드를 목록화하고 분석하기

패턴: 스택 트레이스 모음, 실행 흔적, 자가 진단

1.　Windows Kits\WinDbg(X64) 또는 Windows Kits\WinDbg(X86)의 WinDbg를 실행한다.

2.　\AWMA-Dumps\Complete\MEMORY.DMP를 연다.

3. 덤프 파일이 로딩된다.

```
Microsoft (R) Windows Debugger Version 10.0.15063.468 AMD64
Copyright (c) Microsoft Corporation. All rights reserved.


Loading Dump File [C:\AWMA-Dumps\Complete\MEMORY.DMP]
Kernel Bitmap Dump File: Full address space is available

Symbol search path is: srv*
Executable search path is:
Windows 8 Kernel Version 9200 MP (2 procs) Free x64
Product: WinNt, suite: TerminalServer SingleUserTS
Built by: 9200.16424.amd64fre.win8_gdr.120926-1855
Machine Name:
Kernel base = 0xfffff802`b3a89000 PsLoadedModuleList = 0xfffff802`b3d53a60
Debug session time: Tue Oct 30 21:22:24.413 2012 (UTC + 1:00)
System Uptime: 2 days 20:12:43.173
Loading Kernel Symbols
.............................................................
.............................................................
......................
Loading User Symbols
.............................................................
..............
Loading unloaded module list
...................................................................
*******************************************************************
*                                                                 *
*                        Bugcheck Analysis                        *
*                                                                 *
*******************************************************************
```

```
Use !analyze -v to get detailed debugging information.

BugCheck EF, {fffffa8002e6b1c0, 0, 0, 0}

Probably caused by : Unknown_Image ( ANALYSIS_INCONCLUSIVE )
```

4. 로그 파일을 연다.

```
0: kd> .logopen C:\AWMA-Dumps\M4.log
Opened log file 'C:\AWMA-Dumps\M4.log'
```

5.   마이크로소프트 심볼 서버와 연결할 경로를 지정하고, 심볼을 재로딩한다.

```
0: kd> .symfix c:\mss

0: kd> .reload
Loading Kernel Symbols
...........................................................
...........................................................
.....................
Loading User Symbols
...........................................................
............
Loading unloaded module list
....................................................................
```

6.   여기서는 이 덤프가 어떻게 생성됐는지는 관심이 없으므로, !analyze -v 단계는 건너뛰고, 커널 모듈을
확인하자.

```
0: kd> lmk
start              end               module name
fffff802`b309f000 fffff802`b30a8000  kd            (deferred)
fffff802`b3a1d000 fffff802`b3a89000  hal           (deferred)
fffff802`b3a89000 fffff802`b41d2000  nt            (pdb symbols)
c:\mss\ntkrnlmp.pdb\9C419ACB04574E6D91857E85E46682032\ntkrnlmp.pdb
fffff880`00c00000 fffff880`00c7f000  CI            (deferred)
fffff880`00c7f000 fffff880`00ce2000  msrpc         (deferred)
fffff880`00cfd000 fffff880`00d5c000  mcupdate_GenuineIntel  (deferred)
fffff880`00d5c000 fffff880`00db8000  CLFS          (deferred)
fffff880`00db8000 fffff880`00ddb000  tm            (deferred)
fffff880`00ddb000 fffff880`00df0000  PSHED         (deferred)
fffff880`00df0000 fffff880`00dfa000  BOOTVID       (deferred)
fffff880`01000000 fffff880`0106d000  ACPI          (deferred)
```

```
fffff880`0106d000 fffff880`01077000   WMILIB       (deferred)
fffff880`01077000 fffff880`01081000   msisadrv     (deferred)
fffff880`010a8000 fffff880`0116a000   Wdf01000     (deferred)
fffff880`0116a000 fffff880`0117a000   WDFLDR       (deferred)
fffff880`0117a000 fffff880`01191000   acpiex       (deferred)
fffff880`01191000 fffff880`0119c000   WppRecorder  (deferred)
fffff880`0119c000 fffff880`011d9000   pci          (deferred)
fffff880`01200000 fffff880`01260000   volmgrx      (deferred)
fffff880`01264000 fffff880`012f0000   cng          (deferred)
fffff880`012f0000 fffff880`01318000   tpm          (deferred)
fffff880`01323000 fffff880`01330000   vdrvroot     (deferred)
fffff880`01330000 fffff880`01347000   pdc          (deferred)
fffff880`01347000 fffff880`01361000   partmgr      (deferred)
fffff880`01361000 fffff880`013aa000   spaceport    (deferred)
fffff880`013aa000 fffff880`013c2000   volmgr       (deferred)
fffff880`013c2000 fffff880`013cb000   intelide     (deferred)
fffff880`013cb000 fffff880`013da000   PCIIDEX      (deferred)
fffff880`01400000 fffff880`01456000   CLASSPNP     (deferred)
fffff880`01456000 fffff880`01465000   mouclass     (deferred)
fffff880`01465000 fffff880`0147c000   BTHUSB       (deferred)
fffff880`0148d000 fffff880`01516000   bxvbda       (deferred)
fffff880`01516000 fffff880`01576000   fltmgr       (deferred)
fffff880`01576000 fffff880`015b8000   WdFilter     (deferred)
fffff880`015b8000 fffff880`015c6000   TDI          (deferred)
fffff880`015c6000 fffff880`015f9580   usbvideo     (deferred)
fffff880`01600000 fffff880`01622000   tdx          (deferred)
fffff880`01622000 fffff880`0162e000   mouhid       (deferred)
fffff880`0162f000 fffff880`01969000   evbda        (deferred)
fffff880`01969000 fffff880`01983000   mountmgr     (deferred)
fffff880`01983000 fffff880`0198d000   atapi        (deferred)
fffff880`0198d000 fffff880`019c1000   ataport      (deferred)
fffff880`019c1000 fffff880`019db000   EhStorClass  (deferred)
fffff880`019db000 fffff880`019ef000   fileinfo     (deferred)
fffff880`019ef000 fffff880`019fc000   BasicRender  (deferred)
fffff880`01a00000 fffff880`01a2f000   ksecpkg      (deferred)
fffff880`01a2f000 fffff880`01a4b000   disk         (deferred)
fffff880`01a53000 fffff880`01c36000   Ntfs         (deferred)
fffff880`01c36000 fffff880`01c51000   ksecdd       (deferred)
fffff880`01c51000 fffff880`01c62000   pcw          (deferred)
fffff880`01c62000 fffff880`01c6c000   Fs_Rec       (deferred)
fffff880`01c6c000 fffff880`01d67000   ndis         (deferred)
fffff880`01d67000 fffff880`01dd7000   NETIO        (deferred)
fffff880`01df5000 fffff880`01dfd000   Beep         (deferred)
fffff880`01e00000 fffff880`01e3b000   rdyboost     (deferred)
fffff880`01e48000 fffff880`0207e000   tcpip        (deferred)
```

```
fffff880`0207e000 fffff880`020e6000   fwpkclnt      (deferred)
fffff880`020e6000 fffff880`02101000   wfplwfs       (deferred)
fffff880`02101000 fffff880`02177000   fvevol        (deferred)
fffff880`02177000 fffff880`021cc000   volsnap       (deferred)
fffff880`021cc000 fffff880`021e3000   mup           (deferred)
fffff880`021e3000 fffff880`021f7000   crashdmp      (deferred)
fffff880`021f7000 fffff880`02200000   Null          (deferred)
fffff880`03406000 fffff880`0356d000   dxgkrnl       (deferred)
fffff880`0356d000 fffff880`0357e000   watchdog      (deferred)
fffff880`0357e000 fffff880`035cc000   dxgmms1       (deferred)
fffff880`035cc000 fffff880`035dd000   BasicDisplay (deferred)
fffff880`035dd000 fffff880`035ef000   Npfs          (deferred)
fffff880`035ef000 fffff880`035fb000   Msfs          (deferred)
fffff880`03600000 fffff880`0362a000   pacer         (deferred)
fffff880`0362a000 fffff880`03640000   vwififlt      (deferred)
fffff880`03640000 fffff880`03650000   netbios       (deferred)
fffff880`03650000 fffff880`036c2000   rdbss         (deferred)
fffff880`036c2000 fffff880`036ce000   BATTC         (deferred)
fffff880`036ce000 fffff880`036f1000   usbccgp       (deferred)
fffff880`036f1000 fffff880`03749000   netbt         (deferred)
fffff880`03749000 fffff880`037db000   afd           (deferred)
fffff880`037db000 fffff880`037e8000   kbdhid        (deferred)
fffff880`037e8000 fffff880`037f7000   kbdclass      (deferred)
fffff880`03800000 fffff880`0384b000   portcls       (deferred)
fffff880`0384d000 fffff880`038c8000   USBPORT       (deferred)
fffff880`038c8000 fffff880`038de000   usbehci       (deferred)
fffff880`038de000 fffff880`038f4000   HDAudBus      (deferred)
fffff880`038f4000 fffff880`03972000   usbhub        (deferred)
fffff880`03972000 fffff880`039ca000   HdAudio       (deferred)
fffff880`039ca000 fffff880`039d7000   hidusb        (deferred)
fffff880`039d7000 fffff880`039f2000   HIDCLASS      (deferred)
fffff880`039f2000 fffff880`039fa000   HIDPARSE      (deferred)
fffff880`03a00000 fffff880`03a0f000   CompositeBus (deferred)
fffff880`03a0f000 fffff880`03a1a000   kdnic         (deferred)
fffff880`03a1a000 fffff880`03a2c000   umbus         (deferred)
fffff880`03a2c000 fffff880`03a48000   intelppm      (deferred)
fffff880`03a4c000 fffff880`03add000   csc           (deferred)
fffff880`03add000 fffff880`03af7000   wanarp        (deferred)
fffff880`03af7000 fffff880`03b05000   nsiproxy      (deferred)
fffff880`03b05000 fffff880`03b11000   npsvctrig     (deferred)
fffff880`03b11000 fffff880`03b1d000   mssmbios      (deferred)
fffff880`03b1d000 fffff880`03b2e000   discache      (deferred)
fffff880`03b2e000 fffff880`03b4f000   dfsc          (deferred)
fffff880`03b4f000 fffff880`03b55400   CmBatt        (deferred)
fffff880`03b5f000 fffff880`03b6b000   ndistapi      (deferred)
```

```
fffff880`03b6b000 fffff880`03b9a000   ndiswan       (deferred)
fffff880`03b9a000 fffff880`03bb8000   rassstp       (deferred)
fffff880`03bb8000 fffff880`03bd0000   AgileVpn      (deferred)
fffff880`03bd0000 fffff880`03bfc000   tunnel        (deferred)
fffff880`03e00000 fffff880`03e0e000   usbuhci       (deferred)
fffff880`03e17000 fffff880`043fee00   igdkmd64      (deferred)
fffff880`04400000 fffff880`04422000   bthpan        (deferred)
fffff880`04422000 fffff880`0443f000   hidbth        (deferred)
fffff880`0443f000 fffff880`0444c000   dump_dumpata (deferred)
fffff880`0444c000 fffff880`04456000   dump_atapi (deferred)
fffff880`04456000 fffff880`0446a000   dump_dumpfve (deferred)
fffff880`0449c000 fffff880`045c0000   bthport       (deferred)
fffff880`045c0000 fffff880`045eb000   rfcomm        (deferred)
fffff880`045eb000 fffff880`045fd000   BthEnum       (deferred)
fffff880`04800000 fffff880`0480b000   rdpbus        (deferred)
fffff880`0480b000 fffff880`0481f000   NDProxy       (deferred)
fffff880`0481f000 fffff880`0482a000   USBD          (deferred)
fffff880`0482a000 fffff880`0484c000   drmk          (deferred)
fffff880`0484c000 fffff880`04851380   ksthunk       (deferred)
fffff880`04852000 fffff880`04d3f000   bcmwl63a      (deferred)
fffff880`04d3f000 fffff880`04d4c000   vwifibus      (deferred)
fffff880`04d4c000 fffff880`04d6d000   raspptp       (deferred)
fffff880`04d6d000 fffff880`04d92000   rasl2tp       (deferred)
fffff880`04d92000 fffff880`04dac000   raspppoe      (deferred)
fffff880`04dac000 fffff880`04dad480   swenum        (deferred)
fffff880`04dae000 fffff880`04dfd000   ks            (deferred)
fffff880`15262000 fffff880`1528a000   luafv         (deferred)
fffff880`1528a000 fffff880`1529e000   lltdio        (deferred)
fffff880`1529e000 fffff880`1530c000   nwifi         (deferred)
fffff880`1530c000 fffff880`15320000   ndisuio       (deferred)
fffff880`15320000 fffff880`15338000   rspndr        (deferred)
fffff880`15338000 fffff880`15342000   vwifimp       (deferred)
fffff880`15342000 fffff880`1535e000   Ndu           (deferred)
fffff880`1535e000 fffff880`153eb000   srv           (deferred)
fffff880`15a00000 fffff880`15a62000   mrxsmb        (deferred)
fffff880`15a62000 fffff880`15aad000   mrxsmb10      (deferred)
fffff880`15ab3000 fffff880`15b8f000   HTTP          (deferred)
fffff880`15b8f000 fffff880`15baf000   bowser        (deferred)
fffff880`15baf000 fffff880`15bc6000   mpsdrv        (deferred)
fffff880`15bc6000 fffff880`15c00000   mrxsmb20      (deferred)
fffff880`15c00000 fffff880`15ca0000   srv2          (deferred)
fffff880`15ca0000 fffff880`15cab000   rdpvideominiport      (deferred)
fffff880`15cae000 fffff880`15cbc000   monitor       (deferred)
fffff880`15cbc000 fffff880`15cc9000   condrv        (deferred)
fffff880`15ccd000 fffff880`15d98000   peauth        (deferred)
```

```
fffff880`15d98000 fffff880`15da3000   secdrv      (deferred)
fffff880`15da3000 fffff880`15de7000   srvnet      (deferred)
fffff880`15de7000 fffff880`15df9000   tcpipreg    (deferred)
fffff960`0007a000 fffff960`0046f000   win32k      (deferred)
fffff960`006d1000 fffff960`006da000   TSDDD       (deferred)
fffff960`008a4000 fffff960`008da000   cdd         (deferred)

Unloaded modules:
fffff880`153eb000 fffff880`153f8000   hiber_ataport.sys
fffff880`15200000 fffff880`1520a000   hiber_atapi.sys
fffff880`1520a000 fffff880`1521e000   hiber_dumpfve.sys
fffff880`15ca0000 fffff880`15ca8000   drmkaud.sys
fffff880`15dfc000 fffff880`15dfe000   MSTEE.sys
fffff880`15df9000 fffff880`15dfc000   MSKSSRV.sys
fffff880`15ccb000 fffff880`15ccd000   MSPQM.sys
fffff880`15cc9000 fffff880`15ccb000   MSPCLOCK.sys
fffff880`15ca0000 fffff880`15cae000   monitor.sys
fffff880`0446a000 fffff880`04478000   monitor.sys
fffff880`01e3b000 fffff880`01e48000   dump_ataport.sys
fffff880`01dd7000 fffff880`01de1000   dump_atapi.sys
fffff880`01de1000 fffff880`01df5000   dump_dumpfve.sys
fffff880`03b4f000 fffff880`03b5f000   dam.sys
fffff880`01456000 fffff880`01487000   cdrom.sys
fffff880`01318000 fffff880`01323000   WdBoot.sys
fffff880`021e3000 fffff880`021ef000   hwpolicy.sys
fffff880`00cf0000 fffff880`00cfd000   ApiSetSchema.dll
000007fe`eb670000 000007fe`eb682000   BROWCLI.DLL
000007fe`f48c0000 000007fe`f48e4000   srvcli.dll
000007fe`e6830000 000007fe`e68c5000   tiptsf.dll
000007fe`e7820000 000007fe`e7897000   verifier.dll
000007fe`f7b20000 000007fe`f7b27000   psapi.dll
000007fe`f0ca0000 000007fe`f0ca9000   version.dll
000007fe`eb1c0000 000007fe`eb237000   verifier.dll
000007fe`f7b20000 000007fe`f7b27000   psapi.dll
000007fe`f0ca0000 000007fe`f0ca9000   version.dll
000007fe`f4110000 000007fe`f4157000   AUTHZ.dll
000007fe`f1b70000 000007fe`f1b88000   slc.dll
000007fe`efcc0000 000007fe`efcd7000   MPR.dll
000007fe`ea520000 000007fe`ea619000   ACLUI.dll
000007fe`f3840000 000007fe`f3864000   NTDSAPI.dll
000007fe`f3790000 000007fe`f3799000   DSROLE.dll
000007fe`ec300000 000007fe`ec32e000   srmshell.dll
000007fe`f3800000 000007fe`f381d000   ATL.DLL
000007fe`ec2e0000 000007fe`ec2fb000   SrmTrace.DLL
000007fe`ec330000 000007fe`ec345000   cryptext.dll
```

```
000007fe`eb1a0000 000007fe`eb233000  CRYPTUI.dll
000007fe`ecb90000 000007fe`ecbc0000  syncui.dll
000007fe`ec350000 000007fe`ec36b000  SYNCENG.dll
000007fe`efc50000 000007fe`efc5b000  LINKINFO.dll
000007fe`f0f00000 000007fe`f0f0f000  acppage.dll
000007fe`ebf20000 000007fe`ebf23000  sfc.dll
000007fe`e8e20000 000007fe`e90dd000  msi.dll
000007fe`eef30000 000007fe`eef40000  sfc_os.DLL
000007fe`f4ec0000 000007fe`f4f15000  WINTRUST.DLL
000007fe`f7ce0000 000007fe`f7cf4000  imagehlp.dll
000007fe`f5100000 000007fe`f52d7000  CRYPT32.dll
000007fe`f4ea0000 000007fe`f4eb6000  MSASN1.dll
000007fe`f4870000 000007fe`f4897000  ncrypt.dll
000007fe`f4830000 000007fe`f4865000  NTASN1.dll
000007fe`e8620000 000007fe`e8773000  wdc.dll
000007fe`ea680000 000007fe`ea693000  pdhui.dll
000007fe`f7a20000 000007fe`f7ac1000  COMDLG32.dll
000007fe`e8560000 000007fe`e861e000  ODBC32.dll
000007fe`edf30000 000007fe`edf3b000  Secur32.dll
000007fe`f0ca0000 000007fe`f0ca9000  VERSION.dll
000007fe`e7740000 000007fe`e7893000  PLA.dll
000007fe`e8b30000 000007fe`e8b7c000  pdh.dll
000007fe`f3690000 000007fe`f3774000  tdh.dll
000007fe`ec170000 000007fe`ec195000  Cabinet.dll
000007fe`f3a50000 000007fe`f3abc000  wevtapi.dll
000007fe`ea440000 000007fe`ea457000  UTILDLL.dll
000007fe`f3820000 000007fe`f3835000  NETAPI32.dll
000007fe`f4440000 000007fe`f4474000  LOGONCLI.DLL
000007fe`eb670000 000007fe`eb682000  BROWCLI.DLL
000007fe`f48c0000 000007fe`f48e4000  srvcli.dll
000007fe`f4ba0000 000007fe`f4bcc000  SSPICLI.DLL
000007fe`e8620000 000007fe`e8773000  wdc.dll
000007fe`ea680000 000007fe`ea693000  pdhui.dll
000007fe`f7a20000 000007fe`f7ac1000  COMDLG32.dll
000007fe`e8560000 000007fe`e861e000  ODBC32.dll
000007fe`edf30000 000007fe`edf3b000  Secur32.dll
000007fe`f0ca0000 000007fe`f0ca9000  VERSION.dll
000007fe`e7740000 000007fe`e7893000  PLA.dll
000007fe`e8b30000 000007fe`e8b7c000  pdh.dll
000007fe`f3690000 000007fe`f3774000  tdh.dll
000007fe`ec170000 000007fe`ec195000  Cabinet.dll
000007fe`f3a50000 000007fe`f3abc000  wevtapi.dll
000007fe`ea440000 000007fe`ea457000  UTILDLL.dll
000007fe`f3820000 000007fe`f3835000  NETAPI32.dll
000007fe`f4440000 000007fe`f4474000  LOGONCLI.DLL
```

언로드된 모듈 목록을 주목해야 한다. 이 모듈들은 실행 흔적의 일부일 수도 있다.

7. 일반적인 드라이버 모듈 헤더와 IAT를 확인하자.

```
0: kd> !dh disk

File Type: EXECUTABLE IMAGE
FILE HEADER VALUES
    8664 machine (X64)
       9 number of sections
5010AB85 time date stamp Thu Jul 26 03:29:25 2012

       0 file pointer to symbol table
       0 number of symbols
      F0 size of optional header
      22 characteristics
            Executable
            App can handle >2gb addresses

OPTIONAL HEADER VALUES
     20B magic #
   10.10 linker version
    EA00 size of code
    8200 size of initialized data
       0 size of uninitialized data
    215C address of entry point
    1000 base of code
         ----- new -----
fffff802b5567000 image base
    1000 section alignment
     200 file alignment
       1 subsystem (Native)
    6.02 operating system version
    6.02 image version
    6.02 subsystem version
   1C000 size of image
     400 size of headers
   24F95 checksum
0000000000040000 size of stack reserve
0000000000001000 size of stack commit
0000000000100000 size of heap reserve
0000000000001000 size of heap commit
       0 DLL characteristics
       0 [       0] address [size] of Export Directory
   15118 [      3C] address [size] of Import Directory
```

```
   16000 [  4258]  address [size] of Resource Directory
    A000 [   EAC]  address [size] of Exception Directory
   17000 [  20F0]  address [size] of Security Directory
   1B000 [    A0]  address [size] of Base Relocation Directory
    5A54 [    38]  address [size] of Debug Directory
       0 [     0]  address [size] of Description Directory
       0 [     0]  address [size] of Special Directory
       0 [     0]  address [size] of Thread Storage Directory
    6810 [    70]  address [size] of Load Configuration Directory
       0 [     0]  address [size] of Bound Import Directory
    6000 [   2D8]  address [size] of Import Address Table Directory
       0 [     0]  address [size] of Delay Import Directory
       0 [     0]  address [size] of COR20 Header Directory
       0 [     0]  address [size] of Reserved Directory


SECTION HEADER #1
   .text name
   4AB5 virtual size
   1000 virtual address
   4C00 size of raw data
    400 file pointer to raw data
      0 file pointer to relocation table
      0 file pointer to line numbers
      0 number of relocations
      0 number of line numbers
68000020 flags
         Code
         Not Paged
         (no align specified)
         Execute Read

Debug Directories(2)
         Type    Size    Address  Pointer
         cv      21      5a94     4e94 Format: RSDS, guid, 2, disk.pdb
         (  10)   8      5a8c     4e8c

SECTION HEADER #2
  .rdata name
   2270 virtual size
   6000 virtual address
   2400 size of raw data
   5000 file pointer to raw data
      0 file pointer to relocation table
      0 file pointer to line numbers
```

```
       0  number of relocations
       0  number of line numbers
48000040  flags
          Initialized Data
          Not Paged
          (no align specified)
          Read Only


SECTION HEADER #3
   .data  name
     2C5  virtual size
    9000  virtual address
     400  size of raw data
    7400  file pointer to raw data
       0  file pointer to relocation table
       0  file pointer to line numbers
       0  number of relocations
       0  number of line numbers
C8000040  flags
          Initialized Data
          Not Paged
          (no align specified)
          Read Write


SECTION HEADER #4
  .pdata  name
     EAC  virtual size
    A000  virtual address
    1000  size of raw data
    7800  file pointer to raw data
       0  file pointer to relocation table
       0  file pointer to line numbers
       0  number of relocations
       0  number of line numbers
48000040  flags
          Initialized Data
          Not Paged
          (no align specified)
          Read Only


SECTION HEADER #5
    PAGE  name
    7E59  virtual size
    B000  virtual address
    8000  size of raw data
```

```
      8800  file pointer to raw data
   1A3A000  file pointer to relocation table
 FFFFF880  file pointer to line numbers
         0  number of relocations
         0  number of line numbers
  60000020  flags
            Code
            (no align specified)
            Execute Read


SECTION HEADER #6
      PAGE  name
       2A0  virtual size
     13000  virtual address
       400  size of raw data
     10800  file pointer to raw data
   1A42000  file pointer to relocation table
 FFFFF880  file pointer to line numbers
         0  number of relocations
         0  number of line numbers
  C0000040  flags
            Initialized Data
            (no align specified)
            Read Write


SECTION HEADER #7
      INIT  name
      1C9C  virtual size
     14000  virtual address
      1E00  size of raw data
     10C00  file pointer to raw data
         0  file pointer to relocation table
         0  file pointer to line numbers
         0  number of relocations
         0  number of line numbers
  E2000020  flags
            Code
            Discardable
            (no align specified)
            Execute Read Write


SECTION HEADER #8
     .rsrc  name
      4258  virtual size
     16000  virtual address
```

```
      4400  size of raw data
     12A00  file pointer to raw data
         0  file pointer to relocation table
         0  file pointer to line numbers
         0  number of relocations
         0  number of line numbers
  42000040  flags
            Initialized Data
            Discardable
            (no align specified)
            Read Only

SECTION HEADER #9
   .reloc  name
        A0  virtual size
     1B000  virtual address
       200  size of raw data
     16E00  file pointer to raw data
         0  file pointer to relocation table
         0  file pointer to line numbers
         0  number of relocations
         0  number of line numbers
  42000040  flags
            Initialized Data
            Discardable
            (no align specified)
            Read Only
```

페이징 불가, 페이징 가능, 폐기 가능 플래그의 코드와 데이터를 살펴본다. 이미지 기본 주소를 확인하기 위해서는 lm m 명령어의 출력을 확인한다.

```
0: kd> lm m disk
start             end               module name
fffff880`01a2f000 fffff880`01a4b000  disk        (deferred)


0: kd> dps fffff880`01a2f000+6000 L2D8/8
fffff880`01a35000  fffff802`b3aeb4d0 nt!IoGetAttachedDeviceReference
fffff880`01a35008  fffff802`b3b8cc10 nt!IoAttachDeviceToDeviceStack
fffff880`01a35010  fffff802`b3b63b10 nt!IoAllocateIrp
fffff880`01a35018  fffff802`b3b2b120 nt!RtlCompareMemory
fffff880`01a35020  fffff802`b3af99a0 nt!ObfDereferenceObject
fffff880`01a35028  fffff802`b3aeb1f0 nt!IoQueueWorkItem
fffff880`01a35030  fffff802`b3b3c3b0 nt!IofCallDriver
fffff880`01a35038  fffff802`b3b3d1f0 nt!IoGetIoPriorityHint
```

```
fffff880`01a35040  fffff802`b3c48d7c nt!ExInterlockedPopEntryList
fffff880`01a35048  fffff802`b3b72a70 nt!MmBuildMdlForNonPagedPool
fffff880`01a35050  fffff802`b3b4d960 nt!IoFreeMdl
fffff880`01a35058  fffff802`b3b471e0 nt!IoFreeIrp
fffff880`01a35060  fffff802`b3c48e14 nt!ExInterlockedPushEntryList
fffff880`01a35068  fffff802`b3aef97c nt!ExInitializePushLock
fffff880`01a35070  fffff802`b3b29a50 nt!KeWaitForSingleObject
fffff880`01a35078  fffff802`b3f69f30 nt!IoReadDiskSignature
fffff880`01a35080  fffff802`b3b04be0 nt!ZwQueryValueKey
fffff880`01a35088  fffff802`b3ec3bac nt!RtlUnicodeStringToInteger
fffff880`01a35090  fffff802`b3b04b40 nt!ZwOpenKey
fffff880`01a35098  fffff802`b3f87600 nt!IoGetConfigurationInformation
fffff880`01a350a0  fffff802`b3f94cf0 nt!IoDeleteSymbolicLink
fffff880`01a350a8  fffff802`b3ac6f60 nt!KeInitializeMutex
fffff880`01a350b0  fffff802`b3a8c0a0 nt!HalExamineMBR
fffff880`01a350b8  fffff802`b3f5a0cc nt!RtlQueryRegistryValues
fffff880`01a350c0  fffff802`b3d70104 nt!InitSafeBootMode
fffff880`01a350c8  fffff802`b3b8148c nt!vsnprintf
fffff880`01a350d0  fffff802`b3f94c70 nt!IoCreateSymbolicLink
fffff880`01a350d8  fffff802`b3e1d280 nt!IoOpenDeviceRegistryKey
fffff880`01a350e0  fffff802`b3bac250 nt!IoSetActivityIdIrp
fffff880`01a350e8  fffff802`b3b04ae0 nt!ZwClose
fffff880`01a350f0  fffff802`b3af33cc nt!vsnwprintf
fffff880`01a350f8  fffff802`b3ab17dc nt!IoAllocateWorkItem
fffff880`01a35100  fffff802`b3ad7d70 nt!EtwWrite
fffff880`01a35108  fffff802`b3f6a9e0 nt!IoRegisterBootDriverReinitialization
fffff880`01a35110  fffff802`b3b06820 nt!ZwMakeTemporaryObject
fffff880`01a35118  fffff802`b3b41fd0 nt!KeReleaseMutex
fffff880`01a35120  fffff802`b3ba2140 nt!IoAllocateErrorLogEntry
fffff880`01a35128  fffff802`b3b466b0 nt!IoGetActivityIdIrp
fffff880`01a35130  fffff802`b3b8fe54 nt!IoInvalidateDeviceRelations
fffff880`01a35138  fffff802`b3e0e500 nt!EtwRegister
fffff880`01a35140  fffff802`b3b05c40 nt!ZwCreateDirectoryObject
fffff880`01a35148  fffff802`b3b3d0e0 nt!KeInitializeEvent
fffff880`01a35150  fffff802`b3f059d4 nt!MmGetSystemRoutineAddress
fffff880`01a35158  fffff802`b3ab17c0 nt!IoFreeWorkItem
fffff880`01a35160  fffff802`b3afa000 nt!KeSetEvent
fffff880`01a35168  fffff802`b3a8ddd0 nt!IoDeleteDevice
fffff880`01a35170  fffff802`b3b47190 nt!RtlInitUnicodeString
fffff880`01a35178  fffff802`b3ba8080 nt!IoSetHardErrorOrVerifyDevice
fffff880`01a35180  fffff802`b3a8d890 nt!IoReportTargetDeviceChangeAsynchronous
fffff880`01a35188  fffff802`b3e08240 nt!IoBuildSynchronousFsdRequest
fffff880`01a35190  fffff802`b3f86de0 nt!IoRegisterDriverReinitialization
fffff880`01a35198  fffff802`b3afae90 nt!strncmp
fffff880`01a351a0  fffff802`b3cf7010 nt!ExFreePoolWithTag
```

```
ffffff880`01a351a8  ffffff802`b3ae84e0 nt!IoBuildDeviceIoControlRequest
ffffff880`01a351b0  ffffff802`b3e0d890 nt!EtwUnregister
ffffff880`01a351b8  ffffff802`b3ba2030 nt!IoWriteErrorLogEntry
ffffff880`01a351c0  ffffff802`b3f994ac nt!IoWMIRegistrationControl
ffffff880`01a351c8  ffffff802`b3b4d300 nt!IoAllocateMdl
ffffff880`01a351d0  ffffff802`b3cf8040 nt!ExAllocatePoolWithTag
ffffff880`01a351d8  00000000`00000000
ffffff880`01a351e0  ffffff880`0143e6d0 CLASSPNP!ClassInitializeSrbLookasideList
ffffff880`01a351e8  ffffff880`014438a4 CLASSPNP!ClassDeleteSrbLookasideList
ffffff880`01a351f0  ffffff880`0143f7a0 CLASSPNP!ClassInitializeMediaChangeDetection
ffffff880`01a351f8  ffffff880`0143eff0 CLASSPNP!ClassUpdateInformationInRegistry
ffffff880`01a35200  ffffff880`0143ee10 CLASSPNP!ClassGetDeviceParameter
ffffff880`01a35208  ffffff880`014402d0 CLASSPNP!ClassQueryTimeOutRegistryValue
ffffff880`01a35210  ffffff880`01401660 CLASSPNP!ClassSignalCompletion
ffffff880`01a35218  ffffff880`014056e0 CLASSPNP!ClassReadDriveCapacity
ffffff880`01a35220  ffffff880`01403540 CLASSPNP!ClassInterpretSenseInfo
ffffff880`01a35228  ffffff880`01408990 CLASSPNP!ClassWmiCompleteRequest
ffffff880`01a35230  ffffff880`0140ee70 CLASSPNP!ClassNotifyFailurePredicted
ffffff880`01a35238  ffffff880`014135f8 CLASSPNP!ClassReleaseQueue
ffffff880`01a35240  ffffff880`0143fdf0 CLASSPNP!ClassSetFailurePredictionPoll
ffffff880`01a35248  ffffff880`01407e10 CLASSPNP!ClassAcquireRemoveLockEx
ffffff880`01a35250  ffffff880`0143d440 CLASSPNP!ClassModeSense
ffffff880`01a35258  ffffff880`0143e5a0 CLASSPNP!ClassClaimDevice
ffffff880`01a35260  ffffff880`014015e0 CLASSPNP!ClassReleaseRemoveLock
ffffff880`01a35268  ffffff880`014091c0 CLASSPNP!ClassSpinDownPowerHandler
ffffff880`01a35270  ffffff880`01440180 CLASSPNP!ClassInitializeEx
ffffff880`01a35278  ffffff880`014049d0 CLASSPNP!ClassDeviceControl
ffffff880`01a35280  ffffff880`01405640 CLASSPNP!ClassCompleteRequest
ffffff880`01a35288  ffffff880`014042f0 CLASSPNP!ClassSendSrbSynchronous
ffffff880`01a35290  ffffff880`014138a0 CLASSPNP!ClassAsynchronousCompletion
ffffff880`01a35298  ffffff880`0144377c CLASSPNP!ClassSetDeviceParameter
ffffff880`01a352a0  ffffff880`0143ccc0 CLASSPNP!ClassSendDeviceIoControlSynchronous
ffffff880`01a352a8  ffffff880`01408b00 CLASSPNP!ClassFindModePage
ffffff880`01a352b0  ffffff880`01440470 CLASSPNP!ClassInitialize
ffffff880`01a352b8  ffffff880`01402e80 CLASSPNP!ClassIoComplete
ffffff880`01a352c0  ffffff880`0143e160 CLASSPNP!ClassCreateDeviceObject
ffffff880`01a352c8  ffffff880`0143da10 CLASSPNP!ClassScanForSpecial
ffffff880`01a352d0  00000000`00000000
```

8.   이전 연습에서 사용자 영역 분석 시 사용했던 !for_each_module 명령어를 이용해서 패치된 부분이 있는지 확인할 수 있다.

```
0: kd> !for_each_module "!chkimg -v -d @#ModuleName"
[...]
```

win32k.sys에 에러가 존재하지만 해당 모듈이 다른 코드를 가리키지 않고 있기 때문에 윈도우 운영체제 자체에 의한 내부 수정일 가능성이 높다.

9. 현재 스레드를 확인해보자.

```
0: kd> !thread -1 3f
THREAD fffffa8003db4740  Cid 0ca0.03e0  Teb: 000007f770b7d000 Win32Thread: fffff90104094830
RUNNING on processor 0
Not impersonating
DeviceMap                  fffff8a007e2e6a0
Owning Process             fffffa8002d74180      Image:          Taskmgr.exe
Attached Process           N/A                   Image:          N/A
Wait Start TickCount       15741128       Ticks: 0
Context Switch Count       31359                 IdealProcessor: 0
UserTime                   00:00:09.859
KernelTime                 00:00:07.394
Win32 Start Address taskmgr!wWinMainCRTStartup (0x000007f770e68688)
Stack Init fffff88015925dd0 Current fffff88015925800
Base fffff88015926000 Limit fffff88015920000 Call 0000000000000000
Priority 13 BasePriority 9 IoPriority 2 PagePriority 5


Child-SP          RetAddr           Call Site
fffff880`15925ae8 fffff802`b400f0dd nt!KeBugCheckEx
fffff880`15925af0 fffff802`b3ea8f6d nt!PspCatchCriticalBreak+0xad
fffff880`15925b30 fffff802`b3ea8019 nt! ?? ::NNGAKEGL::`string'+0x46f60
fffff880`15925b90 fffff802`b3ea7e52 nt!PspTerminateProcess+0x6d
fffff880`15925bd0 fffff802`b3b02d53 nt!NtTerminateProcess+0x9e
fffff880`15925c40 000007fe`f7ec2eaa nt!KiSystemServiceCopyEnd+0x13 (TrapFrame @ fffff880`15925c40)
000000f0`6e86f3e8 000007fe`f4ff1295 ntdll!NtTerminateProcess+0xa
000000f0`6e86f3f0 000007f7`70e012ba KERNELBASE!TerminateProcess+0x25
000000f0`6e86f420 000007f7`70df3698 taskmgr!WdcProcessMonitor::OnProcessCommand+0x1b6
000000f0`6e86f4b0 000007f7`70df55bb taskmgr!WdcListView::OnProcessCommand+0x1e0
000000f0`6e86f5a0 000007f7`70df5b47 taskmgr!WdcListView::OnCommand+0x123
000000f0`6e86f5f0 000007fe`f2227239 taskmgr!WdcListView::OnMessage+0x287
000000f0`6e86f710 000007fe`f2a82d23 DUI70!DirectUI::HWNDHost::_CtrlWndProc+0xa1
000000f0`6e86f770 000007fe`f56c171e DUser!WndBridge::RawWndProc+0x73
000000f0`6e86f7e0 000007fe`f56c14d7 USER32!UserCallWinProcCheckWow+0x13a
000000f0`6e86f8a0 000007f7`70e1b0e1 USER32!DispatchMessageWorker+0x1a7
000000f0`6e86f920 000007f7`70e685e6 taskmgr!wWinMain+0x44d
000000f0`6e86fde0 000007fe`f601167e taskmgr!CBaseRPCTimeout::Disarm+0x31a
000000f0`6e86fea0 000007fe`f7ee3501 KERNEL32!BaseThreadInitThunk+0x1a
000000f0`6e86fed0 00000000`00000000 ntdll!RtlUserThreadStart+0x1d
```

작은 Tick 값은 자주 실행되거나 최근에 실행하는데, 시간을 소비한 스레드를 찾는 데 유용하다. 커널 메모리 덤프에서는 스레드 스택에서 사용자 영역을 볼 수 없지만, 여기서는 컴플릿 메모리 덤프를 사용하므로 사용자 영역을 확인할 수 있다.

10. 현재 프로세스를 확인한다.

```
0: kd> !process -1 3f
PROCESS fffffa8002d74180
    SessionId: 2  Cid: 0ca0    Peb: 7f770b7f000  ParentCid: 0d68
    DirBase: 08818000  ObjectTable: fffff8a001f18d80  HandleCount: <Data Not Accessible>
    Image: Taskmgr.exe
    VadRoot fffffa8003e9d1e0 Vads 239 Clone 0 Private 2297. Modified 243564. Locked 0.
    DeviceMap fffff8a007e2e6a0
    Token                             fffff8a007e3b8c0
    ElapsedTime                       00:10:57.072
    UserTime                          00:00:11.325
    KernelTime                        00:00:26.878
    QuotaPoolUsage[PagedPool]         482336
    QuotaPoolUsage[NonPagedPool]      31280
    Working Set Sizes (now,min,max)  (7136, 50, 345) (28544KB, 200KB, 1380KB)
    PeakWorkingSetSize                7337
    VirtualSize                       216 Mb
    PeakVirtualSize                   343 Mb
    PageFaultCount                    51873
    MemoryPriority                    FOREGROUND
    BasePriority                      8
    CommitCharge                      2905

    PEB at 000007f770b7f000
    InheritedAddressSpace:     No
    ReadImageFileExecOptions: No
    BeingDebugged:             No
    ImageBaseAddress:          000007f770dd0000
    Ldr                        000007fef7ff88a0
    Ldr.Initialized:           Yes
    Ldr.InInitializationOrderModuleList: 000000f06e9b1a10 . 000000f070e6d150
    Ldr.InLoadOrderModuleList:           000000f06e9b1b70 . 000000f070e6d130
    Ldr.InMemoryOrderModuleList:         000000f06e9b1b80 . 000000f070e6d140
            Base TimeStamp                   Module
        7f770dd0000 50107c26 Jul 26 00:07:18 2012 C:\WINDOWS\system32\taskmgr.exe
        7fef7ec0000 505ab405 Sep 20 07:13:25 2012 C:\WINDOWS\SYSTEM32\ntdll.dll
        7fef6010000 5010a83a Jul 26 03:15:22 2012 C:\WINDOWS\system32\KERNEL32.DLL
        7fef4fd0000 5010ab2d Jul 26 03:27:57 2012 C:\WINDOWS\system32\KERNELBASE.dll
        7fef5810000 50108b7f Jul 26 01:12:47 2012 C:\WINDOWS\system32\GDI32.dll
```

```
7fef56c0000 505a9a92 Sep 20 05:24:50 2012 C:\WINDOWS\system32\USER32.dll
7fef7820000 5010ac20 Jul 26 03:32:00 2012 C:\WINDOWS\system32\msvcrt.dll
7fef5500000 50108a1d Jul 26 01:06:53 2012 C:\WINDOWS\system32\OLEAUT32.dll
7fef52e0000 50108a89 Jul 26 01:08:41 2012 C:\WINDOWS\SYSTEM32\cfgmgr32.dll
7fef4d90000 501089e8 Jul 26 01:06:00 2012 C:\WINDOWS\SYSTEM32\powrprof.dll
7fef4080000 5010ac3a Jul 26 03:32:26 2012 C:\WINDOWS\system32\pcwum.dll
7fef2760000 501084f0 Jul 26 00:44:48 2012 C:\WINDOWS\WinSxS\amd64_microsoft.windows.common-
controls_6595b64144ccf1df_6.0.9200.16384_none_418c2a697189c07f\COMCTL32.dll
7fef3c80000 505a9614 Sep 20 05:05:40 2012 C:\WINDOWS\system32\UxTheme.dll
7fef7ad0000 501080dd Jul 26 00:27:25 2012 C:\WINDOWS\system32\SHLWAPI.dll
7fef6520000 507635b5 Oct 11 03:57:57 2012 C:\WINDOWS\system32\SHELL32.dll
7fef1750000 5010969b Jul 26 02:00:11 2012 C:\WINDOWS\system32\credui.dll
7fef2a80000 5010846e Jul 26 00:42:38 2012 C:\WINDOWS\system32\DUser.dll
7fef21c0000 50108e6a Jul 26 01:25:14 2012 C:\WINDOWS\system32\DUI70.dll
7feeef40000 505ab1f8 Sep 20 07:04:40 2012 C:\WINDOWS\system32\apphelp.dll
7fef7b30000 505a9af2 Sep 20 05:26:26 2012 C:\WINDOWS\system32\combase.dll
7fef5be0000 50108bb9 Jul 26 01:13:45 2012 C:\WINDOWS\system32\RPCRT4.dll
7fef2ed0000 505a97e0 Sep 20 05:13:20 2012 C:\WINDOWS\system32\SHCORE.DLL
7fef54c0000 501088ce Jul 26 01:01:18 2012 C:\WINDOWS\system32\IMM32.DLL
7fef5d20000 50108881 Jul 26 01:00:01 2012 C:\WINDOWS\system32\MSCTF.dll
7fef4c30000 5010ab50 Jul 26 03:28:32 2012 C:\WINDOWS\system32\CRYPTBASE.dll
7fef4bd0000 50108a4c Jul 26 01:07:40 2012 C:\WINDOWS\system32\bcryptPrimitives.dll
7fef2a10000 5010894e Jul 26 01:03:26 2012 C:\WINDOWS\system32\dwmapi.dll
7fef5340000 50108270 Jul 26 00:34:08 2012 C:\WINDOWS\system32\ole32.dll
7fef55d0000 50108a41 Jul 26 01:07:29 2012 C:\WINDOWS\SYSTEM32\sechost.dll
7fef4d00000 5010a79e Jul 26 03:12:46 2012 C:\WINDOWS\system32\WTSAPI32.dll
7fef4d20000 5010876c Jul 26 00:55:24 2012 C:\WINDOWS\system32\WINSTA.dll
7feebbe0000 501089d1 Jul 26 01:05:37 2012 C:\WINDOWS\system32\srumapi.dll
7fef5620000 501081c1 Jul 26 00:31:13 2012 C:\WINDOWS\SYSTEM32\clbcatq.dll
7fef0b80000 505a9be8 Sep 20 05:30:32 2012 C:\WINDOWS\system32\IPHLPAPI.DLL
7fef5330000 5010ac24 Jul 26 03:32:04 2012 C:\WINDOWS\system32\NSI.dll
7fef0b20000 50108ad1 Jul 26 01:09:53 2012 C:\WINDOWS\system32\WINNSI.DLL
7fef2420000 505a924c Sep 20 04:49:32 2012 C:\Windows\System32\Windows.UI.Immersive.dll
7fef4d70000 50108a11 Jul 26 01:06:41 2012 C:\WINDOWS\system32\samcli.dll
7fef0f50000 50108a13 Jul 26 01:06:43 2012 C:\WINDOWS\system32\SAMLIB.dll
7fef4100000 50108a19 Jul 26 01:06:49 2012 C:\WINDOWS\system32\netutils.dll
7fef1980000 505a9949 Sep 20 05:19:21 2012 C:\WINDOWS\system32\WindowsCodecs.dll
7fef46a0000 50108ad9 Jul 26 01:10:01 2012 C:\WINDOWS\system32\CRYPTSP.dll
7fef4320000 50108ac4 Jul 26 01:09:40 2012 C:\WINDOWS\system32\rsaenh.dll
7fef26f0000 5010877b Jul 26 00:55:39 2012 C:\WINDOWS\system32\OLEACC.dll
7fef06b0000 505a9bdc Sep 20 05:30:20 2012 C:\WINDOWS\system32\dhcpcsvc6.DLL
7fef5b80000 50108abf Jul 26 01:09:35 2012 C:\WINDOWS\system32\WS2_32.dll
7fef06e0000 505a9b9c Sep 20 05:29:16 2012 C:\WINDOWS\system32\dhcpcsvc.DLL
7fef1740000 5010ac6c Jul 26 03:33:16 2012 C:\WINDOWS\system32\wlanutil.dll
7fef03b0000 5063dc6b Sep 27 05:56:11 2012 C:\WINDOWS\system32\wlanapi.dll
```

```
7fef37e0000 501089ec Jul 26 01:06:04 2012 C:\WINDOWS\system32\wkscli.dll
7fef2e90000 50108843 Jul 26 00:58:59 2012 C:\WINDOWS\system32\XmlLite.dll
7fef4df0000 50108ab9 Jul 26 01:09:29 2012 C:\WINDOWS\system32\profapi.dll
7feed830000 501080ee Jul 26 00:27:42 2012 C:\Windows\System32\thumbcache.dll
7fef78d0000 5010a732 Jul 26 03:10:58 2012 C:\WINDOWS\SYSTEM32\advapi32.dll
7fef0cb0000 505a95dd Sep 20 05:04:45 2012 C:\Windows\System32\PROPSYS.dll
7feeb9d0000 505aafdf Sep 20 06:55:43 2012 C:\Windows\System32\actxprxy.dll
7fef2580000 501089b7 Jul 26 01:05:11 2012 C:\WINDOWS\system32\Bcp47Langs.dll
7fef48f0000 50108aca Jul 26 01:09:46 2012 C:\WINDOWS\SYSTEM32\bcrypt.dll
7feeeb70000 50107f98 Jul 26 00:22:00 2012 C:\Windows\System32\MrmCoreR.dll
7fef7d60000 505a9257 Sep 20 04:49:43 2012 C:\WINDOWS\system32\urlmon.dll
7fef6160000 505aa96c Sep 20 06:28:12 2012 C:\WINDOWS\system32\iertutil.dll
7fef5950000 505a9365 Sep 20 04:54:13 2012 C:\WINDOWS\system32\WININET.dll
7fef5e40000 501080fc Jul 26 00:27:56 2012 C:\WINDOWS\system32\SETUPAPI.dll
7fef50d0000 5010898b Jul 26 01:04:27 2012 C:\WINDOWS\system32\DEVOBJ.dll
7fee8a40000 505a9555 Sep 20 05:02:29 2012 C:\Windows\System32\twinapi.dll
7fef31b0000 50108834 Jul 26 00:58:44 2012 C:\WINDOWS\system32\dbghelp.dll
7feeb770000 50109564 Jul 26 01:55:00 2012 C:\WINDOWS\System32\cscui.dll
7fef30c0000 5010a9be Jul 26 03:21:50 2012 C:\WINDOWS\System32\CSCDLL.dll
7fef30d0000 5010a183 Jul 26 02:46:43 2012 C:\WINDOWS\System32\cscobj.dll
7fef4420000 50108843 Jul 26 00:58:59 2012 C:\WINDOWS\System32\USERENV.dll
7feec150000 501089ad Jul 26 01:05:01 2012 C:\WINDOWS\system32\CSCAPI.dll
7fee72f0000 50109745 Jul 26 02:03:01 2012 C:\Windows\System32\EhStorShell.dll
7feef920000 501089fe Jul 26 01:06:22 2012 C:\WINDOWS\SYSTEM32\ntmarta.dll
7feeb240000 501081d7 Jul 26 00:31:35 2012 C:\WINDOWS\SYSTEM32\profext.dll
7fef4ba0000 505a9be9 Sep 20 05:30:33 2012 C:\WINDOWS\system32\SSPICLI.DLL
7fef3320000 50108655 Jul 26 00:50:45 2012 C:\Windows\System32\taskschd.dll
SubSystemData:     0000000000000000
ProcessHeap:       000000f06e9b0000
ProcessParameters: 000000f06e9b11e0
CurrentDirectory:  'C:\WINDOWS\system32\'
WindowTitle: 'C:\WINDOWS\system32\taskmgr.exe'
ImageFile:   'C:\WINDOWS\system32\taskmgr.exe'
CommandLine: '"C:\WINDOWS\system32\taskmgr.exe" /4'
DllPath:     '< Name not readable >'
Environment: 000000f06e9b0860
   ALLUSERSPROFILE=C:\ProgramData
   APPDATA=C:\Users\Dmitry\AppData\Roaming
   CommonProgramFiles=C:\Program Files\Common Files
   CommonProgramFiles(x86)=C:\Program Files (x86)\Common Files
   CommonProgramW6432=C:\Program Files\Common Files
   COMPUTERNAME=MACAIR1
   ComSpec=C:\WINDOWS\system32\cmd.exe
   FP_NO_HOST_CHECK=NO
   HOMEDRIVE=C:
```

```
        HOMEPATH=\Users\Dmitry
        LOCALAPPDATA=C:\Users\Dmitry\AppData\Local
        LOGONSERVER=\\MicrosoftAccount
        NUMBER_OF_PROCESSORS=2
        OS=Windows_NT
        Path=C:\WINDOWS\system32;C:\WINDOWS;C:\WINDOWS\System32\Wbem;C:\WINDOWS\
System32\WindowsPowerShell\v1.0\
        PATHEXT=.COM;.EXE;.BAT;.CMD;.VBS;.VBE;.JS;.JSE;.WSF;.WSH;.MSC
        PROCESSOR_ARCHITECTURE=AMD64
        PROCESSOR_IDENTIFIER=Intel64 Family 6 Model 15 Stepping 11, GenuineIntel
        PROCESSOR_LEVEL=6
        PROCESSOR_REVISION=0f0b
        ProgramData=C:\ProgramData
        ProgramFiles=C:\Program Files
        ProgramFiles(x86)=C:\Program Files (x86)
        ProgramW6432=C:\Program Files
        PSModulePath=C:\WINDOWS\system32\WindowsPowerShell\v1.0\Modules\
        PUBLIC=C:\Users\Public
        SystemDrive=C:
        SystemRoot=C:\WINDOWS
        TEMP=C:\Users\Dmitry\AppData\Local\Temp
        TMP=C:\Users\Dmitry\AppData\Local\Temp
        USERDOMAIN=MACAIR1
        USERDOMAIN_ROAMINGPROFILE=MACAIR1
        USERNAME=Dmitry
        USERPROFILE=C:\Users\Dmitry
        windir=C:\WINDOWS


        THREAD fffffa8003db4740  Cid 0ca0.03e0  Teb: 000007f770b7d000 Win32Thread: fffff90104094830
RUNNING on processor 0
        Not impersonating
        DeviceMap               fffff8a007e2e6a0
        Owning Process          fffffa8002d74180        Image:          Taskmgr.exe
        Attached Process        N/A             Image:          N/A
        Wait Start TickCount    15741128        Ticks: 0
        Context Switch Count    31359           IdealProcessor: 0
        UserTime                00:00:09.859
        KernelTime              00:00:07.394
        Win32 Start Address taskmgr!wWinMainCRTStartup (0x000007f770e68688)
        Stack Init fffff88015925dd0 Current fffff88015925800
        Base fffff88015926000 Limit fffff88015920000 Call 0000000000000000
        Priority 13 BasePriority 9 PriorityDecrement 2 IoPriority 2 PagePriority 5

        Child-SP            RetAddr             Call Site
        fffff880`15925ae8 fffff802`b400f0dd nt!KeBugCheckEx
```

```
        fffff880`15925af0 fffff802`b3ea8f6d nt!PspCatchCriticalBreak+0xad
        fffff880`15925b30 fffff802`b3ea8019 nt! ?? ::NNGAKEGL::`string'+0x46f60
        fffff880`15925b90 fffff802`b3ea7e52 nt!PspTerminateProcess+0x6d
        fffff880`15925bd0 fffff802`b3b02d53 nt!NtTerminateProcess+0x9e
        fffff880`15925c40 000007fe`f7ec2eaa nt!KiSystemServiceCopyEnd+0x13 (TrapFrame @
fffff880`15925c40)
        000000f0`6e86f3e8 000007fe`f4ff1295 ntdll!NtTerminateProcess+0xa
        000000f0`6e86f3f0 000007f7`70e012ba KERNELBASE!TerminateProcess+0x25
        000000f0`6e86f420 000007f7`70df3698 taskmgr!WdcProcessMonitor::OnProcessCommand+0x1b6
        000000f0`6e86f4b0 000007f7`70df55bb taskmgr!WdcListView::OnProcessCommand+0x1e0
        000000f0`6e86f5a0 000007f7`70df5b47 taskmgr!WdcListView::OnCommand+0x123
        000000f0`6e86f5f0 000007fe`f2227239 taskmgr!WdcListView::OnMessage+0x287
        000000f0`6e86f710 000007fe`f2a82d23 DUI70!DirectUI::HWNDHost::_CtrlWndProc+0xa1
        000000f0`6e86f770 000007fe`f56c171e DUser!WndBridge::RawWndProc+0x73
        000000f0`6e86f7e0 000007fe`f56c14d7 USER32!UserCallWinProcCheckWow+0x13a
        000000f0`6e86f8a0 000007f7`70e1b0e1 USER32!DispatchMessageWorker+0x1a7
        000000f0`6e86f920 000007f7`70e685e6 taskmgr!wWinMain+0x44d
        000000f0`6e86fde0 000007fe`f601167e taskmgr!CBaseRPCTimeout::Disarm+0x31a
        000000f0`6e86fea0 000007fe`f7ee3501 KERNEL32!BaseThreadInitThunk+0x1a
        000000f0`6e86fed0 00000000`00000000 ntdll!RtlUserThreadStart+0x1d


    THREAD fffffa80039dfb00  Cid 0ca0.0564  Teb: 000007f770b7b000 Win32Thread: fffff90103f44710
WAIT: (UserRequest) UserMode Non-Alertable
        fffffa8003665fe0  SynchronizationEvent
        fffffa8002cc1d30  SynchronizationEvent
    Not impersonating
    DeviceMap              fffff8a007e2e6a0
    Owning Process         fffffa8002d74180      Image:        Taskmgr.exe
    Attached Process       N/A           Image:      N/A
    Wait Start TickCount   15699020        Ticks: 42108 (0:00:10:56.889)
    Context Switch Count   4             IdealProcessor: 0
    UserTime               00:00:00.000
    KernelTime             00:00:00.000
    Win32 Start Address msvcrt!endthreadex (0x000007fef7845e10)
    Stack Init fffff880155d5dd0 Current fffff880155d5180
    Base fffff880155d6000 Limit fffff880155d0000 Call 0000000000000000
    Priority 9 BasePriority 8 PriorityDecrement 0 IoPriority 2 PagePriority 5
    Kernel stack not resident.
    Child-SP         RetAddr         Call Site
    fffff880`155d51c0 fffff802`b3b2d99c nt!KiSwapContext+0x76
    fffff880`155d5300 fffff802`b3b293cd nt!KiCommitThreadWait+0x23c
    fffff880`155d53c0 fffff802`b3eca2ac nt!KeWaitForMultipleObjects+0x25d
    fffff880`155d5470 fffff802`b3eca723 nt!ObWaitForMultipleObjects+0x29c
    fffff880`155d5980 fffff802`b3b02d53 nt!NtWaitForMultipleObjects+0xe3
    fffff880`155d5bd0 000007fe`f7ec319b nt!KiSystemServiceCopyEnd+0x13 (TrapFrame @
```

```
fffff880`155d5c40)
       000000f0`7025f938 000007fe`f4fd12c6 ntdll!NtWaitForMultipleObjects+0xa
       000000f0`7025f940 000007fe`f56c2c83 KERNELBASE!WaitForMultipleObjectsEx+0xe5
       000000f0`7025fc20 000007fe`f2aa160b USER32!MsgWaitForMultipleObjectsEx+0x144
       000000f0`7025fcd0 000007fe`f2aa15db DUser!CoreSC::xwProcessNL+0x5bb
       000000f0`7025fda0 000007fe`f2aa14fe DUser!GetMessageExA+0x6b
       000000f0`7025fdf0 000007fe`f782707b DUser!ResourceManager::SharedThreadProc+0xfe
       000000f0`7025fe80 000007fe`f7845e6d msvcrt!endthreadex+0xcb
       000000f0`7025feb0 000007fe`f601167e msvcrt!endthreadex+0xac
       000000f0`7025fee0 000007fe`f7ee3501 KERNEL32!BaseThreadInitThunk+0x1a
       000000f0`7025ff10 00000000`00000000 ntdll!RtlUserThreadStart+0x1d


       THREAD fffffa8003253b00  Cid 0ca0.0d64  Teb: 000007f770b79000 Win32Thread: 0000000000000000
WAIT: (UserRequest) UserMode Non-Alertable
            fffffa800307aca0  NotificationEvent
            fffffa80036357a0  SynchronizationEvent
      Not impersonating
      DeviceMap                fffff8a007e2e6a0
      Owning Process           fffffa8002d74180        Image:         Taskmgr.exe
      Attached Process         N/A            Image:         N/A
      Wait Start TickCount     15741108       Ticks: 20 (0:00:00:00.312)
      Context Switch Count     653            IdealProcessor: 1
      UserTime                 00:00:00.000
      KernelTime               00:00:00.000
      Win32 Start Address taskmgr!WdcDataMonitor::UpdateThread (0x000007f770dfdf1c)
      Stack Init fffff880159dadd0 Current fffff880159da180
      Base fffff880159db000 Limit fffff880159d5000 Call 0000000000000000
      Priority 11 BasePriority 8 PriorityDecrement 2 IoPriority 2 PagePriority 5
      Child-SP          RetAddr           Call Site
      fffff880`159da1c0 fffff802`b3b2d99c nt!KiSwapContext+0x76
      fffff880`159da300 fffff802`b3b293cd nt!KiCommitThreadWait+0x23c
      fffff880`159da3c0 fffff802`b3eca2ac nt!KeWaitForMultipleObjects+0x25d
      fffff880`159da470 fffff802`b3eca723 nt!ObWaitForMultipleObjects+0x29c
      fffff880`159da980 fffff802`b3b02d53 nt!NtWaitForMultipleObjects+0xe3
      fffff880`159dabd0 000007fe`f7ec319b nt!KiSystemServiceCopyEnd+0x13 (TrapFrame @
fffff880`159dac40)
       000000f0`7238f4f8 000007fe`f4fd12c6 ntdll!NtWaitForMultipleObjects+0xa
       000000f0`7238f500 000007fe`f6011292 KERNELBASE!WaitForMultipleObjectsEx+0xe5
       000000f0`7238f7e0 000007f7`70dfdc81 KERNEL32!WaitForMultipleObjects+0x12
       000000f0`7238f820 000007f7`70dfdf54 taskmgr!WdcDataMonitor::DoUpdates+0x3d
       000000f0`7238f860 000007fe`f601167e taskmgr!WdcDataMonitor::UpdateThread+0x38
       000000f0`7238f8a0 000007fe`f7ee3501 KERNEL32!BaseThreadInitThunk+0x1a
       000000f0`7238f8d0 00000000`00000000 ntdll!RtlUserThreadStart+0x1d


       THREAD fffffa8003b45b00  Cid 0ca0.0824  Teb: 000007f770b77000 Win32Thread: fffff90103f5cb90
```

WAIT: (UserRequest) UserMode Non-Alertable
        fffffa8003612250 NotificationEvent
        fffffa8002cb6890 SynchronizationEvent
    Not impersonating
    DeviceMap   fffff8a007e2e6a0
    Owning Process   fffffa8002d74180   Image: Taskmgr.exe
    Attached Process   N/A   Image: N/A
    Wait Start TickCount   15741108   Ticks: 20 (0:00:00:00.312)
    Context Switch Count   2818   IdealProcessor: 0
    UserTime   00:00:00.031
    KernelTime   00:00:00.124
    Win32 Start Address taskmgr!WdcDataMonitor::UpdateThread (0x000007f770dfdf1c)
    Stack Init fffff8801595ddd0 Current fffff8801595d180
    Base fffff8801595e000 Limit fffff88015958000 Call 0000000000000000
    Priority 13 BasePriority 10 PriorityDecrement 2 IoPriority 2 PagePriority 5
    Child-SP   RetAddr   Call Site
    fffff880`1595d1c0 fffff802`b3b2d99c nt!KiSwapContext+0x76
    fffff880`1595d300 fffff802`b3b293cd nt!KiCommitThreadWait+0x23c
    fffff880`1595d3c0 fffff802`b3eca2ac nt!KeWaitForMultipleObjects+0x25d
    fffff880`1595d470 fffff802`b3eca723 nt!ObWaitForMultipleObjects+0x29c
    fffff880`1595d980 fffff802`b3b02d53 nt!NtWaitForMultipleObjects+0xe3
    fffff880`1595dbd0 000007fe`f7ec319b nt!KiSystemServiceCopyEnd+0x13 (TrapFrame @
fffff880`1595dc40)
    000000f0`7240f9f8 000007fe`f4fd12c6 ntdll!NtWaitForMultipleObjects+0xa
    000000f0`7240fa00 000007fe`f6011292 KERNELBASE!WaitForMultipleObjectsEx+0xe5
    000000f0`7240fce0 000007f7`70dfdc81 KERNEL32!WaitForMultipleObjects+0x12
    000000f0`7240fd20 000007f7`70dfdf54 taskmgr!WdcDataMonitor::DoUpdates+0x3d
    000000f0`7240fd60 000007fe`f601167e taskmgr!WdcDataMonitor::UpdateThread+0x38
    000000f0`7240fda0 000007fe`f7ee3501 KERNEL32!BaseThreadInitThunk+0x1a
    000000f0`7240fdd0 00000000`00000000 ntdll!RtlUserThreadStart+0x1d

    THREAD fffffa80018eab00 Cid 0ca0.0888 Teb: 000007f770b75000 Win32Thread: fffff90103ff8b90
WAIT: (UserRequest) UserMode Non-Alertable
        fffffa8001c81ca0 NotificationEvent
        fffffa80036767a0 SynchronizationEvent
    Not impersonating
    DeviceMap   fffff8a007e2e6a0
    Owning Process   fffffa8002d74180   Image: Taskmgr.exe
    Attached Process   N/A   Image: N/A
    Wait Start TickCount   15741108   Ticks: 20 (0:00:00:00.312)
    Context Switch Count   4747   IdealProcessor: 1
    UserTime   00:00:00.000
    KernelTime   00:00:00.078
    Win32 Start Address taskmgr!WdcDataMonitor::UpdateThread (0x000007f770dfdf1c)
    Stack Init fffff8801594fdd0 Current fffff8801594f180

```
    Base fffff88015950000 Limit fffff8801594a000 Call 0000000000000000
    Priority 11 BasePriority 8 PriorityDecrement 2 IoPriority 2 PagePriority 5
    Child-SP          RetAddr            Call Site
    fffff880`1594f1c0 fffff802`b3b2d99c nt!KiSwapContext+0x76
    fffff880`1594f300 fffff802`b3b293cd nt!KiCommitThreadWait+0x23c
    fffff880`1594f3c0 fffff802`b3eca2ac nt!KeWaitForMultipleObjects+0x25d
    fffff880`1594f470 fffff802`b3eca723 nt!ObWaitForMultipleObjects+0x29c
    fffff880`1594f980 fffff802`b3b02d53 nt!NtWaitForMultipleObjects+0xe3
    fffff880`1594fbd0 000007fe`f7ec319b nt!KiSystemServiceCopyEnd+0x13 (TrapFrame @
fffff880`1594fc40)
    000000f0`7248f548 000007fe`f4fd12c6 ntdll!NtWaitForMultipleObjects+0xa
    000000f0`7248f550 000007fe`f6011292 KERNELBASE!WaitForMultipleObjectsEx+0xe5
    000000f0`7248f830 000007f7`70dfdc81 KERNEL32!WaitForMultipleObjects+0x12
    000000f0`7248f870 000007f7`70dfdf54 taskmgr!WdcDataMonitor::DoUpdates+0x3d
    000000f0`7248f8b0 000007fe`f601167e taskmgr!WdcDataMonitor::UpdateThread+0x38
    000000f0`7248f8f0 000007fe`f7ee3501 KERNEL32!BaseThreadInitThunk+0x1a
    000000f0`7248f920 00000000`00000000 ntdll!RtlUserThreadStart+0x1d


    THREAD fffffa80033f63c0 Cid 0ca0.0e28  Teb: 000007f770b73000 Win32Thread: fffff901006bb710
WAIT: (UserRequest) UserMode Non-Alertable
        fffffa80040844b0 NotificationEvent
        fffffa8002e58710 SynchronizationEvent
    Not impersonating
    DeviceMap               fffff8a007e2e6a0
    Owning Process          fffffa8002d74180     Image:       Taskmgr.exe
    Attached Process        N/A         Image:        N/A
    Wait Start TickCount    15699023    Ticks: 42105 (0:00:10:56.842)
    Context Switch Count    6           IdealProcessor: 0
    UserTime                00:00:00.000
    KernelTime              00:00:00.000
    Win32 Start Address taskmgr!WdcDataMonitor::UpdateThread (0x000007f770dfdf1c)
    Stack Init fffff880159ccdd0 Current fffff880159cc180
    Base fffff880159cd000 Limit fffff880159c7000 Call 0000000000000000
    Priority 11 BasePriority 8 PriorityDecrement 2 IoPriority 2 PagePriority 5
    Kernel stack not resident.
    Child-SP          RetAddr            Call Site
    fffff880`159cc1c0 fffff802`b3b2d99c nt!KiSwapContext+0x76
    fffff880`159cc300 fffff802`b3b293cd nt!KiCommitThreadWait+0x23c
    fffff880`159cc3c0 fffff802`b3eca2ac nt!KeWaitForMultipleObjects+0x25d
    fffff880`159cc470 fffff802`b3eca723 nt!ObWaitForMultipleObjects+0x29c
    fffff880`159cc980 fffff802`b3b02d53 nt!NtWaitForMultipleObjects+0xe3
    fffff880`159ccbd0 000007fe`f7ec319b nt!KiSystemServiceCopyEnd+0x13 (TrapFrame @
fffff880`159ccc40)
    000000f0`7250f448 000007fe`f4fd12c6 ntdll!NtWaitForMultipleObjects+0xa
    000000f0`7250f450 000007fe`f56c2c83 KERNELBASE!WaitForMultipleObjectsEx+0xe5
```

```
000000f0`7250f730 000007f7`70e43c03 USER32!MsgWaitForMultipleObjectsEx+0x144
000000f0`7250f7e0 000007f7`70dfdf54 taskmgr!WdcAppHistoryMonitor::DoUpdates+0x3f
000000f0`7250f850 000007fe`f601167e taskmgr!WdcDataMonitor::UpdateThread+0x38
000000f0`7250f890 000007fe`f7ee3501 KERNEL32!BaseThreadInitThunk+0x1a
000000f0`7250f8c0 00000000`00000000 ntdll!RtlUserThreadStart+0x1d


    THREAD fffffa8001f075c0  Cid 0ca0.06d4  Teb: 000007f770a4c000 Win32Thread: fffff901040b5b90
WAIT: (UserRequest) UserMode Non-Alertable
        fffffa8002d94de0  NotificationEvent
        fffffa800371fc70  SynchronizationEvent
        fffffa8002d704f0  SynchronizationEvent
    Not impersonating
    DeviceMap              fffff8a007e2e6a0
    Owning Process         fffffa8002d74180       Image:         Taskmgr.exe
    Attached Process       N/A            Image:         N/A
    Wait Start TickCount   15741108       Ticks: 20 (0:00:00:00.312)
    Context Switch Count   19727          IdealProcessor: 1
    UserTime               00:00:00.000
    KernelTime             00:00:00.078
    Win32 Start Address taskmgr!TmTraceControl::IncrementThread (0x000007f770df1fc4)
    Stack Init fffff880159efdd0 Current fffff880159ef180
    Base fffff880159f0000 Limit fffff880159ea000 Call 0000000000000000
    Priority 11 BasePriority 8 PriorityDecrement 2 IoPriority 2 PagePriority 5
        Child-SP          RetAddr           Call Site
    fffff880`159ef1c0 fffff802`b3b2d99c nt!KiSwapContext+0x76
    fffff880`159ef300 fffff802`b3b293cd nt!KiCommitThreadWait+0x23c
    fffff880`159ef3c0 fffff802`b3eca2ac nt!KeWaitForMultipleObjects+0x25d
    fffff880`159ef470 fffff802`b3eca723 nt!ObWaitForMultipleObjects+0x29c
    fffff880`159ef980 fffff802`b3b02d53 nt!NtWaitForMultipleObjects+0xe3
    fffff880`159efbd0 000007fe`f7ec319b nt!KiSystemServiceCopyEnd+0x13 (TrapFrame @
fffff880`159efc40)
    000000f0`7260fb58 000007fe`f4fd12c6 ntdll!NtWaitForMultipleObjects+0xa
    000000f0`7260fb60 000007fe`f6011292 KERNELBASE!WaitForMultipleObjectsEx+0xe5
    000000f0`7260fe40 000007f7`70df2118 KERNEL32!WaitForMultipleObjects+0x12
    000000f0`7260fe80 000007fe`f601167e taskmgr!TmTraceControl::IncrementThreadInternal+0x148
    000000f0`7260ff30 000007fe`f7ee3501 KERNEL32!BaseThreadInitThunk+0x1a
    000000f0`7260ff60 00000000`00000000 ntdll!RtlUserThreadStart+0x1d


    THREAD fffffa8003f23b00  Cid 0ca0.0db8  Teb: 000007f770a4a000 Win32Thread: fffff90103fa5610
WAIT: (UserRequest) UserMode Non-Alertable
        fffffa80036d1420  NotificationEvent
        fffffa80036c8cb0  SynchronizationEvent
    Not impersonating
    DeviceMap              fffff8a007e2e6a0
    Owning Process         fffffa8002d74180       Image:         Taskmgr.exe
```

```
Attached Process       N/A          Image:      N/A
Wait Start TickCount   15741106     Ticks: 22 (0:00:00:00.343)
Context Switch Count   811          IdealProcessor: 1
UserTime               00:00:00.000
KernelTime             00:00:00.000
Win32 Start Address taskmgr!CRUMAPIHelper::SrumThread (0x000007f770e0db10)
Stack Init fffff88015e0ddd0 Current fffff88015e0d180
Base fffff88015e0e000 Limit fffff88015e08000 Call 0000000000000000
Priority 11 BasePriority 8 PriorityDecrement 2 IoPriority 2 PagePriority 5
Child-SP          RetAddr           Call Site
fffff880`15e0d1c0 fffff802`b3b2d99c nt!KiSwapContext+0x76
fffff880`15e0d300 fffff802`b3b293cd nt!KiCommitThreadWait+0x23c
fffff880`15e0d3c0 fffff802`b3eca2ac nt!KeWaitForMultipleObjects+0x25d
fffff880`15e0d470 fffff802`b3eca723 nt!ObWaitForMultipleObjects+0x29c
fffff880`15e0d980 fffff802`b3b02d53 nt!NtWaitForMultipleObjects+0xe3
fffff880`15e0dbd0 000007fe`f7ec319b nt!KiSystemServiceCopyEnd+0x13 (TrapFrame @
fffff880`15e0dc40)
000000f0`7268f4b8 000007fe`f4fd12c6 ntdll!NtWaitForMultipleObjects+0xa
000000f0`7268f4c0 000007fe`f56c2c83 KERNELBASE!WaitForMultipleObjectsEx+0xe5
000000f0`7268f7a0 000007f7`70e0dd3a USER32!MsgWaitForMultipleObjectsEx+0x144
000000f0`7268f850 000007fe`f601167e taskmgr!CRUMAPIHelper::SrumThread+0x22a
000000f0`7268f940 000007fe`f7ee3501 KERNEL32!BaseThreadInitThunk+0x1a
000000f0`7268f970 00000000`00000000 ntdll!RtlUserThreadStart+0x1d


   THREAD fffffa800404a080  Cid 0ca0.0c88  Teb: 000007f770a48000 Win32Thread: fffff901006b9710
WAIT: (UserRequest) UserMode Non-Alertable
        fffffa8001c95500  NotificationEvent
        fffffa8003f37990  SynchronizationEvent
        fffffa800409e6c0  SynchronizationEvent
    Not impersonating
    DeviceMap              fffff8a007e2e6a0
    Owning Process         fffffa8002d74180     Image:      Taskmgr.exe
    Attached Process       N/A          Image:      N/A
    Wait Start TickCount   15699025     Ticks: 42103 (0:00:10:56.811)
    Context Switch Count   7            IdealProcessor: 0
    UserTime               00:00:00.000
    KernelTime             00:00:00.000
    Win32 Start Address taskmgr!WdcDataMonitor::UpdateThread (0x000007f770dfdf1c)
    Stack Init fffff88015e22dd0 Current fffff88015e22180
    Base fffff88015e23000 Limit fffff88015e1d000 Call 0000000000000000
    Priority 11 BasePriority 8 PriorityDecrement 2 IoPriority 2 PagePriority 5
    Kernel stack not resident.
    Child-SP          RetAddr           Call Site
    fffff880`15e221c0 fffff802`b3b2d99c nt!KiSwapContext+0x76
    fffff880`15e22300 fffff802`b3b293cd nt!KiCommitThreadWait+0x23c
```

```
      fffff880`15e223c0 fffff802`b3eca2ac nt!KeWaitForMultipleObjects+0x25d
      fffff880`15e22470 fffff802`b3eca723 nt!ObWaitForMultipleObjects+0x29c
      fffff880`15e22980 fffff802`b3b02d53 nt!NtWaitForMultipleObjects+0xe3
      fffff880`15e22bd0 000007fe`f7ec319b nt!KiSystemServiceCopyEnd+0x13 (TrapFrame @
fffff880`15e22c40)
      000000f0`7270f448 000007fe`f4fd12c6 ntdll!NtWaitForMultipleObjects+0xa
      000000f0`7270f450 000007fe`f56c2c83 KERNELBASE!WaitForMultipleObjectsEx+0xe5
      000000f0`7270f730 000007f7`70e475fd USER32!MsgWaitForMultipleObjectsEx+0x144
      000000f0`7270f7e0 000007f7`70dfdf54 taskmgr!WdcUserMonitor::DoUpdates+0x65
      000000f0`7270f870 000007fe`f601167e taskmgr!WdcDataMonitor::UpdateThread+0x38
      000000f0`7270f8b0 000007fe`f7ee3501 KERNEL32!BaseThreadInitThunk+0x1a
      000000f0`7270f8e0 00000000`00000000 ntdll!RtlUserThreadStart+0x1d


      THREAD fffffa8001de0b00  Cid 0ca0.0c84  Teb: 000007f770a46000 Win32Thread: fffff9010065f010
WAIT: (UserRequest) UserMode Non-Alertable
          fffffa800372dc50  NotificationEvent
          fffffa80041961c0  SynchronizationEvent
      Not impersonating
      DeviceMap                fffff8a007e2e6a0
      Owning Process           fffffa8002d74180       Image:         Taskmgr.exe
      Attached Process         N/A            Image:         N/A
      Wait Start TickCount     15741108       Ticks: 20 (0:00:00:00.312)
      Context Switch Count     2887           IdealProcessor: 1
      UserTime                 00:00:00.015
      KernelTime               00:00:00.000
      Win32 Start Address taskmgr!WdcDataMonitor::UpdateThread (0x000007f770dfdf1c)
      Stack Init fffff88015e29dd0 Current fffff88015e29180
      Base fffff88015e2a000 Limit fffff88015e24000 Call 0000000000000000
      Priority 11 BasePriority 8 PriorityDecrement 2 IoPriority 2 PagePriority 5
      Child-SP          RetAddr           Call Site
      fffff880`15e291c0 fffff802`b3b2d99c nt!KiSwapContext+0x76
      fffff880`15e29300 fffff802`b3b293cd nt!KiCommitThreadWait+0x23c
      fffff880`15e293c0 fffff802`b3eca2ac nt!KeWaitForMultipleObjects+0x25d
      fffff880`15e29470 fffff802`b3eca723 nt!ObWaitForMultipleObjects+0x29c
      fffff880`15e29980 fffff802`b3b02d53 nt!NtWaitForMultipleObjects+0xe3
      fffff880`15e29bd0 000007fe`f7ec319b nt!KiSystemServiceCopyEnd+0x13 (TrapFrame @
fffff880`15e29c40)
      000000f0`7278f348 000007fe`f4fd12c6 ntdll!NtWaitForMultipleObjects+0xa
      000000f0`7278f350 000007fe`f56c2c83 KERNELBASE!WaitForMultipleObjectsEx+0xe5
      000000f0`7278f630 000007f7`70e43c03 USER32!MsgWaitForMultipleObjectsEx+0x144
      000000f0`7278f6e0 000007f7`70dfdf54 taskmgr!WdcAppHistoryMonitor::DoUpdates+0x3f
      000000f0`7278f750 000007fe`f601167e taskmgr!WdcDataMonitor::UpdateThread+0x38
      000000f0`7278f790 000007fe`f7ee3501 KERNEL32!BaseThreadInitThunk+0x1a
      000000f0`7278f7c0 00000000`00000000 ntdll!RtlUserThreadStart+0x1d
```

```
        THREAD fffffa80039d3b00  Cid 0ca0.07e4  Teb: 000007f770a44000 Win32Thread: fffff901040e2530
WAIT: (UserRequest) UserMode Non-Alertable
          fffffa8002067370  SynchronizationEvent
          fffffa8003f46e10  NotificationEvent
          fffffa800205cce0  SynchronizationEvent
          fffffa8003826490  SynchronizationEvent
          fffffa8003ee0dc0  SynchronizationEvent
          fffffa80030959b8  NotificationEvent
          fffffa800362fd18  NotificationEvent
    IRP List:
          fffffa800211ac10: (0006,03e8) Flags: 00060000  Mdl: 00000000
          fffffa800198a360: (0006,03e8) Flags: 00060000  Mdl: 00000000
    Not impersonating
    DeviceMap              fffff8a007e2e6a0
    Owning Process         fffffa8002d74180     Image:        Taskmgr.exe
    Attached Process       N/A            Image:       N/A
    Wait Start TickCount   15699048       Ticks: 42080 (0:00:10:56.452)
    Context Switch Count   40             IdealProcessor: 0
    UserTime               00:00:00.000
    KernelTime             00:00:00.000
    Win32 Start Address taskmgr!WdcDataMonitor::UpdateThread (0x000007f770dfdf1c)
    Stack Init fffff88015e3edd0 Current fffff88015e3e180
    Base fffff88015e3f000 Limit fffff88015e39000 Call 0000000000000000
    Priority 11 BasePriority 8 PriorityDecrement 2 IoPriority 2 PagePriority 5
    Kernel stack not resident.
    Child-SP          RetAddr           Call Site
    fffff880`15e3e1c0 fffff802`b3b2d99c nt!KiSwapContext+0x76
    fffff880`15e3e300 fffff802`b3b293cd nt!KiCommitThreadWait+0x23c
    fffff880`15e3e3c0 fffff802`b3eca2ac nt!KeWaitForMultipleObjects+0x25d
    fffff880`15e3e470 fffff802`b3eca723 nt!ObWaitForMultipleObjects+0x29c
    fffff880`15e3e980 fffff802`b3b02d53 nt!NtWaitForMultipleObjects+0xe3
    fffff880`15e3ebd0 000007fe`f7ec319b nt!KiSystemServiceCopyEnd+0x13 (TrapFrame @
fffff880`15e3ec40)
    000000f0`7280f588 000007fe`f4fd12c6 ntdll!NtWaitForMultipleObjects+0xa
    000000f0`7280f590 000007fe`f6011292 KERNELBASE!WaitForMultipleObjectsEx+0xe5
    000000f0`7280f870 000007f7`70e57ed5 KERNEL32!WaitForMultipleObjects+0x12
    000000f0`7280f8b0 000007f7`70dfdf54 taskmgr!WdcStartupMonitor::DoUpdates+0x2ad
    000000f0`7280fdc0 000007fe`f601167e taskmgr!WdcDataMonitor::UpdateThread+0x38
    000000f0`7280fe00 000007fe`f7ee3501 KERNEL32!BaseThreadInitThunk+0x1a
    000000f0`7280fe30 00000000`00000000 ntdll!RtlUserThreadStart+0x1d


        THREAD fffffa8002d01200  Cid 0ca0.0a9c  Teb: 000007f770a42000 Win32Thread: fffff901040f7b90
WAIT: (WrQueue) UserMode Alertable
          fffffa8001e75ec0  QueueObject
    Not impersonating
```

```
DeviceMap                fffff8a007e2e6a0
Owning Process           fffffa8002d74180        Image:          Taskmgr.exe
Attached Process         N/A            Image:          N/A
Wait Start TickCount     15740913       Ticks: 215 (0:00:00:03.354)
Context Switch Count     565            IdealProcessor: 0
UserTime                 00:00:00.000
KernelTime               00:00:00.000
Win32 Start Address ntdll!TppWorkerThread (0x000007fef7ee38c0)
Stack Init fffff88015e4cdd0 Current fffff88015e4c760
Base fffff88015e4d000 Limit fffff88015e47000 Call 0000000000000000
Priority 10 BasePriority 8 PriorityDecrement 2 IoPriority 2 PagePriority 5
Child-SP          RetAddr           Call Site
fffff880`15e4c7a0 fffff802`b3b2d99c nt!KiSwapContext+0x76
fffff880`15e4c8e0 fffff802`b3b38ddb nt!KiCommitThreadWait+0x23c
fffff880`15e4c9a0 fffff802`b3ed0b6c nt!KeRemoveQueueEx+0x26b
fffff880`15e4ca50 fffff802`b3b434d5 nt!IoRemoveIoCompletion+0x4c
fffff880`15e4cae0 fffff802`b3b02d53 nt!NtWaitForWorkViaWorkerFactory+0x295
fffff880`15e4cc40 000007fe`f7ec46ab nt!KiSystemServiceCopyEnd+0x13 (TrapFrame @
fffff880`15e4cc40)
000000f0`7288f808 000007fe`f7ec84b3 ntdll!ZwWaitForWorkViaWorkerFactory+0xa
000000f0`7288f810 000007fe`f601167e ntdll!TppWorkerThread+0x275
000000f0`7288fab0 000007fe`f7ee3501 KERNEL32!BaseThreadInitThunk+0x1a
000000f0`7288fae0 00000000`00000000 ntdll!RtlUserThreadStart+0x1d


THREAD fffffa80040036c0 Cid 0ca0.0244  Teb: 000007f770a3c000 Win32Thread: 0000000000000000
WAIT: (UserRequest) UserMode Non-Alertable
        fffffa80021566a0 SynchronizationEvent
        fffffa8002cd3ce0 SynchronizationEvent
    Not impersonating
DeviceMap                fffff8a007e2e6a0
Owning Process           fffffa8002d74180        Image:          Taskmgr.exe
Attached Process         N/A            Image:          N/A
Wait Start TickCount     15739266       Ticks: 1862 (0:00:00:29.047)
Context Switch Count     1896           IdealProcessor: 1
UserTime                 00:00:00.015
KernelTime               00:00:00.000
Win32 Start Address taskmgr!WdcServiceCache::s_InformClientsThread (0x000007f770e07be4)
Stack Init fffff88015f10dd0 Current fffff88015f10180
Base fffff88015f11000 Limit fffff88015f0b000 Call 0000000000000000
Priority 11 BasePriority 8 PriorityDecrement 2 IoPriority 2 PagePriority 5
Child-SP          RetAddr           Call Site
fffff880`15f101c0 fffff802`b3b2d99c nt!KiSwapContext+0x76
fffff880`15f10300 fffff802`b3b293cd nt!KiCommitThreadWait+0x23c
fffff880`15f103c0 fffff802`b3eca2ac nt!KeWaitForMultipleObjects+0x25d
fffff880`15f10470 fffff802`b3eca723 nt!ObWaitForMultipleObjects+0x29c
```

```
        fffff880`15f10980 fffff802`b3b02d53 nt!NtWaitForMultipleObjects+0xe3
        fffff880`15f10bd0 000007fe`f7ec319b nt!KiSystemServiceCopyEnd+0x13 (TrapFrame @
fffff880`15f10c40)
        000000f0`72a2f428 000007fe`f4fd12c6 ntdll!NtWaitForMultipleObjects+0xa
        000000f0`72a2f430 000007fe`f6011292 KERNELBASE!WaitForMultipleObjectsEx+0xe5
        000000f0`72a2f710 000007f7`70e07c1b KERNEL32!WaitForMultipleObjects+0x12
        000000f0`72a2f750 000007fe`f601167e taskmgr!WdcServiceCache::s_InformClientsThread+0x37
        000000f0`72a2f790 000007fe`f7ee3501 KERNEL32!BaseThreadInitThunk+0x1a
        000000f0`72a2f7c0 00000000`00000000 ntdll!RtlUserThreadStart+0x1d


        THREAD fffffa8002198b00  Cid 0ca0.0aa4  Teb: 000007f770a36000 Win32Thread: 0000000000000000
WAIT: (WrQueue) UserMode Alertable
            fffffa8003798d80  QueueObject
        Not impersonating
        DeviceMap                fffff8a007e2e6a0
        Owning Process           fffffa8002d74180      Image:        Taskmgr.exe
        Attached Process         N/A          Image:        N/A
        Wait Start TickCount     15715946     Ticks: 25182 (0:00:06:32.841)
        Context Switch Count     3            IdealProcessor: 0
        UserTime                 00:00:00.000
        KernelTime               00:00:00.000
        Win32 Start Address ntdll!TppWorkerThread (0x000007fef7ee38c0)
        Stack Init fffff880160eddd0 Current fffff880160ed760
        Base fffff880160ee000 Limit fffff880160e8000 Call 0000000000000000
        Priority 8 BasePriority 8 PriorityDecrement 0 IoPriority 2 PagePriority 5
        Kernel stack not resident.
        Child-SP          RetAddr           Call Site
        fffff880`160ed7a0 fffff802`b3b2d99c nt!KiSwapContext+0x76
        fffff880`160ed8e0 fffff802`b3b38ddb nt!KiCommitThreadWait+0x23c
        fffff880`160ed9a0 fffff802`b3ed0b6c nt!KeRemoveQueueEx+0x26b
        fffff880`160eda50 fffff802`b3b434d5 nt!IoRemoveIoCompletion+0x4c
        fffff880`160edae0 fffff802`b3b02d53 nt!NtWaitForWorkViaWorkerFactory+0x295
        fffff880`160edc40 000007fe`f7ec46ab nt!KiSystemServiceCopyEnd+0x13 (TrapFrame @
fffff880`160edc40)
        000000f0`77f5f608 000007fe`f7ec84b3 ntdll!ZwWaitForWorkViaWorkerFactory+0xa
        000000f0`77f5f610 000007fe`f601167e ntdll!TppWorkerThread+0x275
        000000f0`77f5f8b0 000007fe`f7ee3501 KERNEL32!BaseThreadInitThunk+0x1a
        000000f0`77f5f8e0 00000000`00000000 ntdll!RtlUserThreadStart+0x1d


        THREAD fffffa8001f3b080  Cid 0ca0.0d2c  Teb: 000007f770a4e000 Win32Thread: fffff90103f2ab90
WAIT: (UserRequest) UserMode Non-Alertable
            fffffa80040e0220  SynchronizationEvent
            fffffa8003da2630  SynchronizationEvent
        Not impersonating
        DeviceMap                fffff8a007e2e6a0
```

```
     Owning Process          fffffa8002d74180        Image:          Taskmgr.exe
     Attached Process        N/A           Image:        N/A
     Wait Start TickCount    15741108      Ticks: 20 (0:00:00:00.312)
     Context Switch Count    2113          IdealProcessor: 0
     UserTime                00:00:00.000
     KernelTime              00:00:00.000
     Win32 Start Address taskmgr!WdcProcessMonitor::HangDetectionThread (0x000007f770e01354)
     Stack Init fffff88016222dd0 Current fffff88016222180
     Base fffff88016223000 Limit fffff8801621d000 Call 0000000000000000
     Priority 11 BasePriority 8 PriorityDecrement 2 IoPriority 2 PagePriority 5
     Child-SP          RetAddr           Call Site
     fffff880`162221c0 fffff802`b3b2d99c nt!KiSwapContext+0x76
     fffff880`16222300 fffff802`b3b293cd nt!KiCommitThreadWait+0x23c
     fffff880`162223c0 fffff802`b3eca2ac nt!KeWaitForMultipleObjects+0x25d
     fffff880`16222470 fffff802`b3eca723 nt!ObWaitForMultipleObjects+0x29c
     fffff880`16222980 fffff802`b3b02d53 nt!NtWaitForMultipleObjects+0xe3
     fffff880`16222bd0 000007fe`f7ec319b nt!KiSystemServiceCopyEnd+0x13 (TrapFrame @
fffff880`16222c40)
     000000f0`72ddf648 000007fe`f4fd12c6 ntdll!NtWaitForMultipleObjects+0xa
     000000f0`72ddf650 000007fe`f6011292 KERNELBASE!WaitForMultipleObjectsEx+0xe5
     000000f0`72ddf930 000007f7`70e01398 KERNEL32!WaitForMultipleObjects+0x12
     000000f0`72ddf970 000007fe`f601167e taskmgr!WdcProcessMonitor::HangDetectionThread+0x44
     000000f0`72ddf9b0 000007fe`f7ee3501 KERNEL32!BaseThreadInitThunk+0x1a
     000000f0`72ddf9e0 00000000`00000000 ntdll!RtlUserThreadStart+0x1d


     THREAD fffffa8003bbdb00  Cid 0ca0.0ae8  Teb: 000007f770a3a000 Win32Thread: fffff90103f6e530
WAIT: (WrQueue) UserMode Alertable
          fffffa8001e75ec0  QueueObject
     Not impersonating
     DeviceMap               fffff8a007e2e6a0
     Owning Process          fffffa8002d74180        Image:          Taskmgr.exe
     Attached Process        N/A           Image:        N/A
     Wait Start TickCount    15741108      Ticks: 20 (0:00:00:00.312)
     Context Switch Count    7261          IdealProcessor: 0
     UserTime                00:00:00.031
     KernelTime              00:00:00.015
     Win32 Start Address ntdll!TppWorkerThread (0x000007fef7ee38c0)
     Stack Init fffff880150c3dd0 Current fffff880150c3760
     Base fffff880150c4000 Limit fffff880150be000 Call 0000000000000000
     Priority 8 BasePriority 8 PriorityDecrement 0 IoPriority 2 PagePriority 5
     Child-SP          RetAddr           Call Site
     fffff880`150c37a0 fffff802`b3b2d99c nt!KiSwapContext+0x76
     fffff880`150c38e0 fffff802`b3b38ddb nt!KiCommitThreadWait+0x23c
     fffff880`150c39a0 fffff802`b3ed0b6c nt!KeRemoveQueueEx+0x26b
     fffff880`150c3a50 fffff802`b3b434d5 nt!IoRemoveIoCompletion+0x4c
```

```
        fffff880`150c3ae0 fffff802`b3b02d53 nt!NtWaitForWorkViaWorkerFactory+0x295
        fffff880`150c3c40 000007fe`f7ec46ab nt!KiSystemServiceCopyEnd+0x13 (TrapFrame @
fffff880`150c3c40)
        000000f0`0010fbd8 000007fe`f7ec84b3 ntdll!ZwWaitForWorkViaWorkerFactory+0xa
        000000f0`0010fbe0 000007fe`f601167e ntdll!TppWorkerThread+0x275
        000000f0`0010fe80 000007fe`f7ee3501 KERNEL32!BaseThreadInitThunk+0x1a
        000000f0`0010feb0 00000000`00000000 ntdll!RtlUserThreadStart+0x1d


        THREAD fffffa8001e74b00  Cid 0ca0.0c34  Teb: 000007f770a34000 Win32Thread: 0000000000000000
WAIT: (UserRequest) UserMode Non-Alertable
            fffffa8003e58460  SynchronizationTimer
        Not impersonating
        DeviceMap                 fffff8a007e2e6a0
        Owning Process            fffffa8002d74180      Image:         Taskmgr.exe
        Attached Process          N/A              Image:         N/A
        Wait Start TickCount      15740965         Ticks: 163 (0:00:00:02.542)
        Context Switch Count      10               IdealProcessor: 1
        UserTime                  00:00:00.000
        KernelTime                00:00:00.000
        Win32 Start Address combase!CRpcThreadCache::RpcWorkerThreadEntry (0x000007fef7b323a8)
        Stack Init fffff880173bedd0 Current fffff880173be0f0
        Base fffff880173bf000 Limit fffff880173b9000 Call 0000000000000000
        Priority 10 BasePriority 8 PriorityDecrement 2 IoPriority 2 PagePriority 5
        Child-SP          RetAddr           Call Site
        fffff880`173be130 fffff802`b3b2d99c nt!KiSwapContext+0x76
        fffff880`173be270 fffff802`b3b29c1f nt!KiCommitThreadWait+0x23c
        fffff880`173be330 fffff802`b3b2943e nt!KeWaitForSingleObject+0x1cf
        fffff880`173be3c0 fffff802`b3eca2ac nt!KeWaitForMultipleObjects+0x2ce
        fffff880`173be470 fffff802`b3eca723 nt!ObWaitForMultipleObjects+0x29c
        fffff880`173be980 fffff802`b3b02d53 nt!NtWaitForMultipleObjects+0xe3
        fffff880`173bebd0 000007fe`f7ec319b nt!KiSystemServiceCopyEnd+0x13 (TrapFrame @
fffff880`173bec40)
        000000f0`0028f418 000007fe`f4fd12c6 ntdll!NtWaitForMultipleObjects+0xa
        000000f0`0028f420 000007fe`f7b3196a KERNELBASE!WaitForMultipleObjectsEx+0xe5
        000000f0`0028f700 000007fe`f7b31a03 combase!WaitCoalesced+0x96
        000000f0`0028f950 000007fe`f7b32218 combase!CROIDTable::WorkerThreadLoop+0x63
        000000f0`0028f9a0 000007fe`f7b3241f combase!CRpcThread::WorkerLoop+0x48
        000000f0`0028fc10 000007fe`f601167e combase!CRpcThreadCache::RpcWorkerThreadEntry+0x73
        000000f0`0028fc40 000007fe`f7ee3501 KERNEL32!BaseThreadInitThunk+0x1a
        000000f0`0028fc70 00000000`00000000 ntdll!RtlUserThreadStart+0x1d


        THREAD fffffa80020b5900  Cid 0ca0.0154  Teb: 000007f770a40000 Win32Thread: 0000000000000000
WAIT: (WrQueue) UserMode Alertable
            fffffa8001e75ec0  QueueObject
        Not impersonating
```

```
DeviceMap                 fffff8a007e2e6a0
Owning Process            fffffa8002d74180      Image:         Taskmgr.exe
Attached Process          N/A          Image:         N/A
Wait Start TickCount      15740913     Ticks: 215 (0:00:00:03.354)
Context Switch Count      6            IdealProcessor: 1
UserTime                  00:00:00.000
KernelTime                00:00:00.000
Win32 Start Address ntdll!TppWorkerThread (0x000007fef7ee38c0)
Stack Init fffff88014e29dd0 Current fffff88014e29760
Base fffff88014e2a000 Limit fffff88014e24000 Call 0000000000000000
Priority 8 BasePriority 8 PriorityDecrement 0 IoPriority 2 PagePriority 5
Child-SP          RetAddr          Call Site
fffff880`14e297a0 fffff802`b3b2d99c nt!KiSwapContext+0x76
fffff880`14e298e0 fffff802`b3b38ddb nt!KiCommitThreadWait+0x23c
fffff880`14e299a0 fffff802`b3ed0b6c nt!KeRemoveQueueEx+0x26b
fffff880`14e29a50 fffff802`b3b434d5 nt!IoRemoveIoCompletion+0x4c
fffff880`14e29ae0 fffff802`b3b02d53 nt!NtWaitForWorkViaWorkerFactory+0x295
fffff880`14e29c40 000007fe`f7ec46ab nt!KiSystemServiceCopyEnd+0x13 (TrapFrame @
fffff880`14e29c40)
000000f0`0018fc78 000007fe`f7ec84b3 ntdll!ZwWaitForWorkViaWorkerFactory+0xa
000000f0`0018fc80 000007fe`f601167e ntdll!TppWorkerThread+0x275
000000f0`0018ff20 000007fe`f7ee3501 KERNEL32!BaseThreadInitThunk+0x1a
000000f0`0018ff50 00000000`00000000 ntdll!RtlUserThreadStart+0x1d
```

11. 현재 CPU의 IDT를 확인해보자.

```
0: kd> !pcr
KPCR for Processor 0 at fffff802b3d7f000:
   Major 1 Minor 1
        NtTib.ExceptionList: fffff802b30b8000
         NtTib.StackBase: fffff802b30b9080
         NtTib.StackLimit: 000000f06e86f3e8
       NtTib.SubSystemTib: fffff802b3d7f000
           NtTib.Version: 00000000b3d7f180
         NtTib.UserPointer: fffff802b3d7f7f0
           NtTib.SelfTib: 000007f770b7d000

                 SelfPcr: 0000000000000000
                    Prcb: fffff802b3d7f180
                    Irql: 0000000000000000
                     IRR: 0000000000000000
                     IDR: 0000000000000000
            InterruptMode: 0000000000000000
                     IDT: 0000000000000000
                     GDT: 0000000000000000
```

```
            TSS: 0000000000000000

   CurrentThread: fffffa8003db4740
      NextThread: 0000000000000000
      IdleThread: fffff802b3dd9880


        DpcQueue:
```

구조체 형식을 확인하고 싶다면 dt 명령어를 사용할 수 있다.

```
0: kd> dt nt!_KPCR fffff802b3d7f000
   +0x000 NtTib            : _NT_TIB
   +0x000 GdtBase          : 0xfffff802`b30b8000 _KGDTENTRY64
   +0x008 TssBase          : 0xfffff802`b30b9080 _KTSS64
   +0x010 UserRsp          : 0x000000f0`6e86f3e8
   +0x018 Self             : 0xfffff802`b3d7f000 _KPCR
   +0x020 CurrentPrcb      : 0xfffff802`b3d7f180 _KPRCB
   +0x028 LockArray        : 0xfffff802`b3d7f7f0 _KSPIN_LOCK_QUEUE
   +0x030 Used_Self        : 0x000007f7`70b7d000 Void
   +0x038 IdtBase          : 0xfffff802`b30b8080 _KIDTENTRY64
   +0x040 Unused           : [2] 0
   +0x050 Irql             : 0 ''
   +0x051 SecondLevelCacheAssociativity : 0x10 ''
   +0x052 ObsoleteNumber   : 0 ''
   +0x053 Fill0            : 0 ''
   +0x054 Unused0          : [3] 0
   +0x060 MajorVersion     : 1
   +0x062 MinorVersion     : 1
   +0x064 StallScaleFactor : 0x63c
   +0x068 Unused1          : [3] (null)
   +0x080 KernelReserved   : [15] 0
   +0x0bc SecondLevelCacheSize : 0x400000
   +0x0c0 HalReserved      : [16] 0x5f217c30
   +0x100 Unused2          : 0
   +0x108 KdVersionBlock   : (null)
   +0x110 Unused3          : (null)
   +0x118 PcrAlign1        : [24] 0
   +0x180 Prcb             : _KPRCB

0: kd> !prcb
PRCB for Processor 0 at fffff802b3d7f180:
Current IRQL -- 0
Threads--  Current fffffa8003db4740 Next 0000000000000000 Idle fffff802b3dd9880
Processor Index 0 Number (0, 0) GroupSetMember 1
Interrupt Count -- 00146891
```

```
Times -- Dpc     0000026d Interrupt 00000159
          Kernel 0001cc95 User        00002a1d

0: kd> dt nt!_KPRCB fffff802b3d7f180
   +0x000 MxCsr             : 0x1f80
   +0x004 LegacyNumber      : 0 ''
   +0x005 ReservedMustBeZero : 0 ''
   +0x006 InterruptRequest  : 0 ''
   +0x007 IdleHalt          : 0 ''
   +0x008 CurrentThread     : 0xffffffa80`03db4740 _KTHREAD
   +0x010 NextThread        : (null)
   +0x018 IdleThread        : 0xfffff802`b3dd9880 _KTHREAD
   +0x020 NestingLevel      : 0 ''
   +0x021 ClockOwner        : 0x1 ''
   +0x022 PendingTick       : 0 ''
   +0x023 PrcbPad00         : [1]  ""
   +0x024 Number            : 0
   +0x028 RspBase           : 0xfffff880`15925dd0
   +0x030 PrcbLock          : 0
   +0x038 PrcbPad01         : 0
   +0x040 ProcessorState    : _KPROCESSOR_STATE
   +0x5f0 CpuType           : 6 ''
   +0x5f1 CpuID             : 1 ''
   +0x5f2 CpuStep           : 0xf0b
   +0x5f2 CpuStepping       : 0xb ''
   +0x5f3 CpuModel          : 0xf ''
   +0x5f4 MHz               : 0x63c
   +0x5f8 HalReserved       : [8] 0
   +0x638 MinorVersion      : 1
   +0x63a MajorVersion      : 1
   +0x63c BuildType         : 0 ''
   +0x63d CpuVendor         : 0x2 ''
   +0x63e CoresPerPhysicalProcessor : 0x2 ''
   +0x63f LogicalProcessorsPerCore : 0x1 ''
   +0x640 ApicMask          : 0xfffffffe
   +0x644 CFlushSize        : 0x40
   +0x648 AcpiReserved      : (null)
   +0x650 InitialApicId     : 0
   +0x654 Stride            : 2
   +0x658 Group             : 0
   +0x660 GroupSetMember    : 1
   +0x668 GroupIndex        : 0 ''
   +0x670 LockQueue         : [17] _KSPIN_LOCK_QUEUE
   +0x780 PPLookasideList   : [16] _PP_LOOKASIDE_LIST
   +0x880 PPNxPagedLookasideList : [32] _GENERAL_LOOKASIDE_POOL
```

```
+0x1480 PPNPagedLookasideList : [32] _GENERAL_LOOKASIDE_POOL
+0x2080 PPPagedLookasideList : [32] _GENERAL_LOOKASIDE_POOL
+0x2c80 PrcbPad20      : 0
+0x2c88 DeferredReadyListHead : _SINGLE_LIST_ENTRY
+0x2c90 MmPageFaultCount : 0n1729599
+0x2c94 MmCopyOnWriteCount : 0n27918
+0x2c98 MmTransitionCount : 0n593150
+0x2c9c MmDemandZeroCount : 0n882660
+0x2ca0 MmPageReadCount : 0n382444
+0x2ca4 MmPageReadIoCount : 0n57376
+0x2ca8 MmDirtyPagesWriteCount : 0n35128
+0x2cac MmDirtyWriteIoCount : 0n582
+0x2cb0 MmMappedPagesWriteCount : 0n178
+0x2cb4 MmMappedWriteIoCount : 0n15
+0x2cb8 KeSystemCalls  : 0x20f77d0
+0x2cbc KeContextSwitches : 0x1aecf6
+0x2cc0 CcFastReadNoWait : 0
+0x2cc4 CcFastReadWait : 0x6850
+0x2cc8 CcFastReadNotPossible : 0x32
+0x2ccc CcCopyReadNoWait : 0
+0x2cd0 CcCopyReadWait : 0x7793
+0x2cd4 CcCopyReadNoWaitMiss : 0
+0x2cd8 LookasideIrpFloat : 0n2147483647
+0x2cdc IoReadOperationCount : 0n50462
+0x2ce0 IoWriteOperationCount : 0n56714
+0x2ce4 IoOtherOperationCount : 0n323985
+0x2ce8 IoReadTransferCount : _LARGE_INTEGER 0x1e1e96d6
+0x2cf0 IoWriteTransferCount : _LARGE_INTEGER 0x2168e9a3
+0x2cf8 IoOtherTransferCount : _LARGE_INTEGER 0x1335cfe
+0x2d00 PacketBarrier  : 0n0
+0x2d04 TargetCount    : 0n0
+0x2d08 IpiFrozen      : 0
+0x2d0c PrcbPad40      : [29] 0
+0x2d80 DpcData        : [2] _KDPC_DATA
+0x2dc0 DpcStack       : 0xfffff802`b30c5fb0 Void
+0x2dc8 MaximumDpcQueueDepth : 0n4
+0x2dcc DpcRequestRate : 8
+0x2dd0 MinimumDpcRate : 3
+0x2dd4 DpcLastCount   : 0x5c62b
+0x2dd8 ThreadDpcEnable : 0x1 ''
+0x2dd9 QuantumEnd     : 0 ''
+0x2dda DpcRoutineActive : 0 ''
+0x2ddb IdleSchedule   : 0 ''
+0x2ddc DpcRequestSummary : 0n0
+0x2ddc DpcRequestSlot : [2] 0n0
```

```
+0x2ddc NormalDpcState : 0n0
+0x2dde ThreadDpcState : 0n0
+0x2ddc DpcNormalProcessingActive : 0y0
+0x2ddc DpcNormalProcessingRequested : 0y0
+0x2ddc DpcNormalThreadSignal : 0y0
+0x2ddc DpcNormalTimerExpiration : 0y0
+0x2ddc DpcNormalDpcPresent : 0y0
+0x2ddc DpcNormalLocalInterrupt : 0y0
+0x2ddc DpcNormalSpare : 0y0000000000 (0)
+0x2ddc DpcThreadActive : 0y0
+0x2ddc DpcThreadRequested : 0y0
+0x2ddc DpcThreadSpare : 0y00000000000000 (0)
+0x2de0 LastTimerHand : 0x8eefc3
+0x2de4 LastTick      : 0xf030c8
+0x2de8 ClockInterrupts : 0x1e7f4
+0x2dec ReadyScanTick : 0xf03113
+0x2df0 BalanceState  : 0 ''
+0x2df1 PrcbPad50     : [7]  ""
+0x2df8 InterruptLastCount : 0x146853
+0x2dfc InterruptRate : 3
+0x2e00 TimerTable    : _KTIMER_TABLE
+0x5000 DpcGate       : _KGATE
+0x5018 PrcbPad52     : (null)
+0x5020 CallDpc       : _KDPC
+0x5060 ClockKeepAlive : 0n1
+0x5064 PrcbPad60     : [2]  ""
+0x5066 NmiActive     : 0
+0x5068 DpcWatchdogPeriod : 0n1924
+0x506c DpcWatchdogCount : 0n1918
+0x5070 KeSpinLockOrdering : 0n0
+0x5074 PrcbPad70     : [1] 0
+0x5078 CachedPtes    : (null)
+0x5080 WaitListHead  : _LIST_ENTRY [ 0xffffffa80`01e03158 - 0xffffffa80`0419abd8 ]
+0x5090 WaitLock      : 0
+0x5098 ReadySummary  : 0x1000
+0x509c QueueIndex    : 1
+0x50a0 ReadyQueueWeight : 0xc
+0x50a4 PrcbPad75     : 0
+0x50a8 TimerExpirationDpc : _KDPC
+0x50e8 BuddyPrcb     : (null)
+0x50f0 ScbQueue      : _RTL_RB_TREE
+0x5100 DispatcherReadyListHead : [32] _LIST_ENTRY [ 0xffffff802`b3d84280 - 0xffffff802`b3d84280 ]
+0x5300 InterruptCount : 0x146891
+0x5304 KernelTime    : 0x1cc95
+0x5308 UserTime      : 0x2a1d
```

```
+0x530c DpcTime        : 0x26d
+0x5310 InterruptTime  : 0x159
+0x5314 AdjustDpcThreshold : 2
+0x5318 DebuggerSavedIRQL : 0 ''
+0x5319 GroupSchedulingOverQuota : 0 ''
+0x531a DeepSleep      : 0 ''
+0x531b PrcbPad80      : [1] ""
+0x531c ScbOffset      : 0x40
+0x5320 DpcTimeCount   : 0
+0x5324 DpcTimeLimit   : 0x282
+0x5328 PeriodicCount  : 0
+0x532c PeriodicBias   : 0
+0x5330 AvailableTime  : 0xc07
+0x5334 KeExceptionDispatchCount : 0x324
+0x5338 ParentNode     : 0xfffff802`b3d0d000 _KNODE
+0x5340 StartCycles    : 0x0000020d`2f5acf08
+0x5348 GenerationTarget : 0x2431db
+0x5350 AffinitizedCycles : 0x00000004`0f38cfd0
+0x5358 PrcbPad81      : 0
+0x5360 MmSpinLockOrdering : 0n0
+0x5364 PageColor      : 0x498b
+0x5368 NodeColor      : 0
+0x536c NodeShiftedColor : 0
+0x5370 SecondaryColorMask : 0x3f
+0x5374 PrcbPad83      : 0
+0x5378 CycleTime      : 0x00000007`8a855d30
+0x5380 CcFastMdlReadNoWait : 0
+0x5384 CcFastMdlReadWait : 0
+0x5388 CcFastMdlReadNotPossible : 0
+0x538c CcMapDataNoWait : 0
+0x5390 CcMapDataWait  : 0x468c4
+0x5394 CcPinMappedDataCount : 0xa006
+0x5398 CcPinReadNoWait : 2
+0x539c CcPinReadWait  : 0x3cd4
+0x53a0 CcMdlReadNoWait : 0
+0x53a4 CcMdlReadWait  : 0x32
+0x53a8 CcLazyWriteHotSpots : 0x76
+0x53ac CcLazyWriteIos : 0xb75
+0x53b0 CcLazyWritePages : 0x2692c
+0x53b4 CcDataFlushes  : 0x1c52
+0x53b8 CcDataPages    : 0x309c2
+0x53bc CcLostDelayedWrites : 0
+0x53c0 CcFastReadResourceMiss : 0
+0x53c4 CcCopyReadWaitMiss : 0xd84c
+0x53c8 CcFastMdlReadResourceMiss : 0
```

+0x53cc CcMapDataNoWaitMiss : 0

+0x53d0 CcMapDataWaitMiss : 0xead

+0x53d4 CcPinReadNoWaitMiss : 0

+0x53d8 CcPinReadWaitMiss : 0x148

+0x53dc CcMdlReadNoWaitMiss : 0

+0x53e0 CcMdlReadWaitMiss : 0

+0x53e4 CcReadAheadIos : 0x111d

+0x53e8 MmCacheTransitionCount : 0n0

+0x53ec MmCacheReadCount : 0n0

+0x53f0 MmCacheIoCount : 0n0

+0x53f4 PrcbPad91   : [3] 0

+0x5400 PowerState   : _PROCESSOR_POWER_STATE

+0x55c8 ScbList   : _LIST_ENTRY [0xfffffa80`030575f0 - 0xfffffa80`036ab930]

+0x55d8 PrcbPad92   : [22] 0

+0x5630 KeAlignmentFixupCount : 0

+0x5638 DpcWatchdogDpc : _KDPC

+0x5678 DpcWatchdogTimer : _KTIMER

+0x56b8 Cache   : [5] _CACHE_DESCRIPTOR

+0x56f4 CacheCount   : 3

+0x56f8 CachedCommit   : 0xfe

+0x56fc CachedResidentAvailable : 0x91

+0x5700 HyperPte   : 0xfffff880`00800005 Void

+0x5708 WheaInfo   : 0xfffffa80`0182d7c0 Void

+0x5710 EtwSupport   : 0xfffffa80`01815010 Void

+0x5720 InterruptObjectPool : _SLIST_HEADER

+0x5730 HypercallPageList : _SLIST_HEADER

+0x5740 HypercallPageVirtual : (null)

+0x5748 VirtualApicAssist : (null)

+0x5750 StatisticsPage : (null)

+0x5758 PackageProcessorSet : _KAFFINITY_EX

+0x5800 CacheProcessorMask : [5] 1

+0x5828 ScanSiblingMask : 3

+0x5830 ScanSiblingIndex : 0

+0x5834 LLCLevel   : 2

+0x5838 CoreProcessorSet : 1

+0x5840 ProcessorProfileControlArea : (null)

+0x5848 ProfileEventIndexAddress : 0xfffff802`b3d849c8 Void

+0x5850 PrcbPad94   : [6] 0

+0x5880 SynchCounters   : _SYNCH_COUNTERS

+0x5938 FsCounters   : _FILESYSTEM_DISK_COUNTERS

+0x5948 VendorString   : [13] "GenuineIntel"

+0x5955 PrcbPad10   : [3] ""

+0x5958 FeatureBits   : 0x291b3ffe

+0x5960 UpdateSignature : _LARGE_INTEGER 0x000000ba`00000000

+0x5968 Context   : 0xfffff802`b3d7f2a0 _CONTEXT

```
    +0x5970 ContextFlagsInit : 0x10000b
    +0x5978 ExtendedState  : (null)
    +0x5980 EntropyTimingState : _KENTROPY_TIMING_STATE
    +0x5b00 Mailbox        : (null)
    +0x5b40 RequestMailbox : [1] _REQUEST_MAILBOX


0: kd> !idt


Dumping IDT: fffff802b30b8080


00:   fffff802b3b00440 nt!KiDivideErrorFault
01:   fffff802b3b00540 nt!KiDebugTrapOrFault
02:   fffff802b3b00700 nt!KiNmiInterrupt    Stack = 0xFFFFF802B30CA000
03:   fffff802b3b00a80 nt!KiBreakpointTrap
04:   fffff802b3b00b80 nt!KiOverflowTrap
05:   fffff802b3b00c80 nt!KiBoundFault
06:   fffff802b3b00d80 nt!KiInvalidOpcodeFault
07:   fffff802b3b00fc0 nt!KiNpxNotAvailableFault
08:   fffff802b3b01080 nt!KiDoubleFaultAbort        Stack = 0xFFFFF802B30C8000
09:   fffff802b3b01140 nt!KiNpxSegmentOverrunAbort
0a:   fffff802b3b01200 nt!KiInvalidTssFault
0b:   fffff802b3b012c0 nt!KiSegmentNotPresentFault
0c:   fffff802b3b01400 nt!KiStackFault
0d:   fffff802b3b01540 nt!KiGeneralProtectionFault
0e:   fffff802b3b01680 nt!KiPageFault
10:   fffff802b3b01a40 nt!KiFloatingErrorFault
11:   fffff802b3b01bc0 nt!KiAlignmentFault
12:   fffff802b3b01cc0 nt!KiMcheckAbort     Stack = 0xFFFFF802B30CC000
13:   fffff802b3b02340 nt!KiXmmException
1f:   fffff802b3b65ad0 nt!KiApcInterrupt
29:   fffff802b3b02500 nt!KiRaiseSecurityCheckFailure
2c:   fffff802b3b02600 nt!KiRaiseAssertion
2d:   fffff802b3b02700 nt!KiDebugServiceTrap
2f:   fffff802b3bc5190 nt!KiDpcInterrupt
30:   fffff802b3afb6d0 nt!KiHvInterrupt
31:   fffff802b3afba20 nt!KiVmbusInterrupt0
32:   fffff802b3afbd60 nt!KiVmbusInterrupt1
33:   fffff802b3afc0a0 nt!KiVmbusInterrupt2
34:   fffff802b3afc3e0 nt!KiVmbusInterrupt3
37:   fffff802b3a69560 hal!HalpInterruptSpuriousService (KINTERRUPT fffff802b3a694d0)


3f:   fffff802b3a691f0 hal!HalpInterruptSpuriousService (KINTERRUPT fffff802b3a69160)


50:   fffff802b3a69090 hal!HalpInterruptCmciService (KINTERRUPT fffff802b3a69000)
```

```
60:   fffff88000993ed0 pci!ExpressRootPortMessageRoutine (KINTERRUPT fffff88000993e40)

71:   fffff88000993990 USBPORT!USBPORT_InterruptService (KINTERRUPT fffff88000993900)

                      USBPORT!USBPORT_InterruptService (KINTERRUPT fffff88000993780)

                      ndis!ndisMiniportIsr (KINTERRUPT fffff880009936c0)

                      dxgkrnl!DpiFdoLineInterruptRoutine (KINTERRUPT fffff88000993300)

81:   fffff88000993b10 USBPORT!USBPORT_InterruptService (KINTERRUPT fffff88000993a80)

                      USBPORT!USBPORT_InterruptService (KINTERRUPT fffff880009933c0)

                      HDAudBus!HdaController::Isr (KINTERRUPT fffff88000993600)

91:   fffff88000993c90 ataport!IdePortInterrupt (KINTERRUPT fffff88000993c00)

                      ataport!IdePortInterrupt (KINTERRUPT fffff88000993b40)

                      USBPORT!USBPORT_InterruptService (KINTERRUPT fffff88000993540)

a1:   fffff88000993a50 ataport!IdePortInterrupt (KINTERRUPT fffff880009939c0)

                      ataport!IdePortInterrupt (KINTERRUPT fffff88000993cc0)

                      USBPORT!USBPORT_InterruptService (KINTERRUPT fffff88000993840)

                      USBPORT!USBPORT_InterruptService (KINTERRUPT fffff88000993480)

b0:   fffff88000993f90 ACPI!ACPIInterruptServiceRoutine (KINTERRUPT fffff88000993f00)

b1:   fffff88000993e10 pci!ExpressRootPortMessageRoutine (KINTERRUPT fffff88000993d80)

c0:   fffff802b3a692a0 hal!HalpInterruptStubService (KINTERRUPT fffff802b3a69210)

c2:   fffff802b3a696c0 hal!HalpDmaControllerInterruptRoutine (KINTERRUPT fffff802b3a69630)

d1:   fffff802b3a69610 hal!HalpTimerClockInterrupt (KINTERRUPT fffff802b3a69580)

df:   fffff802b3a69400 hal!HalpInterruptRebootService (KINTERRUPT fffff802b3a69370)

e1:   fffff802b3b30f10 nt!KiIpiInterrupt
e2:   fffff802b3a69350 hal!HalpInterruptLocalErrorService (KINTERRUPT fffff802b3a692c0)
```

```
e3:   fffff802b3a69140 hal!HalpInterruptDeferredRecoveryService (KINTERRUPT fffff802b3a690b0)

fe:   fffff802b3a694b0 hal!HalpPerfInterrupt (KINTERRUPT fffff802b3a69420)

0: kd> !idt -a

Dumping IDT: fffff802b30b8080

00:   fffff802b3b00440 nt!KiDivideErrorFault
01:   fffff802b3b00540 nt!KiDebugTrapOrFault
02:   fffff802b3b00700 nt!KiNmiInterrupt    Stack = 0xFFFFF802B30CA000
03:   fffff802b3b00a80 nt!KiBreakpointTrap
04:   fffff802b3b00b80 nt!KiOverflowTrap
05:   fffff802b3b00c80 nt!KiBoundFault
06:   fffff802b3b00d80 nt!KiInvalidOpcodeFault
07:   fffff802b3b00fc0 nt!KiNpxNotAvailableFault
08:   fffff802b3b01080 nt!KiDoubleFaultAbort        Stack = 0xFFFFF802B30C8000
09:   fffff802b3b01140 nt!KiNpxSegmentOverrunAbort
0a:   fffff802b3b01200 nt!KiInvalidTssFault
0b:   fffff802b3b012c0 nt!KiSegmentNotPresentFault
0c:   fffff802b3b01400 nt!KiStackFault
0d:   fffff802b3b01540 nt!KiGeneralProtectionFault
0e:   fffff802b3b01680 nt!KiPageFault
0f:   fffff802b3cfa0f0 nt!KxUnexpectedInterrupt0+0xF0
10:   fffff802b3b01a40 nt!KiFloatingErrorFault
11:   fffff802b3b01bc0 nt!KiAlignmentFault
12:   fffff802b3b01cc0 nt!KiMcheckAbort     Stack = 0xFFFFF802B30CC000
13:   fffff802b3b02340 nt!KiXmmException
14:   fffff802b3cfa140 nt!KxUnexpectedInterrupt0+0x140
15:   fffff802b3cfa150 nt!KxUnexpectedInterrupt0+0x150
16:   fffff802b3cfa160 nt!KxUnexpectedInterrupt0+0x160
17:   fffff802b3cfa170 nt!KxUnexpectedInterrupt0+0x170
18:   fffff802b3cfa180 nt!KxUnexpectedInterrupt0+0x180
19:   fffff802b3cfa190 nt!KxUnexpectedInterrupt0+0x190
1a:   fffff802b3cfa1a0 nt!KxUnexpectedInterrupt0+0x1A0
1b:   fffff802b3cfa1b0 nt!KxUnexpectedInterrupt0+0x1B0
1c:   fffff802b3cfa1c0 nt!KxUnexpectedInterrupt0+0x1C0
1d:   fffff802b3cfa1d0 nt!KxUnexpectedInterrupt0+0x1D0
[...]
```

일부 인터럽트들은 자신의 스택을 갖고 있다.

12. 이제 현재 스레드의 원시 스택의 데이터를 확인해보자.

```
0: kd> !thread -1 3f
THREAD ffffa8003db4740 Cid 0ca0.03e0 Teb: 000007f770b7d000 Win32Thread: fffff90104094830 RUNNING on
processor 0
Not impersonating
DeviceMap            fffff8a007e2e6a0
Owning Process       ffffa8002d74180      Image:       Taskmgr.exe
Attached Process     N/A           Image:       N/A
Wait Start TickCount 15741128      Ticks: 0
Context Switch Count 31359         IdealProcessor: 0
UserTime             00:00:09.859
KernelTime           00:00:07.394
Win32 Start Address taskmgr!wWinMainCRTStartup (0x000007f770e68688)
Stack Init fffff88015925dd0 Current fffff88015925800
Base fffff88015926000 Limit fffff88015920000 Call 0000000000000000
Priority 13 BasePriority 9 PriorityDecrement 2 IoPriority 2 PagePriority 5

Child-SP          RetAddr           Call Site
fffff880`15925ae8 fffff802`b400f0dd nt!KeBugCheckEx
fffff880`15925af0 fffff802`b3ea8f6d nt!PspCatchCriticalBreak+0xad
fffff880`15925b30 fffff802`b3ea8019 nt! ?? ::NNGAKEGL::`string'+0x46f60
fffff880`15925b90 fffff802`b3ea7e52 nt!PspTerminateProcess+0x6d
fffff880`15925bd0 fffff802`b3b02d53 nt!NtTerminateProcess+0x9e
fffff880`15925c40 000007fe`f7ec2eaa nt!KiSystemServiceCopyEnd+0x13 (TrapFrame @ fffff880`15925c40)
000000f0`6e86f3e8 000007fe`f4ff1295 ntdll!NtTerminateProcess+0xa
000000f0`6e86f3f0 000007f7`70e012ba KERNELBASE!TerminateProcess+0x25
000000f0`6e86f420 000007f7`70df3698 taskmgr!WdcProcessMonitor::OnProcessCommand+0x1b6
000000f0`6e86f4b0 000007f7`70df55bb taskmgr!WdcListView::OnProcessCommand+0x1e0
000000f0`6e86f5a0 000007f7`70df5b47 taskmgr!WdcListView::OnCommand+0x123
000000f0`6e86f5f0 000007fe`f2227239 taskmgr!WdcListView::OnMessage+0x287
000000f0`6e86f710 000007fe`f2a82d23 DUI70!DirectUI::HWNDHost::_CtrlWndProc+0xa1
000000f0`6e86f770 000007fe`f56c171e DUser!WndBridge::RawWndProc+0x73
000000f0`6e86f7e0 000007fe`f56c14d7 USER32!UserCallWinProcCheckWow+0x13a
000000f0`6e86f8a0 000007f7`70e1b0e1 USER32!DispatchMessageWorker+0x1a7
000000f0`6e86f920 000007f7`70e685e6 taskmgr!wWinMain+0x44d
000000f0`6e86fde0 000007fe`f601167e taskmgr!CBaseRPCTimeout::Disarm+0x31a
000000f0`6e86fea0 000007fe`f7ee3501 KERNEL32!BaseThreadInitThunk+0x1a
000000f0`6e86fed0 00000000`00000000 ntdll!RtlUserThreadStart+0x1d

0: kd> dps fffff88015920000 fffff88015926000
[...]
fffff880`15924098  00000000`00000000
fffff880`159240a0  00000000`00000000
fffff880`159240a8  00000000`00000000
```

```
fffff880`159240b0  00000000`00000000
fffff880`159240b8  00000000`00000000
fffff880`159240c0  fffff880`00000000
fffff880`159240c8  fffff880`040067e4 igdkmd64!PORTCONTROLLER_EnumEnabledPortsOnPipe+0x64
fffff880`159240d0  fffff880`03cec200
fffff880`159240d8  04524320`00000048
fffff880`159240e0  00000500`000005a0
fffff880`159240e8  fffff880`03f8b652 igdkmd64!ExtInterface_ReadULONG+0x52
fffff880`159240f0  fffffa80`01a2e000
fffff880`159240f8  fffff880`03cec200
fffff880`15924100  00000320`abcd0003
fffff880`15924108  00000323`00000336
fffff880`15924110  fffff880`03cec204
fffff880`15924118  fffffa80`01a2eefc
fffff880`15924120  04524320`00000048
fffff880`15924128  fffff880`03f8b5ec igdkmd64!ExtInterface_WriteULONG+0x5c
fffff880`15924130  fffffa80`01a2e000
fffff880`15924138  fffff880`03cec204
fffff880`15924140  00000337`00000003
fffff880`15924148  00000320`00000320
fffff880`15924150  fffffa80`01a2e000
fffff880`15924158  fffffa80`01a2eefc
fffff880`15924160  00000000`0800000c
fffff880`15924168  fffff880`04033015 igdkmd64!MMIOREG_WriteValue+0x55
fffff880`15924170  fffffa80`01a6d010
fffff880`15924178  fffff880`00061204
fffff880`15924180  fffff880`00000003
fffff880`15924188  fffff880`00000000
fffff880`15924190  fffffa80`01a6d010
fffff880`15924198  00000005`00000000
fffff880`159241a0  fffff801`00000001
fffff880`159241a8  fffff880`0406efd8 igdkmd64!PORTBASE_SetEncoderRegisterValue+0x1c8
fffff880`159241b0  fffff880`159241f0
fffff880`159241b8  fffff880`00000003
fffff880`159241c0  fffff880`00000000
fffff880`159241c8  fffff880`00000000
fffff880`159241d0  fffff880`0000fffc
fffff880`159241d8  fffff880`04033270 igdkmd64!MMIOREG_WriteMaskedByteValue
fffff880`159241e0  fffff801`00000002
fffff880`159241e8  fffff880`04033320 igdkmd64!MMIOREG_Commit
fffff880`159241f0  fffff880`040330e0 igdkmd64!MMIOREG_ReadValue
fffff880`159241f8  fffff880`04033160 igdkmd64!MMIOREG_ReadByteValue
fffff880`15924200  fffff880`04032fc0 igdkmd64!MMIOREG_WriteValue
fffff880`15924208  fffff880`04033040 igdkmd64!MMIOREG_WriteByteValue
fffff880`15924210  fffff880`04033200 igdkmd64!MMIOREG_WriteMaskedValue
```

```
fffff880`15924218  fffff880`04033270 igdkmd64!MMIOREG_WriteMaskedByteValue
fffff880`15924220  fffff880`04033300 igdkmd64!MMIOREG_EnableCaching
fffff880`15924228  fffff880`04033320 igdkmd64!MMIOREG_Commit
fffff880`15924230  fffff880`04033390 igdkmd64!MMIOREG_ReadWrite
fffff880`15924238  fffff880`040333d0 igdkmd64!MMIOREG_SaveValue
fffff880`15924240  fffff880`04033410 igdkmd64!MMIOREG_RestoreValue
fffff880`15924248  fffff880`04033460 igdkmd64!MMIOREG_RestoreMaskedValue
fffff880`15924250  fffff880`04033550 igdkmd64!MMIOREG_ReadMultiValue
fffff880`15924258  fffff880`040334e0 igdkmd64!MMIOREG_WriteMultiValue
fffff880`15924260  00000000`00061204
fffff880`15924268  0000fffc`00000000
fffff880`15924270  00000000`01a6cd00
fffff880`15924278  fffff800`00061200
fffff880`15924280  fffff880`04032fb0 igdkmd64!MMIOREG_Destroy
fffff880`15924288  fffff880`03fbc52c igdkmd64!GMCHBASE_GetPortObject+0x2c
fffff880`15924290  00000000`00000028
fffff880`15924298  abcd0003`abcd0003
fffff880`159242a0  00000000`00000000
fffff880`159242a8  fffff880`03fbc404 igdkmd64!GMCHBASE_SetInternalEncoderRegister+0xb4
fffff880`159242b0  fffffa80`01a6cde0
fffff880`159242b8  fffff880`00061204
fffff880`159242c0  fffff880`00000003
fffff880`159242c8  fffff880`00000001
fffff880`159242d0  fffffa01`00000005
fffff880`159242d8  fffffa80`01a6cde0
fffff880`159242e0  00000001`00000001
fffff880`159242e8  fffffa80`01a6cde0
fffff880`159242f0  fffff880`15924388
fffff880`159242f8  fffff880`03fd1d32 igdkmd64!INTLVDSENCODER_SetTiming+0x552
fffff880`15924300  fffffa80`01a97000
fffff880`15924308  fffff880`00000001
fffff880`15924310  fffff880`00061204
fffff880`15924318  fffff880`00000003
fffff880`15924320  fffff880`159244b0
fffff880`15924328  00000000`00000000
fffff880`15924330  00000000`00000000
fffff880`15924338  00000000`00000000
fffff880`15924340  04524320`00000048
fffff880`15924348  00000500`000005a0
fffff880`15924350  0000059f`00000500
fffff880`15924358  0000054f`00000530
fffff880`15924360  00000337`0000c4ab
fffff880`15924368  00000320`00000320
fffff880`15924370  00000323`00000336
fffff880`15924378  0000003d`00000328
```

```
fffff880`15924380  00000000`0800000c
fffff880`15924388  00000000`00000000
fffff880`15924390  00000002`00000000
fffff880`15924398  00000000`00000000
fffff880`159243a0  00000000`00000000
fffff880`159243a8  00000000`00000000
fffff880`159243b0  00001000`00000000
fffff880`159243b8  00000000`00000001
fffff880`159243c0  fffffa80`01a97000
fffff880`159243c8  00000000`00000003
fffff880`159243d0  04524320`00000048
fffff880`159243d8  00000500`000005a0
fffff880`159243e0  0000059f`00000500
fffff880`159243e8  0000054f`00000530
fffff880`159243f0  00000337`0000c4ab
fffff880`159243f8  00000320`00000320
fffff880`15924400  00000323`00000336
fffff880`15924408  0000003d`00000328
fffff880`15924410  00000000`0000000c
fffff880`15924418  00000000`00000407
fffff880`15924420  04524320`00000048
fffff880`15924428  00000500`000005a0
fffff880`15924430  0000059f`00000500
fffff880`15924438  0000054f`00000530
fffff880`15924440  00000337`0000c4ab
fffff880`15924448  00000320`00000320
fffff880`15924450  00000323`00000336
fffff880`15924458  0000003d`00000328
fffff880`15924460  00000000`0800000c
fffff880`15924468  00000000`00000000
fffff880`15924470  000001e0`00000280
fffff880`15924478  00000000`00000004
fffff880`15924480  00000000`0000003c
fffff880`15924488  00000280`00000000
fffff880`15924490  0000003c`000001e0
fffff880`15924498  00000000`00000000
fffff880`159244a0  00000000`00000000
fffff880`159244a8  00000000`00000001
fffff880`159244b0  0000007f`00000000
fffff880`159244b8  0000007f`0000007f
fffff880`159244c0  00000001`00000001
fffff880`159244c8  00000000`00000005
fffff880`159244d0  00000000`00000000
fffff880`159244d8  fffff880`03f8ce7a igdkmd64!GetCSLSBIOSProtocolObject+0x3a
fffff880`159244e0  fffffa80`01a08830
```

```
fffff880`159244e8  00000000`00000000
fffff880`159244f0  00000000`00000000
fffff880`159244f8  00000000`00000000
fffff880`15924500  ffffffa80`01a145f0
fffff880`15924508  ffffffa80`01a06010
fffff880`15924510  000001e0`00000280
fffff880`15924518  fffff880`03fa4b0e igdkmd64!MODESMANAGER_PostSetMode+0x1e
fffff880`15924520  00000000`0000003c
fffff880`15924528  00000280`00000000
fffff880`15924530  0000003c`000001e0
fffff880`15924538  00000000`00000000
fffff880`15924540  00000000`00000000
fffff880`15924548  ffffffa80`01a06010
fffff880`15924550  ffffffa80`01a12e00
fffff880`15924558  fffff880`15924a4c
fffff880`15924560  ffffffa80`01a151b6
fffff880`15924568  fffff880`03f975f9 igdkmd64!MODESMANAGER_SetMode+0x6b9
fffff880`15924570  ffffffa80`01a15010
fffff880`15924578  fffff880`15924da0
fffff880`15924580  fffff880`15924da0
fffff880`15924588  fffff880`15924a10
fffff880`15924590  fffff880`15924a50
fffff880`15924598  ffffffa80`017e0700
fffff880`159245a0  ffffffa80`01a2d010
fffff880`159245a8  fffff8a0`01be49a0
fffff880`159245b0  00000000`00000000
fffff880`159245b8  0000007f`0000007f
fffff880`159245c0  00000001`0000007f
fffff880`159245c8  00000005`00000001
fffff880`159245d0  00000000`00000000
fffff880`159245d8  00000000`00000000
fffff880`159245e0  00000000`00000000
fffff880`159245e8  00000000`00000000
fffff880`159245f0  00000000`00000000
fffff880`159245f8  00000000`00000000
fffff880`15924600  00000000`00000000
fffff880`15924608  0000007f`00000000
fffff880`15924610  0000007f`0000007f
fffff880`15924618  00000001`0000007f
fffff880`15924620  00000000`00000000
fffff880`15924628  00000000`00000000
fffff880`15924630  00000000`00000000
fffff880`15924638  00000000`00000000
fffff880`15924640  00000000`00000000
fffff880`15924648  00000000`00000000
```

```
fffff880`15924650  00000000`00000000
fffff880`15924658  00000000`00000000
fffff880`15924660  fffff901`00000000
fffff880`15924668  fffff901`000d2e20
fffff880`15924670  fffff880`00000000
fffff880`15924678  fffffa80`01a10010
fffff880`15924680  00000000`00000000
fffff880`15924688  00000000`00000000
fffff880`15924690  00000000`00000000
fffff880`15924698  00000000`00000000
fffff880`159246a0  00000000`00000000
fffff880`159246a8  00000000`00000000
fffff880`159246b0  00000000`00000000
fffff880`159246b8  00000000`00000000
fffff880`159246c0  00000000`00000000
fffff880`159246c8  00000000`00000000
fffff880`159246d0  00000000`00000000
fffff880`159246d8  fffff802`b3ec289b nt!RtlAnsiCharToUnicodeChar+0x4b
fffff880`159246e0  04070400`00000201
fffff880`159246e8  fffffa80`01a97000
fffff880`159246f0  00000000`00000000
fffff880`159246f8  00000000`000007ff
fffff880`15924700  04070400`00000001
fffff880`15924708  00000000`00000000
fffff880`15924710  00000000`00000000
fffff880`15924718  00000000`00000000
fffff880`15924720  00000000`00000000
fffff880`15924728  00000000`00000000
fffff880`15924730  00000000`00000000
fffff880`15924738  00000000`00000000
fffff880`15924740  00000000`00000000
fffff880`15924748  00000000`00000000
fffff880`15924750  00000000`00000000
fffff880`15924758  00000000`00000000
fffff880`15924760  00000000`00000000
fffff880`15924768  00000000`00000000
fffff880`15924770  00000000`00000000
fffff880`15924778  00000000`00000000
fffff880`15924780  00000000`00000000
fffff880`15924788  fffff880`ffffff00
fffff880`15924790  000001e0`00000280
fffff880`15924798  00000000`00000004
fffff880`159247a0  00000000`0000003c
fffff880`159247a8  00000280`00000000
fffff880`159247b0  0000003c`000001e0
```

```
fffff880`159247b8  00000000`00000000
fffff880`159247c0  00000000`00000000
fffff880`159247c8  fffff880`00000001
fffff880`159247d0  ffffffff`00000001
fffff880`159247d8  00000000`00000000
fffff880`159247e0  04000000`00010001
fffff880`159247e8  00000000`00000407
fffff880`159247f0  00000000`00000000
fffff880`159247f8  00000000`00000000
fffff880`15924800  00000000`00000000
fffff880`15924808  00000000`00000000
fffff880`15924810  00000000`00000000
fffff880`15924818  00000000`00000000
fffff880`15924820  00000000`00000000
fffff880`15924828  00000000`00000000
fffff880`15924830  00000000`00000000
fffff880`15924838  00000000`00000000
fffff880`15924840  00000000`00000000
fffff880`15924848  00000000`00000000
fffff880`15924850  00000000`00000000
fffff880`15924858  00000000`00000000
fffff880`15924860  00000000`00000000
fffff880`15924868  00000000`00000000
fffff880`15924870  00000000`00ffff00
fffff880`15924878  00000000`00000000
fffff880`15924880  00000000`00000000
fffff880`15924888  fffff880`035cd8e0 BasicDisplay!CopyBitsTo_4+0x3d0
fffff880`15924890  00000000`00000000
fffff880`15924898  00000000`00000000
fffff880`159248a0  00000000`00000000
fffff880`159248a8  00000000`00000000
fffff880`159248b0  00000004`00008007
fffff880`159248b8  00000001`00000018
fffff880`159248c0  00000018`00000001
fffff880`159248c8  fffff880`159249f0
fffff880`159248d0  fffff880`15924a18
fffff880`159248d8  fffff880`00bdc0a8
fffff880`159248e0  00000000`00000001
fffff880`159248e8  00000000`00000031
fffff880`159248f0  00000000`00000000
fffff880`159248f8  00000000`00000000
fffff880`15924900  00000000`00000000
fffff880`15924908  00000000`00000000
fffff880`15924910  fffff880`00000000
fffff880`15924918  00000000`00000000
```

```
fffff880`15924920  00000000`00000000
fffff880`15924928  fffff880`035cd8e0 BasicDisplay!CopyBitsTo_4+0x3d0
fffff880`15924930  00000280`00000000
fffff880`15924938  0000003c`000001e0
fffff880`15924940  00000000`00000000
fffff880`15924948  00000000`00000000
fffff880`15924950  ffff3753`3e069d3e
fffff880`15924958  00000001`0000000d
fffff880`15924960  00000000`00000018
fffff880`15924968  00000000`00000004
fffff880`15924970  00000000`00000000
fffff880`15924978  fffff880`00bdc078
fffff880`15924980  00000000`ffffff23
fffff880`15924988  fffff880`035cdd4e BasicDisplay!BltBits+0x42
fffff880`15924990  00000000`fffffe73
fffff880`15924998  fffff880`15924a51
fffff880`159249a0  fffffa80`02c55d20
fffff880`159249a8  00000000`0000000d
fffff880`159249b0  00000004`0000e001
fffff880`159249b8  00000001`00000018
fffff880`159249c0  00000000`0000018d
fffff880`159249c8  fffff880`035cd416 BasicDisplay!BddDdiSystemDisplayWrite+0x11e
fffff880`159249d0  fffff880`15924a18
fffff880`159249d8  fffff880`159249f0
fffff880`159249e0  00000000`00000001
fffff880`159249e8  00000000`00000030
fffff880`159249f0  fffff880`00bdc078
fffff880`159249f8  00000004`00000002
fffff880`15924a00  ffffff23`fffffe73
fffff880`15924a08  00000004`00000001
fffff880`15924a10  00000000`00000018
fffff880`15924a18  fffff880`03c6b000
fffff880`15924a20  00000004`00000050
fffff880`15924a28  00000000`00000000
fffff880`15924a30  00000280`00000001
fffff880`15924a38  fffff880`000001e0
fffff880`15924a40  000000dd`0000018d
fffff880`15924a48  000000f5`00000191
fffff880`15924a50  ffff3753`3e069c7e
fffff880`15924a58  00000000`00000000
fffff880`15924a60  00000000`00000004
fffff880`15924a68  00000000`00000001
fffff880`15924a70  00000000`00000018
fffff880`15924a78  00000000`00000018
fffff880`15924a80  00000000`00000004
```

```
fffff880`15924a88  00000000`00000004
fffff880`15924a90  fffff880`15924b00
fffff880`15924a98  fffff880`03418c9e dxgkrnl!DpiSystemDisplayWrite+0xee
fffff880`15924aa0  fffff880`00bdc0a7
fffff880`15924aa8  00000000`00000000
fffff880`15924ab0  00000000`00000001
fffff880`15924ab8  fffff802`b3bc7f84 nt!RaspAntiAlias+0x104
fffff880`15924ac0  fffff880`00000002
fffff880`15924ac8  fffff880`0000018d
fffff880`15924ad0  00000000`000000dd
fffff880`15924ad8  00000000`00000001
fffff880`15924ae0  00000000`00000000
fffff880`15924ae8  00000000`00000018
fffff880`15924af0  fffff880`15924ce8
fffff880`15924af8  fffff880`15924b99
fffff880`15924b00  fffff880`15924b99
fffff880`15924b08  fffff802`b3bd77f6 nt!GxpWriteFrameBufferPixels+0x13e
fffff880`15924b10  fffff880`00bdc030
fffff880`15924b18  fffff880`15924ce8
fffff880`15924b20  fffff880`15924b60
fffff880`15924b28  fffff802`b3bc7e02 nt!BgpRasPrintGlyph+0x28a
fffff880`15924b30  fffff880`15924b60
fffff880`15924b38  00000004`00000018
fffff880`15924b40  00014af4`00000001
fffff880`15924b48  fffff880`00bdc078
fffff880`15924b50  fffffa80`00000004
fffff880`15924b58  fffff880`00000000
fffff880`15924b60  00000004`00000018
fffff880`15924b68  00014af4`00000004
fffff880`15924b70  fffffa80`00000000
fffff880`15924b78  fffff880`00bdc078
fffff880`15924b80  00000000`00000001
fffff880`15924b88  fffff880`04440f79 dump_dumpata!IdeDumpNotification+0x1e1
fffff880`15924b90  00000000`00000000
fffff880`15924b98  00000000`00000002
fffff880`15924ba0  fffff880`15924c20
fffff880`15924ba8  fffff880`15924ce0
fffff880`15924bb0  fffffa80`03337000
fffff880`15924bb8  fffff880`04440f39 dump_dumpata!IdeDumpNotification+0x1a1
fffff880`15924bc0  00000000`00000200
fffff880`15924bc8  fffff802`b3d17fe0 nt!BcpCharacterCache
fffff880`15924bd0  00000000`00000000
fffff880`15924bd8  fffffa80`018289a0
fffff880`15924be0  fffff880`15924ce8
fffff880`15924be8  fffff880`00bdc030
```

```
fffff880`15924bf0  00000000`00000001
fffff880`15924bf8  fffff880`04442614 dump_dumpata!AtaPortGetPhysicalAddress+0x2c
fffff880`15924c00  00000000`000050e0
fffff880`15924c08  fffffa80`03337260
fffff880`15924c10  00000000`00000000
fffff880`15924c18  fffff880`00baebc9
fffff880`15924c20  fffffa80`0000000c
fffff880`15924c28  fffffa80`03337798
fffff880`15924c30  00000000`7afe7000
fffff880`15924c38  fffffa80`027e7000
fffff880`15924c40  00000000`00000000
fffff880`15924c48  fffff802`b3b15490 nt!RtlDecompressFragmentProcs
fffff880`15924c50  fffff880`00000000
fffff880`15924c58  fffffa80`03337798
fffff880`15924c60  fffffa80`033375a8
fffff880`15924c68  fffff880`0444e8ce*** ERROR: Module load completed but symbols could not be
loaded for dump_atapi.sys
 dump_atapi+0x28ce
fffff880`15924c70  00000000`00000000
fffff880`15924c78  fffff880`00bdc030
fffff880`15924c80  ffff7cad`450c35aa
fffff880`15924c88  fffff880`0444e7bc dump_atapi+0x27bc
fffff880`15924c90  00000000`00000103
fffff880`15924c98  fffffa80`033377a0
fffff880`15924ca0  00000000`00000000
fffff880`15924ca8  00000000`00000001
fffff880`15924cb0  fffffa80`03337798
fffff880`15924cb8  fffff880`0444e297 dump_atapi+0x2297
fffff880`15924cc0  fffffa80`033375a8
fffff880`15924cc8  fffffa80`033375f0
fffff880`15924cd0  fffffa80`033375f0
fffff880`15924cd8  fffffa80`03337798
fffff880`15924ce0  00000000`00000000
fffff880`15924ce8  fffff880`0444e0f4 dump_atapi+0x20f4
fffff880`15924cf0  fffffa80`033375f0
fffff880`15924cf8  fffff802`b3a24d07 hal!IoMapTransfer+0x1b
fffff880`15924d00  00000000`00000103
fffff880`15924d08  fffff802`b3a3b110 hal!HalpTimerStallExecutionProcessor+0x161
fffff880`15924d10  00000000`00000000
fffff880`15924d18  fffff880`15924ec8
fffff880`15924d20  fffffa80`03337798
fffff880`15924d28  fffff880`0444deb1 dump_atapi+0x1eb1
fffff880`15924d30  fffffa80`03337650
fffff880`15924d38  fffff880`0444d6c8 dump_atapi+0x16c8
fffff880`15924d40  fffff880`15924f00
```

```
fffff880`15924d48  00000000`00000000
fffff880`15924d50  fffff157`9399fa4b
fffff880`15924d58  fffff880`0444d678 dump_atapi+0x1678
fffff880`15924d60  00000000`00000103
fffff880`15924d68  fffffa80`033371c0
fffff880`15924d70  00000000`000003e8
fffff880`15924d78  fffff880`15924ec8
fffff880`15924d80  00000000`00000103
fffff880`15924d88  fffffa80`033371c0
fffff880`15924d90  00000000`000000e6
fffff880`15924d98  fffff880`04440cab dump_dumpata!IdeDumpPollInterrupt+0x37
fffff880`15924da0  00000000`00000000
fffff880`15924da8  00000000`00000000
fffff880`15924db0  00000000`ffffffff
fffff880`15924db8  00000000`fffff44
fffff880`15924dc0  fffffa80`033371c0
fffff880`15924dc8  fffff880`04441982 dump_dumpata!IdeDumpWaitOnRequest+0xce
fffff880`15924dd0  fffffa80`03337001
fffff880`15924dd8  00000000`ffffffff
fffff880`15924de0  00000000`ffffffff
fffff880`15924de8  00000000`ffffffff
fffff880`15924df0  00000000`00000000
fffff880`15924df8  00000000`00000000
fffff880`15924e00  00000000`ffffffff
fffff880`15924e08  fffff880`04440794 dump_dumpata!IdeDumpIoIssue+0x110
fffff880`15924e10  fffffa80`03337000
fffff880`15924e18  fffffa80`03337000
fffff880`15924e20  fffff880`15924f00
fffff880`15924e28  00000000`00000000
fffff880`15924e30  fffffa80`033371c0
fffff880`15924e38  fffffa80`027b0103
fffff880`15924e40  00000000`00000020
fffff880`15924e48  00000000`00000002
fffff880`15924e50  00000000`00010000
fffff880`15924e58  fffff880`021e8097 crashdmp!CrashdmpWriteRoutine+0x4f
fffff880`15924e60  00000000`066e2000
fffff880`15924e68  fffff880`15924ec8
fffff880`15924e70  fffff880`15924f00
fffff880`15924e78  fffffa80`027b5950
fffff880`15924e80  00000000`13746000
fffff880`15924e88  fffff880`021ed3e0 crashdmp!Context+0x30
fffff880`15924e90  00000000`13746000
fffff880`15924e98  fffff880`021e62dc crashdmp!WritePageSpanToDisk+0x200
fffff880`15924ea0  00000000`066e2000
fffff880`15924ea8  fffff880`15924fa0
```

```
fffff880`15924eb0  fffff880`021ed3e0 crashdmp!Context+0x30
fffff880`15924eb8  fffff880`00000002
fffff880`15924ec0  fffff880`00000000
fffff880`15924ec8  0000000d`09886000
fffff880`15924ed0  fffff880`021e8048 crashdmp!CrashdmpWriteRoutine
fffff880`15924ed8  fffff880`021e812c crashdmp!CrashdmpWritePendingRoutine
fffff880`15924ee0  00000000`00010000
fffff880`15924ee8  00000000`0002dc63
fffff880`15924ef0  fffff880`021ed3e0 crashdmp!Context+0x30
fffff880`15924ef8  fffff802`b3b8149d nt!vsnprintf+0x11
fffff880`15924f00  00000000`00000000
fffff880`15924f08  00000000`20030000
fffff880`15924f10  00000000`00000000
fffff880`15924f18  fffff880`00841000
fffff880`15924f20  fffff880`00841000
fffff880`15924f28  00000000`00010000
fffff880`15924f30  00000000`0002dc63
fffff880`15924f38  00000000`0002dc64
fffff880`15924f40  00000000`0002dc65
fffff880`15924f48  00000000`0002dc66
fffff880`15924f50  00000000`0002dc67
fffff880`15924f58  00000000`0002dc68
fffff880`15924f60  00000000`0002dc69
fffff880`15924f68  00000000`0002dc6a
fffff880`15924f70  00000000`0002dc6b
fffff880`15924f78  00000000`0002dc6c
fffff880`15924f80  00000000`0002dc6d
fffff880`15924f88  00000000`0002dc6e
fffff880`15924f90  00000000`0002dc6f
fffff880`15924f98  00000000`0002dc70
fffff880`15924fa0  00000000`0002dc71
fffff880`15924fa8  00000000`0002dc72
fffff880`15924fb0  00000000`00000000
fffff880`15924fb8  00000000`0017c85d
fffff880`15924fc0  ffffcbba`a93076e8
fffff880`15924fc8  fffff802`b3d17590 nt!NtVhdBootFile+0x15d8
fffff880`15924fd0  fffff880`15925510
fffff880`15924fd8  00000000`0004fae9
fffff880`15924fe0  00000000`00000000
fffff880`15924fe8  00000000`0002dc63
fffff880`15924ff0  00000000`00000000
fffff880`15924ff8  00000000`00000010
fffff880`15925000  fffff880`15925400
fffff880`15925008  fffff880`021e5e2a crashdmp!WriteBitmapDump+0x25e
fffff880`15925010  fffff880`159250d0
```

```
fffff880`15925018  fffff880`021ed3e0 crashdmp!Context+0x30
fffff880`15925020  00000000`00000050
fffff880`15925028  00000000`00000000
fffff880`15925030  fffff880`00000050
fffff880`15925038  fffff880`00000001
fffff880`15925040  00000000`00066bec
fffff880`15925048  fffff880`00016ae9
fffff880`15925050  00000000`00000000
fffff880`15925058  00000000`00000000
fffff880`15925060  00000000`00000000
fffff880`15925068  00000000`00066c63
fffff880`15925070  00000000`0007d74c
fffff880`15925078  fffffa80`02c02038
fffff880`15925080  00000000`00000010
fffff880`15925088  fffff802`b3bfe96c nt!KiBugCheckProgress
fffff880`15925090  00000000`0007d6d5
fffff880`15925098  00000000`00066bec
fffff880`159250a0  fffff880`021ed3e0 crashdmp!Context+0x30
fffff880`159250a8  fffff802`b3bfe96c nt!KiBugCheckProgress
fffff880`159250b0  00000000`00000000
fffff880`159250b8  fffffa80`02c02030
fffff880`159250c0  00000000`0007d6d5
fffff880`159250c8  00000000`00000000
fffff880`159250d0  20676e69`706d7544
fffff880`159250d8  6c616369`73796870
fffff880`159250e0  2079726f`6d656d20
fffff880`159250e8  3a6b7369`64206f74
fffff880`159250f0  000d2025`30382020
fffff880`159250f8  00000000`00000000
fffff880`15925100  00000000`00000000
fffff880`15925108  00000000`00000000
fffff880`15925110  00000000`00000000
fffff880`15925118  00000000`00000000
fffff880`15925120  00000000`00000000
fffff880`15925128  00000000`00000000
fffff880`15925130  ffffcbba`00000000
fffff880`15925138  00000000`0badf00d
fffff880`15925140  ffffcbba`a9306858
fffff880`15925148  fffff802`b3bfe96c nt!KiBugCheckProgress
fffff880`15925150  fffff802`b3bfe96c nt!KiBugCheckProgress
fffff880`15925158  fffff802`b3bfe96c nt!KiBugCheckProgress
fffff880`15925160  00000000`00000001
fffff880`15925168  00000000`00000000
fffff880`15925170  00000000`0000f08b
fffff880`15925178  fffff880`021e5985 crashdmp!DumpWrite+0x1c5
```

```
fffff880`15925180  fffff880`021ed3e0 crashdmp!Context+0x30
fffff880`15925188  fffff880`021ed3e0 crashdmp!Context+0x30
fffff880`15925190  fffff880`021ed3e0 crashdmp!Context+0x30
fffff880`15925198  fffff802`b3d7f100 nt!KiInitialPCR+0x100
fffff880`159251a0  fffff802`b3bfe96c nt!KiBugCheckProgress
fffff880`159251a8  00000000`00000001
fffff880`159251b0  fffff802`b3d7f100 nt!KiInitialPCR+0x100
fffff880`159251b8  fffff880`021e4a4e crashdmp!CrashdmpWrite+0x9e
fffff880`159251c0  00000000`00000000
fffff880`159251c8  fffff880`15925490
fffff880`159251d0  fffff802`b3d60200 nt!IopTriageDumpDataBlocks
fffff880`159251d8  fffff802`b3bfe96c nt!KiBugCheckProgress
fffff880`159251e0  00000000`00000001
fffff880`159251e8  fffff802`b3bf4ea7 nt!IoWriteCrashDump+0x5e3
fffff880`159251f0  00000000`00000000
fffff880`159251f8  fffff880`15925490
fffff880`15925200  fffff802`b3d5ae00 nt!KeBugCheckAddPagesCallbackListHead
fffff880`15925208  00000000`00000001
fffff880`15925210  00300030`00300030
fffff880`15925218  00300030`00300030
fffff880`15925220  00300030`00300030
fffff880`15925228  00300030`00300030
fffff880`15925230  00300078`00300000
fffff880`15925238  00300030`00300030
fffff880`15925240  00300030`00300030
fffff880`15925248  00300030`00300030
fffff880`15925250  000000ef`00300130
fffff880`15925258  00000000`00000000
fffff880`15925260  00000000`00000000
fffff880`15925268  fffff802`b3d5ae00 nt!KeBugCheckAddPagesCallbackListHead
fffff880`15925270  fffffa80`02e6b1c0
fffff880`15925278  fffff802`b3d5ae00 nt!KeBugCheckAddPagesCallbackListHead
fffff880`15925280  fffffa80`02c02000
fffff880`15925288  0000000a`000d0044
fffff880`15925290  00000000`00000000
fffff880`15925298  00000000`000000ef
fffff880`159252a0  00000000`00000000
fffff880`159252a8  00000000`00000000
fffff880`159252b0  fffff880`15925510
fffff880`159252b8  00000000`00000000
fffff880`159252c0  00000000`00000000
fffff880`159252c8  00000000`00000000
fffff880`159252d0  00000000`00000000
fffff880`159252d8  fffff802`b3bfe96c nt!KiBugCheckProgress
fffff880`159252e0  fffffa80`02c02000
```

```
fffff880`159252e8  fffff802`b3bf4710 nt!IoSetDumpRange
fffff880`159252f0  fffff802`b3bf4670 nt!IoFreeDumpRange
fffff880`159252f8  fffffa80`02e6b1c0
fffff880`15925300  00000000`00000000
fffff880`15925308  00000000`00000000
fffff880`15925310  00000000`0007d74c
fffff880`15925318  fffffa80`02c02038
fffff880`15925320  fffffa80`02e6b1c0
fffff880`15925328  00000000`00000000
fffff880`15925330  00000000`00000000
fffff880`15925338  00000000`00000000
fffff880`15925340  ffff7cad`450c285a
fffff880`15925348  fffff802`b3d7f180 nt!KiInitialPCR+0x180
fffff880`15925350  00000000`00000000
fffff880`15925358  fffff802`b3d7f180 nt!KiInitialPCR+0x180
fffff880`15925360  00000000`00000000
fffff880`15925368  00000000`000000ef
fffff880`15925370  fffffa80`02e6b100
fffff880`15925378  00000000`00000001
fffff880`15925380  00000000`00000000
fffff880`15925388  fffff802`b3bfe5b0 nt!KeBugCheck2+0x9c1
fffff880`15925390  fffff802`b3d1a5a0 nt!EtwpBugCheckCallback
fffff880`15925398  fffff802`b3d5adf0 nt!KeBugCheckReasonCallbackListHead
fffff880`159253a0  fffff802`b3d5adf0 nt!KeBugCheckReasonCallbackListHead
fffff880`159253a8  00000000`00000001
fffff880`159253b0  00000000`00000000
fffff880`159253b8  fffff880`15925510
fffff880`159253c0  fffffa80`03db4740
fffff880`159253c8  fffff802`b3bfe96c nt!KiBugCheckProgress
fffff880`159253d0  fffff8a0`02c8dc01
fffff880`159253d8  fffff802`b3f5bbf4 nt!CmpCallCallBacks+0x3e4
fffff880`159253e0  01010001`0101dc40
fffff880`159253e8  00000000`00000000
fffff880`159253f0  fffff880`159255d0
fffff880`159253f8  00000000`00000000
fffff880`15925400  00000000`00000000
fffff880`15925408  fffff802`b3b3c95d nt!ExQueueWorkItem+0x1fd
fffff880`15925410  fffff8a0`00000000
fffff880`15925418  fffff802`b3d7f180 nt!KiInitialPCR+0x180
fffff880`15925420  fffffa80`03db4740
fffff880`15925428  fffff800`00000000
fffff880`15925430  ffffffff`ffffffff
fffff880`15925438  fffff802`b3bfe96c nt!KiBugCheckProgress
fffff880`15925440  fffff8a0`013d2f0c
fffff880`15925448  fffff802`b3d0d000 nt!ExNode0
```

```
fffff880`15925450  fffff880`15925b10
fffff880`15925458  00000000`0fa79f0a
fffff880`15925460  00000000`00140001
fffff880`15925468  00000000`00000002
fffff880`15925470  fffff880`15925500
fffff880`15925478  ffffffff`ffffffff
fffff880`15925480  fffff880`15925b10
fffff880`15925488  00000000`c0000034
fffff880`15925490  00000000`00000000
fffff880`15925498  00000000`00000001
fffff880`159254a0  fffffa80`03de4750
fffff880`159254a8  fffff8a0`00935380
fffff880`159254b0  00000000`00000000
fffff880`159254b8  fffff802`b3ebca64 nt!CmpParseKey+0x865
fffff880`159254c0  fffff880`0000001d
fffff880`159254c8  fffff880`15925698
fffff880`159254d0  fffff8a0`00b49000
fffff880`159254d8  fffff880`0000001d
fffff880`159254e0  00000000`00000000
fffff880`159254e8  fffff880`15925628
fffff880`159254f0  fffff880`159255d8
fffff880`159254f8  fffff880`15925580
fffff880`15925500  fffff880`15925b10
fffff880`15925508  fffff880`15925620
fffff880`15925510  00000000`00000000
fffff880`15925518  00000000`00000000
fffff880`15925520  00000000`00000000
fffff880`15925528  00000000`00000000
fffff880`15925530  00000000`00000000
fffff880`15925538  00000000`00000000
fffff880`15925540  00001f80`0010000f
fffff880`15925548  0053002b`002b0010
fffff880`15925550  00000246`0018002b
fffff880`15925558  00000000`00000000
fffff880`15925560  00000000`00000000
fffff880`15925568  00000000`00000000
fffff880`15925570  00000000`00000000
fffff880`15925578  00000000`00000000
fffff880`15925580  00000000`00000000
fffff880`15925588  fffff880`15925b03
fffff880`15925590  00000000`000000ef
fffff880`15925598  fffffa80`02e6b1c0
fffff880`159255a0  fffffa80`02e6b100
fffff880`159255a8  fffff880`15925ae8
fffff880`159255b0  00000000`00000001
```

```
fffff880`159255b8  00000000`00000000
fffff880`159255c0  fffffa80`02e6b1c0
fffff880`159255c8  00000000`00000000
fffff880`159255d0  00000000`00000000
fffff880`159255d8  00000000`144d2c09
fffff880`159255e0  fffff880`15925c38
fffff880`159255e8  00000000`00000001
fffff880`159255f0  00000000`00000000
fffff880`159255f8  fffffa80`03db4740
fffff880`15925600  fffffa80`03db4740
fffff880`15925608  fffff802`b3b03d40 nt!KeBugCheckEx
fffff880`15925610  00000000`0000027f
fffff880`15925618  00000000`00000000
fffff880`15925620  00000000`00000000
fffff880`15925628  00000000`00001f80
fffff880`15925630  00000000`00000000
fffff880`15925638  00000000`00000000
fffff880`15925640  00000000`00000000
[...]
fffff880`159259d8  00000000`00000000
fffff880`159259e0  fffffa80`02e6b100
fffff880`159259e8  00000000`00000000
fffff880`159259f0  00000000`ffffffff
fffff880`159259f8  00000000`00f800ca
fffff880`15925a00  fffff8a0`005e7560
fffff880`15925a08  fffff802`b3d7f180 nt!KiInitialPCR+0x180
fffff880`15925a10  00000000`00000001
fffff880`15925a18  000000f0`6e86e760
fffff880`15925a20  00000000`00000001
fffff880`15925a28  00000000`00000000
fffff880`15925a30  00000000`00000000
fffff880`15925a38  00000000`00000000
fffff880`15925a40  fffff880`15925cc0
fffff880`15925a48  fffff802`b3ec1e8d nt!CmOpenKey+0x31c
fffff880`15925a50  00000000`00000000
fffff880`15925a58  000000f0`6e86e780
fffff880`15925a60  00000000`00000001
fffff880`15925a68  fffffa80`03db4740
fffff880`15925a70  fffffa80`03db4740
fffff880`15925a78  00000000`00000000
fffff880`15925a80  00000000`00000001
fffff880`15925a88  fffffa80`02e6b1c0
fffff880`15925a90  00000000`00000000
fffff880`15925a98  fffffa80`02e6b100
fffff880`15925aa0  00000000`00000001
```

```
fffff880`15925aa8  fffff802`b3b03e44 nt!KeBugCheckEx+0x104
fffff880`15925ab0  00000000`00000000
fffff880`15925ab8  00000000`00000000
fffff880`15925ac0  00000000`00000000
fffff880`15925ac8  00000000`00000001
fffff880`15925ad0  00000000`00000000
fffff880`15925ad8  00000000`00000000
fffff880`15925ae0  00000000`00000246
fffff880`15925ae8  fffff802`b400f0dd nt!PspCatchCriticalBreak+0xad
fffff880`15925af0  00000000`000000ef
fffff880`15925af8  fffffa80`02e6b1c0
fffff880`15925b00  00000000`00000000
fffff880`15925b08  00000000`00000000
fffff880`15925b10  00000000`00000000
fffff880`15925b18  00000000`00000000
fffff880`15925b20  fffffa80`02e6b1c0
fffff880`15925b28  fffff802`b3ea8f6d nt! ?? ::NNGAKEGL::`string'+0x46f60
fffff880`15925b30  fffffa80`02e6b1c0
fffff880`15925b38  00000000`144d2c01
fffff880`15925b40  00000000`00000000
fffff880`15925b48  ffff7cad`450c235a
fffff880`15925b50  fffffa80`03db4740
fffff880`15925b58  00000000`00000001
fffff880`15925b60  00000000`00000000
fffff880`15925b68  00000000`00000000
fffff880`15925b70  00000000`00000000
fffff880`15925b78  00000000`00000000
fffff880`15925b80  00000000`144d2c01
fffff880`15925b88  fffff802`b3ea8019 nt!PspTerminateProcess+0x6d
fffff880`15925b90  fffffa80`02e6b1c0
fffff880`15925b98  00000000`144d2c01
fffff880`15925ba0  fffffa80`02e6b1c0
fffff880`15925ba8  00000000`00000000
fffff880`15925bb0  00000000`00000001
fffff880`15925bb8  00000000`00000601
fffff880`15925bc0  fffffa80`03db4740
fffff880`15925bc8  fffff802`b3ea7e52 nt!NtTerminateProcess+0x9e
fffff880`15925bd0  ffffffff`ffffffff
fffff880`15925bd8  fffffa80`02d74180
fffff880`15925be0  fffffa80`02e6b1c0
fffff880`15925be8  00000000`00000001
fffff880`15925bf0  fffffa80`65547350
fffff880`15925bf8  fffff880`15925c40
fffff880`15925c00  00000000`00000000
fffff880`15925c08  ffff7cad`450c223a
```

```
fffff880`15925c10  000000f0`6edd7480
fffff880`15925c18  00000000`00000648
fffff880`15925c20  00000000`00000190
fffff880`15925c28  00000000`00000000
fffff880`15925c30  00000000`00000000
fffff880`15925c38  fffff802`b3b02d53 nt!KiSystemServiceCopyEnd+0x13
fffff880`15925c40  fffffa80`02e6b1c0
fffff880`15925c48  fffffa80`03db4740
fffff880`15925c50  fffff880`15925cc0
fffff880`15925c58  00000000`00000000
fffff880`15925c60  000000f0`00000000
fffff880`15925c68  00001fa0`02080000
fffff880`15925c70  00000000`00000000
fffff880`15925c78  00000000`000006b4
fffff880`15925c80  000007fe`f2956890 COMCTL32!DirectUI::InvokeHelper::s_uInvokeHelperMsg+0x88
fffff880`15925c88  000000f0`6e86f068
fffff880`15925c90  00000000`00000000
fffff880`15925c98  00000000`00000000
fffff880`15925ca0  00000000`00000246
fffff880`15925ca8  000007f7`70b7d000
fffff880`15925cb0  00000000`00000000
fffff880`15925cb8  00000000`00000000
fffff880`15925cc0  00000000`00000000
fffff880`15925cc8  00000000`00000000
fffff880`15925cd0  00000000`00000000
fffff880`15925cd8  00000000`00000000
fffff880`15925ce0  00000000`00000000
fffff880`15925ce8  00000000`00000000
fffff880`15925cf0  00000000`00000000
fffff880`15925cf8  00000000`00000000
fffff880`15925d00  00000000`00000000
fffff880`15925d08  00000000`00000000
fffff880`15925d10  000007fe`f2901000
COMCTL32!DirectUI::StyleSheetCache::CCacheThread::Initialize+0x54
fffff880`15925d18  00000000`00000000
fffff880`15925d20  00000000`00000000
fffff880`15925d28  00000000`00000000
fffff880`15925d30  00000000`00000000
fffff880`15925d38  00000000`00000000
fffff880`15925d40  00000000`00000000
fffff880`15925d48  00000000`00000000
fffff880`15925d50  00000000`00000000
fffff880`15925d58  00000000`00000000
fffff880`15925d60  00000000`00000000
fffff880`15925d68  00000000`00000000
```

```
fffff880`15925d70  00000000`00000000
fffff880`15925d78  00000000`00000000
fffff880`15925d80  00000000`00000648
fffff880`15925d88  00000000`00000001
fffff880`15925d90  00000000`00000000
fffff880`15925d98  000000f0`6e86f470
fffff880`15925da0  00000000`00000014
fffff880`15925da8  000007fe`f7ec2eaa ntdll!NtTerminateProcess+0xa
fffff880`15925db0  00000000`00000033
fffff880`15925db8  00000000`00000202
fffff880`15925dc0  000000f0`6e86f3e8
fffff880`15925dc8  00000000`0000002b
fffff880`15925dd0  fffff880`15926000
[...]
fffff880`15925ff0  00000000`00000000
fffff880`15925ff8  00000000`00000000
fffff880`15926000  ????????`????????
```

lmv와 !lmi 명령어를 이용해 어떤 의심스러운 모듈을 조사할 수 있다.

```
0: kd> lmv m igdkmd64
start             end               module name
fffff880`03e17000 fffff880`043fee00   igdkmd64   (pdb symbols)
c:\mss\igdkmd64.pdb\32FCA049C8194A398B9BE29BAF0CA69C1\igdkmd64.pdb
    Loaded symbol image file: igdkmd64.sys
    Image path: \SystemRoot\system32\DRIVERS\igdkmd64.sys
    Image name: igdkmd64.sys
    Timestamp:       Fri Mar 23 04:33:47 2012 (4F6BFD2B)
    CheckSum:        005EBF0F
    ImageSize:       005E7E00
    Translations:    0000.04b0 0000.04e4 0409.04b0 0409.04e4


0: kd> !lmi igdkmd64
Loaded Module Info: [igdkmd64]
          Module: igdkmd64
    Base Address: fffff88003e17000
      Image Name: igdkmd64.sys
    Machine Type: 34404 (X64)
      Time Stamp: 4f6bfd2b Fri Mar 23 04:33:47 2012
            Size: 5e7e00
        CheckSum: 5ebf0f
 Characteristics: 2022
 Debug Data Dirs: Type  Size     VA  Pointer
         CODEVIEW    89, 4cf978,  4cf978 RSDS - GUID: {32FCA049-C819-4A39-8B9B-E29BAF0CA69C}
             Age: 1, Pdb: D:\ccViews\autobuild1_BR-1203-
```

```
0FZG_15.12.75_Snapshot\gfx_Development\dump64\igfx\lh\release\AIM3Lib\igdkmd64.pdb
      Image Type: MEMORY   - Image read successfully from loaded memory.
      Symbol Type: PDB      - Symbols loaded successfully from symbol server.
                  c:\mss\igdkmd64.pdb\32FCA049C8194A398B9BE29BAF0CA69C1\igdkmd64.pdb
      Load Report: public symbols , not source indexed
                  c:\mss\igdkmd64.pdb\32FCA049C8194A398B9BE29BAF0CA69C1\igdkmd64.pdb
```

이 모듈은 마이크로소프트 심볼 서버로부터 받은 심볼을 포함하고 있으므로 마이크로소프트 모듈일 가능성이 높다. 추가적으로 !dh 명령어를 이용해서 모듈 헤더를 검사할 수 있다. 사용자 영역에서 사용했던 다양한 명령어를 이용해 문자열을 찾아보자.

```
0: kd> s-sa fffff88015920000 fffff88015926000
fffff880`1592341c  " CR"
fffff880`15923474  " CR"
fffff880`159235bc  " CR"
fffff880`1592388c  " CR"
fffff880`15923aa4  " CR"
fffff880`15923b94  " CR"
fffff880`15923cfc  " CR"
fffff880`15923db4  " CR"
fffff880`15923f84  " CR"
fffff880`159240dc  " CR"
fffff880`15924124  " CR"
fffff880`15924344  " CR"
fffff880`159243d4  " CR"
fffff880`15924424  " CR"
fffff880`15924953  ">S7"
fffff880`15924a53  ">S7"
fffff880`15924c08  "`r3"
fffff880`15924d30  "Pv3"
fffff880`15924e78  "PY{"
fffff880`159250d0  "Dumping physical memory to disk:"
fffff880`159250f0  "  80% "
fffff880`15925140  "Xh0"
fffff880`15925a00  "`u^"
fffff880`15925bf0  "PsTe"


0: kd> dpa fffff88015920000 fffff88015926000
[...]
fffff880`15925000  fffff880`15925400 ""
fffff880`15925008  fffff880`021e5e2a "D...D$4..$."
fffff880`15925010  fffff880`159250d0 "Dumping physical memory to disk:  80% ."
fffff880`15925018  fffff880`021ed3e0 "PY{......."
```

```
fffff880`15925020  00000000`00000050
```

```
[...]
```

스택 페이지는 메모리 덤프가 80% 정도를 진행 중일 때 저장된 것임을 알 수 있다.

13. 이제 우리는 모든 프로세스와 그 스택 트레이스를 목록화할 수 있다. !process 명령어는 요약된 내용을
목록화해준다.

```
0: kd> !process 0 0
**** NT ACTIVE PROCESS DUMP ****
PROCESS fffffa800182e480
    SessionId: none  Cid: 0004    Peb: 00000000  ParentCid: 0000
    DirBase: 00187000  ObjectTable: fffff8a000003000  HandleCount: <Data Not Accessible>
    Image: System

PROCESS fffffa8002d78500
    SessionId: none  Cid: 011c    Peb: 7f6a68af000  ParentCid: 0004
    DirBase: 06696000  ObjectTable: fffff8a000b3b840  HandleCount: <Data Not Accessible>
    Image: smss.exe

PROCESS fffffa8002e6b1c0
    SessionId: 0  Cid: 0190    Peb: 7f7688e8000  ParentCid: 0188
    DirBase: 114d5000  ObjectTable: fffff8a001c6c680  HandleCount: <Data Not Accessible>
    Image: csrss.exe

PROCESS fffffa8002e7b940
    SessionId: 0  Cid: 01c4    Peb: 7f6f01fc000  ParentCid: 0188
    DirBase: 2449b000  ObjectTable: fffff8a00156ed80  HandleCount: <Data Not Accessible>
    Image: wininit.exe

PROCESS fffffa80033c3080
    SessionId: 0  Cid: 0220    Peb: 7f75ab5d000  ParentCid: 01c4
    DirBase: 2e23b000  ObjectTable: fffff8a0016a32c0  HandleCount: <Data Not Accessible>
    Image: services.exe

[...]
```

모든 스레드 스택을 자세히 나열하려면 명령어 사용 시 다른 플래그를 사용해야 한다(3f 플래그를 이용하면 컴플릿
메모리 덤프에서 스택 트레이스의 정확한 사용자 영역을 읽을 수 있다).

```
0: kd> !process 0 3f
**** NT ACTIVE PROCESS DUMP ****
[...]
```

이 명령어의 실행 결과는 너무 양이 많으므로 생략한다.

특정한 세션의 프로세스를 나열할 수도 있다.

```
0: kd> !session
Sessions on machine: 3
Valid Sessions: 0 1 2
Current Session 2

0: kd> !sprocess 2 3f
Dumping Session 2

[...]
```

이 명령어의 결과 또한 생략한다.

마지막 명령어는 결과의 마지막 부분에 좀비 프로세스를 보여준다.

```
0: kd> !vm
Page File: \??\C:\pagefile.sys
  Current:     2359296 Kb  Free Space:  2272648 Kb
  Minimum:     2359296 Kb  Maximum:     6291456 Kb
Page File: \??\C:\swapfile.sys
  Current:      262144 Kb  Free Space:   262136 Kb
  Minimum:      262144 Kb  Maximum:     3082492 Kb


Physical Memory:           513749 (    2054996 Kb)
Available Pages:           216378 (     865512 Kb)
ResAvail Pages:            445904 (    1783616 Kb)
Locked IO Pages:                0 (          0 Kb)
Free System PTEs:        33460094 (  133840376 Kb)
Modified Pages:              5403 (      21612 Kb)
Modified PF Pages:           5400 (      21600 Kb)
Modified No Write Pages:        1 (          4 Kb)
NonPagedPool Usage:           784 (       3136 Kb)
NonPagedPoolNx Usage:        7868 (      31472 Kb)
NonPagedPool Max:          979551 (    3918204 Kb)
PagedPool  0:               17859 (      71436 Kb)
PagedPool  1:                3094 (      12376 Kb)
PagedPool  2:                1385 (       5540 Kb)
PagedPool  3:                1362 (       5448 Kb)
PagedPool  4:                1430 (       5720 Kb)
PagedPool Usage:            25130 (     100520 Kb)
PagedPool Maximum:      100663296 (  402653184 Kb)
```

```
Processor Commit:              510 (      2040 Kb)
Session Commit:               6322 (     25288 Kb)
Syspart SharedCommit 0
Shared Commit:              57010 (    228040 Kb)
Special Pool:                   0 (         0 Kb)
Kernel Stacks:               4259 (     17036 Kb)
Pages For MDLs:             16710 (     66840 Kb)
Pages For AWE:                  0 (         0 Kb)
NonPagedPool Commit:            0 (         0 Kb)
PagedPool Commit:           25146 (    100584 Kb)
Driver Commit:              10957 (     43828 Kb)
Boot Commit:                    0 (         0 Kb)
System PageTables:              0 (         0 Kb)
VAD/PageTable Bitmaps:       2013 (      8052 Kb)
ProcessLockedFilePages:         0 (         0 Kb)
Pagefile Hash Pages:            0 (         0 Kb)
Sum System Commit:         122927 (    491708 Kb)
Total Private:             124369 (    497476 Kb)
Misc/Transient Commit:      20092 (     80368 Kb)
Committed pages:           267388 (   1069552 Kb)
Commit limit:             1103573 (   4414292 Kb)


  Pid ImageName                Commit  SharedCommit        Debt
  598 MsMpEng.exe             68456 Kb         0 Kb       0 Kb
  6f8 dwm.exe                 52808 Kb         0 Kb       0 Kb
  3f0 svchost.exe             50796 Kb         0 Kb       0 Kb
  d04 iexplore.exe            36968 Kb         0 Kb       0 Kb
  314 svchost.exe             35772 Kb         0 Kb       0 Kb
  d68 explorer.exe            35596 Kb         0 Kb       0 Kb
  478 WWAHost.exe             22296 Kb         0 Kb       0 Kb
  4e4 svchost.exe             17124 Kb         0 Kb       0 Kb
  2f0 svchost.exe             16204 Kb         0 Kb       0 Kb
  270 SearchIndexer.exe       15712 Kb         0 Kb       0 Kb
  f98 msiexec.exe             14900 Kb         0 Kb       0 Kb
  bdc LiveComm.exe            12740 Kb         0 Kb       0 Kb
  ca0 Taskmgr.exe             11620 Kb         0 Kb       0 Kb
  3b8 svchost.exe              9412 Kb         0 Kb       0 Kb
  c80 iexplore.exe             9256 Kb         0 Kb       0 Kb
  a50 mspaint.exe              8580 Kb         0 Kb       0 Kb
  360 svchost.exe              7972 Kb         0 Kb       0 Kb
  2a0 taskhostex.exe           7304 Kb         0 Kb       0 Kb
  8a8 svchost.exe              6224 Kb         0 Kb       0 Kb
  7e8 svchost.exe              6128 Kb         0 Kb       0 Kb
  ba8 wmpnetwk.exe             5764 Kb         0 Kb       0 Kb
  228 lsass.exe                4428 Kb         0 Kb       0 Kb
```

4c8 spoolsv.exe	4184 Kb	0 Kb	0 Kb
220 services.exe	4028 Kb	0 Kb	0 Kb
3e4 RuntimeBroker.exe	3940 Kb	0 Kb	0 Kb
2b0 svchost.exe	3612 Kb	0 Kb	0 Kb
63c dasHost.exe	3524 Kb	0 Kb	0 Kb
814 BackgroundTransferHost.e	3124 Kb	0 Kb	0 Kb
288 svchost.exe	2808 Kb	0 Kb	0 Kb
e74 iexplore.exe	2440 Kb	0 Kb	0 Kb
dd0 browserchoice.exe	1980 Kb	0 Kb	0 Kb
cdc csrss.exe	1768 Kb	0 Kb	0 Kb
e80 WmiPrvSE.exe	1744 Kb	0 Kb	0 Kb
2e4 svchost.exe	1536 Kb	0 Kb	0 Kb
bac dllhost.exe	1444 Kb	0 Kb	0 Kb
190 csrss.exe	1396 Kb	0 Kb	0 Kb
d7c notepad.exe	1260 Kb	0 Kb	0 Kb
a28 winlogon.exe	1164 Kb	0 Kb	0 Kb
1c4 wininit.exe	1020 Kb	0 Kb	0 Kb
11c smss.exe	320 Kb	0 Kb	0 Kb
4 System	124 Kb	0 Kb	0 Kb
dac LogonUI.exe	**0 Kb**	**0 Kb**	**0 Kb**
acc explorer.exe	**0 Kb**	**0 Kb**	**0 Kb**
a3c smss.exe	**0 Kb**	**0 Kb**	**0 Kb**

14. CPU 소비와 관련된 명령어를 사용해보자.

```
0: kd> !running -i


System Processors:  (0000000000000003)
 Idle Processors:  (0000000000000000)


       Prcbs           Current        (pri) Next        (pri) Idle
   0   fffff802b3d7f180 fffffa8003db4740 (13)            fffff802b3dd9880 ................
   1   fffff880009e6180 fffffa80037b4080 (13)            fffff880009f1dc0 ................
```

커널 영역 스레드의 스택 부분을 빠르게 체크하기 위해서는 -t 플래그를 사용할 수 있다.

```
0: kd> !running -i -t


System Processors:  (0000000000000003)
 Idle Processors:  (0000000000000000)


       Prcbs           Current        (pri) Next        (pri) Idle
   0   fffff802b3d7f180 fffffa8003db4740 (13)            fffff802b3dd9880 ................
```

```
# Child-SP          RetAddr           Call Site
00 fffff880`15925ae8 fffff802`b400f0dd nt!KeBugCheckEx
01 fffff880`15925af0 fffff802`b3ea8f6d nt!PspCatchCriticalBreak+0xad
02 fffff880`15925b30 fffff802`b3ea8019 nt! ?? ::NNGAKEGL::`string'+0x46f60
03 fffff880`15925b90 fffff802`b3ea7e52 nt!PspTerminateProcess+0x6d
04 fffff880`15925bd0 fffff802`b3b02d53 nt!NtTerminateProcess+0x9e
05 fffff880`15925c40 000007fe`f7ec2eaa nt!KiSystemServiceCopyEnd+0x13
06 000000f0`6e86f3e8 000007fe`f4ff1295 ntdll!NtTerminateProcess+0xa
07 000000f0`6e86f3f0 000007f7`70e012ba KERNELBASE!TerminateProcess+0x25
08 000000f0`6e86f420 000007f7`70df3698 taskmgr!WdcProcessMonitor::OnProcessCommand+0x1b6
09 000000f0`6e86f4b0 000007f7`70df55bb taskmgr!WdcListView::OnProcessCommand+0x1e0
0a 000000f0`6e86f5a0 000007f7`70df5b47 taskmgr!WdcListView::OnCommand+0x123
0b 000000f0`6e86f5f0 000007fe`f2227239 taskmgr!WdcListView::OnMessage+0x287
0c 000000f0`6e86f710 000007fe`f2a82d23 DUI70!DirectUI::HWNDHost::_CtrlWndProc+0xa1
0d 000000f0`6e86f770 000007fe`f56c171e DUser!WndBridge::RawWndProc+0x73
0e 000000f0`6e86f7e0 000007fe`f56c14d7 USER32!UserCallWinProcCheckWow+0x13a
0f 000000f0`6e86f8a0 000007f7`70e1b0e1 USER32!DispatchMessageWorker+0x1a7
10 000000f0`6e86f920 000007f7`70e685e6 taskmgr!wWinMain+0x44d
11 000000f0`6e86fde0 000007fe`f601167e taskmgr!CBaseRPCTimeout::Disarm+0x31a
12 000000f0`6e86fea0 000007fe`f7ee3501 KERNEL32!BaseThreadInitThunk+0x1a
13 000000f0`6e86fed0 00000000`00000000 ntdll!RtlUserThreadStart+0x1d


   1    fffff880009e6180 fffffa80037b4080 (13)              fffff880009f1dc0 ................


# Child-SP          RetAddr           Call Site
00 fffff880`159e39b0 fffff960`001862d3 win32k!xxxInternalDoPaint+0x19
01 fffff880`159e3a00 fffff960`001862d3 win32k!xxxInternalDoPaint+0x43
02 fffff880`159e3a50 fffff960`001862d3 win32k!xxxInternalDoPaint+0x43
03 fffff880`159e3aa0 fffff960`001862d3 win32k!xxxInternalDoPaint+0x43
04 fffff880`159e3af0 fffff960`001862d3 win32k!xxxInternalDoPaint+0x43
05 fffff880`159e3b40 fffff960`001862d3 win32k!xxxInternalDoPaint+0x43
06 fffff880`159e3b90 fffff960`0018608c win32k!xxxInternalDoPaint+0x43
07 fffff880`159e3be0 fffff960`001532e3 win32k!xxxDoPaint+0x4c
08 fffff880`159e3c20 fffff960`00225974 win32k!xxxRealInternalGetMessage+0xa73
09 fffff880`159e3d40 fffff802`b3b02d53 win32k!NtUserRealInternalGetMessage+0x74
0a fffff880`159e3dd0 000007fe`f56c1b4a nt!KiSystemServiceCopyEnd+0x13
0b 00000000`034af598 000007fe`f2a810fb USER32!NtUserRealInternalGetMessage+0xa
0c 00000000`034af5a0 000007fe`f2a8120b DUser!CoreSC::xwProcessNL+0xe7
0d 00000000`034af670 000007fe`f56c1bad DUser!MphProcessMessage+0xb3
0e 00000000`034af6d0 000007fe`f7ec4b67 USER32!_ClientGetMessageMPH+0x3d
0f 00000000`034af760 000007fe`f56c120a ntdll!KiUserCallbackDispatcherContinue
10 00000000`034af7d8 000007fe`f56c1250 USER32!NtUserPeekMessage+0xa
11 00000000`034af7e0 000007fe`f56c1145 USER32!PeekMessage+0x2c
12 00000000`034af820 000007f6`8f66105a USER32!PeekMessageW+0x85
13 00000000`034af860 000007f6`8f793770 0x000007f6`8f66105a
```

```
14 00000000`034af868 00000000`00000000 0x000007f6`8f793770
```

불행하게도 이는 전체 스택 트레이스의 사용자 영역을 정확히 보여주지는 못하므로 !thread 명령어를 사용해야 한다.

```
0: kd> !thread fffffa80037b4080 3f
THREAD fffffa80037b4080 Cid 0d68.0638 Teb: 000007f68f179000 Win32Thread: fffff9010063e5b0 RUNNING on
processor 1
Not impersonating
DeviceMap                       fffff8a000290b20
Owning Process                  fffffa8003ed3600           Image:           explorer.exe
Attached Process       N/A           Image:           N/A
Wait Start TickCount   15741128      Ticks: 0
Context Switch Count   18325         IdealProcessor: 1
UserTime               00:00:00.280
KernelTime             00:00:00.405
Win32 Start Address SHCORE!COplockFileHandle::v_GetHandlerCLSID (0x000007fef2ef4020)
Stack Init fffff880159e3fd0 Current fffff880171fc7f0
Base fffff880159e4000 Limit fffff880159de000 Call 0000000000000000
Priority 13 BasePriority 9 PriorityDecrement 2 IoPriority 2 PagePriority 5


Child-SP          RetAddr           Call Site
fffff880`159e39b0 fffff960`001862d3 win32k!xxxInternalDoPaint+0x19
fffff880`159e3a00 fffff960`001862d3 win32k!xxxInternalDoPaint+0x43
fffff880`159e3a50 fffff960`001862d3 win32k!xxxInternalDoPaint+0x43
fffff880`159e3aa0 fffff960`001862d3 win32k!xxxInternalDoPaint+0x43
fffff880`159e3af0 fffff960`001862d3 win32k!xxxInternalDoPaint+0x43
fffff880`159e3b40 fffff960`001862d3 win32k!xxxInternalDoPaint+0x43
fffff880`159e3b90 fffff960`0018608c win32k!xxxInternalDoPaint+0x43
fffff880`159e3be0 fffff960`001532e3 win32k!xxxDoPaint+0x4c
fffff880`159e3c20 fffff960`00225974 win32k!xxxRealInternalGetMessage+0xa73
fffff880`159e3d40 fffff802`b3b02d53 win32k!NtUserRealInternalGetMessage+0x74
fffff880`159e3dd0 000007fe`f56c1b4a nt!KiSystemServiceCopyEnd+0x13 (TrapFrame @ fffff880`159e3e40)
00000000`034af598 000007fe`f2a810fb USER32!NtUserRealInternalGetMessage+0xa
00000000`034af5a0 000007fe`f2a8120b DUser!CoreSC::xwProcessNL+0xe7
00000000`034af670 000007fe`f56c1bad DUser!MphProcessMessage+0xb3
00000000`034af6d0 000007fe`f7ec4b67 USER32!_ClientGetMessageMPH+0x3d
00000000`034af760 000007fe`f56c120a ntdll!KiUserCallbackDispatcherContinue (TrapFrame @
00000000`034af628)
00000000`034af7d8 000007fe`f56c1250 USER32!NtUserPeekMessage+0xa
00000000`034af7e0 000007fe`f56c1145 USER32!PeekMessage+0x2c
00000000`034af820 000007f6`8f66105a USER32!PeekMessageW+0x85
00000000`034af860 000007f6`8f68b41e Explorer!CTray::_MessageLoop+0x4b
00000000`034af8f0 000007fe`f2ef410c Explorer!CTray::MainThreadProc+0x86
```

```
00000000`034af920 000007fe`f601167e SHCORE!COplockFileHandle::v_GetHandlerCLSID+0x12c
00000000`034afa10 000007fe`f7ee3501 KERNEL32!BaseThreadInitThunk+0x1a
00000000`034afa40 00000000`00000000 ntdll!RtlUserThreadStart+0x1d
```

그리고 마지막으로 !ready 명령어를 사용해보자. 이는 실행 전 준비 상태의 스레드를 나열해준다.

```
0: kd> !ready
Processor 0: Ready Threads at priority 12
   THREAD fffffa80040667c0 Cid 0d68.0d3c  Teb: 000007f68f026000 Win32Thread: fffff90103f08b90 READY
on processor 0
Processor 1: Ready Threads at priority 12
   THREAD fffffa8001da2380 Cid 0004.0f28  Teb: 0000000000000000 Win32Thread: 0000000000000000 READY
on processor 1
Processor 1: Ready Threads at priority 10
   THREAD fffffa8003f0ca00 Cid 0d68.03b4  Teb: 000007f68f048000 Win32Thread: fffff90103ede780 READY
on processor 1
   THREAD fffffa8002cdf300 Cid 0d68.0854  Teb: 000007f68f03c000 Win32Thread: fffff90103f544e0 READY
on processor 1
```

15. 로그 파일을 닫는다.

```
0: kd> .logclose
Closing open log file C:\AWMA-Dumps\M4.log
```

불필요한 혼란과 문제들이 발생되지 않도록 각 연습 후에는 WinDbg를 종료하는 것을 권장한다.

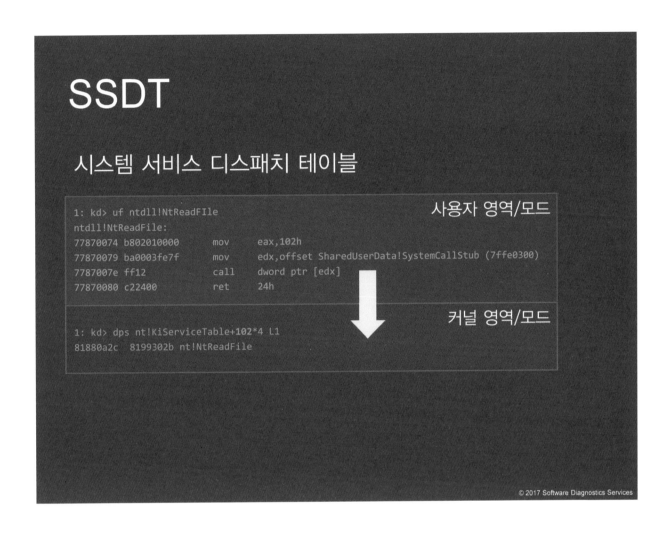

SSDT

시스템 서비스 디스패치 테이블

```
1: kd> uf ntdll!NtReadFIle                                         사용자 영역/모드
ntdll!NtReadFile:
77870074 b802010000      mov      eax,102h
77870079 ba0003fe7f      mov      edx,offset SharedUserData!SystemCallStub (7ffe0300)
7787007e ff12            call     dword ptr [edx]
77870080 c22400          ret      24h
                                                                   커널 영역/모드

1: kd> dps nt!KiServiceTable+102*4 L1
81880a2c  8199302b nt!NtReadFile
```

© 2017 Software Diagnostics Services

user32, gdi32, kernel32와 같은 DLL에서 사용자 영역 호출은 ntdll 모듈로 전달되고, 여기서 커널 영역으로 전환된다. 커널은 커널 함수들에 대응되는 포인터를 포함하는 특별한 테이블을 관리한다.

여기의 연습에서는 **ReadFile** API 호출이 서비스 테이블의 102번 엔트리에 매핑돼 있는 것을 볼 수 있다. 이 테이블 역시 후킹이 가능하다. 그리고 원시 포인터 또는 **nt** 모듈 범위를 벗어난 영역의 코드를 가리키는 포인터가 존재한다면 의심해봐야 한다. 여기 예제는 32비트 윈도우의 SSDT다. 64비트 윈도우 시스템의 SSDT는 더욱 복잡하다. 이 또한 확인해보자.

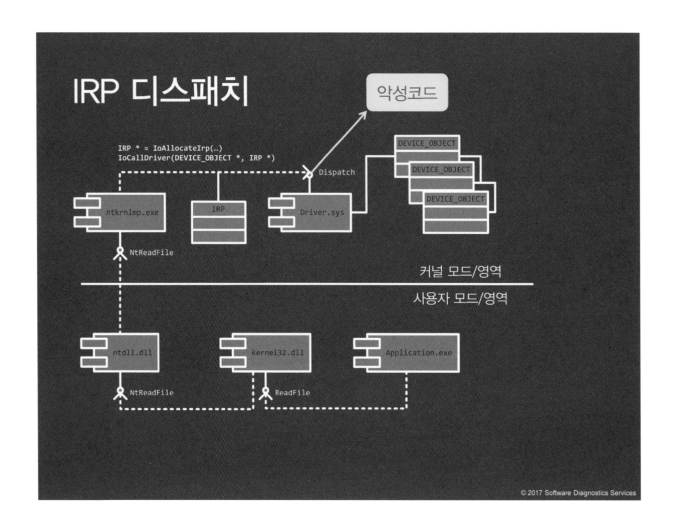

위 다이어그램은 I/O에 대한 개략적인 그림이다. 장치에 대한 읽기 및 쓰기와 같은 요청은 패킷 기반의 아키텍처로 구현된다. 이러한 요청에 따라 I/O 관리자(커널 영역에 느슨히 정의된 컴포넌트다)는 장치 데이터에 대한 버퍼를 가리키는 포인터를 포함한 요청에 대한 정보를 구조체에 할당한 후 장치 드라이버 스택을 통해 이를 전달한다(예를 들면 파일 시스템 ❯ 볼륨 ❯ 디스크 배열 ❯ 디스크). 생성된 IRP는 Driver.sys 코드로 전달되며, IRP 디스패치 테이블에 따라 적절한 함수가 호출된다. 이 테이블 역시 악성코드에 의해 후킹될 수 있다.

장치 드라이버 예제

```
1: kd> !drvobj \Driver\CmBatt 3
Driver object (87668378) is for:
 \Driver\CmBatt
Driver Extension List: (id , addr)

Device Object list:
849e38a0   848c29b8

DriverEntry:    85a399bc   CmBatt!GsDriverEntry
DriverStartIo:  00000000
DriverUnload:   85a38b06   CmBatt!CmBattUnload
AddDevice:      85a38588   CmBatt!CmBattAddDevice

Dispatch routines:
[00] IRP_MJ_CREATE                   85a38b40   CmBatt!CmBattOpenClose
[01] IRP_MJ_CREATE_NAMED_PIPE        8181d171   nt!IopInvalidDeviceRequest
[02] IRP_MJ_CLOSE                    85a38b40   CmBatt!CmBattOpenClose
[03] IRP_MJ_READ                     87fe6226   ModuleA+0x3464
[04] IRP_MJ_WRITE                    8181d171   nt!IopInvalidDeviceRequest
[05] IRP_MJ_QUERY_INFORMATION        8181d171   nt!IopInvalidDeviceRequest
[06] IRP_MJ_SET_INFORMATION          8181d171   nt!IopInvalidDeviceRequest
[07] IRP_MJ_QUERY_EA                 8181d171   nt!IopInvalidDeviceRequest
[08] IRP_MJ_SET_EA                   8181d171   nt!IopInvalidDeviceRequest
[…]
```

이 예제는 일반적인 장치 드라이버의 IRP 디스패치 테이블이다. 후킹된 엔트리가 있음을 알 수 있다.

IRP 통신

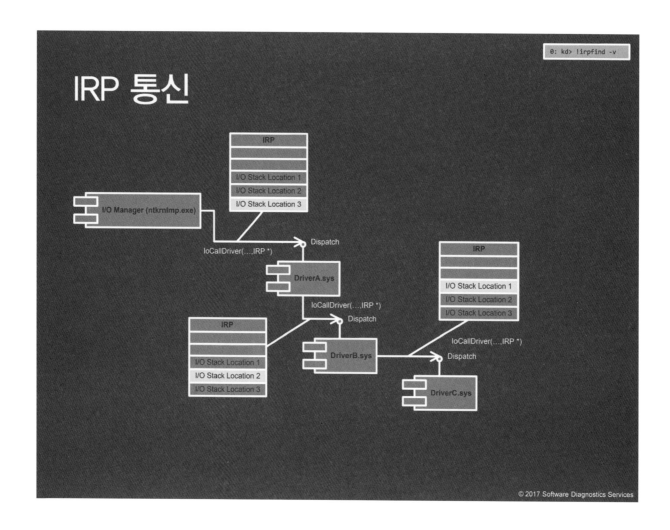

장치 드라이버 스택에서 현재 장치 드라이버 추적을 유지하기 위해서는 각 I/O 요청 패킷IRP은 그 구조체 끝에 스택을 포함한다. 이것은 스레드 스택과 유사하게 구현된다. 이 포인터(슬롯 인덱스)는 낮은 곳에서 높은 곳으로 줄어든다. I/O 스택도 덤프가 가능하고 의심스러운 부분을 찾을 수도 있다.

오탐(False Positives)

◉ 원시 포인터

◉ RIP 스택 트레이스

◉ .reload

다음 연습을 진행하기 전에 원시 포인터나 예상 영역 밖의 이상한 외부 참조가 나타날 가능성에 대해 언급하고자 한다. 이것들은 최근에 변경된 컨텍스트로 인한 오탐[False Positives]일 가능성이 있으므로 .reload 명령어를 이용해 우선 심볼을 확인해봐야 한다.

연습 M5

- 목표: CPU, IDT, SSDT, 드라이버, 디스패치 테이블 확인하기

- 패턴: 드라이버 디바이스 모음, 원시 포인터, Out-of-Module 포인터

- \AWMA-Dumps\Exercise-M5.pdf

이제 32비트 컴플릿 메모리 덤프를 분석해보자.

연습 M5

목표: CPU, IDT, SSDT, 드라이버, 디스패치 테이블 확인하기

패턴: 드라이버 디바이스 모음, 원시 포인터, Out-of-Module 포인터

1. Windows Kits\WinDbg(X64) 또는 Windows Kits\WinDbg(X86)의 WinDbg를 실행한다.

2. \AWMA-Dumps\Complete\MEMORY2.DMP를 연다.

3. 덤프 파일이 로딩된다.

```
Microsoft (R) Windows Debugger Version 10.0.15063.468 AMD64
Copyright (c) Microsoft Corporation. All rights reserved.


Loading Dump File [C:\AWMA-Dumps\Complete\MEMORY2.DMP]
Kernel Complete Dump File: Full address space is available

Symbol search path is: srv*
Executable search path is:
Windows Vista Kernel Version 6000 MP (2 procs) Free x86 compatible
Product: WinNt, suite: TerminalServer SingleUserTS Personal
Built by: 6000.16386.x86fre.vista_rtm.061101-2205
Machine Name:
Kernel base = 0x81800000 PsLoadedModuleList = 0x81911db0
Debug session time: Wed Jul 20 22:26:14.859 2011 (UTC + 1:00)
System Uptime: 0 days 0:15:30.657
Loading Kernel Symbols
...........................................................
...........................................................
..........
Loading User Symbols
...................................
Loading unloaded module list
........Unable to enumerate user-mode unloaded modules, NTSTATUS 0xC0000147
*****************************************************************
*                                                               *
*                       Bugcheck Analysis                       *
*                                                               *
*****************************************************************

Use !analyze -v to get detailed debugging information.
```

```
BugCheck F4, {3, 876a72a0, 876a73ec, 81aaa4b0}

This command requires a minimum of Win7 on the target.
Probably caused by : Unknown_Image ( ANALYSIS_INCONCLUSIVE )


Followup:   MachineOwner
---------
```

4.   로그 파일을 연다.

```
0: kd> .logopen C:\AWMA-Dumps\M5.log
Opened log file 'C:\AWMA-Dumps\M5.log'
```

5.   마이크로소프트 심볼 서버와 연결할 경로를 지정하고, 심볼을 재로딩한다.

```
0: kd> .symfix c:\mss

0: kd> .reload
Loading Kernel Symbols
...............................................................
...............................................................
...........
Loading User Symbols
..................................
Loading unloaded module list
.........Unable to enumerate user-mode unloaded modules, NTSTATUS 0xC0000147
```

6.   두 번째 CPU로 교체하기 위해 ~<번호>s 명령어를 사용하고, IDT를 확인한다.

```
0: kd> ~1s

1: kd> k
 # ChildEBP RetAddr
WARNING: Frame IP not in any known module. Following frames may be wrong.
00 0018fd8c 7787027f 0xab76be
01 0018fd90 00ab7690 ntdll!NtSecureConnectPort+0xb
02 0018fda8 00ab13fc 0xab7690
03 0018fdf0 76113833 0xab13fc
04 0018fdfc 7784a9bd kernel32!BaseThreadInitThunk+0xe
05 0018fe3c 00000000 ntdll!_RtlUserThreadStart+0x23
```

이것은 심볼을 다시 로딩하자마자 사라지는 것으로 봐서 RIP 스택 트레이스 패턴의 오탐으로 보인다.

```
1: kd> .reload
Loading Kernel Symbols
.............................................................
.............................................................
..........
Loading User Symbols
...
Loading unloaded module list
.........Unable to enumerate user-mode unloaded modules, NTSTATUS 0xC0000147
*** ERROR: Module load completed but symbols could not be loaded for ApplicationE.exe

************* Symbol Loading Error Summary **************
Module name          Error
ApplicationE         0x80190194 - Not found (404). :
SRV*c:\mss*https://msdl.microsoft.com/download/symbols

You can troubleshoot most symbol related issues by turning on symbol loading diagnostics (!sym noisy)
and repeating the command that caused symbols to be loaded.
You should also verify that your symbol search path (.sympath) is correct.

1: kd> k
 # ChildEBP RetAddr
WARNING: Stack unwind information not available. Following frames may be wrong.
00 0018fda8 00ab13fc ApplicationE+0x76be
01 0018fdf0 76113833 ApplicationE+0x13fc
02 0018fdfc 7784a9bd kernel32!BaseThreadInitThunk+0xe
03 0018fe3c 00000000 ntdll!_RtlUserThreadStart+0x23
```

7.   CPU 1의 IDT를 확인하자.

```
1: kd> !idt

Dumping IDT: 857ee960

37:     81bb50e8 hal!PicSpuriousService37

50:     8393aa50 pci!ExpressRootPortMessageRoutine (KINTERRUPT 8393aa00)

51:     848e37d0 serial!SerialCIsrSw (KINTERRUPT 848e3780)

52:     83951cd0 pci!ExpressRootPortMessageRoutine (KINTERRUPT 83951c80)

53:     8395ca50 pci!ExpressRootPortMessageRoutine (KINTERRUPT 8395ca00)

54:     8399d7d0 pci!ExpressRootPortMessageRoutine (KINTERRUPT 8399d780)
```

```
55:   839ac550 ataport!IdePortInterrupt (KINTERRUPT 839ac500)

60:   8393acd0 pci!ExpressRootPortMessageRoutine (KINTERRUPT 8393ac80)

62:   8393a050 pci!ExpressRootPortMessageRoutine (KINTERRUPT 8393a000)

63:   8395ccd0 pci!ExpressRootPortMessageRoutine (KINTERRUPT 8395cc80)

64:   8399da50 pci!ExpressRootPortMessageRoutine (KINTERRUPT 8399da00)

65:   839ac7d0 pci!ExpressRootPortMessageRoutine (KINTERRUPT 839ac780)

70:   83911050 pci!ExpressRootPortMessageRoutine (KINTERRUPT 83911000)

71:   848e3a50 i8042prt!I8042MouseInterruptService (KINTERRUPT 848e3a00)

72:   8393a2d0 pci!ExpressRootPortMessageRoutine (KINTERRUPT 8393a280)

73:   83951050 pci!ExpressRootPortMessageRoutine (KINTERRUPT 83951000)

74:   8399dcd0 pci!ExpressRootPortMessageRoutine (KINTERRUPT 8399dc80)

75:   839aca50 pci!ExpressRootPortMessageRoutine (KINTERRUPT 839aca00)

76:   8764dcd0 ndis!ndisMiniportIsr (KINTERRUPT 8764dc80)

80:   839112d0 pci!ExpressRootPortMessageRoutine (KINTERRUPT 83911280)

81:   848e3cd0 i8042prt!I8042KeyboardInterruptService (KINTERRUPT 848e3c80)

82:   8393a550 pci!ExpressRootPortMessageRoutine (KINTERRUPT 8393a500)

83:   839512d0 pci!ExpressRootPortMessageRoutine (KINTERRUPT 83951280)

84:   8395c050 pci!ExpressRootPortMessageRoutine (KINTERRUPT 8395c000)

85:   839accd0 pci!ExpressRootPortMessageRoutine (KINTERRUPT 839acc80)

86:   848e3050 USBPORT!USBPORT_InterruptService (KINTERRUPT 848e3000)

90:   83911550 pci!ExpressRootPortMessageRoutine (KINTERRUPT 83911500)

92:   8393a7d0 pci!ExpressRootPortMessageRoutine (KINTERRUPT 8393a780)
```

93:     83951550 pci!ExpressRootPortMessageRoutine (KINTERRUPT 83951500)

94:     8395c2d0 pci!ExpressRootPortMessageRoutine (KINTERRUPT 8395c280)

95:     8399d050 pci!ExpressRootPortMessageRoutine (KINTERRUPT 8399d000)

96:     848e32d0 *** ERROR: Symbol file could not be found. Defaulted to export symbols for vmci.sys -
vmci!DllUnload+0x552 (KINTERRUPT 848e3280)

                portcls!KspShellTransferKsIrp+0x2a (KINTERRUPT 8764da00)

                dxgkrnl!DpiFdoLineInterruptRoutine (KINTERRUPT 8764d500)

a0:   839117d0 pci!ExpressRootPortMessageRoutine (KINTERRUPT 83911780)

a3:   839517d0 pci!ExpressRootPortMessageRoutine (KINTERRUPT 83951780)

a4:   8395c550 pci!ExpressRootPortMessageRoutine (KINTERRUPT 8395c500)

a5:   8399d2d0 pci!ExpressRootPortMessageRoutine (KINTERRUPT 8399d280)

a6:   839ac050 storport!RaidpAdapterInterruptRoutine (KINTERRUPT 839ac000)

                USBPORT!USBPORT_InterruptService (KINTERRUPT 8764d780)

b0:   83911a50 pci!ExpressRootPortMessageRoutine (KINTERRUPT 83911a00)

b1:   83911cd0 acpi!ACPIInterruptServiceRoutine (KINTERRUPT 83911c80)

b2:   848e3550 serial!SerialCIsrSw (KINTERRUPT 848e3500)

b3:   83951a50 pci!ExpressRootPortMessageRoutine (KINTERRUPT 83951a00)

b4:   8395c7d0 pci!ExpressRootPortMessageRoutine (KINTERRUPT 8395c780)

b5:   8399d550 pci!ExpressRootPortMessageRoutine (KINTERRUPT 8399d500)

b6:   839ac2d0 ataport!IdePortInterrupt (KINTERRUPT 839ac280)

c1:   81bb53d8 hal!HalpBroadcastCallService
d1:   81ba497c hal!HalpClockInterruptPn
df: 81bb51c0 hal!HalpApicRebootService
e1:   81bb5934 hal!HalpIpiHandler
e3:   81bb56d4 hal!HalpLocalApicErrorService
fd: 81bb5edc hal!HalpProfileInterrupt

```
fe:     81bb6148 hal!HalpPerfInterrupt
ff:     87fe9724 E1G60I32!□ntoskrnl_NULL_THUNK_DATA
```

마지막 엔트리인 **ff**는 hal 또는 다른 하드웨어 모듈이 아닌 주소를 갖고 있으므로 해당 주소를 확인해본다.

```
1: kd> u 87fe9724
E1G60I32!□ntoskrnl_NULL_THUNK_DATA:
87fe9724 0000          add     byte ptr [eax],al
87fe9726 0000          add     byte ptr [eax],al
87fe9728 0000          add     byte ptr [eax],al
87fe972a 0000          add     byte ptr [eax],al
87fe972c 0000          add     byte ptr [eax],al
87fe972e 0000          add     byte ptr [eax],al
87fe9730 0000          add     byte ptr [eax],al
87fe9732 0000          add     byte ptr [eax],al

1: kd> u
E1G60I32!□ntoskrnl_NULL_THUNK_DATA+0x10:
87fe9734 db6ad2        fld     tbyte ptr [edx-2Eh]
87fe9737 44            inc     esp
87fe9738 0000          add     byte ptr [eax],al
87fe973a 0000          add     byte ptr [eax],al
87fe973c 0200          add     al,byte ptr [eax]
87fe973e 0000          add     byte ptr [eax],al
87fe9740 25000000c0    and     eax,0C0000000h
87fe9745 58            pop     eax
```

이 코드는 비정상적인 코드로 보이며, 이 인터럽트 코드를 사용한다면 시스템이 크래시될 것이다. 심볼 파일을 갖고 있어 정상인 것처럼 보이지만 이는 악의적인 활동을 숨기기 위해 악성코드에 의해 수정된 것으로 보인다. IDT가 후킹된 것은 뭔가 잘못된 것이다.

8.   SSDT를 확인해보자. 덤프를 위해 우선 그 크기를 알아야 한다.

```
1: kd> dps nt!KeServiceDescriptorTable
81931b00  81880624 nt!KiServiceTable
81931b04  00000000
81931b08  0000018e
81931b0c  81880c60 nt!KiArgumentTable
81931b10  00000000
81931b14  00000000
81931b18  00000000
81931b1c  00000000
81931b20  00000021
81931b24  82b85ad0
```

```
81931b28  e57a42bd
81931b2c  d6bf94d5
81931b30  00000200
81931b34  82b81910
81931b38  00000000
81931b3c  00000000
81931b40  81880624 nt!KiServiceTable
81931b44  00000000
81931b48  0000018e
81931b4c  81880c60 nt!KiArgumentTable
81931b50  8a9ca000 win32k!W32pServiceTable
81931b54  00000000
81931b58  00000304
81931b5c  8a9caf20 win32k!W32pArgumentTable
81931b60  82b817a0
81931b64  82b81350
81931b68  82b81630
81931b6c  82b814c0
81931b70  00000000
81931b74  82b811e0
81931b78  00000000
81931b7c  00000000

1: kd> dps nt!KiServiceTable L18e
81880624  819be057 nt!NtAcceptConnectPort
81880628  818657ce nt!NtAccessCheck
8188062c  81a4a707 nt!NtAccessCheckAndAuditAlarm
81880630  81865805 nt!NtAccessCheckByType
81880634  81a4a746 nt!NtAccessCheckByTypeAndAuditAlarm
81880638  81865840 nt!NtAccessCheckByTypeResultList
8188063c  81a4a78f nt!NtAccessCheckByTypeResultListAndAuditAlarm
81880640  81a4a7d8 nt!NtAccessCheckByTypeResultListAndAuditAlarmByHandle
81880644  81a88f47 nt!NtAddAtom
81880648  81a8aff4 nt!NtAddBootEntry
8188064c  81a8c282 nt!NtAddDriverEntry
81880650  81a3eee5 nt!NtAdjustGroupsToken
81880654  81a3eacd nt!NtAdjustPrivilegesToken
81880658  81a1d327 nt!NtAlertResumeThread
8188065c  81a1d2cf nt!NtAlertThread
81880660  81a89390 nt!NtAllocateLocallyUniqueId
81880664  819e743f nt!NtAllocateUserPhysicalPages
81880668  81a88a70 nt!NtAllocateUuids
8188066c  819d531f nt!NtAllocateVirtualMemory
81880670  819c0b37 nt!NtAlpcAcceptConnectPort
81880674  819c62c7 nt!NtAlpcCancelMessage
```

```
81880678  819bfe3b  nt!NtAlpcConnectPort
8188067c  819bf54b  nt!NtAlpcCreatePort
81880680  819c839b  nt!NtAlpcCreatePortSection
81880684  819c9cc3  nt!NtAlpcCreateResourceReserve
81880688  819c8637  nt!NtAlpcCreateSectionView
8188068c  819ca27f  nt!NtAlpcCreateSecurityContext
81880690  819c853a  nt!NtAlpcDeletePortSection
81880694  819c9dfa  nt!NtAlpcDeleteResourceReserve
81880698  819c886d  nt!NtAlpcDeleteSectionView
8188069c  819ca577  nt!NtAlpcDeleteSecurityContext
818806a0  819cc39b  nt!NtAlpcDisconnectPort
818806a4  819ca803  nt!NtAlpcImpersonateClientOfPort
818806a8  819ce107  nt!NtAlpcOpenSenderProcess
818806ac  819ce6b7  nt!NtAlpcOpenSenderThread
818806b0  819cd953  nt!NtAlpcQueryInformation
818806b4  819c70d5  nt!NtAlpcQueryInformationMessage
818806b8  819ca430  nt!NtAlpcRevokeSecurityContext
818806bc  819c615b  nt!NtAlpcSendWaitReceivePort
818806c0  819cd48b  nt!NtAlpcSetInformation
818806c4  81a9f2f9  nt!NtApphelpCacheControl
818806c8  819d21cb  nt!NtAreMappedFilesTheSame
818806cc  81a1f5bb  nt!NtAssignProcessToJobObject
818806d0  8188037c  nt!NtCallbackReturn
818806d4  8198046c  nt!NtRequestDeviceWakeup
818806d8  8198bd6c  nt!NtCancelIoFile
818806dc  81879318  nt!NtCancelTimer
818806e0  81a87095  nt!NtClearEvent
818806e4  819f189c  nt!NtClose
818806e8  81a4acc9  nt!NtCloseObjectAuditAlarm
818806ec  8193cd2b  nt!NtCompactKeys
818806f0  81a4e0c9  nt!NtCompareTokens
818806f4  819be0db  nt!NtCompleteConnectPort
818806f8  8193cfb7  nt!NtCompressKey
818806fc  819be023  nt!NtConnectPort
81880700  818903b8  nt!NtContinue
81880704  819752d2  nt!NtCreateDebugObject
81880708  819ed9df  nt!NtCreateDirectoryObject
8188070c  81a870e8  nt!NtCreateEvent
81880710  81a8fa91  nt!NtCreateEventPair
81880714  8198ec5e  nt!NtCreateFile
81880718  8198b298  nt!NtCreateIoCompletion
8188071c  81a1f339  nt!NtCreateJobObject
81880720  81a2210f  nt!NtCreateJobSet
81880724  81937576  nt!NtCreateKey
81880728  819375d9  nt!NtCreateKeyTransacted
```

```
8188072c  8198ed8f nt!NtCreateMailslotFile
81880730  81a8ff0a nt!NtCreateMutant
81880734  8198eca1 nt!NtCreateNamedPipeFile
81880738  819fa0b6 nt!NtCreatePrivateNamespace
8188073c  819e37ec nt!NtCreatePagingFile
81880740  819bdb25 nt!NtCreatePort
81880744  81a123b2 nt!NtCreateProcess
81880748  81a123fd nt!NtCreateProcessEx
8188074c  81a90403 nt!NtCreateProfile
81880750  819d7703 nt!NtCreateSection
81880754  81a880ff nt!NtCreateSemaphore
81880758  819efc6b nt!NtCreateSymbolicLinkObject
8188075c  81a11f31 nt!NtCreateThread
81880760  81a8f6f1 nt!NtCreateTimer
81880764  81a4cced nt!NtCreateToken
81880768  81a53ac4 nt!NtCreateTransaction
8188076c  81a53dd7 nt!NtOpenTransaction
81880770  81a53fcf nt!NtQueryInformationTransaction
81880774  81a56472 nt!NtQueryInformationTransactionManager
81880778  81a54e64 nt!NtPrePrepareEnlistment
8188077c  81a54da3 nt!NtPrepareEnlistment
81880780  81a54f25 nt!NtCommitEnlistment
81880784  81a553a9 nt!NtReadOnlyEnlistment
81880788  81a55468 nt!NtRollbackComplete
8188078c  81a54fe6 nt!NtRollbackEnlistment
81880790  81a544cf nt!NtCommitTransaction
81880794  81a54538 nt!NtRollbackTransaction
81880798  81a55168 nt!NtPrePrepareComplete
8188079c  81a550a7 nt!NtPrepareComplete
818807a0  81a55229 nt!NtCommitComplete
818807a4  81a552ea nt!NtSinglePhaseReject
818807a8  81a545b5 nt!NtSetInformationTransaction
818807ac  81a56879 nt!NtSetInformationTransactionManager
818807b0  81a55d36 nt!NtSetInformationResourceManager
818807b4  81a55ed0 nt!NtCreateTransactionManager
818807b8  81a560e7 nt!NtOpenTransactionManager
818807bc  81a56356 nt!NtRollforwardTransactionManager
818807c0  81a549c3 nt!NtRecoverEnlistment
818807c4  81a55999 nt!NtRecoverResourceManager
818807c8  81a56417 nt!NtRecoverTransactionManager
818807cc  81a55527 nt!NtCreateResourceManager
818807d0  81a557ed nt!NtOpenResourceManager
818807d4  81a559f2 nt!NtGetNotificationResourceManager
818807d8  81a55b07 nt!NtQueryInformationResourceManager
818807dc  81a5470d nt!NtCreateEnlistment
```

```
818807e0  81a547fa nt!NtOpenEnlistment
818807e4  81a54c06 nt!NtSetInformationEnlistment
818807e8  81a54a1f nt!NtQueryInformationEnlistment
818807ec  81a89383 nt!NtStartTm
818807f0  819bdb8f nt!NtCreateWaitablePort
818807f4  81976096 nt!NtDebugActiveProcess
818807f8  819766ec nt!NtDebugContinue
818807fc  81a90aa5 nt!NtDelayExecution
81880800  81a891fb nt!NtDeleteAtom
81880804  81a8b027 nt!NtDeleteBootEntry
81880808  81a8c2b3 nt!NtDeleteDriverEntry
8188080c  8198c187 nt!NtDeleteFile
81880810  819379a7 nt!NtDeleteKey
81880814  819fa6aa nt!NtDeletePrivateNamespace
81880818  81a4adab nt!NtDeleteObjectAuditAlarm
8188081c  81937c3a nt!NtDeleteValueKey
81880820  8198ee63 nt!NtDeviceIoControlFile
81880824  81a7a099 nt!NtDisplayString
81880828  819f1fb3 nt!NtDuplicateObject
8188082c  81a3f88b nt!NtDuplicateToken
81880830  81a8b228 nt!NtEnumerateBootEntries
81880834  81a8c4b2 nt!NtEnumerateDriverEntries
81880838  81937f12 nt!NtEnumerateKey
8188083c  81a8adfb nt!NtEnumerateSystemEnvironmentValuesEx
81880840  81868f61 nt!NtEnumerateTransactionObject
81880844  81938171 nt!NtEnumerateValueKey
81880848  819e1387 nt!NtExtendSection
8188084c  81a40316 nt!NtFilterToken
81880850  81a890a1 nt!NtFindAtom
81880854  8198c299 nt!NtFlushBuffersFile
81880858  819e84b3 nt!NtFlushInstructionCache
8188085c  819383f0 nt!NtFlushKey
81880860  818cdfab nt!NtFlushProcessWriteBuffers
81880864  819da8e1 nt!NtFlushVirtualMemory
81880868  819e84a0 nt!NtFlushWriteBuffer
8188086c  819e7b6e nt!NtFreeUserPhysicalPages
81880870  818beb63 nt!NtFreeVirtualMemory
81880874  818d0683 nt!NtFreezeRegistry
81880878  81869169 nt!NtFreezeTransactions
8188087c  8198ee9f nt!NtFsControlFile
81880880  81a1a9bf nt!NtGetContextThread
81880884  81a0dbc7 nt!NtGetDevicePowerState
81880888  81a8610b nt!NtGetNlsSectionPtr
8188088c  819b9d7a nt!NtGetPlugPlayEvent
81880890  818e4864 nt!NtGetWriteWatch
```

```
81880894  81a4decf  nt!NtImpersonateAnonymousToken
81880898  819be383  nt!NtImpersonateClientOfPort
8188089c  81a22455  nt!NtImpersonateThread
818808a0  81a84da7  nt!NtInitializeNlsFiles
818808a4  8193860d  nt!NtInitializeRegistry
818808a8  81a0d9b8  nt!NtInitiatePowerAction
818808ac  81a21f63  nt!NtIsProcessInJob
818808b0  81a0dbad  nt!NtIsSystemResumeAutomatic
818808b4  819be3b1  nt!NtListenPort
818808b8  81998384  nt!NtLoadDriver
818808bc  8193a414  nt!NtLoadKey
818808c0  8193a43b  nt!NtLoadKey2
818808c4  8193a467  nt!NtLoadKeyEx
818808c8  8198eedb  nt!NtLockFile
818808cc  81a7a35c  nt!NtLockProductActivationKeys
818808d0  8193d08e  nt!NtLockRegistryKey
818808d4  8181ad7f  nt!NtLockVirtualMemory
818808d8  819ef3b9  nt!NtMakePermanentObject
818808dc  819f18cb  nt!NtMakeTemporaryObject
818808e0  819e67e2  nt!NtMapUserPhysicalPages
818808e4  819e6d4b  nt!NtMapUserPhysicalPagesScatter
818808e8  819d0206  nt!NtMapViewOfSection
818808ec  81a8b1f7  nt!NtModifyBootEntry
818808f0  81a8c483  nt!NtModifyDriverEntry
818808f4  8198fd76  nt!NtNotifyChangeDirectoryFile
818808f8  81938716  nt!NtNotifyChangeKey
818808fc  81938753  nt!NtNotifyChangeMultipleKeys
81880900  819edae3  nt!NtOpenDirectoryObject
81880904  81a87211  nt!NtOpenEvent
81880908  81a8fbc7  nt!NtOpenEventPair
8188090c  819900cb  nt!NtOpenFile
81880910  8198b3a5  nt!NtOpenIoCompletion
81880914  81a1f4f7  nt!NtOpenJobObject
81880918  8193922f  nt!NtOpenKey
8188091c  8193928b  nt!NtOpenKeyTransacted
81880920  81a9000f  nt!NtOpenMutant
81880924  819fa335  nt!NtOpenPrivateNamespace
81880928  81a4a823  nt!NtOpenObjectAuditAlarm
8188092c  81a1385d  nt!NtOpenProcess
81880930  81a40d3c  nt!NtOpenProcessToken
81880934  81a40d61  nt!NtOpenProcessTokenEx
81880938  819da58b  nt!NtOpenSection
8188093c  81a8822b  nt!NtOpenSemaphore
81880940  819e46cf  nt!NtOpenSession
81880944  819efe95  nt!NtOpenSymbolicLinkObject
```

```
81880948  81a13bbf nt!NtOpenThread
8188094c  81a40f2b nt!NtOpenThreadToken
81880950  81a40f53 nt!NtOpenThreadTokenEx
81880954  81a8f840 nt!NtOpenTimer
81880958  819b9eff nt!NtPlugPlayControl
8188095c  81a079bc nt!NtPowerInformation
81880960  81a4fd36 nt!NtPrivilegeCheck
81880964  81a49869 nt!NtPrivilegeObjectAuditAlarm
81880968  81a49aca nt!NtPrivilegedServiceAuditAlarm
8188096c  819e8767 nt!NtProtectVirtualMemory
81880970  81a872e4 nt!NtPulseEvent
81880974  8198c4b5 nt!NtQueryAttributesFile
81880978  81a8b6d3 nt!NtQueryBootEntryOrder
8188097c  81a8bb27 nt!NtQueryBootOptions
81880980  8187c403 nt!NtQueryDebugFilterState
81880984  81a7ec28 nt!NtQueryDefaultLocale
81880988  81a7efaf nt!NtQueryDefaultUILanguage
8188098c  8198fd0d nt!NtQueryDirectoryFile
81880990  819edba2 nt!NtQueryDirectoryObject
81880994  81a8c03b nt!NtQueryDriverEntryOrder
81880998  81990107 nt!NtQueryEaFile
8188099c  81a873c7 nt!NtQueryEvent
818809a0  8198c657 nt!NtQueryFullAttributesFile
818809a4  81a89228 nt!NtQueryInformationAtom
818809a8  81990cf6 nt!NtQueryInformationFile
818809ac  81a1ff3f nt!NtQueryInformationJobObject
818809b0  819be429 nt!NtQueryInformationPort
818809b4  81a14191 nt!NtQueryInformationProcess
818809b8  81a1774b nt!NtQueryInformationThread
818809bc  81a41198 nt!NtQueryInformationToken
818809c0  81a7ef2b nt!NtQueryInstallUILanguage
818809c4  81a908f7 nt!NtQueryIntervalProfile
818809c8  8198b47c nt!NtQueryIoCompletion
818809cc  81939557 nt!NtQueryKey
818809d0  8193be73 nt!NtQueryMultipleValueKey
818809d4  81a900e2 nt!NtQueryMutant
818809d8  819f7c1d nt!NtQueryObject
818809dc  8193c4e7 nt!NtQueryOpenSubKeys
818809e0  8193c76b nt!NtQueryOpenSubKeysEx
818809e4  81a909b0 nt!NtQueryPerformanceCounter
818809e8  819920e7 nt!NtQueryQuotaInformationFile
818809ec  819e34f2 nt!NtQuerySection
818809f0  819f470b nt!NtQuerySecurityObject
818809f4  81a882fe nt!NtQuerySemaphore
818809f8  819eff54 nt!NtQuerySymbolicLinkObject
```

```
818809fc  81a8a223 nt!NtQuerySystemEnvironmentValue
81880a00  81a8a831 nt!NtQuerySystemEnvironmentValueEx
81880a04  889aa114 crashdmp!□ntoskrnl_NULL_THUNK_DATA
81880a08  81a7ac06 nt!NtQuerySystemTime
81880a0c  81a8f913 nt!NtQueryTimer
81880a10  81a7aeeb nt!NtQueryTimerResolution
81880a14  8193985a nt!NtQueryValueKey
81880a18  819e9273 nt!NtQueryVirtualMemory
81880a1c  8199274e nt!NtQueryVolumeInformationFile
81880a20  81a1a655 nt!NtQueueApcThread
81880a24  81890400 nt!NtRaiseException
81880a28  81a87cb7 nt!NtRaiseHardError
81880a2c  8199302b nt!NtReadFile
81880a30  819936b7 nt!NtReadFileScatter
81880a34  819be4e9 nt!NtReadRequestData
81880a38  819d6eee nt!NtReadVirtualMemory
81880a3c  81a1c3c5 nt!NtRegisterThreadTerminatePort
81880a40  81a9028f nt!NtReleaseMutant
81880a44  81a88447 nt!NtReleaseSemaphore
81880a48  8198b61b nt!NtRemoveIoCompletion
81880a4c  819761e1 nt!NtRemoveProcessDebug
81880a50  8193caab nt!NtRenameKey
81880a54  8193bd46 nt!NtReplaceKey
81880a58  819be5c3 nt!NtReplyPort
81880a5c  819be6c8 nt!NtReplyWaitReceivePort
81880a60  819be6ef nt!NtReplyWaitReceivePortEx
81880a64  819be92f nt!NtReplyWaitReplyPort
81880a68  8198046c nt!NtRequestDeviceWakeup
81880a6c  819be253 nt!NtRequestPort
81880a70  819be31c nt!NtRequestWaitReplyPort
81880a74  81a0d95b nt!NtRequestWakeupLatency
81880a78  81a874f7 nt!NtResetEvent
81880a7c  818e5127 nt!NtResetWriteWatch
81880a80  81939bb0 nt!NtRestoreKey
81880a84  81a1d271 nt!NtResumeProcess
81880a88  81a1d130 nt!NtResumeThread
81880a8c  81939ccf nt!NtSaveKey
81880a90  81939dd6 nt!NtSaveKeyEx
81880a94  81939f21 nt!NtSaveMergedKeys
81880a98  81a579bb nt!NtSavepointComplete
81880a9c  8198046c nt!NtRequestDeviceWakeup
81880aa0  81a579bb nt!NtSavepointComplete
81880aa4  81a545a1 nt!TmSavepointTransaction
81880aa8  81a579bb nt!NtSavepointComplete
81880aac  819bdbf9 nt!NtSecureConnectPort
```

```
81880ab0  81a8b91a nt!NtSetBootEntryOrder
81880ab4  81a8be1c nt!NtSetBootOptions
81880ab8  81a1ac4b nt!NtSetContextThread
81880abc  81a9a87b nt!NtSetDebugFilterState
81880ac0  81a88043 nt!NtSetDefaultHardErrorPort
81880ac4  81a7ecaf nt!NtSetDefaultLocale
81880ac8  81a7f995 nt!NtSetDefaultUILanguage
81880acc  81a8c8bd nt!NtSetDriverEntryOrder
81880ad0  8199070d nt!NtSetEaFile
81880ad4  81a875d6 nt!NtSetEvent
81880ad8  81a876bb nt!NtSetEventBoostPriority
81880adc  81a8fea7 nt!NtSetHighEventPair
81880ae0  81a8fdd9 nt!NtSetHighWaitLowEventPair
81880ae4  8197684d nt!NtSetInformationDebugObject
81880ae8  81991555 nt!NtSetInformationFile
81880aec  81a20763 nt!NtSetInformationJobObject
81880af0  8193b8e3 nt!NtSetInformationKey
81880af4  819f82e7 nt!NtSetInformationObject
81880af8  81a15c65 nt!NtSetInformationProcess
81880afc  81a183c7 nt!NtSetInformationThread
81880b00  81a5056f nt!NtSetInformationToken
81880b04  81a908d4 nt!NtSetIntervalProfile
81880b08  8198b5b4 nt!NtSetIoCompletion
81880b0c  81a1eff7 nt!NtSetLdtEntries
81880b10  81a8fe44 nt!NtSetLowEventPair
81880b14  81a8fd6e nt!NtSetLowWaitHighEventPair
81880b18  81992739 nt!NtSetQuotaInformationFile
81880b1c  819f44f0 nt!NtSetSecurityObject
81880b20  81a8a52f nt!NtSetSystemEnvironmentValue
81880b24  81a8ab57 nt!NtSetSystemEnvironmentValueEx
81880b28  81a829f3 nt!NtSetSystemInformation
81880b2c  81ac7bb4 nt!NtSetSystemPowerState
81880b30  81a7acaa nt!NtSetSystemTime
81880b34  81a0d82d nt!NtSetThreadExecutionState
81880b38  818794bf nt!NtSetTimer
81880b3c  81a7afca nt!NtSetTimerResolution
81880b40  81a888eb nt!NtSetUuidSeed
81880b44  8193a08b nt!NtSetValueKey
81880b48  81992c2f nt!NtSetVolumeInformationFile
81880b4c  81a7a057 nt!NtShutdownSystem
81880b50  81847951 nt!NtSignalAndWaitForSingleObject
81880b54  81a90642 nt!NtStartProfile
81880b58  81a90813 nt!NtStopProfile
81880b5c  81a1d213 nt!NtSuspendProcess
81880b60  81a1d047 nt!NtSuspendThread
```

```
81880b64  81a90b4f nt!NtSystemDebugControl
81880b68  81a21670 nt!NtTerminateJobObject
81880b6c  81a1b043 nt!NtTerminateProcess
81880b70  81a1b497 nt!NtTerminateThread
81880b74  81a1d42e nt!NtTestAlert
81880b78  818d06e7 nt!NtThawRegistry
81880b7c  81869250 nt!NtThawTransactions
81880b80  8186e91b nt!NtTraceEvent
81880b84  81a6db67 nt!NtTraceControl
81880b88  81a8cacb nt!NtTranslateFilePath
81880b8c  81998552 nt!NtUnloadDriver
81880b90  8193abd4 nt!NtUnloadKey
81880b94  8193abf3 nt!NtUnloadKey2
81880b98  8193b219 nt!NtUnloadKeyEx
81880b9c  8198f34f nt!NtUnlockFile
81880ba0  81815d20 nt!NtUnlockVirtualMemory
81880ba4  819e0bf0 nt!NtUnmapViewOfSection
81880ba8  81a5c76c nt!NtVdmControl
81880bac  8197642f nt!NtWaitForDebugEvent
81880bb0  819f514c nt!NtWaitForMultipleObjects
81880bb4  819f5027 nt!NtWaitForSingleObject
81880bb8  81a8fd05 nt!NtWaitHighEventPair
81880bbc  81a8fc9c nt!NtWaitLowEventPair
81880bc0  81993c33 nt!NtWriteFile
81880bc4  8199436b nt!NtWriteFileGather
81880bc8  819be556 nt!NtWriteRequestData
81880bcc  819d701b nt!NtWriteVirtualMemory
81880bd0  818b59c6 nt!NtYieldExecution
81880bd4  81a90f41 nt!NtCreateKeyedEvent
81880bd8  81a91073 nt!NtOpenKeyedEvent
81880bdc  81a9114d nt!NtReleaseKeyedEvent
81880be0  81a91434 nt!NtWaitForKeyedEvent
81880be4  81a15902 nt!NtQueryPortInformationProcess
81880be8  81a18eee nt!NtGetCurrentProcessorNumber
81880bec  819f525b nt!NtWaitForMultipleObjects32
81880bf0  81a1d964 nt!NtGetNextProcess
81880bf4  81a1dbd1 nt!NtGetNextThread
81880bf8  8198bf27 nt!NtCancelIoFileEx
81880bfc  8198c064 nt!NtCancelSynchronousIoFile
81880c00  8198b7b4 nt!NtRemoveIoCompletionEx
81880c04  81869663 nt!NtRegisterProtocolAddressInformation
81880c08  81869672 nt!NtPullTransaction
81880c0c  818696af nt!NtMarshallTransaction
81880c10  81869687 nt!NtPropagationComplete
81880c14  8186969b nt!CcTestControl
```

```
81880c18   81a9171b nt!NtCreateWorkerFactory
81880c1c   81879c2d nt!NtReleaseWorkerFactoryWorker
81880c20   81879ce4 nt!NtWaitForWorkViaWorkerFactory
81880c24   81879fd7 nt!NtSetInformationWorkerFactory
81880c28   8187a4a7 nt!NtQueryInformationWorkerFactory
81880c2c   8187a72f nt!NtWorkerFactoryWorkerReady
81880c30   81a919be nt!NtShutdownWorkerFactory
81880c34   81a23d84 nt!NtCreateThreadEx
81880c38   81a2256f nt!NtCreateUserProcess
81880c3c   81a7c753 nt!NtQueryLicenseValue
81880c40   81a92b75 nt!NtMapCMFModule
81880c44   81a545a1 nt!TmSavepointTransaction
81880c48   81a9354d nt!NtIsUILanguageComitted
81880c4c   81a9356f nt!NtFlushInstallUILanguage
81880c50   81a9317f nt!NtGetMUIRegistryInfo
81880c54   81a91b88 nt!NtAcquireCMFViewOwnership
81880c58   81a91d4f nt!NtReleaseCMFViewOwnership
```

엔트리 중의 하나는 nt 모듈 범위를 벗어나 crashdmp 모듈 영역을 가리키고 있는 것을 확인할 수 있다.

9. 드라이버와 장치를 확인하기 위해 !object 명령어를 사용한다.

```
1: kd> !object \Driver
Object: 8585c218  Type: (82b38d60) Directory
    ObjectHeader: 8585c200 (old version)
    HandleCount: 0  PointerCount: 87
    Directory Object: 858074c0  Name: Driver

    Hash Address  Type          Name
    ---- -------  ----          ----
    00   8395e688 Driver        NDIS
         83eaeaf0 Driver        KSecDD
         87746840 Driver        Beep
    01   84beff38 Driver        mouclass
    03   848ea030 Driver        vm3dmp
         848ae9e0 Driver        kbdclass
    04   876a62c8 Driver        monitor
         8392dec0 Driver        msisadrv
         83932688 Driver        Compbatt
         8760a848 Driver        NDProxy
         87768590 Driver        VgaSave
    05   839d6708 Driver        Ecache
         83933688 Driver        MountMgr
    08   87d59128 Driver        PEAUTH
         83993660 Driver        atapi
```

	848ec2f0	Driver	vmmouse
09	83937688	Driver	volmgrx
	879e4030	Driver	VMAUDIO
10	87753590	Driver	RasAcd
	8776c868	Driver	PSched
11	87738720	Driver	Win32k
	8780b9b0	Driver	usbuhci
	877858c8	Driver	mouhid
12	877fa410	Driver	usbhub
	84aa5e38	Driver	tunnel
	848e2e08	Driver	swenum
13	87cd4458	Driver	HTTP
	848c5b30	Driver	RasPppoe
	8774c3e0	Driver	RDPCDD
	877f3910	Driver	usbccgp
14	848e2c60	Driver	TermDD
15	848c5030	Driver	fdc
	848ec4e0	Driver	Rasl2tp
16	87d48268	Driver	Parvdm
17	879e6f38	Driver	umbus
	848c06b0	Driver	vmci
18	87d5b560	Driver	secdrv
	82b41190	Driver	ACPI_HAL
	82b37f00	Driver	WMIxWDM
	8395a688	Driver	CLFS
	843271f8	Driver	crcdisk
	84b1ded0	Driver	Serenum
	848e8e30	Driver	PptpMiniport
	8778c630	Driver	Smb
19	83e4c1c8	Driver	spldr
21	87d5e368	Driver	tcpipreg
	839d6610	Driver	agp440
	877f3120	Driver	netbt
22	848bf5a0	Driver	iScsiPrt
	879e6880	Driver	mssmbios
	8780b578	Driver	cdrom
	8760e988	Driver	RDPENCDD
23	877d7d98	Driver	tdx
	8397fde8	Driver	rspndr
24	87d2df00	Driver	mpsdrv
	87745608	Driver	Tcpip
25	83e50f38	Driver	volsnap
	83931688	Driver	volmgr
	877fcf38	Driver	nsiproxy
26	87668258	Driver	intelppm

```
27   839a5650 Driver          LSI_SCSI
     878078b0 Driver          Wanarpv6
     8396d348 Driver          lltdio
28   87d55030 Driver          VMMEMCTL
     848e20d8 Driver          usbehci
     87746c28 Driver          Null
     877f74a0 Driver          ws2ifsl
29   83eae3c0 Driver          disk
     83d7f118 Driver          pci
30   83e53b10 Driver          partmgr
     848ee488 Driver          NdisWan
     87dfd9e0 Driver          NdisTapi
     87dfd030 Driver          Serial
31   8488a8e8 Driver          DXGKrnl
32   838c0188 Driver          Wdf01000
     838c1ba8 Driver          ACPI
33   82b82b08 Driver          PnpManager
     84bfeb88 Driver          flpydisk
34   8774b3b0 Driver          vmrawdsk
     877f88d0 Driver          AFD
35   878da110 Driver          Parport
     879ff500 Driver          E1G60
     8776b030 Driver          HidUsb
36   83934688 Driver          intelide
     87668378 Driver          CmBatt
     84a0c2f0 Driver          i8042prt

1: kd> !object \Device
Object: 8580f2e0  Type: (82b38d60) Directory
    ObjectHeader: 8580f2c8 (old version)
    HandleCount: 0  PointerCount: 256
    Directory Object: 858074c0  Name: Device

    Hash Address  Type          Name
    ---- -------  ----          ----
    00   83eae9d8 Device        KsecDD
         83960668 Device        Ndis
         8598e918 SymbolicLink  ScsiPort2
         87cccd38 Device        SrvNet
         82b41030 Device        00000032
         87746570 Device        Beep
         82b3e458 Device        00000025
         82b3c430 Device        00000019
    01   8776d980 Device        Netbios
         871072c0 SymbolicLink  ScsiPort3
```

```
        82b41d80 Device            00000033
        82b3e198 Device            00000026
02      82b41ad0 Device            00000034
        8825bfe0 SymbolicLink      Ip
        8392a980 Device            00000040
        82b3fed0 Device            00000027
03      871ea268 SymbolicLink      {E3FE0F52-6729-43AC-8488-5AC1FB2AE7A9}
        8760e040 Device            Video0
        838c1e38 Device            KeyboardClass0
        82b41850 Device            00000035
        8392a868 Device            00000041
        838c1030 Device            KMDF0
        82b37030 Device            WMIAdminDevice
        82b3fc10 Device            00000028
04      92b235d0 SymbolicLink      MailslotRedirector
        871dc7d8 SymbolicLink      {6EA11ADB-6FEB-425D-A3CB-3CB73F334E62}
        87747030 Device            Video1
        8760a030 Device            NDProxy
        848e2450 Device            KeyboardClass1
        83930510 Device            VolMgrControl
        8392a750 Device            00000042
        82b41468 Device            00000036
        82b3f950 Device            00000029
05      848be8a0 Device            Serial0
        87ccb690 Device            SrvAdmin
        877475d8 Device            Video2
        848d1030 Device            PointerClass0
        88240710 SymbolicLink      Ip6
        84b88028 Device            00000050
        8392a638 Device            00000043
        83da6d50 Device            00000037
        82b3adb0 Device            0000000a
06      84be2258 Device            Video3
        8392d828 Device            00000038
        848de028 Device            USBPDO-0
        848ed648 Device            PointerClass1
        83962778 Device            CompositeBattery
        87665028 Device            00000051
        848a94e0 Device            Serial1
        8392a520 Device            00000044
        82b3ab30 Device            0000000b
07      87781030 Device            NetBT_Tcpip_{0DC6D9AD-70DC-41CE-9798-F71D1A8C899F}
        839da1e8 Device            SpDevice
        82b37be8 Device            WMIDataDevice
        8760c028 Device            USBPDO-1
```

```
      876a6ea0 Device        Video4
      87772328 Device        PointerClass2
      8585ec78 SymbolicLink  {6AF476B1-AA92-4BE1-AA1C-49257F765446}
      8392a408 Device        00000045
      839e6210 Device        00000039
      838a7bf0 Device        RawTape
      82b3a8b0 Device        0000000c
08    848ebb90 Device        FloppyPDO0
      8760f030 Device        USBPDO-2
      87dad030 Device        PEAuth
      92b1f758 SymbolicLink  WebDavRedirector
      8392a2f0 Device        00000046
      8776f2d0 Device        PointerClass3
      87783030 Device        00000053
      83912098 Device        NTPNP_PCI0000
      82b3c178 Device        0000001a
      82b3a5f8 Device        0000000d
09    8782e030 Device        USBPDO-3
      87d2d9f8 Device        MPS
      8392b030 Device        00000047
      8777e030 Device        00000054
      83bab030 Device        NTPNP_PCI0001
      82b3df10 Device        0000001b
      82b3a338 Device        0000000e
10    87753478 Device        RasAcd
      877a53a8 Device        Psched
      870f4620 SymbolicLink  {0DC6D9AD-70DC-41CE-9798-F71D1A8C899F}
      8777ec90 Device        00000055
      8392bf18 Device        00000048
      83bab4c8 Device        NTPNP_PCI0002
      82b3dc90 Device        0000001c
      82b3b030 Device        0000000f
11    877f1f18 Device        DfsClient
      87d4c398 Device        ParallelVdm0
      84a3caa0 Device        ParallelPort0
      877d70a8 Device        Tcp
      8776e030 Device        00000056
      8392b1a0 Device        00000049
      83bc4030 Device        NTPNP_PCI0010
      839e6b98 Device        NTPNP_PCI0003
      82b3da10 Device        0000001d
12    8776f888 Device        00000057
      877bff18 Device        eQoS
      83bc4b98 Device        NTPNP_PCI0011
      82b3f690 Device        0000002a
```

```
        82b3d790 Device          0000001e
13      8452d6c0 Device          HarddiskVolume1
        878ea3d0 Device          NDMP1
        92b12350 Directory       Http
        877e7028 Device          00000058
        82b3f3d0 Device          0000002b
        83bc4700 Device          NTPNP_PCI0012
        83da6030 Device          NTPNP_PCI0005
        82b3d4d8 Device          0000001f
14      849f3030 Device          CdRom0
        83da68b8 Device          NTPNP_PCI0006
        839d6ab0 Device          ECacheControl
        877f4178 Device          NDMP2
        84be2b38 Device          00000059
        877fc340 Device          FsWrap
        82b40030 Device          0000002c
        848e2a68 Device          Termdd
        83c4b030 Device          NTPNP_PCI0013
15      859b5d98 Directory       Ide
        8782f030 Device          hgfsInternal
        877f53d0 Device          NDMP3
        877835a8 Device          _HID00000000
        877f6030 Device          RawIp6
        84b1d678 Device          Parallel0
        83babbb0 Device          0000003a
        82b40db0 Device          0000002d
        839ad030 Device          NTPNP_PCI0007
        82b45b98 Device          NTPNP_PCI0020
        83c4bb98 Device          NTPNP_PCI0014
16      848d0408 Device          NDMP4
        8776bd48 Device          _HID00000001
        82b37180 Device          0000003b
        82b40b30 Device          0000002e
        82b45700 Device          NTPNP_PCI0021
        83c4b700 Device          NTPNP_PCI0015
        839adb28 Device          NTPNP_PCI0008
17      82b831f0 Event           VolumesSafeForWriteAccess
        848f1400 Device          NDMP5
        82b40870 Device          0000002f
        84a2bec8 Device          vmci
        82b46030 Device          NTPNP_PCI0022
        83cfa030 Device          NTPNP_PCI0016
        839ad690 Device          NTPNP_PCI0009
        8390fda0 Device          0000003c
18      848e43d0 Device          NDMP6
```

```
     87cc9160 Device        Secdrv
     877503a8 Device        Tcp6
     82b7c700 Device        NTPNP_PCI0030
     82b46b98 Device        NTPNP_PCI0023
     83cfab98 Device        NTPNP_PCI0017
     83a51f18 Device        0000003d
19   879e43d0 Device        NDMP7
     8776b460 Device        NetBt_Wins_Export
     8392cf18 Device        0000004a
     83913030 Device        NTPNP_PCI0031
     82b46700 Device        NTPNP_PCI0024
     83cfa700 Device        NTPNP_PCI0018
     83a51450 Device        0000003e
20   877c4e58 Device        WFP
     8392ce00 Device        0000004b
     83a2c030 Device        0000003f
     83913b98 Device        NTPNP_PCI0032
     82b7b030 Device        NTPNP_PCI0025
     82b45030 Device        NTPNP_PCI0019
21   877e5030 Device        NetbiosSmb
     8392cce8 Device        0000004c
     83913700 Device        NTPNP_PCI0033
     82b7bb98 Device        NTPNP_PCI0026
22   87da8168 Device        0000005a
     839af6b0 Device        0000004d
     83916b98 Device        NTPNP_PCI0040
     83914030 Device        NTPNP_PCI0034
     82b7b700 Device        NTPNP_PCI0027
23   83963858 Device        MountPointManager
     879ec730 Device        rspndr
     877d71c8 Device        Tdx
     8392c2d0 Device        NTPNP_PCI0041
     83914b98 Device        NTPNP_PCI0035
     82b7c030 Device        NTPNP_PCI0028
24   839d5998 Device        RaidPort0
     83e8f7c8 Device        Mup
     87d14098 Device        LanmanServer
     877fce20 Device        Nsi
     87cfd998 Device        Srv2
     8782f798 Device        WANARP
     8392fb98 Device        NTPNP_PCI0042
     8763e030 Device        INTELPRO_{0DC6D9AD-70DC-41CE-9798-F71D1A8C899F}
     848ef030 Device        0000004f
     83914700 Device        NTPNP_PCI0036
     82b7cb98 Device        NTPNP_PCI0029
```

```
25    8392f700 Device          NTPNP_PCI0043
      87115a70 SymbolicLink    {54950694-33A2-408C-9E06-ABBEB791E26F}
      877e6830 Device          Udp
      87900800 Device          RaidPort1
      83915030 Device          NTPNP_PCI0037
26    87103878 Directory       Harddisk0
      8717ebb8 SymbolicLink    NdisWanIp
      877e6378 Device          RawIp
      83930030 Device          NTPNP_PCI0044
      82b37a58 Device          00000001
      839159c8 Device          NTPNP_PCI0038
27    87dfddb8 Device          Floppy0
      83978cc8 Device          lltdio
      8782f620 Device          WANARPV6
      838a7e20 Device          RawDisk
      83916030 Device          NTPNP_PCI0039
      82b37738 Device          00000002
28    848a7028 Device          USBFDO-0
      87d76c30 Device          vmmemctl
      87746b10 Device          Null
      859bb478 SymbolicLink    hgfs
      877f7388 Device          WS2IFSL
      82b3bdb0 Device          00000010
      82b39030 Device          00000003
29    877ad340 Device          NXTIPSEC
      82b39db0 Device          00000004
      848ab028 Device          USBFDO-1
      82b3baf0 Device          00000011
30    87da56e0 Device          AscKmd
      87ccbe20 Device          LanmanDatagramReceiver
      85812ef0 Section         PhysicalMemory
      877e6710 Device          Udp6
      8775f030 Device          NdisWan
      87900698 Device          NdisTapi
      82b3b838 Device          00000012
      82b39b30 Device          00000005
31    92b23470 SymbolicLink    LanmanRedirector
      848c6710 Device          DxgKrnl
      82b3b578 Device          00000013
      82b398b0 Device          00000006
32    877539e0 Device          NamedPipe
      8599feb8 SymbolicLink    FtControl
      82b3d220 Device          00000020
      82b3b2c0 Device          00000014
      82b39630 Device          00000007
```

```
33    87747d50 Device            Mailslot
      8717ec68 SymbolicLink      NdisWanIpv6
      82b3ef10 Device            00000021
      82b3cf10 Device            00000015
      82b393b0 Device            00000008
34    877f87b8 Device            Afd
      83959668 Device            FileInfo
      838a7d08 Device            RawCdRom
      82b3ec90 Device            00000022
      82b3cc58 Device            00000016
      82b3a030 Device            00000009
35    877c6f18 Device            WfpAle
      82b405b0 Device            00000030
      859949a0 SymbolicLink      ScsiPort0
      82b3e9d8 Device            00000023
      82b3c9a0 Device            00000017
36    82b40300 Device            00000031
      870bf680 SymbolicLink      ScsiPort1
      82b3e718 Device            00000024
      82b3c6e8 Device            00000018
```

의심스러운 장치를 찾으려면 해당 드라이버 객체를 가리키는 포인터를 구해야 한다.

```
1: kd> !devobj 877c6f18
Device object (877c6f18) is for:
 WfpAle \Driver\Tcpip DriverObject 87745608
Current Irp 00000000 RefCount 1 Type 00000012 Flags 00000040
Dacl 8824c504 DevExt 00000000 DevObjExt 877c6fd0
ExtensionFlags (0000000000)
Characteristics (0x00000100)  FILE_DEVICE_SECURE_OPEN
Device queue is not busy.

1: kd> dt _DEVICE_OBJECT 877c6f18
ntdll!_DEVICE_OBJECT
   +0x000 Type              : 0n3
   +0x002 Size              : 0xb8
   +0x004 ReferenceCount    : 0n1
   +0x008 DriverObject      : 0x87745608 _DRIVER_OBJECT
   +0x00c NextDevice        : 0x877c4e58 _DEVICE_OBJECT
   +0x010 AttachedDevice    : (null)
   +0x014 CurrentIrp        : (null)
   +0x018 Timer             : (null)
   +0x01c Flags             : 0x40
   +0x020 Characteristics   : 0x100
   +0x024 Vpb               : (null)
```

```
    +0x028 DeviceExtension      : (null)
    +0x02c DeviceType           : 0x12
    +0x030 StackSize            : 1 ''
    +0x034 Queue                : <unnamed-tag>
    +0x05c AlignmentRequirement : 0
    +0x060 DeviceQueue          : _KDEVICE_QUEUE
    +0x074 Dpc                  : _KDPC
    +0x094 ActiveThreadCount    : 0
    +0x098 SecurityDescriptor   : 0x8824c4f0 Void
    +0x09c DeviceLock           : _KEVENT
    +0x0ac SectorSize           : 0
    +0x0ae Spare1               : 0
    +0x0b0 DeviceObjectExtension : 0x877c6fd0 _DEVOBJ_EXTENSION
    +0x0b4 Reserved             : (null)


1: kd> !drvobj 0x87745608
Driver object (87745608) is for:
 \Driver\Tcpip
Driver Extension List: (id , addr)

Device Object list:
877bff18  877c6f18  877c4e58  877ad340
877454f0


1: kd> dt _DRIVER_OBJECT 0x87745608
ntdll!_DRIVER_OBJECT
    +0x000 Type                : 0n4
    +0x002 Size                : 0n168
    +0x004 DeviceObject        : 0x877bff18 _DEVICE_OBJECT
    +0x008 Flags               : 0x12
    +0x00c DriverStart         : 0x88b03000 Void
    +0x010 DriverSize          : 0xd1000
    +0x014 DriverSection       : 0x84b1dce8 Void
    +0x018 DriverExtension     : 0x877456b0 _DRIVER_EXTENSION
    +0x01c DriverName          : _UNICODE_STRING "\Driver\Tcpip"
    +0x024 HardwareDatabase    : 0x81b02ed8 _UNICODE_STRING
"\REGISTRY\MACHINE\HARDWARE\DESCRIPTION\SYSTEM"
    +0x028 FastIoDispatch      : (null)
    +0x02c DriverInit          : 0x88bc81b9     long   tcpip!GsDriverEntry+0
    +0x030 DriverStartIo       : (null)
    +0x034 DriverUnload        : 0x88bc55b2     void   tcpip!DriverUnload+0
    +0x038 MajorFunction       : [28] 0x88b28e22      long  tcpip!NlDispatchClose+0
```

10. 의심스러운 드라이버 객체(예를 들면 이상한 이름 또는 IRP를 갖는 문제 스레드)를 찾았다면 IRP 디스패치 테이블을 조사해야 한다.

```
1: kd> !drvobj \Driver\CmBatt 3
Driver object (87668378) is for:
 \Driver\CmBatt
Driver Extension List: (id , addr)

Device Object list:
849e38a0  848c29b8


DriverEntry:    85a399bc    CmBatt!GsDriverEntry
DriverStartIo:  00000000
DriverUnload:   85a38b06    CmBatt!CmBattUnload
AddDevice:      85a38588    CmBatt!CmBattAddDevice

Dispatch routines:
[00] IRP_MJ_CREATE                   85a38b40    CmBatt!CmBattOpenClose
[01] IRP_MJ_CREATE_NAMED_PIPE        8181d171    nt!IopInvalidDeviceRequest
[02] IRP_MJ_CLOSE                    85a38b40    CmBatt!CmBattOpenClose
[03] IRP_MJ_READ                     87fe6226    E1G60I32!EepromRead
[04] IRP_MJ_WRITE                    8181d171    nt!IopInvalidDeviceRequest
[05] IRP_MJ_QUERY_INFORMATION        8181d171    nt!IopInvalidDeviceRequest
[06] IRP_MJ_SET_INFORMATION          8181d171    nt!IopInvalidDeviceRequest
[07] IRP_MJ_QUERY_EA                 8181d171    nt!IopInvalidDeviceRequest
[08] IRP_MJ_SET_EA                   8181d171    nt!IopInvalidDeviceRequest
[09] IRP_MJ_FLUSH_BUFFERS            8181d171    nt!IopInvalidDeviceRequest
[0a] IRP_MJ_QUERY_VOLUME_INFORMATION 8181d171    nt!IopInvalidDeviceRequest
[0b] IRP_MJ_SET_VOLUME_INFORMATION   8181d171    nt!IopInvalidDeviceRequest
[0c] IRP_MJ_DIRECTORY_CONTROL        8181d171    nt!IopInvalidDeviceRequest
[0d] IRP_MJ_FILE_SYSTEM_CONTROL      8181d171    nt!IopInvalidDeviceRequest
[0e] IRP_MJ_DEVICE_CONTROL           85a38bac    CmBatt!CmBattIoctl
[0f] IRP_MJ_INTERNAL_DEVICE_CONTROL  8181d171    nt!IopInvalidDeviceRequest
[10] IRP_MJ_SHUTDOWN                 8181d171    nt!IopInvalidDeviceRequest
[11] IRP_MJ_LOCK_CONTROL             8181d171    nt!IopInvalidDeviceRequest
[12] IRP_MJ_CLEANUP                  8181d171    nt!IopInvalidDeviceRequest
[13] IRP_MJ_CREATE_MAILSLOT          8181d171    nt!IopInvalidDeviceRequest
[14] IRP_MJ_QUERY_SECURITY           8181d171    nt!IopInvalidDeviceRequest
[15] IRP_MJ_SET_SECURITY             8181d171    nt!IopInvalidDeviceRequest
[16] IRP_MJ_POWER                    85a37ef8    CmBatt!CmBattPowerDispatch
[17] IRP_MJ_SYSTEM_CONTROL           85a39492    CmBatt!CmBattSystemControl
[18] IRP_MJ_DEVICE_CHANGE            8181d171    nt!IopInvalidDeviceRequest
[19] IRP_MJ_QUERY_QUOTA              8181d171    nt!IopInvalidDeviceRequest
[1a] IRP_MJ_SET_QUOTA                8181d171    nt!IopInvalidDeviceRequest
[1b] IRP_MJ_PNP                      85a3811c    CmBatt!CmBattPnpDispatch
```

엔트리 중 하나(IRP_MJ_READ)가 드라이버 모듈 영역을 벗어난 주소를 가리키는 것을 확인할 수 있다.

11. 로그 파일을 닫는다.

```
1: kd> .logclose
Closing open log file C:\AWMA-Dumps\M5.log
```

불필요한 혼란과 문제들이 발생되지 않도록 각 연습 후에는 WinDbg를 종료하는 것을 권장한다.

직접 덤프 조작

◎ 악성코드 효과 내기

◎ 프로세스와 컴플릿 덤프

◎ ep <address> value

◎ .dump /f <file name>

이 덤프 파일은 직접 덤프 조작을 이용해 생성했다(DKOM 혹은 직접 커널 객체 조작으로 알려진 악성코드 기술과 유사). e 명령어의 변형인 ep 명령어를 이용해서 일부 포인터를 수정한 후 .dump 명령어를 이용해 사본을 저장했다. 이 방법을 이용해 악성 행위를 하는 실제 코드를 작성하는 데 드는 시간 소비 없이 메모리에 악성코드의 효과를 구현했다.

물리 영역 메모리

이제 물리 메모리 영역을 알아보자. 연습 M4에서 컴플릿 메모리 덤프 분석을 이미 다뤘기 때문에 다음 연습에서 큰 차이를 느끼지는 못할 것이다.

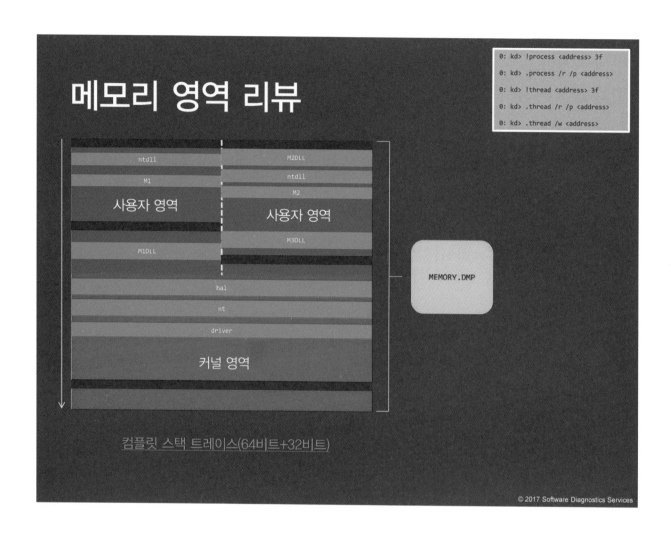

메모리 영역 리뷰

컴플릿 스택 트레이스(64비트+32비트)

```
0: kd> !process <address> 3f
0: kd> .process /r /p <address>
0: kd> !thread <address> 3f
0: kd> .thread /r /p <address>
0: kd> .thread /w <address>
```

물리 메모리 영역(그리고 컴플릿 메모리 덤프)에서 여러 개의 사용자 영역을 볼 수 있지만, 커널 영역은 하나뿐이다. 프로세스들을 탐색할 때 사용자 영역으로 이동하고 심볼을 재로딩해야 하는 것을 잊지 말아야 한다. 또한 64비트 시스템상에서 32비트 프로세스가 동작 중이고 앞서 사용했던 **!process** 명령어를 사용한다면 32비트 스레드 스택 트레이스를 찾지 못할 것이다.

여기에 스택 트레이스의 두 가지 방식을 덤프하는 WinDbg 스크립트를 제공한다(windbg.org에서도 찾을 수 있다).

컴플릿 스택 트레이스(x64 + x86, 『Volume 5 of Memory Dump Anlaysis Anthology』와 이 책의 부록에도 포함):

http://www.dumpanalysis.org/blog/index.php/2010/02/09/complete-stack-traces-from-x64-system/

연습 M6

- **목표**: 컴플릿 메모리 덤프에서 프로세스 탐색, 64비트 SSDT 엔트리 확인, 프로세스와 스레드 토큰 확인, 숨겨진 프로세스 및 드라이버 발견, RIP 스택 확인

- **패턴**: 비정상 토큰, 숨겨진 프로세스, 숨겨진 모듈, 스택 트레이스 모음(I/O)

- \AWMA-Dumps\Exercise-M6.pdf

연습 M4에서 분석했던 64비트 덤프로 돌아가 보자.

연습 M6

목표: 컴플릿 메모리 덤프에서 프로세스 탐색, 64비트 SSDT 엔트리 확인, 프로세스와 스레드 토큰 확인, 숨겨진 프로세스 및 드라이버 발견, RIP 스택 확인

패턴: 비정상 토큰, 숨겨진 프로세스, 숨겨진 모듈, 스택 트레이스 모음(I/O)

1. Windows Kits\WinDbg(X64) 또는 Windows Kits\WinDbg(X86)의 WinDbg를 실행한다.

2. \AWMA-Dumps\Complete\MEMORY.DMP를 연다.

3. 덤프 파일이 로딩된다(연습 M4에서와 동일하므로 출력은 생략한다).

4. 로그 파일을 연다.

```
0: kd> .logopen C:\AWMA-Dumps\M6.log
Opened log file 'C:\AWMA-Dumps\M6.log'
```

5. 마이크로소프트 심볼 서버와 연결할 경로를 지정하고, 심볼을 재로딩한다.

```
0: kd> .symfix c:\mss

0: kd> .reload
Loading Kernel Symbols
...............................................................
...............................................................
......................
Loading User Symbols
...............................................................
............
Loading unloaded module list
...............................................................
```

6. 우선 32비트 버전과 차이점이 있는지 보기 위해 SSDT를 확인한다.

```
0: kd> dps nt!KeServiceDescriptorTable
fffff802`b3ddf900  fffff802`b3afef00 nt!KiServiceTable
fffff802`b3ddf908  00000000`00000000
fffff802`b3ddf910  00000000`000001ad
fffff802`b3ddf918  fffff802`b3affc6c nt!KiArgumentTable
fffff802`b3ddf920  00000000`00000000
fffff802`b3ddf928  00000000`00000000
```

```
fffff802`b3ddf930  00000000`00000000
fffff802`b3ddf938  00000000`00000000
fffff802`b3ddf940  fffff802`b3afef00 nt!KiServiceTable
fffff802`b3ddf948  00000000`00000000
fffff802`b3ddf950  00000000`000001ad
fffff802`b3ddf958  fffff802`b3affc6c nt!KiArgumentTable
fffff802`b3ddf960  fffff960`0014ee00 win32k!W32pServiceTable
fffff802`b3ddf968  00000000`00000000
fffff802`b3ddf970  00000000`000003da
fffff802`b3ddf978  fffff960`001510b4 win32k!W32pArgumentTable
```

그러나 암호화됐거나 압축된 것으로 보인다.

```
0: kd> dps nt!KiServiceTable
fffff802`b3afef00  04fe7c00`ffeb9f00
fffff802`b3afef08  ffff5b00`03cae400
fffff802`b3afef10  03e9d306`03705805
fffff802`b3afef18  03b0c801`03eaea05
fffff802`b3afef20  03f42e40`03567900
fffff802`b3afef28  0369c600`0395fe40
fffff802`b3afef30  03cf3b00`03d1ef00
fffff802`b3afef38  036f3301`0356c601
fffff802`b3afef40  0392d802`03c44c00
fffff802`b3afef48  03a05e40`03686000
fffff802`b3afef50  037a7402`037ea001
fffff802`b3afef58  03b86601`03fa0602
fffff802`b3afef60  0317ce05`03078101
fffff802`b3afef68  03926e03`03b12900
fffff802`b3afef70  04f7abc0`00757300
fffff802`b3afef78  037b4201`03cafa00
```

인터넷 검색을 통해 일부 알고리즘을 확인할 수 있다. 하지만 그들 대부분은 모든 엔트리에서 동작하지 않는다. 모든 엔트리에서 동작 가능한 하나는 다음 주소에서 확인할 수 있다.

http://kitrap08.blogspot.ie/2010/11/ssdt-x64.html

그러나 위의 블로그는 러시아어로 써져 있기 때문에 네 번째 엔트리(인덱스 3)의 알고리즘을 여기에 직접 소개하겠다.

```
; DWORD 타입으로 엔트리를 가져온다.

0: kd> ? dwo(nt!KiServiceTable+4*3)
Evaluate expression: 4294925056 = 00000000`ffff5b00
```

```
; 음수 부호 확장

0: kd> ? 00000000`ffff5b00 or ffffffff`00000000
Evaluate expression: -42240 = ffffffff`ffff5b00


; 4비트 우측 산술 시프트

0: kd> ? (ffffffff`ffff5b00 >>> 4)
Evaluate expression: -2640 = ffffffff`fffff5b0


; nt!KiServiceTable 주소를 더한다.

0: kd> ? nt!KiServiceTable + ffffffff`fffff5b0
Evaluate expression: -8784488438608 = fffff802`b3afe4b0


0: kd> ln fffff802`b3afe4b0
(fffff802`b3afe4b0)  nt!NtCallbackReturn   |   (fffff802`b3afe610)   nt!DbgBreakPoint
Exact matches:
    nt!NtCallbackReturn (<no parameter info>)


0: kd> u fffff802`b3afe4b0
nt!NtCallbackReturn:
fffff802`b3afe4b0 654c8b1c2588010000 mov  r11,qword ptr gs:[188h]
fffff802`b3afe4b9 4d8b5328           mov  r10,qword ptr [r11+28h]
fffff802`b3afe4bd 4d8b4a20           mov  r9,qword ptr [r10+20h]
fffff802`b3afe4c1 4d85c9             test r9,r9
fffff802`b3afe4c4 0f841e010000       je   nt!NtCallbackReturn+0x138 (fffff802`b3afe5e8)
fffff802`b3afe4ca 418bc0             mov  eax,r8d
fffff802`b3afe4cd 498b99d8000000     mov  rbx,qword ptr [r9+0D8h]
fffff802`b3afe4d4 48890b             mov  qword ptr [rbx],rcx
```

7.   이제 !process 0 3f 명령어를 이용해 (연습 M4에서) notepad 프로세스 주소를 찾아보자. 그리고 이를 현재 프로세스로 설정한다.

```
0: kd> .process /r /p fffffa8001e0f740
Implicit process is now fffffa80`01e0f740
Loading User Symbols
........................
```

notepad 모듈의 로딩된 주소를 확인하고, PE 헤더와 IAT 등을 확인해보자.

```
0: kd> lm m notepad
Browse full module list
start             end             module name
```

```
000007f6`54c30000 000007f6`54c70000   notepad   (deferred)


0: kd> !dh 000007f6`54c30000


File Type: EXECUTABLE IMAGE
FILE HEADER VALUES
    8664  machine (X64)
       6  number of sections
501099BC  time date stamp Thu Jul 26 02:13:32 2012

       0  file pointer to symbol table
       0  number of symbols
      F0  size of optional header
      22  characteristics
            Executable
            App can handle >2gb addresses


OPTIONAL HEADER VALUES
     20B  magic #
   10.10  linker version
   1D400  size of code
   1F200  size of initialized data
       0  size of uninitialized data
    5A40  address of entry point
    1000  base of code
            ----- new -----
000007f654c30000 image base
    1000  section alignment
     200  file alignment
       2  subsystem (Windows GUI)
    6.02  operating system version
    6.02  image version
    6.02  subsystem version
   40000  size of image
     400  size of headers
   3DB82  checksum
0000000000080000 size of stack reserve
0000000000011000 size of stack commit
0000000000100000 size of heap reserve
0000000000001000 size of heap commit
    8160  DLL characteristics
            High entropy VA supported
            Dynamic base
            NX compatible
            Terminal server aware
```

```
       0 [      0]  address [size] of Export Directory
   23738 [    118]  address [size] of Import Directory
   25000 [ 19AE8]  address [size] of Resource Directory
   22000 [    678]  address [size] of Exception Directory
       0 [      0]  address [size] of Security Directory
   3F000 [    128]  address [size] of Base Relocation Directory
   1DAA0 [     38]  address [size] of Debug Directory
       0 [      0]  address [size] of Description Directory
       0 [      0]  address [size] of Special Directory
       0 [      0]  address [size] of Thread Storage Directory
   1DA30 [     70]  address [size] of Load Configuration Directory
       0 [      0]  address [size] of Bound Import Directory
   23000 [    738]  address [size] of Import Address Table Directory
       0 [      0]  address [size] of Delay Import Directory
       0 [      0]  address [size] of COR20 Header Directory
       0 [      0]  address [size] of Reserved Directory


SECTION HEADER #1
   .text name
   1D390 virtual size
    1000 virtual address
   1D400 size of raw data
     400 file pointer to raw data
       0 file pointer to relocation table
       0 file pointer to line numbers
       0 number of relocations
       0 number of line numbers
60000020 flags
         Code
         (no align specified)
         Execute Read


Debug Directories(2)
   Type        Size    Address     Pointer
   cv          24      1dadc       1cedc     Format: RSDS, guid, 2, notepad.pdb
   (    10)     4       1dad8       1ced8

SECTION HEADER #2
   .data name
    2AEC virtual size
   1F000 virtual address
    1A00 size of raw data
   1D800 file pointer to raw data
```

```
        0  file pointer to relocation table
        0  file pointer to line numbers
        0  number of relocations
        0  number of line numbers
 C0000040  flags
           Initialized Data
           (no align specified)
           Read Write


SECTION HEADER #3
   .pdata  name
      678  virtual size
    22000  virtual address
      800  size of raw data
    1F200  file pointer to raw data
        0  file pointer to relocation table
        0  file pointer to line numbers
        0  number of relocations
        0  number of line numbers
 40000040  flags
           Initialized Data
           (no align specified)
           Read Only


SECTION HEADER #4
   .idata  name
     1E30  virtual size
    23000  virtual address
     2000  size of raw data
    1FA00  file pointer to raw data
        0  file pointer to relocation table
        0  file pointer to line numbers
        0  number of relocations
        0  number of line numbers
 40000040  flags
           Initialized Data
           (no align specified)
           Read Only


SECTION HEADER #5
    .rsrc  name
    19AE8  virtual size
    25000  virtual address
    19C00  size of raw data
    21A00  file pointer to raw data
```

```
          0 file pointer to relocation table
          0 file pointer to line numbers
          0 number of relocations
          0 number of line numbers
   40000040 flags
            Initialized Data
            (no align specified)
            Read Only


SECTION HEADER #6
   .reloc name
        128 virtual size
      3F000 virtual address
        200 size of raw data
      3B600 file pointer to raw data
          0 file pointer to relocation table
          0 file pointer to line numbers
          0 number of relocations
          0 number of line numbers
   42000040 flags
            Initialized Data
            Discardable
            (no align specified)
            Read Only


0: kd> dps 000007f6`54c30000+23000 L738/8
000007f6`54c53000  000007fe`f78d13f0 ADVAPI32!RegQueryValueExWStub
000007f6`54c53008  000007fe`f78d1fb0 ADVAPI32!RegCreateKeyW
000007f6`54c53010  000007fe`f78d13b0 ADVAPI32!RegCloseKeyStub
000007f6`54c53018  000007fe`f78d13d0 ADVAPI32!RegOpenKeyExWStub
000007f6`54c53020  000007fe`f78d15c0 ADVAPI32!IsTextUnicode
000007f6`54c53028  000007fe`f78d1d50 ADVAPI32!RegSetValueExWStub
000007f6`54c53030  00000000`00000000
000007f6`54c53038  000007fe`f6047150 KERNEL32!FindNLSStringStub
000007f6`54c53040  000007fe`f6012fb0 KERNEL32!GlobalAllocStub
000007f6`54c53048  000007fe`f60133e0 KERNEL32!GetLocalTimeStub
000007f6`54c53050  000007fe`f6035660 KERNEL32!GetDateFormatWStub
000007f6`54c53058  000007fe`f604d420 KERNEL32!GetTimeFormatWStub
000007f6`54c53060  000007fe`f6035330 KERNEL32!GlobalLock
000007f6`54c53068  000007fe`f60352e0 KERNEL32!GlobalUnlock
000007f6`54c53070  000007fe`f60119fc KERNEL32!GetUserDefaultUILanguageStub
000007f6`54c53078  000007fe`f60113c0 KERNEL32!UnmapViewOfFileStub
000007f6`54c53080  000007fe`f6012ff0 KERNEL32!LocalReAllocStub
000007f6`54c53088  000007fe`f6011c90 KERNEL32!MultiByteToWideCharStub
000007f6`54c53090  000007fe`f6011d70 KERNEL32!MapViewOfFileStub
```

```
000007f6`54c53098    000007fe`f6013030 KERNEL32!CreateFileMappingWStub
000007f6`54c530a0    000007fe`f6011d8c KERNEL32!GetFileInformationByHandle
000007f6`54c530a8    000007fe`f60356f8 KERNEL32!SetEndOfFile
000007f6`54c530b0    000007fe`f60135e0 KERNEL32!DeleteFileW
000007f6`54c530b8    000007fe`f6013500 KERNEL32!GetACPStub
000007f6`54c530c0    000007fe`f6012e78 KERNEL32!WriteFile
000007f6`54c530c8    000007fe`f60114f0 KERNEL32!SetLastErrorStub
000007f6`54c530d0    000007fe`f6012d20 KERNEL32!WideCharToMultiByteStub
000007f6`54c530d8    000007fe`f60114e0 KERNEL32!GetLastErrorStub
000007f6`54c530e0    000007fe`f601cd30 KERNEL32!LocalSize
000007f6`54c530e8    000007fe`f6013430 KERNEL32!GetFullPathNameW
000007f6`54c530f0    000007fe`f606be44 KERNEL32!FoldStringWStub
000007f6`54c530f8    000007fe`f6013010 KERNEL32!LocalUnlockStub
000007f6`54c53100    000007fe`f6013000 KERNEL32!LocalLockStub
000007f6`54c53108    000007fe`f6014018 KERNEL32!FormatMessageWStub
000007f6`54c53110    000007fe`f6012db8 KERNEL32!FindClose
000007f6`54c53118    000007fe`f6012dc4 KERNEL32!FindFirstFileW
000007f6`54c53120    000007fe`f6011c30 KERNEL32!lstrcmpWStub
000007f6`54c53128    000007fe`f6011410 KERNEL32!GetCurrentProcessId
000007f6`54c53130    000007fe`f6012d80 KERNEL32!GetModuleHandleExWStub
000007f6`54c53138    000007fe`f6011ad8 KERNEL32!GetTickCount64Stub
000007f6`54c53140    000007fe`f601396c KERNEL32!HeapSetInformationStub
000007f6`54c53148    000007fe`f601397c KERNEL32!GetCommandLineWStub
000007f6`54c53150    000007fe`f6011510 KERNEL32!lstrlenWStub
000007f6`54c53158    000007fe`f6011dac KERNEL32!CreateThreadStub
000007f6`54c53160    000007fe`f6014870 KERNEL32!FreeLibraryAndExitThreadStub
000007f6`54c53168    000007fe`f6011cf0 KERNEL32!GetModuleFileNameWStub
000007f6`54c53170    000007fe`f6011d30 KERNEL32!GetProcAddressStub
000007f6`54c53178    000007fe`f6011360 KERNEL32!GetProcessHeapStub
000007f6`54c53180    000007fe`f6011260 KERNEL32!HeapFreeStub
000007f6`54c53188    000007fe`f6012ebc KERNEL32!LoadLibraryExWStub
000007f6`54c53190    000007fe`f7ec5670 ntdll!RtlAllocateHeap
000007f6`54c53198    000007fe`f6011b98 KERNEL32!FreeLibraryStub
000007f6`54c531a0    000007fe`f6011a20 KERNEL32!MulDiv
000007f6`54c531a8    000007fe`f6013368 KERNEL32!GetLocaleInfoWStub
000007f6`54c531b0    000007fe`f6012f80 KERNEL32!GlobalFreeStub
000007f6`54c531b8    000007fe`f6011350 KERNEL32!LocalAllocStub
000007f6`54c531c0    000007fe`f601152c KERNEL32!CloseHandle
000007f6`54c531c8    000007fe`f6012e60 KERNEL32!ReadFile
000007f6`54c531d0    000007fe`f6012e54 KERNEL32!CreateFileW
000007f6`54c531d8    000007fe`f6011230 KERNEL32!GetTickCountStub
000007f6`54c531e0    000007fe`f60135b8 KERNEL32!SetErrorModeStub
000007f6`54c531e8    000007fe`f60123c0 KERNEL32!lstrcmpiWStub
000007f6`54c531f0    000007fe`f6011340 KERNEL32!LocalFreeStub
000007f6`54c531f8    000007fe`f6011010 KERNEL32!SleepStub
```

```
000007f6`54c53200  000007fe`f6012b90 KERNEL32!GetStartupInfoWStub
000007f6`54c53208  000007fe`f606b774 KERNEL32!UnhandledExceptionFilterStub
000007f6`54c53210  000007fe`f6012be4 KERNEL32!SetUnhandledExceptionFilterStub
000007f6`54c53218  000007fe`f60113b0 KERNEL32!GetCurrentProcess
000007f6`54c53220  000007fe`f6013900 KERNEL32!TerminateProcessStub
000007f6`54c53228  000007fe`f6011c00 KERNEL32!GetModuleHandleWStub
000007f6`54c53230  000007fe`f6011390 KERNEL32!QueryPerformanceCounterStub
000007f6`54c53238  000007fe`f6011250 KERNEL32!GetCurrentThreadId
000007f6`54c53240  000007fe`f6011550 KERNEL32!GetSystemTimeAsFileTimeStub
000007f6`54c53248  00000000`00000000
000007f6`54c53250  000007fe`f58322a8 GDI32!CreateDCW
000007f6`54c53258  000007fe`f583ef88 GDI32!StartPage
000007f6`54c53260  000007fe`f588e094 GDI32!StartDocW
000007f6`54c53268  000007fe`f588e010 GDI32!SetAbortProc
000007f6`54c53270  000007fe`f5812f80 GDI32!DeleteDC
000007f6`54c53278  000007fe`f5840940 GDI32!EndDoc
000007f6`54c53280  000007fe`f588ef20 GDI32!AbortDoc
000007f6`54c53288  000007fe`f588e7d4 GDI32!EndPage
000007f6`54c53290  000007fe`f5814330 GDI32!GetTextMetricsW
000007f6`54c53298  000007fe`f58129a0 GDI32!SetBkMode
000007f6`54c532a0  000007fe`f5813af0 GDI32!LPtoDP
000007f6`54c532a8  000007fe`f5836a20 GDI32!SetWindowExtEx
000007f6`54c532b0  000007fe`f5841db0 GDI32!SetViewportExtEx
000007f6`54c532b8  000007fe`f5835554 GDI32!SetMapMode
000007f6`54c532c0  000007fe`f5822efc GDI32!GetTextExtentPoint32W
000007f6`54c532c8  000007fe`f5850360 GDI32!TextOutW
000007f6`54c532d0  000007fe`f5832c50 GDI32!EnumFontsW
000007f6`54c532d8  000007fe`f5823324 GDI32!GetTextFaceW
000007f6`54c532e0  000007fe`f58124b0 GDI32!SelectObject
000007f6`54c532e8  000007fe`f5811520 GDI32!DeleteObject
000007f6`54c532f0  000007fe`f5821bbc GDI32!CreateFontIndirectW
000007f6`54c532f8  000007fe`f5812c00 GDI32!GetDeviceCaps
000007f6`54c53300  00000000`00000000
000007f6`54c53308  000007fe`f56ca750 USER32!NtUserGetWindowPlacement
000007f6`54c53310  000007fe`f56cb510 USER32!CharUpperWStub
000007f6`54c53318  000007fe`f56d7420 USER32!NtUserGetSystemMenu
000007f6`54c53320  000007fe`f56d2590 USER32!LoadAcceleratorsW
000007f6`54c53328  000007fe`f56c8b10 USER32!SetWindowLongW
000007f6`54c53330  000007fe`f56cb260 USER32!RegisterWindowMessageW
000007f6`54c53338  000007fe`f56cad70 USER32!LoadCursorW
000007f6`54c53340  000007fe`f56cc5b0 USER32!CreateWindowExW
000007f6`54c53348  000007fe`f56d3660 USER32!NtUserSetWindowPlacement
000007f6`54c53350  000007fe`f56cb610 USER32!LoadImageW
000007f6`54c53358  000007fe`f56cc8d0 USER32!RegisterClassExW
000007f6`54c53360  000007fe`f56ed1d0 USER32!SetScrollPos
```

```
000007f6`54c53368  000007fe`f56c4a20 USER32!NtUserInvalidateRect
000007f6`54c53370  000007fe`f56cb530 USER32!UpdateWindow
000007f6`54c53378  000007fe`f56cea80 USER32!GetWindowTextLengthW
000007f6`54c53380  000007fe`f56c4ed0 USER32!GetWindowLongW
000007f6`54c53388  000007fe`f56c10c0 USER32!PeekMessageW
000007f6`54c53390  000007fe`f56ca030 USER32!GetWindowTextW
000007f6`54c53398  000007fe`f56ce600 USER32!EnableWindow
000007f6`54c533a0  000007fe`f56ddae0 USER32!CreateDialogParamW
000007f6`54c533a8  000007fe`f56cea20 USER32!DrawTextExW
000007f6`54c533b0  000007fe`f56c48a0 USER32!GetParent
000007f6`54c533b8  000007fe`f5708a28 USER32!ChildWindowFromPoint
000007f6`54c533c0  000007fe`f56cdbc0 USER32!ScreenToClient
000007f6`54c533c8  000007fe`f56c3570 USER32!GetCursorPos
000007f6`54c533d0  000007fe`f56e1f50 USER32!WinHelpW
000007f6`54c533d8  000007fe`f56cde60 USER32!GetDlgCtrlID
000007f6`54c533e0  000007fe`f56eb070 USER32!SendDlgItemMessageW
000007f6`54c533e8  000007fe`f56ebb00 USER32!EndDialog
000007f6`54c533f0  000007fe`f56eb960 USER32!GetDlgItemTextW
000007f6`54c533f8  000007fe`f56ec2f0 USER32!SetDlgItemTextW
000007f6`54c53400  000007fe`f56ed830 USER32!NtUserCloseClipboard
000007f6`54c53408  000007fe`f56ef3e0 USER32!NtUserIsClipboardFormatAvailable
000007f6`54c53410  000007fe`f56ed850 USER32!OpenClipboard
000007f6`54c53418  000007fe`f56ed430 USER32!GetMenuState
000007f6`54c53420  000007fe`f56c7430 USER32!SetWindowTextW
000007f6`54c53428  000007fe`f56ce030 USER32!NtUserUnhookWinEvent
000007f6`54c53430  000007fe`f56c1520 USER32!DispatchMessageW
000007f6`54c53438  000007fe`f56c11c0 USER32!TranslateMessage
000007f6`54c53440  000007fe`f56c1fa0 USER32!TranslateAcceleratorW
000007f6`54c53448  000007fe`f56d5f50 USER32!IsDialogMessageW
000007f6`54c53450  000007fe`f56c1ed0 USER32!GetMessageW
000007f6`54c53458  000007fe`f56d2f70 USER32!SetWinEventHook
000007f6`54c53460  000007fe`f56cb830 USER32!CharNextWStub
000007f6`54c53468  000007fe`f56c2090 USER32!GetKeyboardLayout
000007f6`54c53470  000007fe`f56c3410 USER32!NtUserGetForegroundWindow
000007f6`54c53478  000007fe`f56ec8a0 USER32!MessageBeep
000007f6`54c53480  000007fe`f56ce050 USER32!PostQuitMessage
000007f6`54c53488  000007fe`f56cbbc0 USER32!IsIconic
000007f6`54c53490  000007fe`f7ec1ac9 ntdll!NtdllDefWindowProc_W
000007f6`54c53498  000007fe`f56c5280 USER32!LoadStringW
000007f6`54c534a0  000007fe`f56d4f80 USER32!NtUserSetActiveWindow
000007f6`54c534a8  000007fe`f56cdd70 USER32!NtUserSetCursor
000007f6`54c534b0  000007fe`f56c3d10 USER32!ReleaseDC
000007f6`54c534b8  000007fe`f56c3d40 USER32!NtUserGetDC
000007f6`54c534c0  000007fe`f56d4ae0 USER32!NtUserShowWindow
000007f6`54c534c8  000007fe`f56c4b50 USER32!GetClientRect
```

```
000007f6`54c534d0  000007fe`f56ed9e0 USER32!CheckMenuItem
000007f6`54c534d8  000007fe`f5730720 USER32!MessageBoxW
000007f6`54c534e0  000007fe`f56c3400 USER32!GetFocus
000007f6`54c534e8  000007fe`f56cc870 USER32!LoadIconW
000007f6`54c534f0  000007fe`f56ebb80 USER32!DialogBoxParamW
000007f6`54c534f8  000007fe`f56c86c0 USER32!NtUserSetFocus
000007f6`54c53500  000007fe`f56efdd0 USER32!GetSubMenu
000007f6`54c53508  000007fe`f56ed940 USER32!EnableMenuItem
000007f6`54c53510  000007fe`f56ef330 USER32!GetMenu
000007f6`54c53518  000007fe`f56c24a0 USER32!PostMessageW
000007f6`54c53520  000007fe`f56cded0 USER32!NtUserMoveWindow
000007f6`54c53528  000007fe`f56c4760 USER32!SendMessageW
000007f6`54c53530  000007fe`f56c3540 USER32!NtUserDestroyWindow
000007f6`54c53538  00000000`00000000
000007f6`54c53540  000007fe`f78239c0 msvcrt!iswctype
000007f6`54c53548  000007fe`f78249a0 msvcrt!strchr
000007f6`54c53550  000007fe`f7821100 msvcrt!memcpy
000007f6`54c53558  000007fe`f7827420 msvcrt!wtol
000007f6`54c53560  000007fe`f78234b0 msvcrt!vsnwprintf
000007f6`54c53568  000007fe`f7870ad0 msvcrt!terminate
000007f6`54c53570  000007fe`f787fefc msvcrt!XcptFilter
000007f6`54c53578  000007fe`f78877e4 msvcrt!amsg_exit
000007f6`54c53580  000007fe`f7828cc8 msvcrt!_getmainargs
000007f6`54c53588  000007fe`f78277a0 msvcrt!_set_app_type
000007f6`54c53590  000007fe`f782615c msvcrt!exit
000007f6`54c53598  000007fe`f7821060 msvcrt!memset
000007f6`54c535a0  000007fe`f78af0e4 msvcrt!commode
000007f6`54c535a8  000007fe`f78af0e0 msvcrt!fmode
000007f6`54c535b0  000007fe`f78ae858 msvcrt!acmdln
000007f6`54c535b8  000007fe`f7ee4f5c ntdll!_C_specific_handler
000007f6`54c535c0  000007fe`f7823cd0 msvcrt!initterm
000007f6`54c535c8  000007fe`f78a0214 msvcrt!_setusermatherr
000007f6`54c535d0  000007fe`f7828ae8 msvcrt!ismbblead
000007f6`54c535d8  000007fe`f782f75c msvcrt!cexit
000007f6`54c535e0  000007fe`f7887790 msvcrt!exit
000007f6`54c535e8  00000000`00000000
000007f6`54c535f0  000007fe`f7a3a6f0 COMDLG32!GetSaveFileNameW
000007f6`54c535f8  000007fe`f7a50170 COMDLG32!FindTextW
000007f6`54c53600  000007fe`f7a5da60 COMDLG32!PageSetupDlgW
000007f6`54c53608  000007fe`f7a54be8 COMDLG32!ChooseFontW
000007f6`54c53610  000007fe`f7a21cc0 COMDLG32!GetFileTitleW
000007f6`54c53618  000007fe`f7a6cc0c COMDLG32!PrintDlgExW
000007f6`54c53620  000007fe`f7a4f360 COMDLG32!GetOpenFileNameW
000007f6`54c53628  000007fe`f7a46d04 COMDLG32!CommDlgExtendedError
000007f6`54c53630  000007fe`f7a50148 COMDLG32!ReplaceTextW
```

```
000007f6`54c53638  00000000`00000000
000007f6`54c53640  000007fe`f68f1d14 SHELL32!ShellAboutW
000007f6`54c53648  000007fe`f67d47dc SHELL32!DragFinish
000007f6`54c53650  000007fe`f65e58d0 SHELL32!SHCreateItemFromParsingName
000007f6`54c53658  000007fe`f65dbcf0 SHELL32!SHAddToRecentDocs
000007f6`54c53660  000007fe`f67d4814 SHELL32!DragQueryFileW
000007f6`54c53668  000007fe`f67194cc SHELL32!DragAcceptFiles
000007f6`54c53670  00000000`00000000
000007f6`54c53678  000007fe`eb5f3e60 WINSPOOL!OpenPrinterW
000007f6`54c53680  000007fe`eb5f3660 WINSPOOL!ClosePrinter
000007f6`54c53688  000007fe`eb5f5230 WINSPOOL!GetPrinterDriverW
000007f6`54c53690  00000000`00000000
000007f6`54c53698  000007fe`f7b31130 combase!CoTaskMemFree
000007f6`54c536a0  000007fe`f7b31180 combase!CoTaskMemAlloc
000007f6`54c536a8  000007fe`f7b42100 combase!CoCreateInstance
000007f6`54c536b0  000007fe`f7b37c20 combase!CoInitializeEx
000007f6`54c536b8  000007fe`f7b37460 combase!CoUninitialize
000007f6`54c536c0  00000000`00000000
000007f6`54c536c8  000007fe`f7ad1070 SHLWAPI!SHStrDupWStub
000007f6`54c536d0  000007fe`f7ad6200 SHLWAPI!PathIsFileSpecWStub
000007f6`54c536d8  00000000`00000000
000007f6`54c536e0  000007fe`f2791740 COMCTL32!CreateStatusWindowW
000007f6`54c536e8  000007fe`f280ad28 COMCTL32!TaskDialogIndirect
000007f6`54c536f0  00000000`00000000
000007f6`54c536f8  000007fe`f5501780 OLEAUT32!SysAllocString
000007f6`54c53700  000007fe`f5501220 OLEAUT32!SysFreeString
000007f6`54c53708  00000000`00000000
000007f6`54c53710  000007fe`f7f0dd48 ntdll!RtlVirtualUnwind
000007f6`54c53718  000007fe`f7ee43e0 ntdll!RtlLookupFunctionEntry
000007f6`54c53720  000007fe`f7ec4d10 ntdll!RtlCaptureContext
000007f6`54c53728  000007fe`f7f3da10 ntdll!WinSqmAddToStream
000007f6`54c53730  00000000`00000000
```

8.   이제 notepad 프로세스의 토큰을 확인해보자(!token 명령어 사용). 그리고 가장하는[impersonating] 스레드를 갖는지 여부를 확인한다.

```
0: kd> !process fffffa8001e0f740 3f
PROCESS fffffa8001e0f740
    SessionId: 2   Cid: 0d7c   Peb: 7f65412f000 ParentCid: 0c78
    DirBase: 0e165000  ObjectTable: fffff8a00055ff00  HandleCount: <Data Not Accessible>
    Image: notepad.exe
    VadRoot fffffa80038c6d30 Vads 55 Clone 0 Private 228. Modified 4. Locked 0.
    DeviceMap fffff8a000290b20
    Token                            fffff8a0018dc8c0
```

```
ElapsedTime                        00:05:13.216
UserTime                           00:00:00.000
KernelTime                         00:00:00.000
QuotaPoolUsage[PagedPool]          191120
QuotaPoolUsage[NonPagedPool]       6912
Working Set Sizes (now,min,max)    (1311, 50, 345) (5244KB, 200KB, 1380KB)
PeakWorkingSetSize                 1311
VirtualSize                        93 Mb
PeakVirtualSize                    97 Mb
PageFaultCount                     1348
MemoryPriority                     BACKGROUND
BasePriority                       8
CommitCharge                       315
Job                                fffffa8003e3ea30


PEB at 000007f65412f000
InheritedAddressSpace:     No
ReadImageFileExecOptions: No
BeingDebugged:             No
ImageBaseAddress:          000007f654c30000
Ldr                        000007fef7ff88a0
Ldr.Initialized:           Yes
Ldr.InInitializationOrderModuleList:  000000554ff41a10 . 000000554ff48cb0
Ldr.InLoadOrderModuleList:            000000554ff41b70 . 000000554ff48c90
Ldr.InMemoryOrderModuleList:          000000554ff41b80 . 000000554ff48ca0
            Base TimeStamp                     Module
        7f654c30000 501099bc Jul 26 02:13:32 2012 C:\WINDOWS\system32\notepad.exe
        7fef7ec0000 505ab405 Sep 20 07:13:25 2012 C:\WINDOWS\SYSTEM32\ntdll.dll
        7fef6010000 5010a83a Jul 26 03:15:22 2012 C:\WINDOWS\system32\KERNEL32.DLL
        7fef4fd0000 5010ab2d Jul 26 03:27:57 2012 C:\WINDOWS\system32\KERNELBASE.dll
        7fef78d0000 5010a732 Jul 26 03:10:58 2012 C:\WINDOWS\system32\ADVAPI32.dll
        7fef5810000 50108b7f Jul 26 01:12:47 2012 C:\WINDOWS\system32\GDI32.dll
        7fef56c0000 505a9a92 Sep 20 05:24:50 2012 C:\WINDOWS\system32\USER32.dll
        7fef7820000 5010ac20 Jul 26 03:32:00 2012 C:\WINDOWS\system32\msvcrt.dll
        7fef7a20000 50108ed8 Jul 26 01:27:04 2012 C:\WINDOWS\system32\COMDLG32.dll
        7fef6520000 507635b5 Oct 11 03:57:57 2012 C:\WINDOWS\system32\SHELL32.dll
        7feeb5f0000 501081fa Jul 26 00:32:10 2012 C:\WINDOWS\system32\WINSPOOL.DRV
        7fef5340000 50108270 Jul 26 00:34:08 2012 C:\WINDOWS\system32\ole32.dll
        7fef7ad0000 501080dd Jul 26 00:27:25 2012 C:\WINDOWS\system32\SHLWAPI.dll
        7fef2760000 501084f0 Jul 26 00:44:48 2012
C:\WINDOWS\WinSxS\amd64_microsoft.windows.common-
controls_6595b64144ccf1df_6.0.9200.16384_none_418c2a697189c07f\COMCTL32.dll
        7fef5500000 50108a1d Jul 26 01:06:53 2012 C:\WINDOWS\system32\OLEAUT32.dll
        7fef55d0000 50108a41 Jul 26 01:07:29 2012 C:\WINDOWS\SYSTEM32\sechost.dll
        7fef5be0000 50108bb9 Jul 26 01:13:45 2012 C:\WINDOWS\system32\RPCRT4.dll
```

```
          7fef7b30000 505a9af2 Sep 20 05:26:26 2012 C:\WINDOWS\SYSTEM32\combase.dll
          7fef2ed0000 505a97e0 Sep 20 05:13:20 2012 C:\WINDOWS\system32\SHCORE.DLL
          7fef54c0000 501088ce Jul 26 01:01:18 2012 C:\WINDOWS\system32\IMM32.DLL
          7fef5d20000 50108881 Jul 26 01:00:01 2012 C:\WINDOWS\system32\MSCTF.dll
          7fef4c30000 5010ab50 Jul 26 03:28:32 2012 C:\WINDOWS\system32\CRYPTBASE.dll
          7fef4bd0000 50108a4c Jul 26 01:07:40 2012 C:\WINDOWS\system32\bcryptPrimitives.dll
          7fef3c80000 505a9614 Sep 20 05:05:40 2012 C:\WINDOWS\system32\uxtheme.dll
          7fef2a10000 5010894e Jul 26 01:03:26 2012 C:\WINDOWS\system32\dwmapi.dll
    SubSystemData:      0000000000000000
    ProcessHeap:        000000554ff40000
    ProcessParameters:  000000554ff411e0
    CurrentDirectory:  'C:\WINDOWS\system32\'
    WindowTitle: 'C:\WINDOWS\system32\notepad.exe'
    ImageFile:   'C:\WINDOWS\system32\notepad.exe'
    CommandLine: '"C:\WINDOWS\system32\notepad.exe" '
    DllPath:     '< Name not readable >'
    Environment: 000000554ff40860
        ALLUSERSPROFILE=C:\ProgramData
        APPDATA=C:\Users\Dmitry\AppData\Roaming
        CommonProgramFiles=C:\Program Files\Common Files
        CommonProgramFiles(x86)=C:\Program Files (x86)\Common Files
        CommonProgramW6432=C:\Program Files\Common Files
        COMPUTERNAME=MACAIR1
        ComSpec=C:\WINDOWS\system32\cmd.exe
        FP_NO_HOST_CHECK=NO
        HOMEDRIVE=C:
        HOMEPATH=\Users\Dmitry
        LOCALAPPDATA=C:\Users\Dmitry\AppData\Local
        LOGONSERVER=\\MicrosoftAccount
        NUMBER_OF_PROCESSORS=2
        OS=Windows_NT

Path=C:\WINDOWS\system32;C:\WINDOWS;C:\WINDOWS\System32\Wbem;C:\WINDOWS\System32\WindowsPowerShel
l\v1.0\
        PATHEXT=.COM;.EXE;.BAT;.CMD;.VBS;.VBE;.JS;.JSE;.WSF;.WSH;.MSC
        PROCESSOR_ARCHITECTURE=AMD64
        PROCESSOR_IDENTIFIER=Intel64 Family 6 Model 15 Stepping 11, GenuineIntel
        PROCESSOR_LEVEL=6
        PROCESSOR_REVISION=0f0b
        ProgramData=C:\ProgramData
        ProgramFiles=C:\Program Files
        ProgramFiles(x86)=C:\Program Files (x86)
        ProgramW6432=C:\Program Files
        PSModulePath=C:\WINDOWS\system32\WindowsPowerShell\v1.0\Modules\
        PUBLIC=C:\Users\Public
```

```
SystemDrive=C:
SystemRoot=C:\WINDOWS
TEMP=C:\Users\Dmitry\AppData\Local\Temp
TMP=C:\Users\Dmitry\AppData\Local\Temp
USERDOMAIN=MACAIR1
USERDOMAIN_ROAMINGPROFILE=MACAIR1
USERNAME=Dmitry
USERPROFILE=C:\Users\Dmitry
windir=C:\WINDOWS


THREAD fffffa8001ec4b00  Cid 0d7c.0bc4  Teb: 000007f65412d000 Win32Thread:
fffff90104165010 WAIT: (WrUserRequest) UserMode Non-Alertable
        fffffa8003808f20  SynchronizationEvent
    Not impersonating
    DeviceMap                    fffff8a000290b20
    Owning Process               fffffa8001e0f740            Image:        notepad.exe
    Attached Process             N/A            Image:        N/A
    Wait Start TickCount         15741108       Ticks: 20 (0:00:00:00.312)
    Context Switch Count         2411           IdealProcessor: 1
    UserTime                     00:00:00.000
    KernelTime                   00:00:00.046
    Win32 Start Address notepad!WinMainCRTStartup (0x000007f654c35a40)
    Stack Init fffff88015856dd0 Current fffff880158565f0
    Base fffff88015857000 Limit fffff88015851000 Call 0000000000000000
    Priority 10 BasePriority 8 PriorityDecrement 2 IoPriority 2 PagePriority 5


    Child-SP          RetAddr           Call Site
    fffff880`15856630 fffff802`b3b2d99c nt!KiSwapContext+0x76
    fffff880`15856770 fffff802`b3b29c1f nt!KiCommitThreadWait+0x23c
    fffff880`15856830 fffff802`b3b2943e nt!KeWaitForSingleObject+0x1cf
    fffff880`158568c0 fffff960`00153e07 nt!KeWaitForMultipleObjects+0x2ce
    fffff880`15856970 fffff960`00154765 win32k!xxxRealSleepThread+0x2c7
    fffff880`15856a40 fffff960`00152e99 win32k!xxxSleepThread+0xc5
    fffff880`15856a90 fffff960`001545f3 win32k!xxxRealInternalGetMessage+0x629
    fffff880`15856bb0 fffff802`b3b02d53 win32k!NtUserGetMessage+0x83
    fffff880`15856c40 000007fe`f56c1eba nt!KiSystemServiceCopyEnd+0x13 (TrapFrame @
fffff880`15856c40)
    00000055`4fdbf918 000007fe`f56c1ef5 USER32!NtUserGetMessage+0xa
    00000055`4fdbf920 000007f6`54c31064 USER32!GetMessageW+0x25
    00000055`4fdbf950 000007f6`54c3133d notepad!WinMain+0x178
    00000055`4fdbf9d0 000007fe`f601167e notepad!StringCchLengthW+0x315
    00000055`4fdbfa90 000007fe`f7ee3501 KERNEL32!BaseThreadInitThunk+0x1a
    00000055`4fdbfac0 00000000`00000000 ntdll!RtlUserThreadStart+0x1d


0: kd> !token fffff8a0018dc8c0
```

```
_TOKEN 0xfffff8a0018dc8c0
TS Session ID: 0x2
User: S-1-5-21-1611807509-3540313852-1071111378-1001
User Groups:
 00 S-1-16-8192
    Attributes - GroupIntegrity GroupIntegrityEnabled
 01 S-1-1-0
    Attributes - Mandatory Default Enabled
 02 S-1-5-21-1611807509-3540313852-1071111378-1002
    Attributes - Mandatory Default Enabled
 03 S-1-5-32-544
    Attributes - DenyOnly
 04 S-1-5-32-545
    Attributes - Mandatory Default Enabled
 05 S-1-5-4
    Attributes - Mandatory Default Enabled
 06 S-1-2-1
    Attributes - Mandatory Default Enabled
 07 S-1-5-11
    Attributes - Mandatory Default Enabled
 08 S-1-5-15
    Attributes - Mandatory Default Enabled
 09 S-1-11-96-3623454863-58364-18864-2661722203-1597581903-1397600407-1841757693-3687432443-
3003626526-223860046
    Attributes - Mandatory Default Enabled
 10 S-1-5-5-0-847879
    Attributes - Mandatory Default Enabled LogonId
 11 S-1-2-0
    Attributes - Mandatory Default Enabled
 12 S-1-5-64-32
    Attributes - Mandatory Default Enabled
Primary Group: S-1-5-21-1611807509-3540313852-1071111378-1001
Privs:
    19 0x000000013 SeShutdownPrivilege            Attributes -
    23 0x000000017 SeChangeNotifyPrivilege        Attributes - Enabled Default
    25 0x000000019 SeUndockPrivilege              Attributes -
    33 0x000000021 SeIncreaseWorkingSetPrivilege  Attributes -
    34 0x000000022 SeTimeZonePrivilege Attributes -
Authentication ID:        (0,cf0c8)
Impersonation Level:      Anonymous
TokenType:                Primary
Source: User32            TokenFlags: 0x2a00 ( Token in use )
Token ID: 12bd79          ParentToken ID: cf0cb
Modified ID:              (0, cf0d4)
RestrictedSidCount: 0     RestrictedSids: 0x0000000000000000
```

```
OriginatingLogonSession: 3e7
PackageSid: (null)
CapabilityCount: 0          Capabilities: 0x0000000000000000
LowboxNumberEntry: 0x0000000000000000
Security Attributes:
Invalid AUTHZBASEP_SECURITY_ATTRIBUTES_INFORMATION with no claims
```

9. 숨겨진 프로세스와 드라이버를 확인하기위해 Proc과 Driv 태그를 가진 모든 커널 풀 엔트리를 덤프할 수 있다(!poolfind 명령어 사용). 그리고 동작 중인 프로세스 목록(!process 0 0)과 어떤 차이가 있는지 확인해본다.

```
0: kd> !poolfind Proc

Scanning large pool allocation table for tag 0x636f7250 (Proc) (fffffa8003c00000 : fffffa8003d80000)

Searching nonpaged pool (fffffa80017a1000 : fffffa80f0a00000) for tag 0x636f7250 (Proc)

fffffa800182e420 : tag Proc, size     0x6f0, Nonpaged pool
fffffa8001c4b010 : tag Proc, size     0x710, Nonpaged pool
fffffa8001d078f0 : tag Proc, size     0x710, Nonpaged pool
fffffa8001d54500 : tag Proc, size     0x710, Nonpaged pool
fffffa8001e0f6f0 : tag Proc, size     0x710, Nonpaged pool
fffffa8001f41360 : tag Proc, size     0x710, Nonpaged pool
fffffa8001f4b8f0 : tag Proc, size     0x710, Nonpaged pool
fffffa8001f7b740 : tag Proc, size     0x710, Nonpaged pool
fffffa8001fe88f0 : tag Proc, size     0x710, Nonpaged pool
fffffa800200e010 : tag Proc, size     0x710, Nonpaged pool
fffffa80020b0010 : tag Proc, size     0x710, Nonpaged pool
fffffa80021098f0 : tag Proc, size     0x710, Nonpaged pool
fffffa80027728f0 : tag Proc, size     0x710, Nonpaged pool
fffffa8002cb28f0 : tag Proc, size     0x710, Nonpaged pool
fffffa8002cc28f0 : tag Proc, size     0x710, Nonpaged pool
fffffa8002cf7170 : tag Proc, size     0x710, Nonpaged pool
fffffa8002d5d8f0 : tag Proc, size     0x710, Nonpaged pool
fffffa8002d6c4f0 : tag Proc, size     0x710, Nonpaged pool
fffffa8002d74100 : tag Proc, size     0x710, Nonpaged pool
fffffa8002d784a0 : tag Proc, size     0x6f0, Nonpaged pool
fffffa8002e6b170 : tag Proc, size     0x710, Nonpaged pool
fffffa8002e7b8f0 : tag Proc, size     0x710, Nonpaged pool
fffffa800305c6c0 : tag Proc, size     0x710, Nonpaged pool
fffffa80030a64f0 : tag Proc, size     0x710, Nonpaged pool
fffffa80033bb8f0 : tag Proc, size     0x710, Nonpaged pool
fffffa80033c3010 : tag Proc, size     0x710, Nonpaged pool
fffffa80036948f0 : tag Proc, size     0x710, Nonpaged pool
```

```
fffffa80037404f0 : tag Proc, size      0x710, Nonpaged pool
fffffa80037634f0 : tag Proc, size      0x710, Nonpaged pool
fffffa800379c8f0 : tag Proc, size      0x710, Nonpaged pool
fffffa80037ae8f0 : tag Proc, size      0x710, Nonpaged pool
fffffa80037e98f0 : tag Proc, size      0x710, Nonpaged pool
fffffa80038168f0 : tag Proc, size      0x710, Nonpaged pool
fffffa80038798f0 : tag Proc, size      0x710, Nonpaged pool
fffffa80038e68f0 : tag Proc, size      0x710, Nonpaged pool
fffffa800392c4f0 : tag Proc, size      0x710, Nonpaged pool
fffffa80039a98f0 : tag Proc, size      0x710, Nonpaged pool
fffffa8003b50410 : tag Proc, size      0x710, Nonpaged pool
fffffa8003d8f010 : tag Proc, size      0x710, Nonpaged pool
fffffa8003ed35a0 : tag Proc, size      0x710, Nonpaged pool
fffffa8003eec8f0 : tag Proc, size      0x710, Nonpaged pool
fffffa8003fea370 : tag Proc, size      0x710, Nonpaged pool
fffffa80041458f0 : tag Proc, size      0x710, Nonpaged pool
**fffffa800417d8f0 : tag Proc, size      0x710, Nonpaged pool**

0: kd> !poolfind Driv

Scanning large pool allocation table for tag 0x76697244 (Driv) (fffffa8003c00000 : fffffa8003d80000)

fffffa80017e9ca0 : tag Driv, size       0x20, Nonpaged pool
fffffa8002ca61f0 : tag Driv, size      0x1f0, Nonpaged pool
fffffa8002dc2700 : tag Driv, size       0x20, Nonpaged pool
fffffa8002dc2730 : tag Driv, size      0x1f0, Nonpaged pool
fffffa80025fa320 : tag Driv, size      0x1f0, Nonpaged pool

Searching nonpaged pool (fffffa80017a1000 : fffffa80f0a00000) for tag 0x76697244 (Driv)

fffffa80017ff5b0 : tag Driv, size      0x1f0, Nonpaged pool
fffffa8001804e10 : tag Driv, size      0x1f0, Nonpaged pool
fffffa800180d1c0 : tag Driv, size      0x1f0, Nonpaged pool
fffffa800180e4f0 : tag Driv, size       0x20, Nonpaged pool
fffffa80018195e0 : tag Driv, size      0x1f0, Nonpaged pool
fffffa800181f100 : tag Driv, size       0x20, Nonpaged pool
fffffa80018378d0 : tag Driv, size      0x1f0, Nonpaged pool
fffffa8001841d90 : tag Driv, size      0x1f0, Nonpaged pool
fffffa800184f250 : tag Driv, size      0x1f0, Nonpaged pool
fffffa8001858390 : tag Driv, size      0x1f0, Nonpaged pool
fffffa8001905c70 : tag Driv, size      0x1f0, Nonpaged pool
fffffa800199a1a0 : tag Driv, size       0x20, Nonpaged pool
fffffa80019ba390 : tag Driv, size      0x1f0, Nonpaged pool
fffffa80019d46d0 : tag Driv, size       0x20, Nonpaged pool
fffffa80019d8760 : tag Driv, size      0x1f0, Nonpaged pool
```

```
fffffa80019df4c0 : tag Driv, size      0x1f0, Nonpaged pool
fffffa80019e4130 : tag Driv, size      0x1f0, Nonpaged pool
fffffa80019f08f0 : tag Driv, size       0x20, Nonpaged pool
fffffa80019f1250 : tag Driv, size      0x1f0, Nonpaged pool
fffffa80019f6c00 : tag Driv, size      0x1f0, Nonpaged pool
fffffa80019f9a50 : tag Driv, size       0x20, Nonpaged pool
fffffa80019f9cf0 : tag Driv, size      0x1f0, Nonpaged pool
fffffa80019fa870 : tag Driv, size      0x1f0, Nonpaged pool
fffffa80019fafa0 : tag Driv, size       0x60, Nonpaged pool
fffffa80019fb840 : tag Driv, size      0x1f0, Nonpaged pool
fffffa80019fc5b0 : tag Driv, size      0x1f0, Nonpaged pool
fffffa80019fcd20 : tag Driv, size      0x1f0, Nonpaged pool
fffffa80019fd010 : tag Driv, size      0x1f0, Nonpaged pool
fffffa800249ee10 : tag Driv, size      0x1f0, Nonpaged pool
fffffa800249fdc0 : tag Driv, size       0x40, Nonpaged pool
fffffa800249fe10 : tag Driv, size      0x1f0, Nonpaged pool
fffffa80024a1230 : tag Driv, size      0x1f0, Nonpaged pool
fffffa80024a20a0 : tag Driv, size       0x20, Nonpaged pool
fffffa80024a2ae0 : tag Driv, size      0x1f0, Nonpaged pool
fffffa80024a53e0 : tag Driv, size      0x1f0, Nonpaged pool
fffffa80024af980 : tag Driv, size      0x1f0, Nonpaged pool
fffffa80024e81b0 : tag Driv, size      0x1f0, Nonpaged pool
fffffa80024f5e10 : tag Driv, size      0x1f0, Nonpaged pool
fffffa80024f6680 : tag Driv, size      0x1f0, Nonpaged pool
fffffa80024f6a90 : tag Driv, size      0x1f0, Nonpaged pool
fffffa80024f7010 : tag Driv, size      0x1f0, Nonpaged pool
fffffa80024f74f0 : tag Driv, size      0x1f0, Nonpaged pool
fffffa80024fb560 : tag Driv, size      0x1f0, Nonpaged pool
fffffa80024fb9d0 : tag Driv, size      0x1f0, Nonpaged pool
fffffa80024fe3b0 : tag Driv, size      0x1f0, Nonpaged pool
fffffa80024fe8b0 : tag Driv, size      0x1f0, Nonpaged pool
fffffa80025e2e10 : tag Driv, size      0x1f0, Nonpaged pool
fffffa80025e3c80 : tag Driv, size      0x1f0, Nonpaged pool
fffffa80025e48d0 : tag Driv, size      0x1f0, Nonpaged pool
fffffa80025e4e10 : tag Driv, size      0x1f0, Nonpaged pool
fffffa80025ea010 : tag Driv, size      0x910, Nonpaged pool
fffffa80025eb010 : tag Driv, size      0xbe0, Nonpaged pool
fffffa80026378d0 : tag Driv, size      0x1f0, Nonpaged pool
fffffa800263a5a0 : tag Driv, size      0x3a0, Nonpaged pool
fffffa800263aae0 : tag Driv, size      0x1f0, Nonpaged pool
fffffa8002749cc0 : tag Driv, size      0x340, Nonpaged pool
fffffa8002791010 : tag Driv, size      0x1f0, Nonpaged pool
fffffa8002c48610 : tag Driv, size      0x1f0, Nonpaged pool
fffffa8002c4d540 : tag Driv, size      0x1f0, Nonpaged pool
fffffa8002c59010 : tag Driv, size      0x1f0, Nonpaged pool
```

```
fffffa8002c5d010 : tag Driv, size     0x1f0, Nonpaged pool
fffffa8002c5e8c0 : tag Driv, size     0x1f0, Nonpaged pool
fffffa8002c603f0 : tag Driv, size     0x1f0, Nonpaged pool
fffffa8002c60a10 : tag Driv, size     0x1f0, Nonpaged pool
fffffa8002c6dcc0 : tag Driv, size     0x340, Nonpaged pool
fffffa8002c87600 : tag Driv, size     0x1f0, Nonpaged pool
fffffa8002c897f0 : tag Driv, size     0x1f0, Nonpaged pool
fffffa8002c9a010 : tag Driv, size     0x1f0, Nonpaged pool
fffffa8002cac3e0 : tag Driv, size     0x1f0, Nonpaged pool
fffffa8002caf710 : tag Driv, size     0x1f0, Nonpaged pool
fffffa8002d545f0 : tag Driv, size      0x20, Nonpaged pool
fffffa8002d77130 : tag Driv, size      0x20, Nonpaged pool
fffffa8002d7cc30 : tag Driv, size     0x1f0, Nonpaged pool
fffffa8002d7f710 : tag Driv, size      0x20, Nonpaged pool
fffffa8002d84010 : tag Driv, size     0x460, Nonpaged pool
fffffa8002d8d430 : tag Driv, size     0x1f0, Nonpaged pool
fffffa8002d91b80 : tag Driv, size     0x1f0, Nonpaged pool
fffffa8002d92600 : tag Driv, size     0x1f0, Nonpaged pool
fffffa8002d928c0 : tag Driv, size     0x1f0, Nonpaged pool
fffffa8002d94600 : tag Driv, size     0x1f0, Nonpaged pool
fffffa8002d94e10 : tag Driv, size     0x1f0, Nonpaged pool
fffffa8002d96600 : tag Driv, size     0x1f0, Nonpaged pool
fffffa8002d9d010 : tag Driv, size     0x460, Nonpaged pool
fffffa8002da0ba0 : tag Driv, size     0x460, Nonpaged pool
fffffa8002da1600 : tag Driv, size     0x1f0, Nonpaged pool
fffffa8002da4010 : tag Driv, size     0x460, Nonpaged pool
fffffa8002db1600 : tag Driv, size     0x1f0, Nonpaged pool
fffffa8002db1a00 : tag Driv, size     0x1f0, Nonpaged pool
fffffa8002db8440 : tag Driv, size     0x1f0, Nonpaged pool
fffffa8002dc3010 : tag Driv, size     0x1f0, Nonpaged pool
fffffa8002dc8600 : tag Driv, size     0x1f0, Nonpaged pool
fffffa8002dcae10 : tag Driv, size     0x1f0, Nonpaged pool
fffffa8002dcc830 : tag Driv, size      0x20, Nonpaged pool
fffffa8002dcc8d0 : tag Driv, size     0x1f0, Nonpaged pool
fffffa8002dcce10 : tag Driv, size     0x1f0, Nonpaged pool
fffffa8002dd05f0 : tag Driv, size     0x1f0, Nonpaged pool
fffffa8002dd2600 : tag Driv, size     0x1f0, Nonpaged pool
fffffa8002dd67d0 : tag Driv, size     0x1f0, Nonpaged pool
fffffa8002ddc850 : tag Driv, size      0x20, Nonpaged pool
fffffa8002ddc8c0 : tag Driv, size     0x340, Nonpaged pool
fffffa8002ded4f0 : tag Driv, size     0x1f0, Nonpaged pool
fffffa8002df3130 : tag Driv, size      0x20, Nonpaged pool
fffffa8002dff5f0 : tag Driv, size     0x1f0, Nonpaged pool
fffffa8002dffaf0 : tag Driv, size     0x210, Nonpaged pool
fffffa8002e6d170 : tag Driv, size     0x1f0, Nonpaged pool
```

```
fffffa8002e72560 : tag Driv, size    0x470, Nonpaged pool
fffffa8002e75010 : tag Driv, size    0x1f0, Nonpaged pool
fffffa8002e79010 : tag Driv, size    0x1f0, Nonpaged pool
fffffa8002e82280 : tag Driv, size    0x1f0, Nonpaged pool
fffffa8002e9f010 : tag Driv, size    0x460, Nonpaged pool
fffffa8002ea9010 : tag Driv, size    0x1f0, Nonpaged pool
fffffa8002eaf2f0 : tag Driv, size    0x1f0, Nonpaged pool
fffffa8002ebb010 : tag Driv, size    0x1f0, Nonpaged pool
fffffa8002ec0010 : tag Driv, size    0x460, Nonpaged pool
fffffa8002ec1df0 : tag Driv, size    0x140, Nonpaged pool
fffffa8002ecb010 : tag Driv, size    0x1f0, Nonpaged pool
fffffa8002ecb700 : tag Driv, size     0x20, Nonpaged pool
fffffa8002ece010 : tag Driv, size    0x460, Nonpaged pool
fffffa8002ed32c0 : tag Driv, size    0x1f0, Nonpaged pool
fffffa8002ee5880 : tag Driv, size    0x1f0, Nonpaged pool
fffffa8002ef0010 : tag Driv, size    0x1f0, Nonpaged pool
fffffa8002f00510 : tag Driv, size    0x1f0, Nonpaged pool
fffffa80030a2e10 : tag Driv, size    0x1f0, Nonpaged pool
fffffa80031b07a0 : tag Driv, size    0x460, Nonpaged pool
fffffa80031c4780 : tag Driv, size    0x1f0, Nonpaged pool
fffffa80031fe960 : tag Driv, size    0x1f0, Nonpaged pool
fffffa80031ff010 : tag Driv, size     0x80, Nonpaged pool
fffffa800320c370 : tag Driv, size    0x1f0, Nonpaged pool
fffffa8003217280 : tag Driv, size    0x1f0, Nonpaged pool
fffffa8003226e10 : tag Driv, size    0x1f0, Nonpaged pool
fffffa800324da00 : tag Driv, size    0x1f0, Nonpaged pool
fffffa80032a0e10 : tag Driv, size    0x1f0, Nonpaged pool
fffffa80032aa280 : tag Driv, size    0x140, Nonpaged pool
fffffa80032ac350 : tag Driv, size     0xe0, Nonpaged pool
fffffa80032b36f0 : tag Driv, size    0x1f0, Nonpaged pool
fffffa8003653c10 : tag Driv, size    0x1f0, Nonpaged pool
fffffa8003744210 : tag Driv, size    0x1f0, Nonpaged pool
fffffa80038bd010 : tag Driv, size    0x1f0, Nonpaged pool
fffffa80038d1cd0 : tag Driv, size    0x1f0, Nonpaged pool
fffffa8003903600 : tag Driv, size    0x1f0, Nonpaged pool
fffffa800392a8a0 : tag Driv, size    0x1f0, Nonpaged pool
fffffa800397bb30 : tag Driv, size    0x1f0, Nonpaged pool
fffffa80039a2890 : tag Driv, size    0x1f0, Nonpaged pool
fffffa80039b28c0 : tag Driv, size    0x1f0, Nonpaged pool
fffffa80039bae10 : tag Driv, size    0x1f0, Nonpaged pool
fffffa80039bc010 : tag Driv, size    0x460, Nonpaged pool
fffffa80039c8010 : tag Driv, size    0x1f0, Nonpaged pool
fffffa8003b54450 : tag Driv, size    0x1f0, Nonpaged pool
fffffa8003b54930 : tag Driv, size    0x1f0, Nonpaged pool
fffffa8003b54e10 : tag Driv, size    0x1f0, Nonpaged pool
```

```
fffffa8003b55390 : tag Driv, size    0x1f0, Nonpaged pool
fffffa8003b59590 : tag Driv, size    0x1f0, Nonpaged pool
fffffa8003b61e10 : tag Driv, size    0x1f0, Nonpaged pool
fffffa8003b78010 : tag Driv, size    0x1f0, Nonpaged pool
fffffa8003b7de10 : tag Driv, size    0x1f0, Nonpaged pool
fffffa8003d9f810 : tag Driv, size     0x20, Nonpaged pool
fffffa8003fcf820 : tag Driv, size    0x1f0, Nonpaged pool
```

마지막 Proc 엔트리를 확인해보자.

```
0: kd> dc fffffa800417d8f0-10
fffffa80`0417d8e0  02720030 636f7250 c12c04f1 42d60064  0.r.Proc..,.d..B
fffffa80`0417d8f0  00001000 00000688 00000048 fffff802  ........H.......
fffffa80`0417d900  b3d121c0 fffff802 00000000 00000000  .!..............
fffffa80`0417d910  002ffd7d 00000000 0000000c 00000000  }./.............
fffffa80`0417d920  00000000 00000000 00080007 00000000  ................
fffffa80`0417d930  b3d121c0 fffff802 000050ed fffff8a0  .!.......P......
fffffa80`0417d940  00b20003 00000000 0203b320 fffffa80  ........ .......
fffffa80`0417d950  037e07d0 fffffa80 0417d958 fffffa80  ..~.....X.......

0: kd> !process fffffa80`0417d940 0
PROCESS fffffa800417d940
    SessionId: 2 Cid: 0a28   Peb: 7f66fc54000  ParentCid: 0a3c
    DirBase: 6d36d000  ObjectTable: fffff8a00192a600  HandleCount: <Data Not Accessible>
    Image: winlogon.exe
```

또 다른 접근 방법은 시스템 프로세스에서 프로세스 타입의 모든 핸들을 덤프하는 것이다.

```
0: kd> !process 0 0
**** NT ACTIVE PROCESS DUMP ****
PROCESS fffffa800182e480
    SessionId: none Cid: 0004   Peb: 00000000  ParentCid: 0000
    DirBase: 00187000  ObjectTable: fffff8a000003000  HandleCount: <Data Not Accessible>
    Image: System

[...]

0: kd> !handle 0 3 fffffa800182e480 Process

Searching for handles of type Process

PROCESS fffffa800182e480
    SessionId: none Cid: 0004   Peb: 00000000  ParentCid: 0000
    DirBase: 00187000  ObjectTable: fffff8a000003000  HandleCount: <Data Not Accessible>
```

```
    Image: System

Kernel handle Error reading handle count.

0004: Object: fffffa800182e480  GrantedAccess: 001fffff Entry: fffff8a000006010
Object: fffffa800182e480  Type: (fffffa8001825670) Process
    ObjectHeader: fffffa800182e450 (new version)
        HandleCount: 6  PointerCount: 1835102

00c0: Object: fffffa8002d78500  GrantedAccess: 0000002a Entry: fffff8a000006300
Object: fffffa8002d78500  Type: (fffffa8001825670) Process
    ObjectHeader: fffffa8002d784d0 (new version)
        HandleCount: 1  PointerCount: 523890

[...]

14f8: Object: fffffa8002cb2940  GrantedAccess: 0000002a Entry: fffff8a007f163e0
Object: fffffa8002cb2940  Type: (fffffa8001825670) Process
    ObjectHeader: fffffa8002cb2910 (new version)
        HandleCount: 11  PointerCount: 2359105

1550: Object: fffffa8004145940  GrantedAccess: 0000002a Entry: fffff8a007f16540
Object: fffffa8004145940  Type: (fffffa8001825670) Process
    ObjectHeader: fffffa8004145910 (new version)
        HandleCount: 8  PointerCount: 2097247

15b4: Object: fffffa8001d54580  GrantedAccess: 0000002a Entry: fffff8a007f166d0
Object: fffffa8001d54580  Type: (fffffa8001825670) Process
    ObjectHeader: fffffa8001d54550 (new version)
        HandleCount: 4  PointerCount: 1310496

0: kd> !process fffffa8001d54580 0
PROCESS fffffa8001d54580
    SessionId: 0 Cid: 0f98    Peb: 7f76acaa000  ParentCid: 0220
    DirBase: 18acb000  ObjectTable: fffff8a0022e3980  HandleCount: <Data Not Accessible>
    Image: msiexec.exe
```

10. 그리고 마지막으로 모든 IRP에 대해 I/O 스택 트레이스를 확인해보자(!irpfind 명령어의 -v 옵션을 사용).

```
0: kd> !irpfind -v

[...]

fffffa80040696c0: Irp is active with 6 stacks 3 is current (= 0xfffffa8004069820)
 No Mdl: No System Buffer: Thread 00000000:  Irp stack trace.
```

```
    cmd  flg cl Device    File    Completion-Context
[ 0, 0]   0  0 00000000 00000000 00000000-00000000

                 Args: 00000000 00000000 00000000 00000000
[ 0, 0]   0  0 00000000 00000000 00000000-00000000

                 Args: 00000000 00000000 00000000 00000000
>[ 16, 0]  0  1 fffffa8002f35050 00000000 00000000-00000000    pending
            \Driver\usbuhci
                 Args: 00000005 00000000 00000000 00000000
[ 16, 0]  0 e0 fffffa8002ee0c50 00000000 00000000-00000000
            \Driver\ACPI
                 Args: 00000005 00000000 00000000 00000000
[ 16, 0]  0 e1 fffffa8002f39050 00000000 fffff802b3ba42a8-fffffa8002e95f00 Success Error Cancel
pending
            \Driver\usbhub nt!PopRequestCompletion
                 Args: 00000005 00000000 00000000 00000000
[ 0, 0]   0  0 00000000 00000000 00000000-fffffa8002e95f00

[...]
```

의심스러운 엔트리가 있으면 !devobj와 !fileobj 명령어를 이용해서 그 장치와 파일 필드를 확인해본다.

11. 로그 파일을 닫는다.

```
0: kd> .logclose
Closing open log file C:\AWMA-Dumps\M6.log
```

불필요한 혼란과 문제들이 발생되지 않도록 각 연습 후에는 WinDbg를 종료하는 것을 권장한다.

메모리 수집

특별한 주제들을 찾아볼 수 있도록 PDF파일 링크를 제공한다.

http://www.patterndiagnostics.com/files/LegacyWindowsDebugging.pdf

패턴 링크

자가 진단
드라이버 장치 모음
원시 포인터
Out-of-Module 포인터
비정상 토큰
숨겨진 프로세스
스택 트레이스 모음(I/O)

이전 연습들에서 살펴본 패턴들에 대한 설명이 포함된 링크를 제공한다(『Memory Dump Analysis Anthology』, 『Encyclopedia of Crash Dump Analysis Patterns』, 그리고 이 책의 부록에도 포함).

자가 진단(Self-Diagnosis)

http://www.dumpanalysis.org/blog/index.php/2011/04/26/crash-dump-analysis-patterns-part-69b/

드라이버 장치 모음(Driver Device Collection)

http://www.dumpanalysis.org/blog/index.php/2013/01/20/malware-analysis-patterns-part-10/

원시 포인터(Raw Pointer)

http://www.dumpanalysis.org/blog/index.php/2013/02/09/malware-analysis-patterns-part-22/

Out-of-Module 포인터(Out-of-Module Pointer)

http://www.dumpanalysis.org/blog/index.php/2013/02/10/malware-analysis-patterns-part-23/

비정상 토큰(Deviant Token)

http://www.dumpanalysis.org/blog/index.php/2012/12/31/crash-dump-analysis-patterns-part-191/

숨겨진 프로세스(Hidden Process)

http://www.dumpanalysis.org/blog/index.php/2012/11/13/crash-dump-analysis-patterns-part-186/

스택 트레이스 모음(Stack Trace Collection)(I/O)

http://www.dumpanalysis.org/blog/index.php/2012/01/11/crash-dump-analysis-patterns-part-27d/

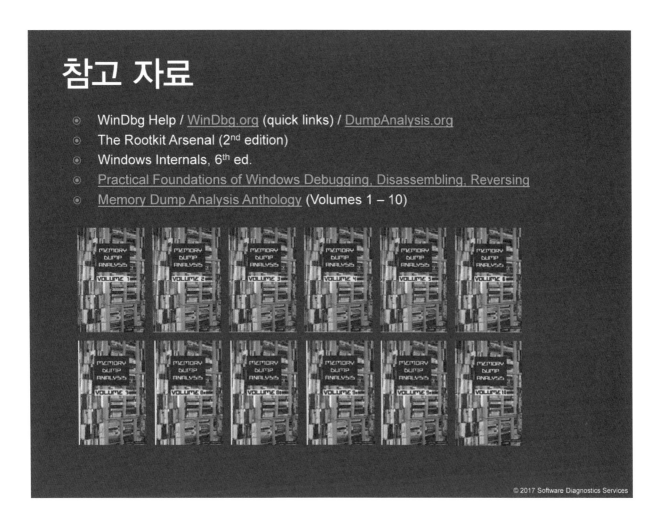

참고 자료

- WinDbg Help / WinDbg.org (quick links) / DumpAnalysis.org
- The Rootkit Arsenal (2nd edition)
- Windows Internals, 6th ed.
- Practical Foundations of Windows Debugging, Disassembling, Reversing
- Memory Dump Analysis Anthology (Volumes 1 – 10)

© 2017 Software Diagnostics Services

『The Rootkit Arsenal』책은 지금까지 살펴본 것들의 정반대의 관점을 논하기 때문에 매우 유용할 것이다. 함수 호출, 해당 함수의 프롤로그와 에필로그, 매개변수 전달 등의 32비트와 64비트 시스템을 위한 어셈블리 언어의 기본이 필요한 경우『Practical Foundations of Windows Debugging, Disassembling, and Reversing』책에서 유용한 정보를 찾을 수 있다.

Windows
Malware Analysis
Accelerated

with Memory Dumps
Version 2.0

주요 질문/
답변

질문. 작업 관리자, Process Explorer, WinDbg 중 크래시 덤프를 얻는 가장 좋은 방법은 무엇인가?

답변. 동작 중인 프로세스를 덤프하기 위해서는 작업 관리자를 이용하는 게 가장 간편한 방법이다. 작업 관리자를 이용하면 손쉽게 csrss.exe 프로세스를 종료시켜 커널 메모리 덤프 또는 컴플릿 메모리 덤프를 얻을 수 있다.

질문. 포인터 참조를 역추적하기 위한 가장 좋은 패턴은 무엇인가?

답변. 값 참조$^{Value\ Reference}$ 패턴을 참고하라(『Volume 7 of Memory Dump Analysis Anthology and Encyclopedia of Crash Dump Analysis Patterns』에도 포함).

http://www.dumpanalysis.org/blog/index.php/2011/12/05/crash-dump-analysis-patterns-part-159/

질문. 크래시 덤프에 포함되기 않기 위해 메모리에 표시하는 방법이 있는가?(예: 디스크 암호화 키, smb-hashes 등)

답변. WinDbg에는 몇 가지 제한된 기능이 있다. 다음의 게시물들을 확인하라(『Memory Dump Analysis Anthology』 1권과 2권에서도 확인 가능).

http://www.dumpanalysis.org/blog/index.php/2007/07/08/windbg-is-privacy-aware/
http://www.dumpanalysis.org/blog/index.php/2008/09/09/beware-of-peb-data/

컴플릿 메모리 덤프의 경우 모든 프로세스, 스레드 및 기타 정보를 텍스트 로그 파일로 저장한 후 민감 정보가 있는지 검사할 수 있다.

Windbg는 스크립팅 기능도 갖고 있다. 다음의 스크립트 모음을 참고하라(『Memory Dump Analysis Anthology』의 여러 볼륨에서도 확인 가능).

http://www.dumpanalysis.org/blog/index.php/category/windbg-scripts/

그리고 C/C++ 프로그래머를 위한 튜토리얼도 있다.

http://www.dumpanalysis.org/WCDA/WCDA-Sample-Chapter.pdf

질문. lm 명령어 실행 결과에서 '지연된^{deferred}'은 무슨 의미인가?

답변. 심볼 매핑에 필요한 주소를 찾지 못해 해당 모듈의 심볼 파일이 아직 로딩되지 않았음을 의미한다. 하지만 모듈 주소 범위 내에 포인터가 확인되면(예를 들어 dps 명령어를 실행한 경우) 즉시 해당 PDB 파일이 로딩된다.

질문. 크래시 덤프 시 페이지아웃된 메모리를 포함할 수 있는 방법이 있는가?

답변. 전체 프로세스 메모리 덤프를 저장하면 모든 페이지아웃된 가상 프로세스의 사용자 영역 메모리가 페이지 파일로부터 수집된다. 관심 프로세스의 모든 사용자 영역이 페이지인 되도록 컴플릿 메모리 덤프를 생성하려면 작업 관리자에서 해당 프로세스 메모리 덤프를 저장한 다음 신속하게 컴플릿 메모리 덤프를 강제 진행하면 된다.

Windows
Malware Analysis

with Memory Dumps
Version 2.0

부록

악성코드 분석 패턴

(『Memory Dump Analysis Anthology volumes』와 『cyclopedia of Crash Dump Analysis Patterns』도 포함된 내용이다)

비정상 모듈

비정상 모듈의 존재를 파악하기 위해서는 모듈 목록을 살펴보거나(lvm) 모듈을 검색(.imgscan)할 수도 있고, 정 모듈에 대해 자세히 검사(!address, !dh)해볼 수도 있다. 비정상 모듈은 다음 중 하나의 특징을 가질 수 있다(이 외에도 더 많은 가능성이 있다).

- 의심스러운 모듈명
- 의심스러운 보호 설정
- 의심스러운 모듈 로딩 주소

```
0:005> .imgscan
MZ at 00040000, prot 00000040, type 00020000 - size 1d000
MZ at 00340000, prot 00000002, type 01000000 - size 9c000
Name: iexplore.exe
MZ at 02250000, prot 00000002, type 00040000 - size 2000
MZ at 023b0000, prot 00000002, type 01000000 - size b000
Name: msimtf.dll
MZ at 03f80000, prot 00000002, type 00040000 - size 2000
MZ at 10000000, prot 00000004, type 00020000 - size 5000
Name: screens_dll.dll
MZ at 16080000, prot 00000002, type 01000000 - size 25000
Name: mdnsNSP.dll
MZ at 6ab50000, prot 00000002, type 01000000 - size 26000
Name: DSSENH.dll
MZ at 6b030000, prot 00000002, type 01000000 - size 5b0000
Name: MSHTML.dll
MZ at 6ba10000, prot 00000002, type 01000000 - size b4000
Name: JSCRIPT.dll
MZ at 6cec0000, prot 00000002, type 01000000 - size 1b000
Name: CRYPTNET.dll
MZ at 6d260000, prot 00000002, type 01000000 - size e000
Name: PNGFILTER.DLL
MZ at 6d2f0000, prot 00000002, type 01000000 - size 29000
Name: msls31.dll
MZ at 6d700000, prot 00000002, type 01000000 - size 30000
Name: MLANG.dll
```

```
MZ at 6d740000, prot 00000002, type 01000000 - size 4d000
Name: SSV.DLL
MZ at 6d7b0000, prot 00000002, type 01000000 - size c000
Name: ImgUtil.dll
MZ at 6ddb0000, prot 00000002, type 01000000 - size 2f000
Name: iepeers.DLL
MZ at 6df20000, prot 00000002, type 01000000 - size 33000
Name: IEShims.dll
MZ at 6eb80000, prot 00000002, type 01000000 - size a94000
Name: IEFRAME.dll
MZ at 703b0000, prot 00000002, type 01000000 - size 53000
Name: SWEEPRX.dll
MZ at 70740000, prot 00000002, type 01000000 - size 40000
Name: SWEEPRX.dll
MZ at 725a0000, prot 00000002, type 01000000 - size 12000
Name: PNRPNSP.dll
MZ at 725d0000, prot 00000002, type 01000000 - size 8000
Name: WINRNR.dll
MZ at 725e0000, prot 00000002, type 01000000 - size 136000
Name: MSXML3.dll
MZ at 72720000, prot 00000002, type 01000000 - size c000
Name: wshbth.dll
MZ at 72730000, prot 00000002, type 01000000 - size f000
Name: NAPINSP.dll
MZ at 72890000, prot 00000002, type 01000000 - size 6000
Name: SensApi.dll
MZ at 72ec0000, prot 00000002, type 01000000 - size 42000
Name: WINSPOOL.DRV
MZ at 734b0000, prot 00000002, type 01000000 - size 6000
Name: rasadhlp.dll
MZ at 736b0000, prot 00000002, type 01000000 - size 85000
Name: COMCTL32.dll
MZ at 73ac0000, prot 00000002, type 01000000 - size 7000
Name: MIDIMAP.dll
MZ at 73ae0000, prot 00000002, type 01000000 - size 14000
Name: MSACM32.dll
MZ at 73b00000, prot 00000002, type 01000000 - size 66000
Name: audioeng.dll
MZ at 73c30000, prot 00000002, type 01000000 - size 9000
Name: MSACM32.DRV
MZ at 73c60000, prot 00000002, type 01000000 - size 21000
Name: AudioSes.DLL
MZ at 73c90000, prot 00000002, type 01000000 - size 2f000
Name: WINMMDRV.dll
MZ at 74290000, prot 00000002, type 01000000 - size bb000
```

```
Name: PROPSYS.dll
MZ at 74390000, prot 00000002, type 01000000 - size f000
Name: nlaapi.dll
MZ at 743a0000, prot 00000002, type 01000000 - size 4000
Name: ksuser.dll
MZ at 74430000, prot 00000002, type 01000000 - size 15000
Name: Cabinet.dll
MZ at 74450000, prot 00000002, type 01000000 - size 3d000
Name: OLEACC.dll
MZ at 74490000, prot 00000002, type 01000000 - size 1ab000
Name: gdiplus.dll
MZ at 74640000, prot 00000002, type 01000000 - size 28000
Name: MMDevAPI.DLL
MZ at 74670000, prot 00000002, type 01000000 - size 32000
Name: WINMM.dll
MZ at 746b0000, prot 00000002, type 01000000 - size 31000
Name: TAPI32.dll
MZ at 749e0000, prot 00000002, type 01000000 - size 19e000
Name: COMCTL32.dll
MZ at 74b80000, prot 00000002, type 01000000 - size 7000
Name: AVRT.dll
MZ at 74ba0000, prot 00000002, type 01000000 - size 4a000
Name: RASAPI32.dll
MZ at 74ce0000, prot 00000002, type 01000000 - size 3f000
Name: UxTheme.dll
MZ at 74de0000, prot 00000002, type 01000000 - size 2d000
Name: WINTRUST.dll
MZ at 74ea0000, prot 00000002, type 01000000 - size 14000
Name: rasman.dll
MZ at 74f70000, prot 00000002, type 01000000 - size c000
Name: rtutils.dll
MZ at 74f80000, prot 00000002, type 01000000 - size 5000
Name: WSHTCPIP.dll
MZ at 74fb0000, prot 00000002, type 01000000 - size 21000
Name: NTMARTA.dll
MZ at 75010000, prot 00000002, type 01000000 - size 3b000
Name: RSAENH.dll
MZ at 75050000, prot 00000002, type 01000000 - size 5000
Name: MSIMG32.dll
MZ at 75060000, prot 00000002, type 01000000 - size 15000
Name: GPAPI.dll
MZ at 750a0000, prot 00000002, type 01000000 - size 46000
Name: SCHANNEL.dll
MZ at 752b0000, prot 00000002, type 01000000 - size 3b000
Name: MSWSOCK.dll
```

```
MZ at 75370000, prot 00000002, type 01000000 - size 45000
Name: bcrypt.dll
MZ at 753f0000, prot 00000002, type 01000000 - size 5000
Name: WSHIP6.dll
MZ at 75400000, prot 00000002, type 01000000 - size 8000
Name: VERSION.dll
MZ at 75420000, prot 00000002, type 01000000 - size 7000
Name: CREDSSP.dll
MZ at 75430000, prot 00000002, type 01000000 - size 35000
Name: ncrypt.dll
MZ at 75480000, prot 00000002, type 01000000 - size 22000
Name: dhcpcsvc6.DLL
MZ at 754b0000, prot 00000002, type 01000000 - size 7000
Name: WINNSI.DLL
MZ at 754c0000, prot 00000002, type 01000000 - size 35000
Name: dhcpcsvc.DLL
MZ at 75500000, prot 00000002, type 01000000 - size 19000
Name: IPHLPAPI.DLL
MZ at 75590000, prot 00000002, type 01000000 - size 3a000
Name: slc.dll
MZ at 755d0000, prot 00000002, type 01000000 - size f2000
Name: CRYPT32.dll
MZ at 75740000, prot 00000002, type 01000000 - size 12000
Name: MSASN1.dll
MZ at 75760000, prot 00000002, type 01000000 - size 11000
Name: SAMLIB.dll
MZ at 75780000, prot 00000002, type 01000000 - size 76000
Name: NETAPI32.dll
MZ at 75800000, prot 00000002, type 01000000 - size 2c000
Name: DNSAPI.dll
MZ at 75a70000, prot 00000002, type 01000000 - size 5f000
Name: sxs.dll
MZ at 75ad0000, prot 00000002, type 01000000 - size 2c000
Name: apphelp.dll
MZ at 75b30000, prot 00000002, type 01000000 - size 14000
Name: Secur32.dll
MZ at 75b50000, prot 00000002, type 01000000 - size 1e000
Name: USERENV.dll
MZ at 75c90000, prot 00000002, type 01000000 - size 7000
Name: PSAPI.DLL
MZ at 75ca0000, prot 00000002, type 01000000 - size c3000
Name: RPCRT4.dll
MZ at 75d70000, prot 00000002, type 01000000 - size 73000
Name: COMDLG32.dll
MZ at 75df0000, prot 00000002, type 01000000 - size 9000
```

```
Name: LPK.dll
MZ at 75e00000, prot 00000002, type 01000000 - size dc000
Name: KERNEL32.dll
MZ at 75ee0000, prot 00000002, type 01000000 - size aa000
Name: msvcrt.dll
MZ at 75f90000, prot 00000002, type 01000000 - size 1e8000
Name: iertutil.dll
MZ at 76180000, prot 00000002, type 01000000 - size 29000
Name: imagehlp.dll
MZ at 761b0000, prot 00000002, type 01000000 - size 6000
Name: NSI.dll
MZ at 761c0000, prot 00000002, type 01000000 - size 84000
Name: CLBCatQ.DLL
MZ at 76250000, prot 00000002, type 01000000 - size 49000
Name: WLDAP32.dll
MZ at 762a0000, prot 00000002, type 01000000 - size c6000
Name: ADVAPI32.dll
MZ at 76370000, prot 00000002, type 01000000 - size 4b000
Name: GDI32.dll
MZ at 763c0000, prot 00000002, type 01000000 - size 59000
Name: SHLWAPI.dll
MZ at 76420000, prot 00000002, type 01000000 - size e6000
Name: WININET.dll
MZ at 76510000, prot 00000002, type 01000000 - size b10000
Name: SHELL32.dll
MZ at 77020000, prot 00000002, type 01000000 - size 145000
Name: ole32.dll
MZ at 77170000, prot 00000002, type 01000000 - size 7d000
Name: USP10.dll
MZ at 771f0000, prot 00000002, type 01000000 - size 8d000
Name: OLEAUT32.dll
MZ at 77280000, prot 00000002, type 01000000 - size 18a000
Name: SETUPAPI.dll
MZ at 77410000, prot 00000002, type 01000000 - size 9d000
Name: USER32.dll
MZ at 774b0000, prot 00000002, type 01000000 - size 133000
Name: urlmon.dll
MZ at 775f0000, prot 00000002, type 01000000 - size 127000
Name: ntdll.dll
MZ at 77720000, prot 00000002, type 01000000 - size 3000
Name: Normaliz.dll
MZ at 77730000, prot 00000002, type 01000000 - size 2d000
Name: WS2_32.dll
MZ at 77760000, prot 00000002, type 01000000 - size 1e000
Name: IMM32.dll
```

```
MZ at 77780000, prot 00000002, type 01000000 - size c8000
Name: MSCTF.dll
MZ at 7c340000, prot 00000002, type 01000000 - size 56000
Name: MSVCR71.dll


0:005> !address 00040000
Usage:                  <unclassified>
Allocation Base:        00040000
Base Address:           00040000
End Address:            0005d000
Region Size:            0001d000
Type:                   00020000 MEM_PRIVATE
State:                  00001000 MEM_COMMIT
Protect:                00000040 PAGE_EXECUTE_READWRITE

0:005> !address 10000000
Usage:                  <unclassified>
Allocation Base:        10000000
Base Address:           10000000
End Address:            10001000
Region Size:            00001000
Type:                   00020000 MEM_PRIVATE
State:                  00001000 MEM_COMMIT
Protect:                00000004 PAGE_READWRITE
```

- 의심스러운 문자열

  관련 예제는 5권 406페이지를 참고한다.

- 임포트 테이블이 의심스러운 엔트리(예를 들어 화면 정보를 수집하는 함수를 포함)가 포함돼 있거나 비어
  있는 경우(동적 임포트)

```
0:005> !dh 10000000
[...]
2330 [     50] address [size] of Export Directory
20E0 [     78] address [size] of Import Directory
0 [      0] address [size] of Resource Directory
0 [      0] address [size] of Exception Directory
0 [      0] address [size] of Security Directory
4000 [     34] address [size] of Base Relocation Directory
2060 [     1C] address [size] of Debug Directory
0 [      0] address [size] of Description Directory
0 [      0] address [size] of Special Directory
0 [      0] address [size] of Thread Storage Directory
0 [      0] address [size] of Load Configuration Directory
```

```
0 [        0] address [size] of Bound Import Directory
2000 [       58] address [size] of Import Address Table Directory
0 [        0] address [size] of Delay Import Directory
0 [        0] address [size] of COR20 Header Directory
0 [        0] address [size] of Reserved Directory
[...]
0:005> dps 10000000+2000 10000000+2000+58
10002000 76376101 gdi32!CreateCompatibleDC
10002004 763793d6 gdi32!StretchBlt
10002008 76377461 gdi32!CreateDIBSection
1000200c 763762a0 gdi32!SelectObject
10002010 00000000
10002014 75e4a411 kernel32!lstrcmpW
10002018 75e440aa kernel32!VirtualFree
1000201c 75e4ad55 kernel32!VirtualAlloc
10002020 00000000
10002024 77429ced user32!ReleaseDC
10002028 77423ba7 user32!NtUserGetWindowDC
1000202c 77430e21 user32!GetWindowRect
10002030 00000000
10002034 744a75e9 GdiPlus!GdiplusStartup
10002038 744976dd GdiPlus!GdipSaveImageToStream
1000203c 744cdd38 GdiPlus!GdipGetImageEncodersSize
10002040 744971cf GdiPlus!GdipDisposeImage
10002044 744a8591 GdiPlus!GdipCreateBitmapFromHBITMAP
10002048 744cdbae GdiPlus!GdipGetImageEncoders
1000204c 00000000
10002050 7707d51b ole32!CreateStreamOnHGlobal
10002054 00000000
10002058 00000000
0:000> !dh 012a0000
[...]
0 [        0] address [size] of Export Directory
0 [        0] address [size] of Import Directory
0 [        0] address [size] of Resource Directory
0 [        0] address [size] of Exception Directory
0 [        0] address [size] of Security Directory
8000 [       FC] address [size] of Base Relocation Directory
4000 [       1C] address [size] of Debug Directory
0 [        0] address [size] of Description Directory
0 [        0] address [size] of Special Directory
0 [        0] address [size] of Thread Storage Directory
0 [        0] address [size] of Load Configuration Directory
0 [        0] address [size] of Bound Import Directory
0 [        0] address [size] of Import Address Table Directory
```

```
0 [        0] address [size] of Delay Import Directory
0 [        0] address [size] of COR20 Header Directory
0 [        0] address [size] of Reserved Directory
[...]
```

- 의심스러운 경로명

```
Age: 7, Pdb: d:\work\BekConnekt\Client_src_code_New\Release\Blackjoe_new.pdb
Debug Directories(1)
Type Size Address Pointer
cv 46 2094 894 Format: RSDS, guid, 1, C:\MyWork\screens_dll\Release\screens_dll.pdb
```

- 의심스러운 이미지 경로(닷넷 어셈블리의 동적 코드 생성일 수도 있음)
- 초기화되지 않은 이미지 리소스

```
0:002> lmv m C6DC
start          end           module name
012a0000       012a9000      C6DC      C (no symbols)
Loaded symbol image file: C6DC.tmp
Image path: C:\Users\User\AppData\Local\Temp\C6DC.tmp
Image name: C6DC.tmp
Timestamp:          Sun May 30 20:18:32 2010 (4C02BA08)
CheckSum:           00000000
ImageSize:          00009000
File version:       0.0.0.0
Product version:    0.0.0.0
File flags:         0 (Mask 0)
File OS:            0 Unknown Base
File type:          0.0 Unknown
File date:          00000000.00000000
Translations:       0000.04b0 0000.04e4 0409.04b0 0409.04e4
```

비정상 토큰

때로는 프로세스를 실행하는 보안 주체나 그룹 또는 프로세스가 갖는 권한, 가장 스레드를 포함하는지 등을 확인할 필요가 있다. 이때 예상치 못하게 다른 보안 식별자를 가진 토큰을 발견할 수도 있다. 예를 들면 로컬 시스템 (SID: S-1-5-18) 대신 네트워크 서비스^{Network Service}를 갖는 경우다.

```
PROCESS 8f218d88  SessionId: 0  Cid: 09c4    Peb: 7ffdf000  ParentCid: 0240
DirBase: bffd4260  ObjectTable: e10eae90  HandleCount: 93.
Image: ServiceA.exe
VadRoot 8f1f70e8 Vads 141 Clone 0 Private 477. Modified 2. Locked 0.
DeviceMap e10038d8
Token                         e10ff5d8
[...]
0: kd> !token e10ff5d8
_TOKEN e10ff5d8
TS Session ID: 0
User: S-1-5-20
[...]
```

잘 알려진 SID는 다음과 같은 마이크로소프트 사이트의 게시글에서 찾을 수 있다.

http://support.microsoft.com/kb/243330

드라이버 장치 모음

이 패턴은 현재 장치 목록과 저장된 참조 목록을 가진 드라이버 객체의 차이를 비교해 변경 사항을 찾는 데 사용될 수 있다. 이 목록은 !object 명령어를 이용해 얻을 수 있다.

```
0: kd> !object \Driver
[...]

0: kd> !object \FileSystem
[...]

0: kd> !object \Device
[...]
```

이 모음은 장치 드라이버^{Device Driver}가 아니라 드라이버 장치^{Driver Device}로 부른다.

실행 흔적

NULL 코드 포인터(2권, 237페이지)에 대한 패턴을 위해 NULL 스레드 프로시저 포인터를 CreateThread 함수로 전달할 때 크래시가 발생하게 하는 간단한 프로그램을 만들었다.

이때 원시 스택 데이터(1권 231페이지)는 거의 없을 것이라 예상된다. 간단한 프로그램이므로 사용자가 작성한 스레드 코드가 없기 때문이다. 정상적인 경우의 덤프라면 코드와 데이터 영역에 아스키와 유니코드 문자열 파편들과 심볼 정보들이 많이 존재할 것이다. 이를 실행 흔적 패턴이라 부른다. 이들 중 하나는 예외 처리 흔적으로 숨겨진 예외(1권 271페이지)를 확인하거나 첫 번째 예외와 두 번째 예외의 차이(1권 109페이지)를 확인하는 데 사용할 수 있다. 코드 흔적은 스택 트레이스를 수작업으로 재구성 시 매우 강력하다(1권 157페이지). 또한 부분적인 스택 트레이스나 과거 정보를 찾는 데도 유용하다(1권 457페이지). 일반적인 실행 흔적을 보여주기 위해 또 다른 작은 프로그램을 만들었다. 이는 비주얼 스튜디오^{Visual Studio} Win32 프로젝트를 기반으로 제작됐으며, 두 개의 추가 스레드를 가진다. About 창을 닫은 후에 첫 번째 스레드가 생성되고 두 번째 프로세스가 생성될 때 NULL 스레드 프로시저 때문에 프로세스가 크래시된다.

```
typedef DWORD (WINAPI *THREADPROC)(PVOID);

DWORD WINAPI ThreadProc(PVOID pvParam)
{
    for (unsigned int i = 0xFFFFFFFF; i; --i);
    return 0;
}

// Message handler for about box.
INT_PTR CALLBACK About(HWND hDlg, UINT message, WPARAM wParam, LPARAM lParam)
{
    UNREFERENCED_PARAMETER(lParam);
    switch (message)
    {
    case WM_INITDIALOG:
        return (INT_PTR)TRUE;
    case WM_COMMAND:
        if (LOWORD(wParam) == IDOK || LOWORD(wParam) == IDCANCEL)
        {
            EndDialog(hDlg, LOWORD(wParam));
            THREADPROC thProc = ThreadProc;
            HANDLE hThread = CreateThread(NULL, 0, ThreadProc, 0, 0, NULL);
            CloseHandle(hThread);
            Sleep(1000);
            hThread = CreateThread(NULL, 0, NULL, 0, 0, NULL);
            CloseHandle(hThread);
```

```
            return (INT_PTR)TRUE;
        }
        break;
    }
    return (INT_PTR)FALSE;
}
```

크래시 덤프를 열면 다음과 같은 스레드들을 볼 수 있다.

```
0:002> ~*kL
   0   Id: cb0.9ac Suspend: 1 Teb: 7efdd000 Unfrozen
ChildEBP RetAddr
0012fdf4 00411554 user32!NtUserGetMessage+0x15
0012ff08 00412329 NullThread!wWinMain+0xa4
0012ffb8 0041208d NullThread!__tmainCRTStartup+0x289
0012ffc0 7d4e7d2a NullThread!wWinMainCRTStartup+0xd
0012fff0 00000000 kernel32!BaseProcessStart+0x28
   1   Id: cb0.8b4 Suspend: 1 Teb: 7efda000 Unfrozen
ChildEBP RetAddr
01eafea4 7d63f501 ntdll!NtWaitForMultipleObjects+0x15
01eaff48 7d63f988 ntdll!EtwpWaitForMultipleObjectsEx+0xf7
01eaffb8 7d4dfe21 ntdll!EtwpEventPump+0x27f
01eaffec 00000000 kernel32!BaseThreadStart+0x34
   2   Id: cb0.ca8 Suspend: 1 Teb: 7efd7000 Unfrozen
ChildEBP RetAddr
0222ffb8 7d4dfe21 NullThread!ThreadProc+0×34
0222ffec 00000000 kernel32!BaseThreadStart+0×34
#  3   Id: cb0.5bc Suspend: 1 Teb: 7efaf000 Unfrozen
ChildEBP RetAddr
WARNING: Frame IP not in any known module. Following frames may be wrong.
0236ffb8 7d4dfe21 0×0
0236ffec 00000000 kernel32!BaseThreadStart+0×34
   4   Id: cb0.468 Suspend: -1 Teb: 7efac000 Unfrozen
ChildEBP RetAddr
01f7ffb4 7d674807 ntdll!NtTerminateThread+0x12
01f7ffc4 7d66509f ntdll!RtlExitUserThread+0x26
01f7fff4 00000000 ntdll!DbgUiRemoteBreakin+0x41
```

무한 반복 중인 스레드도 확인할 수 있다.

```
0:003> ~2s
eax=cbcf04b5 ebx=00000000 ecx=00000000 edx=00000000 esi=00000000 edi=0222ffb8
eip=00411aa4 esp=0222fee0 ebp=0222ffb8 iopl=0 nv up ei ng nz na po nc
cs=0023 ss=002b ds=002b es=002b fs=0053 gs=002b efl=00000282
```

```
NullThread!ThreadProc+0x34:
00411aa4 7402    je      NullThread!ThreadProc+0x38 (00411aa8)   [br=0]


0:002> u
NullThread!ThreadProc+0x34:
00411aa4 je      NullThread!ThreadProc+0x38 (00411aa8)
00411aa6 jmp     NullThread!ThreadProc+0x27 (00411a97)
00411aa8 xor     eax,eax
00411aaa pop     edi
00411aab pop     esi
00411aac pop     ebx
00411aad mov     esp,ebp
00411aaf pop     ebp
```

원시 스택 데이터가 매우 적을 것으로 예상했으나 !teb 명령어로부터 얻은 스택 영역을 덤프하고 내용을 살펴본 결과 일부 심볼 정보가 우연히 일치한 것으로 보이는 곳에서 스레드 시작 흔적이 존재했다(1권 390페이지).

```
0:002> dds 0222f000  02230000
0222f000  00000000
0222f004  00000000
0222f008  00000000
...
0222f104  00000000
0222f108  00000000
0222f10c  00000000
0222f110  7d621954 ntdll!RtlImageNtHeaderEx+0xee
0222f114  7efde000
0222f118  00000000
0222f11c  00000001
0222f120  000000e8
0222f124  004000e8 NullThread!_enc$textbss$begin <PERF> (NullThread+0xe8)
0222f128  00000000
0222f12c  0222f114
0222f130  00000000
0222f134  0222fca0
0222f138  7d61f1f8 ntdll!_except_handler3
0222f13c  7d621958 ntdll!RtlpRunTable+0x4a0
0222f140  ffffffff
0222f144  7d621954 ntdll!RtlImageNtHeaderEx+0xee
0222f148  7d6218ab ntdll!RtlImageNtHeader+0x1b
0222f14c  00000001
0222f150  00400000 NullThread!_enc$textbss$begin <PERF> (NullThread+0x0)
0222f154  00000000
0222f158  00000000
```

```
0222f15c  0222f160
0222f160  004000e8 NullThread!_enc$textbss$begin <PERF> (NullThread+0xe8)
0222f164  0222f7bc
0222f168  7d4dfea3 kernel32!ConsoleApp+0xe
0222f16c  00400000 NullThread!_enc$textbss$begin <PERF> (NullThread+0x0)
0222f170  7d4dfe77 kernel32!ConDllInitialize+0x1f5
0222f174  00000000
0222f178  7d4dfe8c kernel32!ConDllInitialize+0x20a
0222f17c  00000000
0222f180  00000000
...
0222f290  00000000
0222f294  0222f2b0
0222f298  7d6256e8 ntdll!bsearch+0x42
0222f29c  00180144
0222f2a0  0222f2b4
0222f2a4  7d625992 ntdll!ARRAY_FITS+0x29
0222f2a8  00000a8c
0222f2ac  00001f1c
0222f2b0  0222f2c0
0222f2b4  0222f2f4
0222f2b8  7d625944 ntdll!RtlpLocateActivationContextSection+0x1da
0222f2bc  00001f1c
0222f2c0  000029a8
...
0222f2e0  536cd652
0222f2e4  0222f334
0222f2e8  7d625b62 ntdll!RtlpFindUnicodeStringInSection+0x7b
0222f2ec  0222f418
0222f2f0  00000000
0222f2f4  0222f324
0222f2f8  7d6257f1 ntdll!RtlpFindNextActivationContextSection+0x64
0222f2fc  00181f1c
0222f300  c0150008
...
0222f320  7efd7000
0222f324  0222f344
0222f328  7d625cd2 ntdll!RtlFindNextActivationContextSection+0x46
0222f32c  0222f368
0222f330  0222f3a0
0222f334  0222f38c
0222f338  0222f340
0222f33c  00181f1c
0222f340  00000000
0222f344  0222f390
```

```
0222f348  7d625ad8 ntdll!RtlFindActivationContextSectionString+0xe1
0222f34c  0222f368
0222f350  0222f3a0
...
0222f38c  00000a8c
0222f390  0222f454
0222f394  7d626381 ntdll!CsrCaptureMessageMultiUnicodeStringsInPlace+0xa57
0222f398  00000003
0222f39c  00000000
0222f3a0  00181f1c
0222f3a4  0222f418
0222f3a8  0222f3b4
0222f3ac  7d6a0340 ntdll!LdrApiDefaultExtension
0222f3b0  7d6263df ntdll!CsrCaptureMessageMultiUnicodeStringsInPlace+0xb73
0222f3b4  00000040
0222f3b8  00000000
...
0222f420  00000000
0222f424  0222f458
0222f428  7d625f9a ntdll!CsrCaptureMessageMultiUnicodeStringsInPlace+0x4c1
0222f42c  00020000
0222f430  0222f44c
0222f434  0222f44c
0222f438  0222f44c
0222f43c  00000002
0222f440  00000002
0222f444  7d625f9a ntdll!CsrCaptureMessageMultiUnicodeStringsInPlace+0x4c1
0222f448  00020000
0222f44c  00000000
0222f450  00003cfb
0222f454  0222f5bc
0222f458  0222f4f4
0222f45c  0222f5bc
0222f460  7d626290 ntdll!RtlDosApplyFileIsolationRedirection_Ustr+0x346
0222f464  0222f490
0222f468  00000000
0222f46c  0222f69c
0222f470  7d6262f5 ntdll!RtlDosApplyFileIsolationRedirection_Ustr+0x3de
0222f474  0222f510
0222f478  7d6a0340 ntdll!LdrApiDefaultExtension
0222f47c  7d626290 ntdll!RtlDosApplyFileIsolationRedirection_Ustr+0x346
0222f480  00000000
0222f484  00800000
...
0222f544  00000000
```

```
0222f548  00000001
0222f54c  7d6a0290 ntdll!LdrpHashTable+0x50
0222f550  00000000
0222f554  00500000
...
0222f59c  00000000
0222f5a0  0222f5d4
0222f5a4  7d6251d0 ntdll!LdrUnlockLoaderLock+0x84
0222f5a8  7d6251d7 ntdll!LdrUnlockLoaderLock+0xad
0222f5ac  00000000
0222f5b0  0222f69c
0222f5b4  00000000
0222f5b8  00003cfb
0222f5bc  0222f5ac
0222f5c0  7d626de0 ntdll!LdrGetDllHandleEx+0xbe
0222f5c4  0222f640
0222f5c8  7d61f1f8 ntdll!_except_handler3
0222f5cc  7d6251e0 ntdll!`string'+0x74
0222f5d0  ffffffff
0222f5d4  7d6251d7 ntdll!LdrUnlockLoaderLock+0xad
0222f5d8  7d626fb3 ntdll!LdrGetDllHandleEx+0x368
0222f5dc  00000001
0222f5e0  0ca80042
0222f5e4  7d626f76 ntdll!LdrGetDllHandleEx+0x329
0222f5e8  00000000
0222f5ec  7d626d0b ntdll!LdrGetDllHandle
0222f5f0  00000002
0222f5f4  001a0018
...
0222f640  0222f6a8
0222f644  7d61f1f8 ntdll!_except_handler3
0222f648  7d626e60 ntdll!`string'+0xb4
0222f64c  ffffffff
0222f650  7d626f76 ntdll!LdrGetDllHandleEx+0x329
0222f654  7d626d23 ntdll!LdrGetDllHandle+0x18
0222f658  00000001
...
0222f66c  0222f6b8
0222f670  7d4dff0e kernel32!GetModuleHandleForUnicodeString+0x20
0222f674  00000001
0222f678  00000000
0222f67c  0222f6d4
0222f680  7d4dff1e kernel32!GetModuleHandleForUnicodeString+0x97
0222f684  00000000
0222f688  7efd7c00
```

```
0222f68c  00000002
0222f690  00000001
0222f694  00000000
0222f698  0222f6f0
0222f69c  7d4c0000 kernel32!_imp__NtFsControlFile <PERF> (kernel32+0x0)
0222f6a0  0222f684
0222f6a4  7efd7c00
0222f6a8  0222fb20
0222f6ac  7d4d89c4 kernel32!_except_handler3
0222f6b0  7d4dff28 kernel32!`string'+0x18
0222f6b4  ffffffff
0222f6b8  7d4dff1e kernel32!GetModuleHandleForUnicodeString+0x97
0222f6bc  7d4e001f kernel32!BasepGetModuleHandleExW+0x17f
0222f6c0  7d4e009f kernel32!BasepGetModuleHandleExW+0x23c
0222f6c4  00000000
0222f6c8  0222fc08
0222f6cc  00000001
0222f6d0  ffffffff
0222f6d4  001a0018
0222f6d8  7efd7c00
0222f6dc  0222fb50
0222f6e0  00000000
0222f6e4  00000000
0222f6e8  00000000
0222f6ec  02080000 oleaut32!_PictSaveEnhMetaFile+0x76
0222f6f0  0222f90c
0222f6f4  02080000 oleaut32!_PictSaveEnhMetaFile+0x76
0222f6f8  0222f704
0222f6fc  00000000
0222f700  7d4c0000 kernel32!_imp__NtFsControlFile <PERF> (kernel32+0x0)
0222f704  00000000
0222f708  02080000 oleaut32!_PictSaveEnhMetaFile+0x76
0222f70c  0222f928
0222f710  02080000 oleaut32!_PictSaveEnhMetaFile+0x76
0222f714  0222f720
0222f718  00000000
0222f71c  7d4c0000 kernel32!_imp__NtFsControlFile <PERF> (kernel32+0x0)
0222f720  00000000
0222f724  00000000
...
0222f7b8  0000f949
0222f7bc  0222fbf4
0222f7c0  7d4dfdd0 kernel32!_BaseDllInitialize+0x6b
0222f7c4  00000002
0222f7c8  00000000
```

```
0222f7cc  00000000
0222f7d0  7d4dfde4 kernel32!_BaseDllInitialize+0x495
0222f7d4  00000000
0222f7d8  7efde000
0222f7dc  7d4c0000 kernel32!_imp__NtFsControlFile <PERF> (kernel32+0x0)
0222f7e0  00000000
0222f7e4  00000000
...
0222f894  01c58ae0
0222f898  0222fac0
0222f89c  7d62155b ntdll!RtlAllocateHeap+0x460
0222f8a0  7d61f78c ntdll!RtlAllocateHeap+0xee7
0222f8a4  00000000
0222f8a8  0222fc08
...
0222f8d8  00000000
0222f8dc  7d621954 ntdll!RtlImageNtHeaderEx+0xee
0222f8e0  0222f9a4
0222f8e4  7d614c88 ntdll!$$VProc_ImageExportDirectory+0x2c48
0222f8e8  0222f9a6
0222f8ec  7d612040 ntdll!$$VProc_ImageExportDirectory
0222f8f0  00000221
0222f8f4  0222f944
0222f8f8  7d627405 ntdll!LdrpSnapThunk+0xc0
0222f8fc  0222f9a6
0222f900  00000584
0222f904  7d600000 ntdll!RtlDosPathSeperatorsString <PERF> (ntdll+0x0)
0222f908  7d613678 ntdll!$$VProc_ImageExportDirectory+0x1638
0222f90c  7d614c88 ntdll!$$VProc_ImageExportDirectory+0x2c48
0222f910  0222f9a4
0222f914  00000001
0222f918  0222f9a4
0222f91c  00000000
0222f920  0222f990
0222f924  7d6000f0 ntdll!RtlDosPathSeperatorsString <PERF> (ntdll+0xf0)
0222f928  0222f968
0222f92c  00000001
0222f930  0222f9a4
0222f934  7d6000f0 ntdll!RtlDosPathSeperatorsString <PERF> (ntdll+0xf0)
0222f938  0222f954
0222f93c  00000000
0222f940  00000000
0222f944  0222fa00
0222f948  7d62757a ntdll!LdrpGetProcedureAddress+0x189
0222f94c  0222f95c
```

```
0222f950  00000098
0222f954  00000005
0222f958  01c44f48
0222f95c  0222fb84
0222f960  7d62155b ntdll!RtlAllocateHeap+0x460
0222f964  7d61f78c ntdll!RtlAllocateHeap+0xee7
0222f968  00000000
0222f96c  0000008c
0222f970  00000000
0222f974  7d4d8472 kernel32!$$VProc_ImageExportDirectory+0x6d4e
0222f978  0222fa1c
0222f97c  7d627607 ntdll!LdrpGetProcedureAddress+0x274
0222f980  7d612040 ntdll!$$VProc_ImageExportDirectory
0222f984  002324f8
0222f988  7d600000 ntdll!RtlDosPathSeperatorsString <PERF> (ntdll+0x0)
0222f98c  0222faa8
0222f990  0000a7bb
0222f994  00221f08
0222f998  0222f9a4
0222f99c  7d627c2e ntdll!RtlDecodePointer
0222f9a0  00000000
0222f9a4  74520000
0222f9a8  6365446c
0222f9ac  5065646f
0222f9b0  746e696f
0222f9b4  00007265
0222f9b8  7d627c2e ntdll!RtlDecodePointer
0222f9bc  00000000
...
0222f9f8  01c40640
0222f9fc  00000000
0222fa00  7d6275b2 ntdll!LdrpGetProcedureAddress+0xb3
0222fa04  7d627772 ntdll!LdrpSnapThunk+0x31c
0222fa08  7d600000 ntdll!RtlDosPathSeperatorsString <PERF> (ntdll+0x0)
0222fa0c  0222fa44
0222fa10  00000000
0222fa14  0222faa8
0222fa18  00000000
0222fa1c  0222fab0
0222fa20  00000001
0222fa24  00000001
0222fa28  00000000
0222fa2c  0222fa9c
0222fa30  7d4c00e8 kernel32!_imp__NtFsControlFile <PERF> (kernel32+0xe8)
0222fa34  01c44fe0
```

314

```
0222fa38  00000001
0222fa3c  01c401a0
0222fa40  7d4c00e8 kernel32!_imp__NtFsControlFile <PERF> (kernel32+0xe8)
0222fa44  00110010
0222fa48  7d4d8478 kernel32!$$VProc_ImageExportDirectory+0x6d54
0222fa4c  00000000
0222fa50  0222fb0c
0222fa54  7d62757a ntdll!LdrpGetProcedureAddress+0x189
0222fa58  7d600000 ntdll!RtlDosPathSeperatorsString <PERF> (ntdll+0x0)
0222fa5c  00000000
0222fa60  0022faa8
0222fa64  0222fab0
0222fa68  0222fb0c
0222fa6c  7d627607 ntdll!LdrpGetProcedureAddress+0x274
0222fa70  7d6a0180 ntdll!LdrpLoaderLock
0222fa74  7d6275b2 ntdll!LdrpGetProcedureAddress+0xb3
0222fa78  102ce1ac msvcr80d!`string'
0222fa7c  0222fc08
0222fa80  0000ffff
0222fa84  0022f8b0
0222fa88  0022f8a0
0222fa8c  00000003
0222fa90  0222fbd4
0222fa94  020215fc oleaut32!DllMain+0x2c
0222fa98  02020000 oleaut32!_imp__RegFlushKey <PERF> (oleaut32+0x0)
0222fa9c  00000002
0222faa0  00000000
0222faa4  00000000
0222faa8  00000002
0222faac  0202162d oleaut32!DllMain+0x203
0222fab0  65440000
0222fab4  02020000 oleaut32!_imp__RegFlushKey <PERF> (oleaut32+0x0)
0222fab8  00000001
0222fabc  00726574
0222fac0  0222facc
0222fac4  7d627c2e ntdll!RtlDecodePointer
0222fac8  00000000
0222facc  65440000
0222fad0  00000000
0222fad4  00000000
0222fad8  00726574
0222fadc  00000005
0222fae0  00000000
0222fae4  1021af95 msvcr80d!_heap_alloc_dbg+0x375
0222fae8  002322f0
```

```
0222faec  00000000
0222faf0  01c40238
0222faf4  0222fa78
0222faf8  7efd7bf8
0222fafc  00000020
0222fb00  7d61f1f8 ntdll!_except_handler3
0222fb04  7d6275b8 ntdll!`string'+0xc
0222fb08  ffffffff
0222fb0c  7d6275b2 ntdll!LdrpGetProcedureAddress+0xb3
0222fb10  00000000
0222fb14  00000000
0222fb18  0222fb48
0222fb1c  00000000
0222fb20  01000000
0222fb24  00000001
0222fb28  0222fb50
0222fb2c  7d4dac3a kernel32!GetProcAddress+0x44
0222fb30  0222fb50
0222fb34  7d4dac4c kernel32!GetProcAddress+0x5c
0222fb38  0222fc08
0222fb3c  00000013
0222fb40  00000000
0222fb44  01c44f40
0222fb48  01c4015c
0222fb4c  00000098
0222fb50  01c44f40
0222fb54  01c44f48
0222fb58  01c40238
0222fb5c  10204f9f msvcr80d!_initptd+0x10f
0222fb60  00000098
0222fb64  00000000
0222fb68  01c40000
0222fb6c  0222f968
0222fb70  7d4c0000 kernel32!_imp__NtFsControlFile <PERF> (kernel32+0x0)
0222fb74  00000ca8
0222fb78  4b405064 msctf!g_timlist
0222fb7c  0222fbb8
0222fb80  4b3c384f msctf!CTimList::Leave+0x6
0222fb84  4b3c14d7 msctf!CTimList::IsThreadId+0x5a
0222fb88  00000ca8
0222fb8c  4b405064 msctf!g_timlist
0222fb90  4b3c0000 msctf!_imp__CheckTokenMembership <PERF> (msctf+0x0)
0222fb94  01c70000
0222fb98  00000000
0222fb9c  4b405064 msctf!g_timlist
```

```
0222fba0  0222fb88
0222fba4  7d4dfd40 kernel32!FlsSetValue+0xc7
0222fba8  0222fca0
0222fbac  4b401dbd msctf!_except_handler3
0222fbb0  4b3c14e0 msctf!`string'+0x78
0222fbb4  0222fbd4
0222fbb8  0022f8a0
0222fbbc  00000001
0222fbc0  00000000
0222fbc4  00000000
0222fbc8  0222fc80
0222fbcc  0022f8a0
0222fbd0  0000156f
0222fbd4  0222fbf4
0222fbd8  020215a4 oleaut32!_DllMainCRTStartup+0x52
0222fbdc  02020000 oleaut32!_imp__RegFlushKey <PERF> (oleaut32+0x0)
0222fbe0  00000002
0222fbe4  00000000
0222fbe8  00000000
0222fbec  0222fc08
0222fbf0  00000001
0222fbf4  0222fc14
0222fbf8  7d610024 ntdll!LdrpCallInitRoutine+0x14
0222fbfc  02020000 oleaut32!_imp__RegFlushKey <PERF> (oleaut32+0x0)
0222fc00  00000001
0222fc04  00000000
0222fc08  00000001
0222fc0c  00000000
0222fc10  0022f8a0
0222fc14  00000001
0222fc18  00000000
0222fc1c  0222fcb0
0222fc20  7d62822e ntdll!LdrpInitializeThread+0x1a5
0222fc24  7d6a0180 ntdll!LdrpLoaderLock
0222fc28  7d62821c ntdll!LdrpInitializeThread+0x18f
0222fc2c  00000000
0222fc30  7efde000
0222fc34  00000000
...
0222fc6c  00000070
0222fc70  ffffffff
0222fc74  ffffffff
0222fc78  7d6281c7 ntdll!LdrpInitializeThread+0xd8
0222fc7c  7d6280d6 ntdll!LdrpInitializeThread+0x12c
0222fc80  00000000
```

```
0222fc84  00000000
0222fc88  0022f8a0
0222fc8c  0202155c oleaut32!_DllMainCRTStartup
0222fc90  7efde000
0222fc94  7d6a01f4 ntdll!PebLdr+0x14
0222fc98  0222fc2c
0222fc9c  00000000
0222fca0  0222fcfc
0222fca4  7d61f1f8 ntdll!_except_handler3
0222fca8  7d628148 ntdll!`string'+0xac
0222fcac  ffffffff
0222fcb0  7d62821c ntdll!LdrpInitializeThread+0x18f
0222fcb4  7d61e299 ntdll!ZwTestAlert+0x15
0222fcb8  7d628088 ntdll!_LdrpInitialize+0x1de
0222fcbc  0222fd20
0222fcc0  00000000
...
0222fcfc  0222ffec
0222fd00  7d61f1f8 ntdll!_except_handler3
0222fd04  7d628090 ntdll!`string'+0xfc
0222fd08  ffffffff
0222fd0c  7d628088 ntdll!_LdrpInitialize+0x1de
0222fd10  7d61ce0d ntdll!NtContinue+0x12
0222fd14  7d61e9b2 ntdll!KiUserApcDispatcher+0x3a
0222fd18  0222fd20
0222fd1c  00000001
0222fd20  0001002f
...
0222fdc8  00000000
0222fdcc  00000000
0222fdd0  00411032 NullThread!ILT+45(?ThreadProcYGKPAXZ)
0222fdd4  00000000
0222fdd8  7d4d1504 kernel32!BaseThreadStartThunk
0222fddc  00000023
0222fde0  00000202
...
0222ffb4  cccccccc
0222ffb8  0222ffec
0222ffbc  7d4dfe21 kernel32!BaseThreadStart+0x34
0222ffc0  00000000
0222ffc4  00000000
0222ffc8  00000000
0222ffcc  00000000
0222ffd0  00000000
0222ffd4  0222ffc4
```

```
0222ffd8  00000000
0222ffdc  ffffffff
0222ffe0  7d4d89c4 kernel32!_except_handler3
0222ffe4  7d4dfe28 kernel32!`string'+0x18
0222ffe8  00000000
0222ffec  00000000
0222fff0  00000000
0222fff4  00411032 NullThread!ILT+45(?ThreadProcYGKPAXZ)
0222fff8  00000000
0222fffc  00000000
02230000  ????????
```

크래시된 두 번째 스레드는 좀 더 많은 심볼 정보를 갖고 있는데, 이는 이전 스레드 시작 흔적을 덮어썼기 때문이다. 이 흔적들은 대부분 예외 처리 흔적이다. 예외 처리 과정에서는 스택 영역을 소비하기 때문이다. 이는 "Who calls the postmortem debugger?"(1권 112페이지)에도 언급돼 있다.

```
0:003> dds 0236a000 02370000
0236a000  00000000
...
0236a060  00000000
0236a064  0236a074
0236a068  00220000
0236a06c  7d61f7b4 ntdll!RtlpAllocateFromHeapLookaside+0x13
0236a070  00221378
0236a074  0236a29c
0236a078  7d61f748 ntdll!RtlAllocateHeap+0x1dd
0236a07c  7d61f78c ntdll!RtlAllocateHeap+0xee7
0236a080  0236a5f4
0236a084  00000000
...
0236a1b4  0236a300
0236a1b8  0236a1dc
0236a1bc  7d624267 ntdll!RtlIsDosDeviceName_Ustr+0x2f
0236a1c0  0236a21c
0236a1c4  7d624274 ntdll!RtlpDosSlashCONDevice
0236a1c8  00000001
0236a1cc  0236a317
0236a1d0  00000000
0236a1d4  0236a324
0236a1d8  0236a290
0236a1dc  7d6248af ntdll!RtlGetFullPathName_Ustr+0x80b
0236a1e0  7d6a00e0 ntdll!FastPebLock
0236a1e4  7d62489d ntdll!RtlGetFullPathName_Ustr+0x15b
0236a1e8  0236a5f4
```

```
0236a1ec  00000208
...
0236a224  00000000
0236a228  00000038
0236a22c  02080038 oleaut32!_PictSaveMetaFile+0x33
0236a230  00000000
...
0236a27c  00000000
0236a280  0236a53c
0236a284  7d61f1f8 ntdll!_except_handler3
0236a288  7d6245f0 ntdll!`string'+0x5c
0236a28c  ffffffff
0236a290  7d62489d ntdll!RtlGetFullPathName_Ustr+0x15b
0236a294  0236a5c8
0236a298  00000008
0236a29c  00000000
0236a2a0  0236a54c
0236a2a4  7d624bcf ntdll!RtlpDosPathNameToRelativeNtPathName_Ustr+0x3d8
0236a2a8  7d6a00e0 ntdll!FastPebLock
0236a2ac  7d624ba1 ntdll!RtlpDosPathNameToRelativeNtPathName_Ustr+0x3cb
0236a2b0  00000000
0236a2b4  0236e6d0
...
0236a2e0  000a0008
0236a2e4  7d624be8 ntdll!`string'
0236a2e8  00000000
0236a2ec  003a0038
...
0236a330  00650070
0236a334  0050005c
0236a338  00480043 advapi32!LsaGetQuotasForAccount+0x25
0236a33c  00610046
0236a340  006c0075
0236a344  00520074
0236a348  00700065
0236a34c  00780045
0236a350  00630065
0236a354  00690050
0236a358  00650070
0236a35c  00000000
0236a360  00000000
...
0236a4a0  0236a4b0
0236a4a4  00000001
0236a4a8  7d61f645 ntdll!RtlpFreeToHeapLookaside+0x22
```

```
0236a4ac  00230b98
0236a4b0  0236a590
0236a4b4  7d61f5d1 ntdll!RtlFreeHeap+0x20e
0236a4b8  00221378
0236a4bc  7d61f5ed ntdll!RtlFreeHeap+0x70f
0236a4c0  00000000
0236a4c4  7d61f4ab ntdll!RtlFreeHeap
0236a4c8  00000000
0236a4cc  00000000
...
0236a538  00000000
0236a53c  0236a678
0236a540  7d61f1f8 ntdll!_except_handler3
0236a544  7d624ba8 ntdll!`string'+0x1c
0236a548  ffffffff
0236a54c  7d624ba1 ntdll!RtlpDosPathNameToRelativeNtPathName_Ustr+0x3cb
0236a550  7d624c43 ntdll!RtlpDosPathNameToRelativeNtPathName_U+0x55
0236a554  00000001
0236a558  0236a56c
...
0236a590  0236a5c0
0236a594  7d620304 ntdll!RtlNtStatusToDosError+0x38
0236a598  7d620309 ntdll!RtlNtStatusToDosError+0x3d
0236a59c  7d61c828 ntdll!ZwWaitForSingleObject+0x15
0236a5a0  7d4d8c82 kernel32!WaitForSingleObjectEx+0xac
0236a5a4  00000124
0236a5a8  00000000
0236a5ac  7d4d8ca7 kernel32!WaitForSingleObjectEx+0xdc
0236a5b0  00000124
0236a5b4  7d61f49c ntdll!RtlGetLastWin32Error
0236a5b8  80070000
0236a5bc  00000024
...
0236a5f8  00000000
0236a5fc  0236a678
0236a600  7d4d89c4 kernel32!_except_handler3
0236a604  7d4d8cb0 kernel32!`string'+0x68
0236a608  ffffffff
0236a60c  7d4d8ca7 kernel32!WaitForSingleObjectEx+0xdc
0236a610  7d4d8bf1 kernel32!WaitForSingleObject+0x12
0236a614  7d61f49c ntdll!RtlGetLastWin32Error
0236a618  7d61c92d ntdll!NtClose+0x12
0236a61c  7d4d8e4f kernel32!CloseHandle+0x59
0236a620  00000124
0236a624  0236a688
```

```
0236a628  69511753 <Unloaded_faultrep.dll>+0x11753
0236a62c  6951175b <Unloaded_faultrep.dll>+0x1175b
0236a630  0236c6d0
...
0236a668  00000120
0236a66c  00000000
0236a670  0236a630
0236a674  7d94a2e9 user32!GetSystemMetrics+0x62
0236a678  0236f920
0236a67c  69510078 <Unloaded_faultrep.dll>+0x10078
0236a680  69503d10 <Unloaded_faultrep.dll>+0x3d10
0236a684  ffffffff
0236a688  6951175b <Unloaded_faultrep.dll>+0x1175b
0236a68c  69506136 <Unloaded_faultrep.dll>+0x6136
0236a690  0236e6d0
0236a694  0236c6d0
0236a698  0000009c
0236a69c  0236a6d0
0236a6a0  00002000
0236a6a4  0236eae4
0236a6a8  695061ff <Unloaded_faultrep.dll>+0x61ff
0236a6ac  00000000
0236a6b0  00000001
0236a6b4  0236f742
0236a6b8  69506210 <Unloaded_faultrep.dll>+0x6210
0236a6bc  00000028
0236a6c0  0236c76c
...
0236e6e0  0050005c
0236e6e4  00480043 advapi32!LsaGetQuotasForAccount+0x25
0236e6e8  00610046
...
0236e718  002204d8
0236e71c  0236e890
0236e720  77b940bb <Unloaded_VERSION.dll>+0x40bb
0236e724  77b91798 <Unloaded_VERSION.dll>+0x1798
0236e728  ffffffff
0236e72c  77b9178e <Unloaded_VERSION.dll>+0x178e
0236e730  69512587 <Unloaded_faultrep.dll>+0x12587
0236e734  0236e744
0236e738  00220000
0236e73c  7d61f7b4 ntdll!RtlpAllocateFromHeapLookaside+0x13
0236e740  00221378
0236e744  0236e96c
0236e748  7d61f748 ntdll!RtlAllocateHeap+0x1dd
```

```
0236e74c  7d61f78c ntdll!RtlAllocateHeap+0xee7
0236e750  0236eca4
0236e754  00000000
0236e758  0236ec94
0236e75c  7d620309 ntdll!RtlNtStatusToDosError+0x3d
0236e760  0236e7c8
0236e764  7d61c9db ntdll!NtQueryValueKey
0236e768  0236e888
0236e76c  0236e760
0236e770  7d61c9ed ntdll!NtQueryValueKey+0x12
0236e774  0236f920
0236e778  7d61f1f8 ntdll!_except_handler3
0236e77c  7d620310 ntdll!RtlpRunTable+0x490
0236e780  0236e790
0236e784  00220000
0236e788  7d61f7b4 ntdll!RtlpAllocateFromHeapLookaside+0x13
0236e78c  00221378
0236e790  0236e9b8
0236e794  7d61f748 ntdll!RtlAllocateHeap+0x1dd
0236e798  7d61f78c ntdll!RtlAllocateHeap+0xee7
0236e79c  0236ef18
0236e7a0  00000000
0236e7a4  00000000
0236e7a8  00220000
0236e7ac  0236e89c
0236e7b0  00000000
0236e7b4  00000128
0236e7b8  00000000
0236e7bc  0236e8c8
0236e7c0  0236e7c8
0236e7c4  c0000034
0236e7c8  0236e814
0236e7cc  7d61f1f8 ntdll!_except_handler3
0236e7d0  7d61f5f0 ntdll!CheckHeapFillPattern+0x64
0236e7d4  ffffffff
0236e7d8  7d61f5ed ntdll!RtlFreeHeap+0x70f
0236e7dc  7d4ded95 kernel32!FindClose+0x9b
0236e7e0  00220000
0236e7e4  00000000
0236e7e8  00220000
0236e7ec  00000000
0236e7f0  002314b4
0236e7f4  7d61ca1d ntdll!NtQueryInformationProcess+0x12
0236e7f8  7d4da465 kernel32!GetErrorMode+0x18
0236e7fc  ffffffff
```

```
0236e800  0000000c
0236e804  7d61ca65 ntdll!ZwSetInformationProcess+0x12
0236e808  7d4da441 kernel32!SetErrorMode+0x37
0236e80c  ffffffff
0236e810  0000000c
0236e814  0236e820
0236e818  00000004
0236e81c  00000000
0236e820  00000005
0236e824  0236eae8
0236e828  7d4e445f kernel32!GetLongPathNameW+0x38f
0236e82c  7d4e4472 kernel32!GetLongPathNameW+0x3a2
0236e830  00000001
0236e834  00000103
0236e838  00000000
0236e83c  0236f712
0236e840  7efaf000
0236e844  002316f0
0236e848  0000005c
0236e84c  7efaf000
0236e850  00000004
0236e854  002314b4
0236e858  0000ea13
0236e85c  0236e894
0236e860  00456b0d advapi32!RegQueryValueExW+0x96
0236e864  00000128
0236e868  0236e888
0236e86c  0236e8ac
0236e870  0236e8c8
0236e874  0236e8a4
0236e878  0236e89c
0236e87c  0236e88c
0236e880  7d635dc4 ntdll!iswdigit+0xf
0236e884  00000064
0236e888  00000004
0236e88c  7d624d81 ntdll!RtlpValidateCurrentDirectory+0xf6
0236e890  7d635d4e ntdll!RtlIsDosDeviceName_Ustr+0x1c0
0236e894  00000064
0236e898  0236e9d0
0236e89c  0236e9e7
0236e8a0  00000000
0236e8a4  0236e9f4
0236e8a8  0236e960
0236e8ac  7d6248af ntdll!RtlGetFullPathName_Ustr+0x80b
0236e8b0  7d6a00e0 ntdll!FastPebLock
```

```
0236e8b4  7d62489d ntdll!RtlGetFullPathName_Ustr+0x15b
0236e8b8  0236eca4
0236e8bc  00000208
0236e8c0  0236ec94
0236e8c4  00000000
0236e8c8  00220178
0236e8cc  00000004
0236e8d0  0236eb3c
0236e8d4  0236e8c8
0236e8d8  7d624d81 ntdll!RtlpValidateCurrentDirectory+0xf6
0236e8dc  0236e8f8
0236e8e0  7d6246c1 ntdll!RtlIsDosDeviceName_Ustr+0x14
0236e8e4  0236ea1c
0236e8e8  0236ea33
0236e8ec  00000000
0236e8f0  0236ea40
0236e8f4  0236e9ac
0236e8f8  7d6248af ntdll!RtlGetFullPathName_Ustr+0x80b
0236e8fc  7d6a00e0 ntdll!FastPebLock
0236e900  7d62489d ntdll!RtlGetFullPathName_Ustr+0x15b
0236e904  0236ef18
0236e908  00000208
...
0236e934  00000022
0236e938  00460044 advapi32!GetPerflibKeyValue+0x19e
0236e93c  0236ecd0
0236e940  00000000
0236e944  00000044
0236e948  02080044 oleaut32!_PictSaveMetaFile+0x3f
0236e94c  00000000
0236e950  4336ec0c
...
0236e9a8  0236ebd0
0236e9ac  7d62155b ntdll!RtlAllocateHeap+0x460
0236e9b0  7d61f78c ntdll!RtlAllocateHeap+0xee7
0236e9b4  00000000
0236e9b8  000003ee
0236e9bc  0236ed2c
0236e9c0  7d624bcf ntdll!RtlpDosPathNameToRelativeNtPathName_Ustr+0x3d8
0236e9c4  7d6a00e0 ntdll!FastPebLock
0236e9c8  00000ab0
0236e9cc  00000381
0236e9d0  00233950
0236e9d4  0236ebfc
0236e9d8  7d62155b ntdll!RtlAllocateHeap+0x460
```

```
0236e9dc  7d61f78c ntdll!RtlAllocateHeap+0xee7
0236e9e0  00000003
0236e9e4  fffffffc
0236e9e8  00000aa4
0236e9ec  00230ba0
0236e9f0  00000004
0236e9f4  003a0043
0236e9f8  00000000
0236e9fc  000a0008
0236ea00  7d624be8 ntdll!`string'
0236ea04  00000000
0236ea08  00460044 advapi32!GetPerflibKeyValue+0x19e
0236ea0c  0236ecd0
0236ea10  00233948
...
0236ea44  00220640
0236ea48  7d62273d ntdll!RtlIntegerToUnicode+0x126
0236ea4c  0000000c
...
0236eab4  0236f79c
0236eab8  7d61f1f8 ntdll!_except_handler3
0236eabc  7d622758 ntdll!RtlpIntegerWChars+0x54
0236eac0  00220178
0236eac4  0236ed3c
0236eac8  00000005
0236eacc  0236ed00
0236ead0  7d622660 ntdll!RtlConvertSidToUnicodeString+0x1cb
0236ead4  00220178
0236ead8  0236eaf0
0236eadc  0236eaec
0236eae0  00000001
0236eae4  7d61f645 ntdll!RtlpFreeToHeapLookaside+0x22
0236eae8  00223620
0236eaec  00220178
0236eaf0  7d61f5d1 ntdll!RtlFreeHeap+0x20e
0236eaf4  002217f8
0236eaf8  7d61f5ed ntdll!RtlFreeHeap+0x70f
0236eafc  00000000
0236eb00  00220178
...
0236eb48  0236eb58
0236eb4c  7d635dc4 ntdll!iswdigit+0xf
0236eb50  00220178
0236eb54  00000381
0236eb58  002343f8
```

```
0236eb5c  0236eb78
0236eb60  7d620deb ntdll!RtlpCoalesceFreeBlocks+0x383
0236eb64  00000381
0236eb68  002343f8
0236eb6c  00220000
0236eb70  00233948
0236eb74  00220000
0236eb78  00000000
0236eb7c  00220000
0236eb80  0236ec60
0236eb84  7d620fbe ntdll!RtlFreeHeap+0x6b0
0236eb88  00220608
0236eb8c  7d61f5ed ntdll!RtlFreeHeap+0x70f
0236eb90  000000e8
0236eb94  7d61cd23 ntdll!ZwWriteVirtualMemory
0236eb98  7efde000
0236eb9c  000000e8
0236eba0  00233948
0236eba4  7efde000
0236eba8  000002e8
0236ebac  0000005d
0236ebb0  00220178
0236ebb4  00000156
0236ebb8  0236e9b4
0236ebbc  00233948
0236ebc0  7d61f1f8 ntdll!_except_handler3
0236ebc4  00000ab0
0236ebc8  00233948
0236ebcc  00233950
0236ebd0  00220178
0236ebd4  00220000
0236ebd8  00000ab0
0236ebdc  00220178
0236ebe0  00000000
0236ebe4  00233950
0236ebe8  7d4ddea8 kernel32!`string'+0x50
0236ebec  00000000
0236ebf0  00233950
0236ebf4  00220178
0236ebf8  00000aa4
0236ebfc  00000000
0236ec00  0236ec54
0236ec04  7d63668a ntdll!RtlCreateProcessParameters+0x375
0236ec08  7d63668f ntdll!RtlCreateProcessParameters+0x37a
0236ec0c  7d6369e9 ntdll!RtlCreateProcessParameters+0x35f
```

```
0236ec10  00000000
...
0236ec4c  0000007f
0236ec50  0236ef4c
0236ec54  7d61f1f8 ntdll!_except_handler3
0236ec58  7d61f5f0 ntdll!CheckHeapFillPattern+0x64
0236ec5c  ffffffff
0236ec60  7d61f5ed ntdll!RtlFreeHeap+0x70f
0236ec64  7d6365e2 ntdll!RtlDestroyProcessParameters+0x1b
0236ec68  00220000
0236ec6c  00000000
0236ec70  00233950
0236ec74  0236ef5c
0236ec78  7d4ec4bc kernel32!BasePushProcessParameters+0x806
0236ec7c  00233950
0236ec80  7d4ec478 kernel32!BasePushProcessParameters+0x7c5
0236ec84  7efde000
0236ec88  0236f748
0236ec8c  00000000
0236ec90  0236ed92
0236ec94  00000000
0236ec98  00000000
0236ec9c  01060104
0236eca0  0236f814
0236eca4  0020001e
0236eca8  7d535b50 kernel32!`string'
0236ecac  00780076
0236ecb0  002314e0
0236ecb4  00780076
0236ecb8  0236ed2c
0236ecbc  00020000
0236ecc0  7d4ddee4 kernel32!`string'
0236ecc4  0236efec
...
0236ed3c  006d0061
0236ed40  00460020 advapi32!GetPerflibKeyValue+0x17a
0236ed44  006c0069
0236ed48  00730065
0236ed4c  00280020
0236ed50  00380078
0236ed54  00290036
0236ed58  0044005c advapi32!CryptDuplicateHash+0x3
0236ed5c  00620065
0236ed60  00670075
...
```

```
0236ee7c  0236ee8c
0236ee80  00000001
0236ee84  7d61f645 ntdll!RtlpFreeToHeapLookaside+0x22
0236ee88  00230dc0
0236ee8c  0236ef6c
0236ee90  0236eea0
0236ee94  00000001
0236ee98  7d61f645 ntdll!RtlpFreeToHeapLookaside+0x22
0236ee9c  00223908
0236eea0  0236ef80
0236eea4  7d61f5d1 ntdll!RtlFreeHeap+0x20e
0236eea8  00221d38
0236eeac  7d61f5ed ntdll!RtlFreeHeap+0x70f
0236eeb0  7d61f4ab ntdll!RtlFreeHeap
0236eeb4  7d61c91b ntdll!NtClose
0236eeb8  00000000
...
0236ef08  00000000
0236ef0c  7d621954 ntdll!RtlImageNtHeaderEx+0xee
0236ef10  7efde000
0236ef14  00001000
0236ef18  00000000
0236ef1c  000000e8
0236ef20  004000e8 NullThread!_enc$textbss$begin <PERF> (NullThread+0xe8)
0236ef24  00000000
0236ef28  0236ef10
0236ef2c  00000000
0236ef30  0236f79c
0236ef34  7d61f1f8 ntdll!_except_handler3
0236ef38  7d621954 ntdll!RtlImageNtHeaderEx+0xee
0236ef3c  00220000
...
0236ef68  0236eeb0
0236ef6c  7d61f5ed ntdll!RtlFreeHeap+0x70f
0236ef70  0236f79c
0236ef74  7d61f1f8 ntdll!_except_handler3
0236ef78  7d61f5f0 ntdll!CheckHeapFillPattern+0x64
0236ef7c  ffffffff
0236ef80  7d61f5ed ntdll!RtlFreeHeap+0x70f
0236ef84  7d4ea183 kernel32!CreateProcessInternalW+0x21f5
0236ef88  00220000
0236ef8c  00000000
0236ef90  00223910
0236ef94  7d4ebc0b kernel32!CreateProcessInternalW+0x1f26
0236ef98  00000000
```

```
0236ef9c  00000096
0236efa0  0236f814
0236efa4  00000103
0236efa8  7efde000
0236efac  00000001
0236efb0  0236effc
0236efb4  00000200
0236efb8  00000cb0
0236efbc  0236f00c
0236efc0  0236efdc
0236efc4  7d6256e8 ntdll!bsearch+0x42
0236efc8  00180144
0236efcc  0236efe0
0236efd0  7d625992 ntdll!ARRAY_FITS+0x29
0236efd4  00000a8c
0236efd8  00000000
0236efdc  00000000
0236efe0  00080000
0236efe4  00070000
0236efe8  00040000
0236efec  00000044
0236eff0  00000000
0236eff4  7d535b50 kernel32!`string'
0236eff8  00000000
0236effc  00000000
...
0236f070  00000001
0236f074  7d625ad8 ntdll!RtlFindActivationContextSectionString+0xe1
0236f078  004000e8 NullThread!_enc$textbss$begin <PERF> (NullThread+0xe8)
0236f07c  0236f0cc
0236f080  00000000
0236f084  7d6256e8 ntdll!bsearch+0x42
0236f088  00180144
0236f08c  0236f0a0
0236f090  7d625992 ntdll!ARRAY_FITS+0x29
0236f094  00000a8c
...
0236f0d0  0236f120
0236f0d4  7d625b62 ntdll!RtlpFindUnicodeStringInSection+0x7b
0236f0d8  0236f204
0236f0dc  00000020
...
0236f190  000002a8
0236f194  7d625b62 ntdll!RtlpFindUnicodeStringInSection+0x7b
0236f198  00000001
```

```
0236f19c  00000000
0236f1a0  0236f1d0
0236f1a4  7d6257f1 ntdll!RtlpFindNextActivationContextSection+0x64
0236f1a8  00181f1c
...
0236f1f0  7efaf000
0236f1f4  7d625ad8 ntdll!RtlFindActivationContextSectionString+0xe1
0236f1f8  0236f214
0236f1fc  0236f24c
0236f200  00000000
0236f204  7d6256e8 ntdll!bsearch+0x42
0236f208  00180144
...
0236f24c  00000200
0236f250  00000734
0236f254  7d625b62 ntdll!RtlpFindUnicodeStringInSection+0x7b
0236f258  0236f384
...
0236f3f0  00000000
0236f3f4  00000000
0236f3f8  01034236
0236f3fc  00000000
0236f400  7d4d1510 kernel32!BaseProcessStartThunk
0236f404  00000018
0236f408  00003000
...
0236f62c  0236f63c
0236f630  00000001
0236f634  7d61f645 ntdll!RtlpFreeToHeapLookaside+0x22
0236f638  00231088
0236f63c  0236f71c
...
0236f70c  002333b8
0236f710  0236f720
0236f714  00000001
0236f718  7d61f645 ntdll!RtlpFreeToHeapLookaside+0x22
0236f71c  00228fb0
0236f720  0236f800
0236f724  7d61f5d1 ntdll!RtlFreeHeap+0x20e
0236f728  00221318
0236f72c  7d61f5ed ntdll!RtlFreeHeap+0x70f
0236f730  00000000
0236f734  00000096
0236f738  0236f814
0236f73c  00220608
```

```
0236f740  7d61f5ed ntdll!RtlFreeHeap+0x70f
0236f744  0236f904
0236f748  008e0000
0236f74c  002334c2
...
0236f784  0236f7bc
0236f788  7d63d275 ntdll!_vsnwprintf+0x30
0236f78c  0236f79c
0236f790  0000f949
0236f794  0236ef98
0236f798  00000095
0236f79c  0236fb7c
0236f7a0  7d4d89c4 kernel32!_except_handler3
0236f7a4  7d4ed1d0 kernel32!`string'+0xc
0236f7a8  ffffffff
0236f7ac  7d4ebc0b kernel32!CreateProcessInternalW+0x1f26
0236f7b0  7d4d14a2 kernel32!CreateProcessW+0x2c
0236f7b4  00000000
...
0236f7f0  0236fb7c
0236f7f4  7d61f1f8 ntdll!_except_handler3
0236f7f8  7d61d051 ntdll!NtWaitForMultipleObjects+0x15
0236f7fc  7d61c92d ntdll!NtClose+0x12
0236f800  7d4d8e4f kernel32!CloseHandle+0x59
0236f804  00000108
0236f808  0236fb8c
0236f80c  7d535b07 kernel32!UnhandledExceptionFilter+0x815
0236f810  00000108
0236f814  00430022 advapi32!_imp__OutputDebugStringW <PERF> (advapi32+0x22)
0236f818  005c003a
0236f81c  00720050
...
0236f8ec  0055005c
0236f8f0  00650073
0236f8f4  00440072 advapi32!CryptDuplicateHash+0x19
0236f8f8  006d0075
0236f8fc  00730070
0236f900  006e005c
0236f904  00770065
0236f908  0064002e
0236f90c  0070006d
0236f910  0020003b
0236f914  00220071
0236f918  00000000
0236f91c  00000096
```

```
0236f920   7d4dda47 kernel32!DuplicateHandle+0xd0
0236f924   7d4dda47 kernel32!DuplicateHandle+0xd0
0236f928   0236fb8c
0236f92c   7d5358cb kernel32!UnhandledExceptionFilter+0x5f1
0236f930   0236f9f0
0236f934   00000001
0236f938   00000000
0236f93c   7d535b43 kernel32!UnhandledExceptionFilter+0x851
0236f940   00000000
0236f944   00000000
0236f948   00000000
0236f94c   0236f95c
0236f950   00000098
0236f954   000001a2
0236f958   01c423b0
0236f95c   0236fb84
0236f960   7d62155b ntdll!RtlAllocateHeap+0x460
0236f964   7d61f78c ntdll!RtlAllocateHeap+0xee7
0236f968   00000000
0236f96c   0000008c
0236f970   00000000
0236f974   7d4d8472 kernel32!$$VProc_ImageExportDirectory+0x6d4e
0236f978   0236fa1c
0236f97c   00000044
0236f980   00000000
0236f984   7d535b50 kernel32!`string'
0236f988   00000000
0236f98c   00000000
0236f990   00000000
0236f994   00000000
0236f998   00000000
0236f99c   00000000
0236f9a0   00000000
0236f9a4   00000000
0236f9a8   00000000
0236f9ac   00000000
0236f9b0   00000000
0236f9b4   00000000
0236f9b8   00000000
0236f9bc   00000000
0236f9c0   0010000e
0236f9c4   7ffe0030 SharedUserData+0x30
0236f9c8   000000e8
0236f9cc   00000108
0236f9d0   00000200
```

```
0236f9d4  00000734
0236f9d8  00000018
0236f9dc  00000000
0236f9e0  7d5621d0 kernel32!ProgramFilesEnvironment+0x74
0236f9e4  00000040
0236f9e8  00000000
0236f9ec  00000000
0236f9f0  0000000c
0236f9f4  00000000
0236f9f8  00000001
0236f9fc  00000118
0236fa00  000000e8
0236fa04  c0000005
0236fa08  00000000
0236fa0c  00000008
0236fa10  00000000
0236fa14  00000110
0236fa18  0236f814
0236fa1c  6950878a <Unloaded_faultrep.dll>+0x878a
0236fa20  00120010
0236fa24  7d51c5e4 kernel32!`string'
0236fa28  00000003
0236fa2c  05bc0047
...
0236fa74  0057005c
0236fa78  004b0032 advapi32!szPerflibSectionName <PERF> (advapi32+0x80032)
0236fa7c  005c0033
0236fa80  00790073
...
0236fac8  0000002b
0236facc  00000000
0236fad0  7d61e3e6 ntdll!ZwWow64CsrNewThread+0x12
0236fad4  00000000
...
0236fb44  00000000
0236fb48  00000000
0236fb4c  7d61cb0d ntdll!ZwQueryVirtualMemory+0x12
0236fb50  7d54eeb8 kernel32!_ValidateEH3RN+0xb6
0236fb54  ffffffff
0236fb58  7d4dfe28 kernel32!`string'+0x18
0236fb5c  00000000
0236fb60  0236fb78
0236fb64  0000001c
0236fb68  0000000f
0236fb6c  7d4dfe28 kernel32!`string'+0x18
```

```
0236fb70  0000f949
0236fb74  0236f814
0236fb78  7d4df000 kernel32!CheckForSameCurdir+0x39
0236fb7c  0236fbd4
0236fb80  7d4d89c4 kernel32!_except_handler3
0236fb84  7d535be0 kernel32!`string'+0xc
0236fb88  ffffffff
0236fb8c  7d535b43 kernel32!UnhandledExceptionFilter+0x851
0236fb90  7d508f4e kernel32!BaseThreadStart+0x4a
0236fb94  0236fbb4
0236fb98  7d4d8a25 kernel32!_except_handler3+0x61
0236fb9c  0236fbbc
0236fba0  00000000
0236fba4  0236fbbc
0236fba8  00000000
0236fbac  00000000
0236fbb0  00000000
0236fbb4  0236fca0
0236fbb8  0236fcf0
0236fbbc  0236fbe0
0236fbc0  7d61ec2a ntdll!ExecuteHandler2+0x26
0236fbc4  0236fca0
0236fbc8  0236ffdc
0236fbcc  0236fcf0
0236fbd0  0236fc7c
0236fbd4  0236ffdc
0236fbd8  7d61ec3e ntdll!ExecuteHandler2+0x3a
0236fbdc  0236ffdc
0236fbe0  0236fc88
0236fbe4  7d61ebfb ntdll!ExecuteHandler+0x24
0236fbe8  0236fca0
0236fbec  0236ffdc
0236fbf0  00000000
0236fbf4  0236fc7c
0236fbf8  7d4d89c4 kernel32!_except_handler3
0236fbfc  00000000
0236fc00  0036fca0
0236fc04  0236fc18
0236fc08  7d640ca6 ntdll!RtlCallVectoredContinueHandlers+0x15
0236fc0c  0236fca0
0236fc10  0236fcf0
0236fc14  7d6a0608 ntdll!RtlpCallbackEntryList
0236fc18  0236fc88
0236fc1c  7d6354c9 ntdll!RtlDispatchException+0x11f
0236fc20  0236fca0
```

```
0236fc24  0236fcf0
0236fc28  00000000
0236fc2c  00000000
...
0236fc88  0236ffec
0236fc8c  7d61dd26 ntdll!NtRaiseException+0x12
0236fc90  7d61ea51 ntdll!KiUserExceptionDispatcher+0x29
0236fc94  0236fca0
0236fc98  0236fcf0
0236fc9c  00000000
0236fca0  c0000005
0236fca4  00000000
0236fca8  00000000
0236fcac  00000000
0236fcb0  00000002
0236fcb4  00000008
0236fcb8  00000000
0236fcbc  00000000
0236fcc0  00000000
0236fcc4  6b021fa0
0236fcc8  78b83980
0236fccc  00000000
0236fcd0  00000000
0236fcd4  00000000
0236fcd8  7efad000
0236fcdc  023afd00
0236fce0  023af110
0236fce4  78b83980
0236fce8  010402e1
0236fcec  00000000
0236fcf0  0001003f
0236fcf4  00000000
0236fcf8  00000000
0236fcfc  00000000
0236fd00  00000000
0236fd04  00000000
0236fd08  00000000
0236fd0c  0000027f
0236fd10  00000000
0236fd14  0000ffff
0236fd18  00000000
0236fd1c  00000000
0236fd20  00000000
0236fd24  00000000
0236fd28  00000000
```

```
0236fd2c  00000000
0236fd30  00000000
0236fd34  00000000
0236fd38  00000000
0236fd3c  00000000
0236fd40  00000000
0236fd44  00000000
0236fd48  00000000
0236fd4c  00000000
0236fd50  00000000
0236fd54  00000000
0236fd58  00000000
0236fd5c  00000000
0236fd60  00000000
0236fd64  00000000
0236fd68  00000000
0236fd6c  00000000
0236fd70  00000000
0236fd74  00000000
0236fd78  00000000
0236fd7c  0000002b
0236fd80  00000053
0236fd84  0000002b
0236fd88  0000002b
0236fd8c  00000000
0236fd90  00000000
0236fd94  00000000
0236fd98  00000000
0236fd9c  47f30000
0236fda0  00000000
0236fda4  0236ffec
0236fda8  00000000
0236fdac  00000023
0236fdb0  00010246
0236fdb4  0236ffbc
0236fdb8  0000002b
0236fdbc  0000027f
0236fdc0  00000000
0236fdc4  00000000
0236fdc8  00000000
0236fdcc  00000000
0236fdd0  00000000
0236fdd4  00001f80
0236fdd8  00000000
0236fddc  00000000
```

```
...
0236ffb4  00000000
0236ffb8  00000000
0236ffbc  7d4dfe21 kernel32!BaseThreadStart+0x34
0236ffc0  00000000
0236ffc4  00000000
0236ffc8  00000000
0236ffcc  00000000
0236ffd0  c0000005
0236ffd4  0236ffc4
0236ffd8  0236fbb4
0236ffdc  ffffffff
0236ffe0  7d4d89c4 kernel32!_except_handler3
0236ffe4  7d4dfe28 kernel32!`string'+0x18
0236ffe8  00000000
0236ffec  00000000
0236fff0  00000000
0236fff4  00000000
0236fff8  00000000
0236fffc  00000000
02370000  ????????
```

가짜 모듈

기본적인 악성코드 탐지 및 분석 패턴을 분류하는 중이다. 첫 번째 패턴은 비정상 모듈이다. 가짜 모듈 패턴에서는 로딩된 모듈 중 하나가 정상적인 시스템 DLL 또는 유명한 서드파티 제품의 DLL로 위장한다. 이 패턴을 표현하기 위해 악성코드 모듈 로딩 후에 프로세스가 크래시되는 방식으로 구성했다.

```
0:000> k
*** Stack trace for last set context - .thread/.cxr resets it
Child-SP          RetAddr           Call Site
00000000`0026f978 00000001`3f89103a 0x0
00000000`0026f980 00000001`3f8911c4 FakeModule!wmain+0x3a
00000000`0026f9c0 00000000`76e3652d FakeModule!__tmainCRTStartup+0x144
00000000`0026fa00 00000000`7752c521 kernel32!BaseThreadInitThunk+0xd
00000000`0026fa30 00000000`00000000 ntdll!RtlUserThreadStart+0x1d
```

로딩된 모듈을 검사했을 때 어떤 의심스러운 점도 발견되지 않았다.

```
0:000> lmp
start             end               module name
00000000`76e20000 00000000`76f3f000  kernel32 <none>
```

338

```
00000000`77500000 00000000`776a9000   ntdll     <none>
00000001`3f890000 00000001`3f8a6000   FakeModule <none>
000007fe`f8cb0000 000007fe`f8cc7000   winspool <none>
000007fe`fdb30000 000007fe`fdb9c000   KERNELBASE <none>
```

그러나 모듈 이미지에 어떤 변경이 있었는지 검사했을 때 winspool 모듈에 대한 심볼을 마이크로소프트 심볼 서버에서 찾을 수 없다는 것을 알게 됐다.

```
0:000> !for_each_module "!chkimg -v -d @#ModuleName"
Searching for module with expression: kernel32
Will apply relocation fixups to file used for comparison
Will ignore NOP/LOCK errors
Will ignore patched instructions
Image specific ignores will be applied
Comparison image path: C:\WSDK8\Debuggers\x64\sym\kernel32.dll\503285C111f000\kernel32.dll
No range specified

Scanning section:    .text
Size: 633485
Range to scan: 76e21000-76ebba8d
Total bytes compared: 633485(100%)
Number of errors: 0
0 errors : kernel32
Searching for module with expression: ntdll
Will apply relocation fixups to file used for comparison
Will ignore NOP/LOCK errors
Will ignore patched instructions
Image specific ignores will be applied
Comparison image path: C:\WSDK8\Debuggers\x64\sym\ntdll.dll\4EC4AA8E1a9000\ntdll.dll
No range specified
Scanning section:    .text
Size: 1049210
Range to scan: 77501000-7760127a
Total bytes compared: 1049210(100%)
Number of errors: 0

Scanning section:       RT
Size: 474
Range to scan: 77602000-776021da
Total bytes compared: 474(100%)
Number of errors: 0
0 errors : ntdll
Searching for module with expression: FakeModule
Error for FakeModule: Could not find image file for the module. Make sure binaries are included in the
```

```
symbol path.
Searching for module with expression: winspool
Error for winspool: Could not find image file for the module. Make sure binaries are
included in the symbol path.
Searching for module with expression: KERNELBASE
Will apply relocation fixups to file used for comparison
Will ignore NOP/LOCK errors
Will ignore patched instructions
Image specific ignores will be applied
Comparison image path: C:\WSDK8\Debuggers\x64\sym\KERNELBASE.dll\503285C26c000\KERNELBASE.dll
No range specified

Scanning section:    .text
Size: 302047
Range to scan: 7fefdb31000-7fefdb7abdf
Total bytes compared: 302047(100%)
Number of errors: 0
0 errors : KERNELBASE
```

모듈 데이터를 확인해보니 System32 폴더에서 로딩된 것이 아니며, 어떤 버전 정보도 포함하지 않음을 알 수 있었다.

```
0:000> lmv m winspool
start            end                 module name
000007fe`f8cb0000 000007fe`f8cc7000  winspool   (deferred)
Image path: C:\Work\AWMA\FakeModule\x64\Release\winspool.drv
Image name: winspool.drv
Timestamp:          Fri Dec 28 22:22:42 2012 (50DE1BB2)
CheckSum:           00000000
ImageSize:          00017000
File version:       0.0.0.0
Product version:    0.0.0.0
File flags:         0 (Mask 0)
File OS:            0 Unknown Base
File type:          0.0 Unknown
File date:          00000000.00000000
Translations:       0000.04b0 0000.04e4 0409.04b0 0409.04e4
```

다음 명령어를 통해서도 그 경로를 확인할 수 있다.

```
0:000> !for_each_module
00: 0000000076e20000  0000000076f3f000        kernel32
C:\Windows\System32\kernel32.dll                    kernel32.dll
01: 0000000077500000  00000000776a9000        ntdll
```

```
C:\Windows\System32\ntdll.dll                              ntdll.dll
02: 000000013f890000  000000013f8a6000        FakeModule
C:\Work\AWMA\FakeModule\x64\Release\FakeModule.exe FakeModule.exe
03: 000007fef8cb0000  000007fef8cc7000        winspool
C:\Work\AWMA\FakeModule\x64\Release\winspool.drv
04: 000007fefdb30000  000007fefdb9c000        KERNELBASE
C:\Windows\System32\KERNELBASE.dll                        KERNELBASE.dll
```

또한 PEB에서도 확인이 가능하다.

```
0:000> !peb
PEB at 000007fffffdf000
[...]
7fef8cb0000 50de1bb2 Dec 28 22:22:42 2012
C:\Work\AWMA\FakeModule\x64\Release\winspool.drv
[...]
```

또 다른 흔적은 메모리 내의 모듈 크기다. 의심스러운 winspool.drv의 모듈 크기는 정상 winspool.drv의 크기보다 작았다.

```
0:000> ? 000007fe`f8cc7000 - 000007fe`f8cb0000
Evaluate expression: 94208 = 00000000`0001700
```

잘 알려진 폴더에 존재하는 합법적인 모듈로 위장한 경우에 모듈 크기에 대한 정보는 분석에 도움이 될 수 있다. 모듈의 디버그 디렉토리, 익스포트/임포트 디렉토리의 크기도 제품 폴더에서 확인 가능한 원본 정보와 다르다.

```
0:000> !dh 000007fe`f8cb0000
[...]
   0 [       0] address [size] of Export Directory
[...]
9000 [    208] address [size] of Import Address Table Directory
[...]
Debug Directories(2)
Type    Size    Address  Pointer
cv       49      e2c0      cac0 Format: RSDS, guid, 1,
C:\Work\AWMA\FakeModule\x64\Release\winspool.pdb
```

!lmi 명령어를 통해서도 이러한 정보를 확인할 수 있다.

```
0:000> !lmi 7fef8cb0000
Loaded Module Info: [7fef8cb0000]
Module: winspool
Base Address: 000007fef8cb0000
```

```
Image Name: winspool.drv
Machine Type: 34404 (X64)
Time Stamp: 50de1bb2 Fri Dec 28 22:22:42 2012
Size: 17000
CheckSum: 0
Characteristics: 2022
Debug Data Dirs: Type  Size    VA  Pointer
CODEVIEW   49, e2c0,   cac0 RSDS - GUID: {29D85193-1C9D-4997-95BA-DD190FA3C1BF}
Age: 1, Pdb: C:\Work\AWMA\FakeModule\x64\Release\winspool.pdb
??   10, e30c,   cb0c [Data not mapped]
Symbol Type: DEFERRED - No error - symbol load deferred
Load Report: no symbols loaded
```

숨겨진 모듈

특정 시간에 로드되고 언로드된 모듈을 찾아봐야 할 경우가 있다. lm 명령어를 통해 언로드된 모듈 목록을 얻을 수 있지만, 모듈 중 일부는 런타임 로더를 이용하지 않고 주소 영역에 매핑될 수도 있다. 후자의 경우는 보통 프로세스 실행에 영향을 줄 수 있는 DRM 타입의 보호 툴, 루트킷, 악성코드, 범죄용 소프트웨어 등에서 나타난다. 이런 경우에는 숨겨진 모듈이 가상 메모리에 아직 남아 있어서 이들을 찾을 수 있기를 바랄 수밖에 없다.

WinDbg의 .imgscan 명령어는 MZ/PE 모듈 헤더를 식별하는 데 큰 도움을 준다. 다음은 발견된 모듈이 전혀 손상되지 않았다고 가정하고 명령어를 사용해 본 예제다.

```
0:000> .imgscan
MZ at 000d0000, prot 00000002, type 01000000 - size 6000
  Name: usrxcptn.dll
MZ at 00350000, prot 00000002, type 01000000 - size 9b000
  Name: ADVAPI32.dll
MZ at 00400000, prot 00000002, type 01000000 - size 23000
  Name: javaw.exe
MZ at 01df0000, prot 00000002, type 01000000 - size 8b000
  Name: OLEAUT32.dll
MZ at 01e80000, prot 00000002, type 01000000 - size 52000
  Name: SHLWAPI.dll
...
```

로딩 모듈 목록이나 언로딩 목록 어디에서도 usrxcptn을 발견할 수 없었다.

```
0:002> lm
start    end        module name
00350000 003eb000    advapi32
```

342

```
00400000 00423000    javaw
01df0000 01e7b000    oleaut32
01e80000 01ed2000    shlwapi
...
Unloaded modules:
```

이때 메모리에 존재한다면 모듈 리소스를 확인하기 위해 미확인 컴포넌트 패턴을 사용할 수 있다(1권 367페이지).

```
0:002> !dh 000d0000
...
SECTION HEADER #4
   .rsrc name
      418 virtual size
     4000 virtual address
      600 size of raw data
     1600 file pointer to raw data
        0 file pointer to relocation table
        0 file pointer to line numbers
        0 number of relocations
        0 number of line numbers
 40000040 flags
          Initialized Data
          (no align specified)
          Read Only
...

0:002> dc 000d0000+4000 L418
...
000d4140  ... n..z.)..F.i.l.
000d4150  ... e.D.e.s.c.r.i.p.
000d4160  ... t.i.o.n.....U.s.
000d4170  ...  e.r. .D.u.m.p. .
000d4180  ... U.s.e.r. .M.o.d.
000d4190  ... e. .E.x.c.e.p.t.
000d41a0  ... i.o.n. .D.i.s.p.
000d41b0  ... a.t.c.h.e.r.....

0:002> du 000d416C
000d416c  "User Dump User Mode Exception Di"
000d41ac  "spatcher"
```

usrxcptn.dll은 userdump의 재배포 패키지 일부로, 전체 userdump 패키지가 설치되고 제어판에 Process Dumper 애플릿으로 추가되는 경우에만 로딩되거나 매핑되는 것으로 보인다. 메모리 덤프의 설명을 통해 이 덤프 파일이 userdump.exe를 커맨드라인에서 실행해 수동으로 수집된 것임을 확인할 수 있지만, userdump

패키지가 추가적으로 설치된 것으로 보여 필수 요소는 아니었던 것 같다(『Correcting Microsoft Article About userdump.exe』, 1권 612페이지).

```
Loading Dump File [javaw.dmp]
User Mini Dump File with Full Memory: Only application data is available


Comment: 'Userdump generated complete user-mode minidump with Standalone function on
COMPUTER-NAME'
```

숨겨진 프로세스

!process 0 0과 같은 명령어를 통해 프로세스 목록을 확인할 때 모든 프로세스가 하나의 목록에 연결돼 있는 것은 아니다. 일부 프로세스는 그 자신을 연결 해제하거나 초기화 단계에 있을 수 있다. 그렇다고 하더라도 프로세스 구조체는 Non-paged 풀에서 할당되므로, 이런 풀은 "Proc" 풀 태그로 찾을 수 있다(프로세스가 메모리를 변경하지 않은 경우). 다음 예를 살펴보자.

```
0: kd> !poolfind Proc
Searching NonPaged pool (83c3c000 : 8bc00000) for Tag: Proc
*87b15000 size:  298 previous size:   0 (Free)     Pro.
*87b18370 size:  298 previous size:  98 (Allocated) Proc (Protected)
[...]
*8a35e900 size:  298 previous size:  30 (Allocated) Proc (Protected)
*8a484000 size:  298 previous size:   0 (Allocated) Proc (Protected)
*8a4a2d68 size:  298 previous size:  28 (Allocated) Proc (Protected)
[...]
```

하나의 구조체가 액티브 프로세스 링크드 리스트에서 빠져 있다(부모 PID를 갖고 있는 것에 주목한다).

```
0: kd> !process 8a484000+20
PROCESS 8a484020  SessionId: 0  Cid: 05a0    Peb: 00000000  ParentCid: 0244
DirBase: bffc2200  ObjectTable: e17e6a78  HandleCount:   0.
Image: AppChild.exe
VadRoot 8a574f80 Vads 4 Clone 0 Private 3. Modified 0. Locked 0.
DeviceMap e1002898
Token                             e1a36030
ElapsedTime                       00:00:00.000
UserTime                          00:00:00.000
KernelTime                        419 Days 13:24:16.625
QuotaPoolUsage[PagedPool]         7580
QuotaPoolUsage[NonPagedPool]      160
Working Set Sizes (now,min,max)  (12, 50, 345) (48KB, 200KB, 1380KB)
```

```
PeakWorkingSetSize          12
VirtualSize                 1 Mb
PeakVirtualSize             1 Mb
PageFaultCount              5
MemoryPriority              BACKGROUND
BasePriority                8
CommitCharge                156


No active threads
```

이 프로세스는 좀비 프로세스로 생각될 수 있다(종료된 프로세스와 달리 VAD와 객체 테이블은 0이 아닌 값을 갖고 있고, PEB와 경과 시간은 0 값을 갖고 있다). 그러나 그 부모 프로세스 스레드 스택을 조사하면 프로세스가 생성 중에 있었음을 알 수 있다(Attached Process 필드 확인).

```
THREAD 8a35dad8  Cid 0244.0248  Teb: 7ffdd000 Win32Thread: bc3aa688 WAIT: (Unknown) KernelMode
Non-Alertable
ba971608  NotificationEvent
Impersonation token:  e2285030 (Level Impersonation)
DeviceMap               e1a31a58
Owning Process          8a35e920      Image:        AppParent.exe
Attached Process        8a484020      Image:        AppChild.exe
Wait Start TickCount    2099          Ticks: 1 (0:00:00:00.015)
Context Switch Count    279                 LargeStack
UserTime                00:00:00.046
KernelTime              00:00:00.046
Win32 Start Address AppParent!mainCRTStartup (0×0100d303)
Start Address kernel32!BaseProcessStartThunk (0×77e617f8)
Stack Init ba972000 Current ba971364 Base ba972000 Limit ba96e000 Call 0
Priority 8 BasePriority 8 PriorityDecrement 0
ChildEBP RetAddr
ba97137c 80833f2d nt!KiSwapContext+0×26
ba9713a8 80829c72 nt!KiSwapThread+0×2e5
ba9713f0 bad3c9db nt!KeWaitForSingleObject+0×346
[...]
ba971b94 8094cfc3 nt!MmCreatePeb+0×2cc
ba971ce4 8094d42d nt!PspCreateProcess+0×5a9
ba971d38 8088b4ac nt!NtCreateProcessEx+0×77
ba971d38 7c82845c nt!KiFastCallEntry+0xfc (TrapFrame @ ba971d64)
0006f498 7c826d09 ntdll!KiFastSystemCallRet
0006f49c 77e6cf95 ntdll!ZwCreateProcessEx+0xc
0006fcc0 7d1ec670 kernel32!CreateProcessInternalW+0×15e5
0006fd0c 01008bcf ADVAPI32!CreateProcessAsUserW+0×108
[...]
```

훅스웨어

훅스웨어^{Hooksware}라는 용어는 다양한 후킹 기능을 가진 애플리케이션을 의미한다. 이런 애플리케이션은 윈도우의 정상 후킹 메커니즘과 레지스트리를 이용해 인젝션하거나, 원격 스레드나 코드 패칭 같은 좀 더 정교한 기법을 이용하기도 한다. 훅스웨어를 탐지하고 트러블 슈팅 또는 디버깅에 도움이 될 만한 다양한 패턴이 메모리 덤프 내에 존재한다.

- 후킹된 함수(1권 468페이지)

  코드 패칭을 이용한 후킹에 대한 주된 탐지 메커니즘이다.

- 변경된 환경(1권 283페이지)

  후킹은 로딩 주소 변경해 다른 모듈을 이동시키므로 잠재적인 버그를 유발하기도 한다.

- 메모리 부족(2권 210페이지)

  주소 영역 중간에 로딩된 훅은 한 번에 할당할 수 있는 최대 메모리양을 제한한다. 예를 들면 자바^{Java} 와 같은 다양한 가상 머신들은 시작 시 일정 크기의 메모리를 예약한다.

- 심볼 없는 컴포넌트(1권 298페이지)

  임포트 테이블을 관찰함으로써 어떤 서드파티 후킹 모듈이 있는지 대략적인 그림을 얻을 수 있다. 또한 .chkimg 명령어의 결과에서 비정상 목록을 관찰함으로써 코드 패칭 여부도 확인할 수 있다.

- 알려지지 않은 컴포넌트(1권 367페이지)

  이 패턴은 후킹의 제작자에 대한 정보를 줄 수 있다.

- 우연적 심볼 정보(1권 390페이지)

  간혹 후킹은 0x10000000 주소와 같이 딱 떨어지는 주소로 로딩되기도 하는데, 이 주소들은 플래그 또는 상수로 빈번하게 사용되기 때문에 우연적 심볼 정보를 갖는 경우가 많다.

- 와일드 코드(2권 219페이지)

  후킹 실패 시 실행 경로가 예상치 못한 영역으로 가게 된다.

- 실행 흔적(3권 239페이지)

  여기서 윈도우의 정상 후킹 메커니즘을 사용하는 다양한 훅을 찾을 수 있다. 간혹 dds 명령어를 실행해 출력된 심볼이 적용된 원시 스택에서 "hook"이란 단어의 검색을 하면 후킹의 흔적을 찾을 수도 있다. 그러나 우연히 일치된 정보일 수 있으니 주의가 필요하다.

  또한 프로세스 덤프 파일(1권 231페이지)이나 컴플릿 메모리 덤프(1권 236페이지)에서 원시 스택을 덤프 하는 방법도 알아야 한다.

- 숨겨진 모듈^{Hidden Module}(2권)

  어떤 후킹은 자기 자신을 숨기기도 한다.

네임스페이스

일반적으로 새로운 패턴이 발생되는 경우 분석 결과물을 공유할 필요가 있다. 하지만 악성코드 분석 시 알려지지 않은 모듈에 대한 심볼 파일이 없는 경우(심볼 없는 컴포넌트)가 많다. IAT(존재한다면)를 살펴봄으로써 해당 모듈의 목적을 추측할 수 있다. 모듈 자체가 악성은 아니더라도 화면을 캡처하는 것과 같이 더 큰 맥락에서 보면 악의적인 목적으로 사용되는 것일 수 있다.

```
[...]
10002000  76376101 gdi32!CreateCompatibleDC
10002004  763793d6 gdi32!StretchBlt
10002008  76377461 gdi32!CreateDIBSection
1000200c  763762a0 gdi32!SelectObject
10002010  00000000
10002024  77429ced user32!ReleaseDC
10002028  77423ba7 user32!NtUserGetWindowDC
1000202c  77430e21 user32!GetWindowRect
10002030  00000000
10002034  744a75e9 GdiPlus!GdiplusStartup
10002038  744976dd GdiPlus!GdipSaveImageToStream
1000203c  744cdd38 GdiPlus!GdipGetImageEncodersSize
10002040  744971cf GdiPlus!GdipDisposeImage
10002044  744a8591 GdiPlus!GdipCreateBitmapFromHBITMAP
10002048  744cdbae GdiPlus!GdipGetImageEncoders
[...]
```

이러한 API 이름들이 IAT에 존재하지 않는 경우도 있다. 그러나 `LoadLibrary/GetProcAddress`와 같은 문자열 힌트나 API 모음이 원시 데이터에서 발견될 수도 있다.

```
[...]
00058e20  "kernel32.dll"
00058e3c  "user32.dll"
00058e54  "ws2_32.dll"
00058e6c  "ntdll.dll"
00058e80  "wininet.dll"
00058e98  "nspr4.dll"
00058eac  "ssl3.dll"
[...]
```

심볼이 없는 컴포넌트

크래시 덤프에서 종종 발견되는 또 다른 패턴은 심볼이 없는 컴포넌트다. 이 경우 컴포넌트의 이름이지만, 스레드 스택상의 어디에서 호출되는지, 또는 임포트 테이블 등을 통해 컴포넌트가 어떤 일을 하는지 추측할 수 있다. 여기에 예제가 있다. 커널 덤프의 일부 스레드 스택에 component.sys 드라이버가 보이지만 그 컴포넌트가 잠재적으로 무엇을 하는지 모른다. 해당 컴포넌트에 대한 심볼이 없으므로 임포트된 함수들을 볼 수 없기 때문이다.

```
kd> x component!*
kd>
```

!dh 명령어를 통해 해당 컴포넌트의 이미지 헤더를 덤프할 수 있다.

```
kd> lmv m component
start              end               module name
fffffadf`e0eb5000 fffffadf`e0ebc000  component   (no symbols)
    Loaded symbol image file: component.sys
    Image path: \??\C:\Component\x64\component.sys
    Image name: component.sys
    Timestamp:        Sat Jul 01 19:06:16 2006 (44A6B998)
    CheckSum:         000074EF
    ImageSize:        00007000
    Translations:     0000.04b0 0000.04e0 0409.04b0 0409.04e0

kd> !dh fffffadf`e0eb5000
File Type: EXECUTABLE IMAGE
FILE HEADER VALUES
    8664 machine (X64)
       6 number of sections
44A6B998 time date stamp Sat Jul 01 19:06:16 2006

       0 file pointer to symbol table
       0 number of symbols
      F0 size of optional header
      22 characteristics
            Executable
            App can handle >2gb addresses
OPTIONAL  HEADER VALUES
     20B magic #
    8.00 linker version
     C00 size of code
     A00 size of initialized data
       0 size of uninitialized data
    5100 address of entry point
    1000 base of code
```

```
          ----- new -----
0000000000010000 image base
    1000  section alignment
     200  file alignment
       1  subsystem (Native)
    5.02  operating system version
    5.02  image version
    5.02  subsystem version
    7000  size of image
     400  size of headers
    74EF  checksum
0000000000040000 size of stack reserve
0000000000001000 size of stack commit
0000000000100000 size of heap reserve
0000000000001000 size of heap commit
       0 [       0] address [size] of Export Directory
    51B0 [      28] address [size] of Import Directory
    6000 [     3B8] address [size] of Resource Directory
    4000 [      6C] address [size] of Exception Directory
       0 [       0] address [size] of Security Directory
       0 [       0] address [size] of Base Relocation Directory
    2090 [      1C] address [size] of Debug Directory
       0 [       0] address [size] of Description Directory
       0 [       0] address [size] of Special Directory
       0 [       0] address [size] of Thread Storage Directory
       0 [       0] address [size] of Load Configuration Directory
       0 [       0] address [size] of Bound Import Directory
    2000 [      88] address [size] of Import Address Table Directory
       0 [       0] address [size] of Delay Import Directory
       0 [       0] address [size] of COR20 Header Directory
       0 [       0] address [size] of Reserved Directory
...
...
...
```

그리고 dps 명령어를 이용해서 임포트 주소 테이블 디렉토리의 내용을 확인할 수 있다.

```
kd> dps fffffadf`e0eb5000+2000 fffffadf`e0eb5000+2000+88
fffffadf`e0eb7000  fffff800`01044370 nt!IoCompleteRequest
fffffadf`e0eb7008  fffff800`01019700 nt!IoDeleteDevice
fffffadf`e0eb7010  fffff800`012551a0 nt!IoDeleteSymbolicLink
fffffadf`e0eb7018  fffff800`01056a90 nt!MiResolveTransitionFault+0x7c2
fffffadf`e0eb7020  fffff800`0103a380 nt!ObDereferenceObject
fffffadf`e0eb7028  fffff800`0103ace0 nt!KeWaitForSingleObject
fffffadf`e0eb7030  fffff800`0103c570 nt!KeSetTimer
```

```
fffffadf`e0eb7038  fffff800`0102d070 nt!IoBuildPartialMdl+0x3
fffffadf`e0eb7040  fffff800`012d4480 nt!PsTerminateSystemThread
fffffadf`e0eb7048  fffff800`01041690 nt!KeBugCheckEx
fffffadf`e0eb7050  fffff800`010381b0 nt!KeInitializeTimer
fffffadf`e0eb7058  fffff800`0103ceb0 nt!ZwClose
fffffadf`e0eb7060  fffff800`012b39f0 nt!ObReferenceObjectByHandle
fffffadf`e0eb7068  fffff800`012b7380 nt!PsCreateSystemThread
fffffadf`e0eb7070  fffff800`01251f90 nt!FsRtlpIsDfsEnabled+0x114
fffffadf`e0eb7078  fffff800`01275160 nt!IoCreateDevice
fffffadf`e0eb7080  00000000`00000000
fffffadf`e0eb7088  00000000`00000000
```

이 드라이버는 적절한 환경에서 KeBugCheckEx를 이용해서 시스템을 버그체크할 수도 있다. 이는 시스템 스레드들(PsCreateSystemThread)을 생성하고 타이머들(KeInitializeTimer, KeSetTimer)을 사용한다.

임포트 테이블에서 이름+오프셋을 볼 수 있다면(OMAP 코드 최적화의 효과로 보임) ln 명령어(list nearest symbols)를 이용해서 함수를 얻을 수 있다.

```
kd> ln fffff800`01056a90
(fffff800`01056760)   nt!MiResolveTransitionFault+0x7c2  |  (fffff800`01056a92)
nt!RtlInitUnicodeString
kd> ln fffff800`01251f90
(fffff800`01251e90)   nt!FsRtlpIsDfsEnabled+0x114  |  (fffff800`01251f92)   nt!IoCreateSymbolicLink
```

이 기술은 드라이버가 어떤 함수를 호출하거나 버그체크 0x20과 같이 쌍으로 함수를 호출해야 할 때 매우 유용하다.

```
kd> !analyze -show 0x20
KERNEL_APC_PENDING_DURING_EXIT (20)
The key data item is the thread's APC disable count. If this is non-zero, then this is the source of the
problem. The APC disable count is decremented each time a driver calls KeEnterCriticalRegion,
KeInitializeMutex, or FsRtlEnterFileSystem. The APC disable count is incremented each time a driver
calls KeLeaveCriticalRegion, KeReleaseMutex, or FsRtlExitFileSystem. Since these calls should always
be in pairs, this value should be zero when a thread exits. A negative value indicates that a driver has
disabled APC calls without re-enabling them. A positive value indicates that the reverse is true. If you
ever see this error, be very suspicious of all drivers installed on the machine - especially unusual or
non-standard drivers. Third party file system redirectors are especially suspicious since they do not
generally receive the heavy duty testing that NTFS, FAT, RDR, etc receive. This current IRQL should also
be 0. If it is not, that a driver's cancelation routine can cause this bugcheck by returning at an elevated
IRQL. Always attempt to note what you were doing/closing at the time of the crash, and note all of the
installed drivers at the time of the crash.  This symptom is usually a severe bug in a third party driver.
```

이제 의심스러운 드라이버가 잠재적으로 그 함수들을 사용할 수 있었는지 여부를 확인할 수 있다. 그리고 이 드라이버가 그중 하나를 임포트했다면 임포트에 대응하는 함수를 찾을 수 있을 것이다.

심볼이 없는 컴포넌트 패턴은 커다란 함수 오프셋들이나 익스포트 함수가 없는 경우를 살펴봄으로써 스택 트레이스에서 쉽게 식별할 수 있다.

```
STACK_TEXT:
WARNING: Stack unwind information not available. Following frames may be wrong.
00b2f42c 091607aa mydll!foo+0×8338
00b2f4cc 7c83ab9e mydll2+0×8fe3
```

모듈 외부의 포인터

이 패턴은 컨테이너 모듈 범위의 외부 주소를 가리키는 포인터에 대한 것으로 일부 커널 테이블이나 구조체 등에 대한 것이다. 예로 들면 드라이버 모듈 주소 범위를 벗어난 포인터를 가진 드라이버의 IRP 디스패치 테이블이 있을 수 있다. 다른 예로는 nt 모듈 범위를 벗어난 영역을 가리키는 포인터를 포함하는 32비트 SSDT를 들 수 있다. 또는 hal이나 드라이버를 벗어난 영역을 가리키는 IDT 엔트리도 있을 수 있다.

```
[...]
818809dc 8193c4e7 nt!NtQueryOpenSubKeys
818809e0 8193c76b nt!NtQueryOpenSubKeysEx
818809e4 81a909b0 nt!NtQueryPerformanceCounter
818809e8 819920e7 nt!NtQueryQuotaInformationFile
818809ec 819e34f2 nt!NtQuerySection
818809f0 819f470b nt!NtQuerySecurityObject
818809f4 81a882fe nt!NtQuerySemaphore
818809f8 819eff54 nt!NtQuerySymbolicLinkObject
818809fc 81a8a223 nt!NtQuerySystemEnvironmentValue
81880a00 81a8a831 nt!NtQuerySystemEnvironmentValueEx
81880a04 96ca1a73
81880a08 81a7ac06 nt!NtQuerySystemTime
81880a0c 81a8f913 nt!NtQueryTimer
81880a10 81a7aeeb nt!NtQueryTimerResolution
81880a14 8193985a nt!NtQueryValueKey
81880a18 819e9273 nt!NtQueryVirtualMemory
81880a1c 8199274e nt!NtQueryVolumeInformationFile
81880a20 81a1a655 nt!NtQueueApcThread
[...]
0: kd> lm m nt
start end module name
81800000 81ba1000 nt
```

이러한 포인터들은 원시 포인터일 수도 있다. 그러나 예상 범위를 벗어난 것들은 매우 소수이고, 대부분의 포인터들은 심볼이 없는 경우일 가능성이 높다.

패킹된 코드

패킹은 악성코드를 보호하기 위해 흔히 사용되는 기술이다. 여기서는 몇 가지 WinDbg 명령어를 통해 문자열이 거의 없는 UPX로 패킹된 모듈을 탐지해본다.

```
0:000> !dh 00000000`00fd40b0

File Type: DLL
FILE HEADER VALUES
14C machine (i386)
3 number of sections
time date stamp Fri Jan 18 21:27:25 2013

0 file pointer to symbol table
0 number of symbols
E0 size of optional header
2102 characteristics
Executable
32 bit word machine
DLL

OPTIONAL HEADER VALUES
10B magic #
11.00 linker version
6000 size of code
1000 size of initialized data
F000 size of uninitialized data
15600 address of entry point
10000 base of code
----- new -----
0000000010000000 image base
1000 section alignment
200 file alignment
2 subsystem (Windows GUI)
6.00 operating system version
0.00 image version
6.00 subsystem version
17000 size of image
1000 size of headers
```

0 checksum
0000000000100000 size of stack reserve
0000000000001000 size of stack commit
0000000000100000 size of heap reserve
0000000000001000 size of heap commit
140 DLL characteristics
Dynamic base
NX compatible
16274 [AC] address [size] of Export Directory
161DC [98] address [size] of Import Directory
16000 [1DC] address [size] of Resource Directory
0 [0] address [size] of Exception Directory
0 [0] address [size] of Security Directory
16320 [10] address [size] of Base Relocation Directory
0 [0] address [size] of Debug Directory
0 [0] address [size] of Description Directory
0 [0] address [size] of Special Directory
0 [0] address [size] of Thread Storage Directory
157CC [48] address [size] of Load Configuration Directory
0 [0] address [size] of Bound Import Directory
0 [0] address [size] of Import Address Table Directory
0 [0] address [size] of Delay Import Directory
0 [0] address [size] of COR20 Header Directory
0 [0] address [size] of Reserved Directory

SECTION HEADER #1
UPX0 name
F000 virtual size
1000 virtual address
0 size of raw data
400 file pointer to raw data
0 file pointer to relocation table
0 file pointer to line numbers
0 number of relocations
0 number of line numbers
E0000080 flags
Uninitialized Data
(no align specified)
Execute Read Write

SECTION HEADER #2
UPX1 name
6000 virtual size
10000 virtual address
5A00 size of raw data

```
400 file pointer to raw data
0 file pointer to relocation table
0 file pointer to line numbers
0 number of relocations
0 number of line numbers
E0000040 flags
         Initialized Data
         (no align specified)
         Execute Read Write

SECTION HEADER #3
 .rsrc name
 1000 virtual size
16000 virtual address
 400 size of raw data
5E00 file pointer to raw data
0 file pointer to relocation table
0 file pointer to line numbers
0 number of relocations
0 number of line numbers
C0000040 flags
         Initialized Data
         (no align specified)
         Read Write

0:000> s-sa 00000000`00fd40b0 L6600
00000000`00fd40fd  "!This program cannot be run in D"
00000000`00fd411d  "OS mode."
00000000`00fd4188  "Rich"
00000000`00fd4290  "UPX0"
00000000`00fd42b8  "UPX1"
00000000`00fd42e0  ".rsrc"
00000000`00fd448b  "3.08"
00000000`00fd4490  "UPX! "
00000000`00fd449b  "YhHM4"
00000000`00fd44d1  "vqx"
[...]
```

이런 메모리 내의 모듈은 (로더에 의해 초기화되기 전) .writemem 명령어를 이용해 디스크에 저장되고 언패킹될 수 있다. 로딩 후 다른 주소로 재할당된 경우 여전히 UPX 섹션을 갖고 있지만 더 많은 문자열들이 발견된다.

```
0:000> s-sa 00000000`691c0000 L300
00000000`691c004d  "!This program cannot be run in D"
00000000`691c006d  "OS mode."
```

```
00000000`691c00d8   "Rich"
00000000`691c01e0   "UPX0"
00000000`691c0207   "`UPX1"
00000000`691c022f   "`.rsrc"
[...]
00000000`691d620b   "uGC"
00000000`691d621c   "KERNEL32.DLL"
00000000`691d622a   "LoadLibraryA"
00000000`691d6238   "GetProcAddress"
00000000`691d6248   "VirtualProtect"
00000000`691d6258   "VirtualAlloc"
00000000`691d6266   "VirtualFree"
[...]
0:000> s-su 00000000`691c0000 L(00000000`691d7000-00000000`691c0000)
[...]
00000000`691c8178   "http://www.patterndiagnostics.com"
00000000`691c8260   "mscoree.dll"
[...]
```

패치된 코드

훅스웨어 패턴은 원래 메모리 덤프 분석 패턴 카탈로그로 분류돼 있었다. 그리고 악성코드 분석 패턴 카탈로그로는 너무 일반적이라 세 가지 패턴으로 분리했다. 첫 패턴에는 인플레이스 패칭과 같은 경우가 포함돼 있다.

```
0:004> u ntdll!ZwQueryDirectoryFile
ntdll!ZwQueryDirectoryFile:
77814db4 b8da000000      mov     eax,0DAh
77814db9 bae8af0500      mov     edx,5AFE8h
77814dbe ff12            call    dword ptr [edx]
77814dc0 c22c00          ret     2Ch
77814dc3 90              nop
ntdll!NtQueryDirectoryObject:
77814dc4 b8db000000      mov     eax,0DBh
77814dc9 ba0003fe7f      mov     edx,offset SharedUserData!SystemCallStub (7ffe0300)
77814dce ff12            call    dword ptr [edx]
```

다음은 우회 패칭이다.

```
0:004> u wininet!InternetReadFile
wininet!InternetReadFile:
7758654b e98044c88       jmp     0004a9d0
77586550 83ec24          sub     esp,24h
```

```
77586553 53              push     ebx
77586554 56              push     esi
77586555 57              push     edi
77586556 33ff            xor      edi,edi
77586558 393db8116277    cmp      dword ptr [wininet!GlobalDataInitialized (776211b8)],edi
7758655e 897df4          mov      dword ptr [ebp-0Ch],edi
```

WinDbg의 경우 이러한 패턴은 RIP 스택 트레이스 또는 !chkimg 명령어 결과의 크래시 지점에서 주로 탐지된다.

사전 난독화 흔적

이 패턴은 패킹이나 난독화와 밀접하게 연관돼 있다. 패킹이나 난독화 수준에 따라서 난독화 후 데이터상에 초기화 코드 및 데이터 구조체, 문자열 조각을 포함한 패턴이 남기도 해서 소프트웨어의 목적에 대한 단서를 제공하기도 한다.

```
0:000> s-sa 00000000`00fd4000 L6000
[...]
00000000`00fd943d  "o__"
00000000`00fd9449  "91!We"
00000000`00fd945d  "H5!"
00000000`00fd94d2  "zQ@"
00000000`00fd94dd  "ommandS"
00000000`00fd94f4  "IsDeb"
00000000`00fd94fd  "uggerP"
00000000`00fd9507  "Enc"
00000000`00fd950c  "v)3Po4t"
00000000`00fd9515  "DeXU"
00000000`00fd9520  "xFe"
00000000`00fd952a  "5Eb"
00000000`00fd9533  "SI=l8kev"
00000000`00fd953e  "Z_1m"
00000000`00fd9547  "@IF"
[...]
```

원시 포인터

이 패턴은 일치하는 심볼 파일이 없는 포인터에 대한 것이다. 이 포인터들은 예상되는 모듈 범위 내에 있을 수도 있고, 모듈+오프셋 형태로 다른 모듈 범위 내에 있을 수도 있다. 또는 로딩된 모듈 목록의 어떤 모듈에도 속하지 않아서 단지 숫자로만 존재할 수도 있다. 다음과 같이 IAT, IDT, 32비트 SSDT의 구조체 혹은 배열(테이블)에는 심볼에 매칭되는 포인터가 있는 것이 정상적이다. 임포트 주소 테이블과 같은 곳에 ProcessA의 원시 포인터가 존재한다는 것은 의심스럽게 봐야한다.

```
[...]
00000001`3f8a9048 00000000`76e282d0 ntdll!RtlSizeHeap
00000001`3f8a9050 00000000`76bf9070 kernel32!GetStringTypeWStub
00000001`3f8a9058 00000000`76c03580 kernel32!WideCharToMultiByteStub
00000001`3f8a9060 00000000`76e33f20 ntdll!RtlReAllocateHeap
00000001`3f8a9068 00000000`76e533a0 ntdll!RtlAllocateHeap
00000001`3f8a9070 00000000`76bfc420 kernel32!GetCommandLineWStub
00000001`3f8a9078 00000001`3f8a1638 ProcessA+0×10ac
00000001`3f8a9080 00000000`76c2cc50 kernel32!IsProcessorFeaturePresent
00000001`3f8a9088 00000000`76c02d60 kernel32!GetLastErrorStub
00000001`3f8a9090 00000000`76c02d80 kernel32!SetLastError
00000001`3f8a9098 00000000`76bf3ee0 kernel32!GetCurrentThreadIdStub
[...]
```

구조체들은 위에 언급된 것에 국한되지 않고, 다른 OS나 애플리케이션들의 구조체일 수도 있다. 예상되는 모듈 범위 밖에 있는 원시 포인터는 다음 패턴에서 다룬다.

RIP 스택 트레이스

주입된 코드 주소가 로딩된 모듈의 주소 범위 내에 있지 않을 수도 있다. 이러한 경우에는 실행 호출 이력인 스택 트레이스상에서 일반 EIP와 RIP 복귀 주소를 볼 수 있다. 이 패턴을 RIP 스택 트레이스라 부른다. 이는 이미 무언가 잘못됐고 프로세스가 크래시된 후에 발견된 주소이기 때문이다.

```
0:005> k
ChildEBP RetAddr
02aec974 77655620 ntdll!KiFastSystemCallRet
02aec978 77683c62 ntdll!NtWaitForSingleObject+0xc
02aec9fc 77683d4b ntdll!RtlReportExceptionEx+0x14b
02aeca3c 7769fa87 ntdll!RtlReportException+0x3c
02aeca50 7769fb0d ntdll!RtlpTerminateFailureFilter+0x14
02aeca5c 775f9bdc ntdll!RtlReportCriticalFailure+0x6b
02aeca70 775f4067 ntdll!_EH4_CallFilterFunc+0x12
```

```
02aeca98 77655f79 ntdll!_except_handler4+0x8e
02aecabc 77655f4b ntdll!ExecuteHandler2+0x26
02aecb6c 77655dd7 ntdll!ExecuteHandler+0x24
02aecb6c 7769faf8 ntdll!KiUserExceptionDispatcher+0xf
02aecee0 776a0704 ntdll!RtlReportCriticalFailure+0x5b
02aecef0 776a07f2 ntdll!RtlpReportHeapFailure+0x21
02aecf24 7766b1a5 ntdll!RtlpLogHeapFailure+0xa1
02aecf6c 7765730a ntdll!RtlpCoalesceFreeBlocks+0x4b9
02aed064 77657545 ntdll!RtlpFreeHeap+0x1e2
02aed080 75e47e4b ntdll!RtlFreeHeap+0x14e
02aed0c8 77037277 kernel32!GlobalFree+0x47
02aed0dc 774b4a1f ole32!ReleaseStgMedium+0x124
02aed0f0 77517feb urlmon!ReleaseBindInfo+0x4c
02aed100 774d9a87 urlmon!CINet::ReleaseCNetObjects+0x3d
02aed118 774d93f0 urlmon!CINetHttp::OnWininetRequestHandleClosing+0x60
02aed12c 76432078 urlmon!CINet::CINetCallback+0x2de
02aed274 76438f5d wininet!InternetIndicateStatus+0xfc
02aed2a4 7643937a wininet!HANDLE_OBJECT::~HANDLE_OBJECT+0xc9
02aed2c0 7643916b
wininet!INTERNET_CONNECT_HANDLE_OBJECT::~INTERNET_CONNECT_HANDLE_OBJECT+0x209
02aed2cc 76438d5e wininet!HTTP_REQUEST_HANDLE_OBJECT::`vector deleting destructor'+0xd
02aed2dc 76434e72 wininet!HANDLE_OBJECT::Dereference+0x22
02aed2e8 76439419 wininet!DereferenceObject+0x21
02aed310 76439114 wininet!_InternetCloseHandle+0x9d
02aed330 0004aaaf wininet!InternetCloseHandle+0x11e
WARNING: Frame IP not in any known module. Following frames may be wrong.
02aed33c 774c5d25 0x4aaaf
02aed358 774c5d95 urlmon!CINet::TerminateRequest+0x82
02aed364 774c5d7c urlmon!CINet::MyUnlockRequest+0x10
02aed370 774c5d63 urlmon!CINetProtImpl::UnlockRequest+0x10
02aed37c 774c5d49 urlmon!CINetEmbdFilter::UnlockRequest+0x11
02aed388 774b743d urlmon!CINet::UnlockRequest+0x13
02aed394 774b73e1 urlmon!COInetProt::UnlockRequest+0x11
02aed3a8 774b7530 urlmon!CTransaction::UnlockRequest+0x36
02aed3b4 774b74e0 urlmon!CTransData::~CTransData+0x3a
02aed3c0 774b74c9 urlmon!CTransData::`scalar deleting destructor'+0xd
02aed3d8 774e221f urlmon!CTransData::Release+0x25
02aed3e0 774b6d0a urlmon!CReadOnlyStreamDirect::~CReadOnlyStreamDirect+0x1a
02aed3ec 774b7319 urlmon!CReadOnlyStreamDirect::`vector deleting destructor'+0xd
02aed404 774b72be urlmon!CReadOnlyStreamDirect::Release+0x25
02aed410 774b71f4 urlmon!CBinding::~CBinding+0xb9
02aed41c 774b71dd urlmon!CBinding::`scalar deleting destructor'+0xd
02aed434 6b20b0e8 urlmon!CBinding::Release+0x25
02aed448 6b20b0ba mshtml!ATL::AtlComPtrAssign+0x2b
02aed458 6b20b8de mshtml!ATL::CComPtr<IBindCallbackInternal>::operator=+0x15
```

```
02aed464 6b20b8aa mshtml!CBindingXSSFilter::TearDown+0x2b
02aed46c 6b20b887 mshtml!BindingXSSFilter_TearDown+0x19
02aed478 6b0da61a mshtml!CStreamProxy::Passivate+0x12
02aed484 6b0ddf3a mshtml!CBaseFT::Release+0x1d
02aed4ac 6b0e0b70 mshtml!CDwnBindData::TerminateBind+0x11d
02aed4b8 6b11a2a9 mshtml!CDwnBindData::TerminateOnApt+0x14
02aed4ec 6b105066 mshtml!GlobalWndOnMethodCall+0xfb
02aed50c 7742fd72 mshtml!GlobalWndProc+0x183
02aed538 7742fe4a user32!InternalCallWinProc+0x23
02aed5b0 7743018d user32!UserCallWinProcCheckWow+0x14b
02aed614 7743022b user32!DispatchMessageWorker+0x322
02aed624 6ecac1d5 user32!DispatchMessageW+0xf
02aef72c 6ec5337e ieframe!CTabWindow::_TabWindowThreadProc+0x54c
02aef7e4 760f426d ieframe!LCIETab_ThreadProc+0x2c1
02aef7f4 75e4d0e9 iertutil!CIsoScope::RegisterThread+0xab
02aef800 776319bb kernel32!BaseThreadInitThunk+0xe
02aef840 7763198e ntdll!__RtlUserThreadStart+0x23
02aef858 00000000 ntdll!_RtlUserThreadStart+0x1b
```

그러나 이런 주소들이 혹시 .NET CLR JIT 코드에 속하는 것은 아닌지 확인이 필요하다(3권 132페이지).

자가 진단(커널 모드)

이 패턴은 사용자 모드에서의 자가 진단 패턴에 대응되는 커널 모드에서의 자가 진단 패턴이다(2권 318페이지). 이는 버그체크 코드의 모음으로, 주로 손상corruption이 폴트나 예외, 트랩을 유발하기 전에 탐지되는 문제들에 대한 것이다. 일반적인 예는 다음과 같이 실패한 어써션assertion이나 손상된 구조체를 식별하는 것이다.

```
BAD_POOL_HEADER (19)
The pool is already corrupt at the time of the current request.
This may or may not be due to the caller.
The internal pool links must be walked to figure out a possible cause of the problem, and then special
pool applied to the suspect tags or the driver verifier to a suspect driver.
Arguments:
Arg1: 00000020, a pool block header size is corrupt.
Arg2: 8b79d078, The pool entry we were looking for within the page.
Arg3: 8b79d158, The next pool entry.
Arg4: 8a1c0004, (reserved)
```

스택 트레이스 모음

때로는 어떤 문제는 단일 스택 트레이스 패턴이 아닌 스택 트레이스 모음에서 식별되는 경우도 있다.

이 패턴은 연결된 프로세스^{Coupled Processes}(1권 419페이지), 프로시저 호출 체인(1권 482페이지), 그리고 차단된 스레드(2권)를 포함한다. 여기서는 스택 트레이스를 나열하는 다양한 방법만 알아본다.

- 다양한 프로세스 미니 덤프를 포함한 프로세스 덤프

  ~*kv 명령어는 모든 프로세스 스레드를 나열한다.

  !findstack 모듈[!symbol] 2 명령어는 모든 스택 트레이스로부터 특정 모듈이나 모듈 심볼을 포함하는 것만 보이도록 필터링할 수 있다.

  !uniqstack 명령어를 사용할 수도 있다.

- 커널 미니 덤프

  문제가 있는 스레드는 단 하나다. kv 명령어나 변형된 명령어로 충분하다.

- 커널과 컴플릿 메모리 덤프

  !process 0 3f 명령어는 컴플릿 메모리 덤프상의 사용자 영역 프로세스 스레드 스택을 포함한 모든 프로세스들과 그 스레드들을 나열한다. 이 명령어는 윈도우 XP와 이후 버전에서 유효하다. 구 시스템에서는 WinDbg 스크립트를 사용할 수 있다.

  !stacks 2 [module[!symbol]] 명령어는 커널 모드 스택 트레이스를 보여준다. 입력된 [module]이나 [module!symbol]을 기준으로 출력을 필터링할 수 있다. 필터링은 윈도우 XP와 이후 시스템에서 수집된 크래시 덤프에서만 유효하다..

  ~[ProcessorN]s;.reload /user;kv 명령어 집합은 지정된 프로세서에서 동작 중인 스레드의 스택 트레이스를 보여준다.

다음 예는 프로세서 변경 명령을 보여준다.

```
0: kd> ~2s

2: kd> k
ChildEBP RetAddr
eb42bd58 00000000 nt!KiIdleLoop+0x14

2: kd> ~1s;.reload /user;k
Loading User Symbols
...
```

```
ChildEBP RetAddr
be4f8c30 eb091f43 i8042prt!I8xProcessCrashDump+0x53
be4f8c8c 8046bfe2 i8042prt!I8042KeyboardInterruptService+0x15d
be4f8c8c 8049470f nt!KiInterruptDispatch+0x32
be4f8d54 80468389 nt!NtSetEvent+0x71
be4f8d54 77f8290a nt!KiSystemService+0xc9
081cfefc 77f88266 ntdll!ZwSetEvent+0xb
081cff0c 77f881b1 ntdll!RtlpUnWaitCriticalSection+0x1b
081cff14 1b00c7d1 ntdll!RtlLeaveCriticalSection+0x1d
081cff4c 1b0034da msjet40!Database::ReadPages+0x81
081cffb4 7c57b3bc msjet40!System::WorkerThread+0x115
081cffec 00000000 KERNEL32!BaseThreadStart+0x52
```

다음은 !findstack 명령어의 예다(프로세스 덤프).

```
0:000> !findstack kernel32!RaiseException 2
Thread 000, 1 frame(s) match
* 00 0013b3f8 72e8d3ef kernel32!RaiseException+0x53
  01 0013b418 72e9a26b msxml3!Exception::raiseException+0x5f
  02 0013b424 72e8ff00 msxml3!Exception::_throwError+0x22
  03 0013b46c 72e6abaa msxml3!COMSafeControlRoot::getBaseURL+0x3d
  04 0013b4bc 72e6a888 msxml3!Document::loadXML+0x82
  05 0013b510 64b73a9b msxml3!DOMDocumentWrapper::loadXML+0x5a
  06 0013b538 64b74eb6 iepeers!CPersistUserData::initXMLCache+0xa6
  07 0013b560 77d0516e iepeers!CPersistUserData::load+0xfc
  08 0013b57c 77d14abf oleaut32!DispCallFunc+0x16a
  ...
  ...
  ...
  66 0013fec8 0040243d shdocvw!IEWinMain+0x129
  67 0013ff1c 00402744 iexplore!WinMain+0x316
  68 0013ffc0 77e6f23b iexplore!WinMainCRTStartup+0x182
  69 0013fff0 00000000 kernel32!BaseProcessStart+0x23
```

다음은 !stacks 명령어의 실행 예다(커널 덤프).

```
2: kd> !stacks 2 nt!PspExitThread
Proc.Thread  .Thread  Ticks   ThreadState Blocker
                     [8a390818 System]

                     [8a1bbbf8 smss.exe]

                     [8a16cbf8 csrss.exe]
```

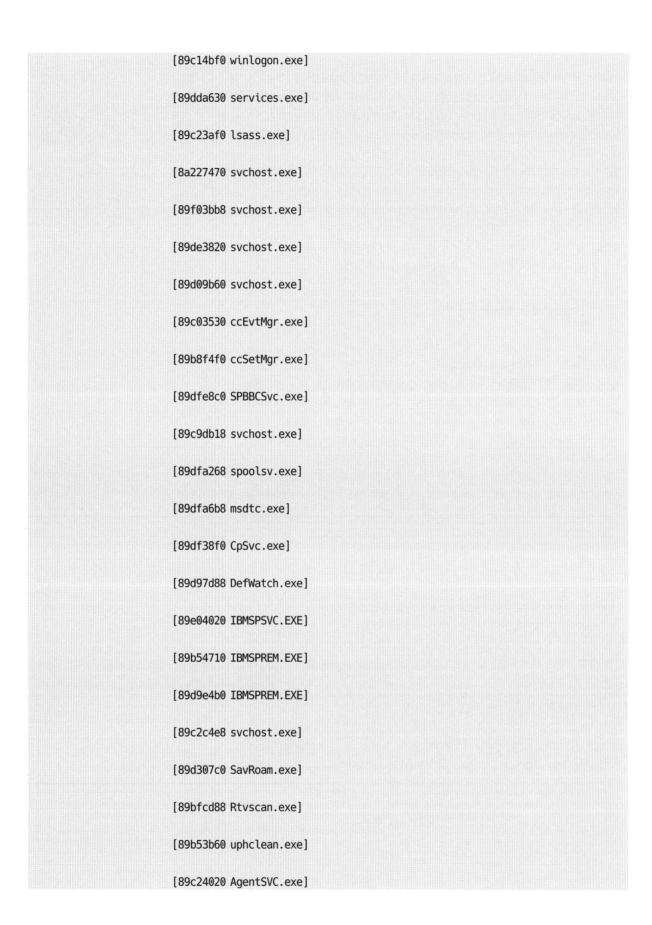

```
[89c14bf0 winlogon.exe]

[89dda630 services.exe]

[89c23af0 lsass.exe]

[8a227470 svchost.exe]

[89f03bb8 svchost.exe]

[89de3820 svchost.exe]

[89d09b60 svchost.exe]

[89c03530 ccEvtMgr.exe]

[89b8f4f0 ccSetMgr.exe]

[89dfe8c0 SPBBCSvc.exe]

[89c9db18 svchost.exe]

[89dfa268 spoolsv.exe]

[89dfa6b8 msdtc.exe]

[89df38f0 CpSvc.exe]

[89d97d88 DefWatch.exe]

[89e04020 IBMSPSVC.EXE]

[89b54710 IBMSPREM.EXE]

[89d9e4b0 IBMSPREM.EXE]

[89c2c4e8 svchost.exe]

[89d307c0 SavRoam.exe]

[89bfcd88 Rtvscan.exe]

[89b53b60 uphclean.exe]

[89c24020 AgentSVC.exe]
```

```
[89d75b60 sAginst.exe]

[89cf0d88 CdfSvc.exe]

[89d87020 cdmsvc.exe]

[89dafd88 ctxxmlss.exe]

[89d8dd88 encsvc.exe]

[89d06d88 ImaSrv.exe]

[89d37b60 mfcom.exe]

[89c8bb18 SmaService.exe]

[89d2ba80 svchost.exe]

[89ce8630 XTE.exe]

[89b64b60 XTE.exe]

[89b7c680 ctxcpusched.exe]

[88d94a88 ctxcpuusync.exe]

[89ba5418 unsecapp.exe]

[89d846e0 wmiprvse.exe]

[89cda9d8 ctxwmisvc.exe]

[88d6cb78 logon.scr]

[88ba0a70 csrss.exe]

[88961968 winlogon.exe]

[8865f740 rdpclip.exe]

[8858db20 wfshell.exe]

[88754020 explorer.exe]

[88846d88 BacsTray.exe]
```

```
                    [886b6180 ccApp.exe]

                    [884bc020 fppdis3a.exe]

                    [885cb350 ctfmon.exe]

                    [888bb918 cscript.exe]

                    [8880b3c8 cscript.exe]

                    [88ad2950 csrss.exe]
b68.00215c 88930020 0000000 RUNNING nt!KeBugCheckEx+0x1b
                                    nt!MiCheckSessionPoolAllocations+0xe3
                                    nt!MiDereferenceSessionFinal+0x183
                                    nt!MmCleanProcessAddressSpace+0x6b
                                    nt!PspExitThread+0x5f1
                                    nt!PspTerminateThreadByPointer+0x4b
                                    nt!PspSystemThreadStartup+0x3c
                                    nt!KiThreadStartup+0x16

                    [88629310 winlogon.exe]

                    [88a4d9b0 csrss.exe]

                    [88d9f8b0 winlogon.exe]

                    [88cd5840 wfshell.exe]

                    [8a252440 OUTLOOK.EXE]

                    [8a194bf8 WINWORD.EXE]

                    [88aabd20 ctfmon.exe]

                    [889ef440 EXCEL.EXE]

                    [88bec838 HogiaGUI2.exe]

                    [88692020 csrss.exe]

                    [884dd508 winlogon.exe]

                    [88be1d88 wfshell.exe]

                    [886a7d88 OUTLOOK.EXE]
```

```
                    [889baa70 WINWORD.EXE]

                    [8861e3d0 ctfmon.exe]

                    [887bbb68 EXCEL.EXE]

                    [884e4020 csrss.exe]

                    [8889d218 winlogon.exe]

                    [887c8020 wfshell.exe]

  Threads Processed: 1101
```

컴플릿 메모리 덤프에서 !process 0 0 명령어를 이용해 프로세스 목록을 확보한 경우 특정 프로세스를 조사하기 위해서는 .process /r /p address 명령어를 이용해 해당 프로세스로 변경하고 사용자 심볼 파일을 재로딩해야 한다.

사용자 심볼 파일을 언제든지 재로딩하기 위해 .reload /users 명령어를 별도로 사용할 수도 있다.

프로세스 전환 후 스레드 목록을 나열하고(!process 주소), 프로세스 가상 메모리를 검색하거나 덤프할 수 있다. 예제는 다음과 같다.

```
1: kd> !process 0 0
**** NT ACTIVE PROCESS DUMP ****
PROCESS 890a3320  SessionId: 0  Cid: 0008    Peb: 00000000  ParentCid: 0000
    DirBase: 00030000  ObjectTable: 890a3e08  TableSize: 405.
    Image: System

PROCESS 889dfd60  SessionId: 0  Cid: 0144    Peb: 7ffdf000  ParentCid: 0008
    DirBase: 0b9e7000  ObjectTable: 889fdb48  TableSize: 212.
    Image: SMSS.EXE

PROCESS 890af020  SessionId: 0  Cid: 0160    Peb: 7ffdf000  ParentCid: 0144
    DirBase: 0ce36000  ObjectTable: 8898e308  TableSize: 747.
    Image: CSRSS.EXE

PROCESS 8893d020  SessionId: 0  Cid: 0178    Peb: 7ffdf000  ParentCid: 0144
    DirBase: 0d33b000  ObjectTable: 890ab4c8  TableSize: 364.
    Image: WINLOGON.EXE

PROCESS 88936020  SessionId: 0  Cid: 0194    Peb: 7ffdf000  ParentCid: 0178
```

```
   DirBase: 0d7d5000  ObjectTable: 88980528  TableSize: 872.
   Image: SERVICES.EXE


PROCESS 8897f020  SessionId: 0  Cid: 01a0    Peb: 7ffdf000  ParentCid: 0178
   DirBase: 0d89d000  ObjectTable: 889367c8  TableSize: 623.
   Image: LSASS.EXE


1: kd> .process /r /p 8893d020
Implicit process is now 8893d020
Loading User Symbols
...
1: kd> !process 8893d020
PROCESS 8893d020  SessionId: 0  Cid: 0178    Peb: 7ffdf000  ParentCid: 0144
   DirBase: 0d33b000  ObjectTable: 890ab4c8  TableSize: 364.
   Image: WINLOGON.EXE
   VadRoot 8893a508 Clone 0 Private 1320. Modified 45178. Locked 0.
   DeviceMap 89072448
   Token                             e392f8d0
   ElapsedTime                       9:54:06.0882
   UserTime                          0:00:00.0071
   KernelTime                        0:00:00.0382
   QuotaPoolUsage[PagedPool]         34828
   QuotaPoolUsage[NonPagedPool]      43440
   Working Set Sizes (now,min,max)   (737, 50, 345) (2948KB, 200KB, 1380KB)
   PeakWorkingSetSize                2764
   VirtualSize                       46 Mb
   PeakVirtualSize                   52 Mb
   PageFaultCount                    117462
   MemoryPriority                    FOREGROUND
   BasePriority                      13
   CommitCharge                      1861


       THREAD 8893dda0 Cid 178.15c Teb: 7ffde000 Win32Thread: a2034908 WAIT: (WrUserRequest) UserMode
Non-Alertable
          8893bee0  SynchronizationEvent
       Not impersonating
       Owning Process 8893d020
       Wait Start TickCount      29932455       Elapsed Ticks: 7
       Context Switch Count      28087                    LargeStack
       UserTime              0:00:00.0023
       KernelTime            0:00:00.0084
       Start Address winlogon!WinMainCRTStartup (0x0101cbb0)
       Stack Init eb1b0000 Current eb1afcc8 Base eb1b0000 Limit eb1ac000 Call 0
       Priority 15 BasePriority 15 PriorityDecrement 0 DecrementCount 0
```

```
            ChildEBP RetAddr
            eb1afce0 8042d893 nt!KiSwapThread+0x1b1
            eb1afd08 a00019c2 nt!KeWaitForSingleObject+0x1a3
            eb1afd44 a0013993 win32k!xxxSleepThread+0x18a
            eb1afd54 a001399f win32k!xxxWaitMessage+0xe
            eb1afd5c 80468389 win32k!NtUserWaitMessage+0xb
            eb1afd5c 77e58b53 nt!KiSystemService+0xc9
            0006fdd0 77e33630 USER32!NtUserWaitMessage+0xb
            0006fe04 77e44327 USER32!DialogBox2+0x216
            0006fe28 77e38d37 USER32!InternalDialogBox+0xd1
            0006fe48 77e39eba USER32!DialogBoxIndirectParamAorW+0x34
            0006fe6c 01011749 USER32!DialogBoxParamW+0x3d
            0006fea8 01018bd3 winlogon!TimeoutDialogBoxParam+0x27
            0006fee0 76b93701 winlogon!WlxDialogBoxParam+0x7b
            0006ff08 010164c6 3rdPartyGINA!WlxDisplaySASNotice+0x43
            0006ff20 01014960 winlogon!MainLoop+0x96
            0006ff58 0101cd06 winlogon!WinMain+0x37a
            0006fff4 00000000 winlogon!WinMainCRTStartup+0x156


THREAD 88980020  Cid 178.188  Teb: 7ffdc000  Win32Thread: 00000000 WAIT: (DelayExecution) UserMode
Alertable
            88980108  NotificationTimer
            Not impersonating
            Owning Process 8893d020
            Wait Start TickCount        29930810        Elapsed Ticks: 1652
            Context Switch Count        15638
            UserTime                    0:00:00.0000
            KernelTime                  0:00:00.0000
            Start Address KERNEL32!BaseThreadStartThunk (0x7c57b740)
            Win32 Start Address ntdll!RtlpTimerThread (0x77faa02d)
            Stack Init bf6f7000 Current bf6f6cc4 Base bf6f7000 Limit bf6f4000 Call 0
            Priority 13 BasePriority 13 PriorityDecrement 0 DecrementCount 0


            ChildEBP RetAddr
            bf6f6cdc 8042d340 nt!KiSwapThread+0x1b1
            bf6f6d04 8052aac9 nt!KeDelayExecutionThread+0x182
            bf6f6d54 80468389 nt!NtDelayExecution+0x7f
            bf6f6d54 77f82831 nt!KiSystemService+0xc9
            00bfff9c 77f842c4 ntdll!NtDelayExecution+0xb
            00bfffb4 7c57b3bc ntdll!RtlpTimerThread+0x42
            00bfffec 00000000 KERNEL32!BaseThreadStart+0x52


1: kd> dds 0006fee0
0006fee0  0006ff08
0006fee4  76b93701 3rdPartyGINA!WlxDisplaySASNotice+0x43
```

```
0006fee8  000755e8
0006feec  76b90000 3rdParty
0006fef0  00000578
0006fef4  00000000
0006fef8  76b9370b 3rdParty!WlxDisplaySASNotice+0x4d
0006fefc  0008d0e0
0006ff00  00000008
0006ff04  00000080
0006ff08  0006ff20
0006ff0c  010164c6 winlogon!MainLoop+0x96
0006ff10  0008d0e0
0006ff14  5ffa0000
0006ff18  000755e8
0006ff1c  00000000
0006ff20  0006ff58
0006ff24  01014960 winlogon!WinMain+0x37a
0006ff28  000755e8
0006ff2c  00000005
0006ff30  00072c9c
0006ff34  00000001
0006ff38  000001bc
0006ff3c  00000005
0006ff40  00000001
0006ff44  0000000d
0006ff48  00000000
0006ff4c  00000000
0006ff50  00000000
0006ff54  0000ffe4
0006ff58  0006fff4
0006ff5c  0101cd06 winlogon!WinMainCRTStartup+0x156
```

동일한 모듈 이름을 가진 프로세스(예를 들면 svchost.exe)에 속한 스택을 필터링할 수도 있다(1권 220페이지의 '프로세스 필터링' 참고).

시스템상에 존재하는 모든 스레드로부터 모든 스택 트레이스 모음을 확인함으로써 어떤 모듈이 이슈 상황과 관련돼 있다는 가설이 틀렸음을 입증하거나 타당성을 낮출 수 있다. 한 사례에서는 고객이 특정 드라이버가 서버 중지와 관련돼 있다고 주장했으나 모든 스레드 스택에서 이러한 모듈은 발견되지 않은 경우도 있었다.

스택 트레이스 모음(I/O 요청)

스레드의 스택 트레이스 모음(1권 409페이지의 'unmanaged', 6권 127페이지의 'managed', 7권 100페이지의 'predicate' 참조)에 이어 I/O 요청에 대한 패턴을 추가적으로 소개한다. 이러한 요청은 소위 I/O 요청 패킷[IRP]을 통해 구현된다. IRP는 장치 드라이버에서 다른 장치 드라이버로 이동하는 것으로, 이는 C++ 클래스의 메소드가 다른 C++클래스 메소드로 이동하는 것과 비슷하다(장치 객체 주소는 C++ 개체 인스턴스 주소와 유사하다). IRP는 장치 드라이버들 사이에서 재사용되는데, IRP 스택은 이러한 IRP를 처리하는 현재 드라이버를 추적하는 데 사용될 수 있다.

이것은 실행 스레드 스택상의 호출 프레임과 유사하게 특정한 드라이버 함수가 적절한 파라미터를 갖고 호출될 수 있게 기술된 구조체 배열이다. 예전에는 드라이버(장치) 스택을 통한 IRP의 흐름을 UML 다이어그램으로 표현했었다(1권 700페이지 'diagram #3' 참조). I/O 스택 위치 포인터는 스레드 스택 포인터(ESP 또는 RSP)처럼 줄어든다(바닥에서 꼭대기로 자란다). !irpfind -v라는 WinDbg 명령어를 이용해 활동 중이거나 완료된 I/O 요청의 목록과 이들의 스택 트레이스를 확인할 수 있다.

```
1: kd> !irpfind -v

Scanning large pool allocation table for Tag: Irp? (832c7000 : 833c7000)

Irp     [ Thread ] irpStack: (Mj,Mn)  DevObj [Driver]      MDL Process
8883dc18: Irp is active with 1 stacks 1 is current (= 0x8883dc88)
 No Mdl: No System Buffer: Thread 888f8950: Irp stack trace.
     cmd  flg cl Device   File    Completion-Context
> [ d, 0]  5  1 88515ae8 888f82f0 00000000-00000000    pending
          \FileSystem\Npfs
              Args: 00000000 00000000 00110008 00000000


891204c8: Irp is active with 1 stacks 1 is current (= 0x89120538)
 No Mdl: No System Buffer: Thread 889635b0:  Irp stack trace.
     cmd  flg cl Device   File    Completion-Context
> [ 3, 0]  0  1 88515ae8 84752028 00000000-00000000    pending
          \FileSystem\Npfs
              Args: 0000022a 00000000 00000000 00000000


89120ce8: Irp is active with 1 stacks 1 is current (= 0x89120d58)
 No Mdl: No System Buffer: Thread 89212030:  Irp stack trace.
     cmd  flg cl Device   File    Completion-Context
> [ 3, 0]  0  1 88515ae8 8921be00 00000000-00000000    pending
          \FileSystem\Npfs
              Args: 0000022a 00000000 00000000 00000000


Searching NonPaged pool (80000000 : ffc00000) for Tag: Irp?
```

```
[...]

892cbe48: Irp is active with 9 stacks 9 is current (= 0x892cbfd8)
 No Mdl: No System Buffer: Thread 892add78:  Irp stack trace.
    cmd  flg cl Device   File     Completion-Context
[ 0, 0]   0  0 00000000 00000000 00000000-00000000


                Args: 00000000 00000000 00000000 00000000
[ 0, 0]   0  0 00000000 00000000 00000000-00000000


                Args: 00000000 00000000 00000000 00000000
[ 0, 0]   0  0 00000000 00000000 00000000-00000000


                Args: 00000000 00000000 00000000 00000000
[ 0, 0]   0  0 00000000 00000000 00000000-00000000


                Args: 00000000 00000000 00000000 00000000
[ 0, 0]   0  0 00000000 00000000 00000000-00000000


                Args: 00000000 00000000 00000000 00000000
[ 0, 0]   0  0 00000000 00000000 00000000-00000000


                Args: 00000000 00000000 00000000 00000000
[ 0, 0]   0  0 00000000 00000000 00000000-00000000


                Args: 00000000 00000000 00000000 00000000
[ 0, 0]   0  0 00000000 00000000 00000000-00000000


                Args: 00000000 00000000 00000000 00000000
> [ c, 2]   0  1 8474a020 892c8c80 00000000-00000000   pending
          \FileSystem\Ntfs
                Args: 00000800 00000002 00000000 00000000

892daa88: Irp is active with 4 stacks 4 is current (= 0x892dab64)
 No Mdl: System buffer=831559c8: Thread 8322c8e8:  Irp stack trace.
    cmd  flg cl Device   File     Completion-Context
[ 0, 0]   0  0 00000000 00000000 00000000-00000000


                Args: 00000000 00000000 00000000 00000000
[ 0, 0]   0  0 00000000 00000000 00000000-00000000


                Args: 00000000 00000000 00000000 00000000
[ 0, 0]   0  0 00000000 00000000 00000000-00000000


                Args: 00000000 00000000 00000000 00000000
```

```
> [  e,2d]   5  1 884ba750 83190c40 00000000-00000000    pending
            \Driver\AFD
                    Args: 890cbc44 890cbc44 88e55297 8943b6c8


892ea4e8: Irp is active with 4 stacks 4 is current (= 0x892ea5c4)
 No Mdl: No System Buffer: Thread 00000000:  Irp stack trace.  Pending has been returned
    cmd  flg cl Device   File    Completion-Context
 [  0, 0]   0  2 00000000 00000000 00000000-00000000

                    Args: 00000000 00000000 00000000 c0000185
 [  0, 0]   0  0 00000000 00000000 00000000-00000000

                    Args: 00000000 00000000 00000000 00000000
 [  f, 0]   0  2 83a34bb0 00000000 84d779ed-88958050
            \Driver\atapi CLASSPNP!ClasspMediaChangeDetectionCompletion
                    Args: 88958050 00000000 00000000 83992d10
> [  0, 0]   2  0 891ee030 00000000 00000000-00000000
            \Driver\cdrom
                    Args: 00000000 00000000 00000000 00000000


8933fcb0: Irp is active with 1 stacks 1 is current (= 0x8933fd20)
 No Mdl: No System Buffer: Thread 84753d78:  Irp stack trace.
     cmd  flg cl Device   File    Completion-Context
> [  3, 0]   0  1 88515ae8 84759f40 00000000-00000000    pending
            \FileSystem\Npfs
                    Args: 0000022a 00000000 00000000 00000000


893cf550: Irp is active with 1 stacks 1 is current (= 0x893cf5c0)
 No Mdl: No System Buffer: Thread 888fd3b8:  Irp stack trace.
     cmd  flg cl Device   File    Completion-Context
> [  3, 0]   0  1 88515ae8 834d30d0 00000000-00000000    pending
            \FileSystem\Npfs
                    Args: 00000400 00000000 00000000 00000000


893da468: Irp is active with 6 stacks 7 is current (= 0x893da5b0)
 Mdl=892878f0: No System Buffer: Thread 00000000:  Irp is completed.  Pending has been returned
    cmd  flg cl Device   File    Completion-Context
 [  0, 0]   0  0 00000000 00000000 00000000-00000000

                    Args: 00000000 00000000 00000000 00000000
 [  0, 0]   0  0 00000000 00000000 00000000-00000000

                    Args: 00000000 00000000 00000000 00000000
 [  0, 0]   0  0 00000000 00000000 00000000-00000000
```

```
                 Args: 00000000 00000000 00000000 00000000
[ 0, 0]   0  0 00000000 00000000 00000000-00000000


                 Args: 00000000 00000000 00000000 00000000
[ f, 0]   0  0 84b3e028 00000000 9747fcd0-00000000
              \Driver\usbehci USBSTOR!USBSTOR_CswCompletion
                 Args: 00000000 00000000 00000000 00000000
[ f, 0]   0  0 892ba8f8 00000000 84d780ce-8328e0f0
              \Driver\USBSTOR CLASSPNP!TransferPktComplete
                 Args: 00000000 00000000 00000000 00000000


893efb00: Irp is active with 10 stacks 11 is current (= 0x893efcd8)
 Mdl=83159378: No System Buffer: Thread 82b7f828: Irp is completed. Pending has been returned
    cmd flg cl Device   File    Completion-Context
[ 0, 0]   0  0 00000000 00000000 00000000-00000000


                 Args: 00000000 00000000 00000000 00000000
[ 0, 0]   0  0 00000000 00000000 00000000-00000000


                 Args: 00000000 00000000 00000000 00000000
[ 0, 0]   0  0 00000000 00000000 00000000-00000000


                 Args: 00000000 00000000 00000000 00000000
[ 0, 0]   0  0 00000000 00000000 00000000-00000000


                 Args: 00000000 00000000 00000000 00000000
[ 0, 0]   0  0 00000000 00000000 00000000-00000000


                 Args: 00000000 00000000 00000000 00000000
[ 0, 0]   0  0 00000000 00000000 00000000-00000000


                 Args: 00000000 00000000 00000000 00000000
[ 3, 0]   0  0 885a55b8 00000000 81614138-00000000
              \Driver\disk partmgr!PmReadWriteCompletion
                 Args: 00000000 00000000 00000000 00000000
[ 3, 0]   0  0 89257c90 00000000 8042e4d4-831caab0
              \Driver\partmgr volmgr!VmpReadWriteCompletionRoutine
                 Args: 00000000 00000000 00000000 00000000
[ 3, 0]   0  0 831ca9f8 00000000 84dad0be-00000000
              \Driver\volmgr ecache!EcDispatchReadWriteCompletion
                 Args: 00000000 00000000 00000000 00000000
[ 3, 0]   0  0 8319c020 00000000 84dcc4d4-8576f8ac
              \Driver\Ecache volsnap!VspSignalCompletion
                 Args: 00000000 00000000 00000000 00000000
```

문자열 힌트

문자열 힌트^{String Hint}는 웹 사이트, 패스워드, HTTP 또는 수상한 이름 등의 의심스러워 보이는 아스키와 유니코드 문자열 흔적으로, 해당 모듈이나 모듈을 포함하는 프로세스의 목적을 고려할 때 직관적으로 존재하지 않아야 하는 문자열을 의미한다.

```
0:005> s-sa 00040000 L1d000
0004004d  "!This program cannot be run in D"
0004006d  "OS mode."
00040081  "3y@"
000400b8  "Rich"
000401d0  ".text"
000401f7  "`.rdata"
0004021f  "@.data"
00040248  ".reloc"
[...]
00054018  "GET /stat?uptime=%d&downlink=%d&"
00054038  "uplink=%d&id=%s&statpass=%s&comm"
00054058  "ent=%s HTTP/1.0"
000540ac  "%s%s%s"
000540d8  "ftp://%s:%s@%s:%d"
000540fc  "Accept-Encoding:"
00054118  "Accept-Encoding:"
00054130  "0123456789ABCDEF"
00054144  "://"
00054160  "POST %s HTTP/1.0"
00054172  "Host: %s"
0005417c  "User-Agent: %s"
0005418c  "Accept: text/html"
0005419f  "Connection: Close"
000541b2  "Content-Type: application/x-www-"
000541d2  "form-urlencoded"
000541e3  "Content-Length: %d"
000541fc  "id="
00054208  "POST %s HTTP/1.1"
0005421a  "Host: %s"
00054224  "User-Agent: %s"
00054234  "Accept: text/html"
00054247  "Connection: Close"
0005425a  "Content-Type: application/x-www-"
0005427a  "form-urlencoded"
0005428b  "Content-Length: %d"
000542a4  "id=%s&base="
000542b8  "id=%s&brw=%d&type=%d&data="
```

```
000542d8  "POST %s HTTP/1.1"
000542ea  "Host: %s"
000542f4  "User-Agent: %s"
00054304  "Accept: text/html"
00054317  "Connection: Close"
0005432a  "Content-Type: application/x-www-"
0005434a  "form-urlencoded"
0005435b  "Content-Length: %d"
00054378  "id=%s&os=%s&plist="
00054390  "POST %s HTTP/1.1"
000543a2  "Host: %s"
000543ac  "User-Agent: %s"
000543bc  "Accept: text/html"
000543cf  "Connection: Close"
000543e2  "Content-Type: application/x-www-"
00054402  "form-urlencoded"
00054413  "Content-Length: %d"
00054430  "id=%s&data=%s"
00054440  "POST %s HTTP/1.1"
00054452  "Host: %s"
0005445c  "User-Agent: %s"
0005446c  "Accept: text/html"
0005447f  "Connection: Close"
00054492  "Content-Type: application/x-www-"
000544b2  "form-urlencoded"
000544c3  "Content-Length: %d"
000544e0  "GET %s HTTP/1.0"
000544f1  "Host: %s"
000544fb  "User-Agent: %s"
0005450b  "Connection: close"
00054528  "POST /get/scr.html HTTP/1.0"
00054545  "Host: %s"
0005454f  "User-Agent: %s"
0005455f  "Connection: close"
00054572  "Content-Length: %d"
00054586  "Content-Type: multipart/form-dat"
000545a6  "a; boundary=--------------------"
000545c6  "-------%d"
000545d4  "---------------------------%d"
000545f8  "%sContent-Disposition: form-data"
00054618  "; name="id""
00054630  "%sContent-Disposition: form-data"
00054650  "; name="screen"; filename="%d""
00054670  "Content-Type: application/octet-"
00054690  "stream"
```

```
000546a0  "%s(%d) : %s"
000546ac  "%s failed with error %d: %s"
000546c8  "%02X"
000546d8  "BlackwoodPRO"
000546e8  "FinamDirect"
000546f4  "GrayBox"
000546fc  "MbtPRO"
00054704  "Laser"
0005470c  "LightSpeed"
00054718  "LTGroup"
00054720  "Mbt"
00054724  "ScotTrader"
00054730  "SaxoTrader"
00054740  "Program:  %s"
0005474f  "Username: %s"
0005475e  "Password: %s"
0005476d  "AccountNO: %s"
[...]
```

알려지지 않은 모듈

어떤 모듈에 의해 문제가 발생했다고 의심되지만 Windbg의 `lmv` 명령어에서 제조사 이름이나 다른 부가적인 정보들을 확인할 수 없거나, 구글 검색을 통해서도 동일한 파일명을 찾을 수 없는 경우가 있다. 여기서는 이를 알려지지 않은 컴포넌트(모듈)이라고 부른다.

이런 경우 모듈의 리소스 섹션이나 전체 모듈 주소 범위를 덤프해 아스키 또는 유니코드 문자열을 검색함으로써 추가적인 정보를 획득할 수 있다. 다음 예를 살펴보자(명확하게 하기 위해 db 명령어 출력의 바이트 값은 생략했다).

```
2: kd> lmv m driver
start    end        module name
f5022000 f503e400   driver   (deferred)
   Image path: \SystemRoot\System32\drivers\driver.sys
   Image name: driver.sys
   Timestamp:        Tue Jun 12 11:33:16 2007 (466E766C)
   CheckSum:         00021A2C
   ImageSize:        0001C400
   Translations:     0000.04b0 0000.04e0 0409.04b0 0409.04e0
2: kd> db f5022000 f503e400
f5022000 MZ..............
f5022010 ........@.......
f5022020 ................
f5022030 ................
```

```
f5022040  ........!..L.!Th
f5022050  is program canno
f5022060  t be run in DOS
f5022070  mode....$.......
f5022080  .g,._.B._.B._.B.
f5022090  _.C.=.B..%Q.X.B.
f50220a0  _.B.].B.Y%H.|.B.
f50220b0  ..D.^.B.Rich_.B.
f50220c0  ........PE..L...
f50220d0  lvnF...........
...
...
...
f503ce30  ...............
f503ce40  ...............
f503ce50  ...............
f503ce60  ...........0...
f503ce70  ...............
f503ce80  ....H..........
f503ce90  ..........4...V.
f503cea0  S._.V.E.R.S.I.O.
f503ceb0  N._.I.N.F.O.....
f503cec0  ...............
f503ced0  ........?.......
f503cee0  ...............
f503cef0  ....P.....S.t.r.
f503cf00  i.n.g.F.i.l.e.I.
f503cf10  n.f.o...,.....0.
f503cf20  4.0.9.0.4.b.0...
f503cf30  4.....C.o.m.p.a.
f503cf40  n.y.N.a.m.e.....
f503cf50  M.y.C.o.m.p. .A.
f503cf60  G...p.$...F.i.l.
f503cf70  e.D.e.s.c.r.i.p.
f503cf80  t.i.o.n.....M.y.
f503cf90  .B.i.g. .P.r.o.
f503cfa0  d.u.c.t. .H.o.o.
f503cfb0  k..............
f503cfc0  ...............
f503cfd0  ....4.....F.i.l.
f503cfe0  e.V.e.r.s.i.o.n.
f503cff0  ....5...1...0...
f503d000  ???????????????
f503d010  ???????????????
f503d020  ???????????????
```

```
f503d030  ???????????????
...
...
...
```

제조사명은 "MyComp AG", 파일 설명은 "My Big Product Hook", 그리고 파일 버전은 "5.0.1"이라는 것을 확인할 수 있다.

이미지 파일 헤더를 덤프 후 리소스 섹션을 검색 및 확인해서 동일한 정보를 얻을 수도 있다.

```
2: kd> lmv m driver
start    end       module name
f5022000 f503e400  driver  (deferred)
   Image path: \SystemRoot\System32\drivers\driver.sys
   Image name: driver.sys
   Timestamp:       Tue Jun 12 11:33:16 2007 (466E766C)
   CheckSum:        00021A2C
   ImageSize:       0001C400
   Translations:    0000.04b0 0000.04e0 0409.04b0 0409.04e0

2: kd> !dh f5022000 -f

File Type: EXECUTABLE IMAGE
FILE HEADER VALUES
      14C machine (i386)
        6 number of sections
466E766C time date stamp Tue Jun 12 11:33:16 2007

        0 file pointer to symbol table
        0 number of symbols
       E0 size of optional header
      10E characteristics
          Executable
          Line numbers stripped
          Symbols stripped
          32 bit word machine

OPTIONAL HEADER VALUES
      10B magic #
     6.00 linker version
    190A0 size of code
     30A0 size of initialized data
        0 size of uninitialized data
    1A340 address of entry point
```

```
        2C0  base of code
             ----- new -----
    00010000  image base
          20  section alignment
          20  file alignment
           1  subsystem (Native)
        4.00  operating system version
        0.00  image version
        4.00  subsystem version
       1C400  size of image
         2C0  size of headers
       21A2C  checksum
    00100000  size of stack reserve
    00001000  size of stack commit
    00100000  size of heap reserve
    00001000  size of heap commit
           0  [       0]  address [size] of Export Directory
       1A580  [      50]  address [size] of Import Directory
       1AE40  [     348]  address [size] of Resource Directory
           0  [       0]  address [size] of Exception Directory
           0  [       0]  address [size] of Security Directory
       1B1A0  [    1084]  address [size] of Base Relocation Directory
         420  [      1C]  address [size] of Debug Directory
           0  [       0]  address [size] of Description Directory
           0  [       0]  address [size] of Special Directory
           0  [       0]  address [size] of Thread Storage Directory
           0  [       0]  address [size] of Load Configuration Directory
           0  [       0]  address [size] of Bound Import Directory
         2C0  [     15C]  address [size] of Import Address Table Directory
           0  [       0]  address [size] of Delay Import Directory
           0  [       0]  address [size] of COR20 Header Directory
           0  [       0]  address [size] of Reserved Directory


2: kd> db f5022000+1AE40 f5022000+1AE40+348
f503ce40  ...............
f503ce50  ...............
f503ce60  ...........0...
f503ce70  ...............
f503ce80  ....H..........
f503ce90  ..........4...V.
f503cea0  S._.V.E.R.S.I.O.
f503ceb0  N._.I.N.F.O.....
f503cec0  ...............
f503ced0  ........?.......
f503cee0  ...............
```

```
f503cef0  ....P.....S.t.r.
f503cf00  i.n.g.F.i.l.e.I.
f503cf10  n.f.o...,.....0.
f503cf20  4.0.9.0.4.b.0...
f503cf30  4.....C.o.m.p.a.
f503cf40  n.y.N.a.m.e.....
f503cf50  M.y.C.o.m.p. .A.
f503cf60  G...p.$...F.i.l.
f503cf70  e.D.e.s.c.r.i.p.
f503cf80  t.i.o.n.....M.y.
f503cf90  .B.i.g. .P.r.o.
f503cfa0  d.u.c.t..H.o.o.
f503cfb0  k...............
f503cfc0  ................
f503cfd0  ....4.....F.i.l.
f503cfe0  e.V.e.r.s.i.o.n.
f503cff0  ....5...1...0...
f503d000  ?????????????????
f503d010  ?????????????????
...
...
...
```

모든 스레드의 원시 스택 덤프(커널 영역)

이전에는 32비트 컴플릿 메모리 덤프에서 사용자 영역 원시 스택 데이터 분석을 수행했다(1권 236페이지). 이번에는 모든 스레드로부터 커널의 원시 스택 데이터를 살펴보는 것이 필요해서 스크립트를 작성했다.

```
!for_each_thread "!thread @#Thread; r? $t1 = ((nt!_KTHREAD *) @#Thread )->StackLimit;
r? $t2 = ((nt!_KTHREAD *) @#Thread )->InitialStack; dps @$t1 @$t2"
```

해당 스크립트는 32비트와 64비트 두 시스템의 커널 메모리 덤프와 컴플릿 메모리 덤프에서 실행될 수 있다. 커널 영역 데이터에 존재하는 사용자 영역에 대해 정확한 심볼 매핑이 필요한 경우 일부 수정이 필요하다. 이는 이전보다 조금 느리게 동작하게 될 것이다.

```
!for_each_thread "!thread @#Thread 3f; .thread /r /p @#Thread; r? $t1 = ((nt!_KTHREAD *)
@#Thread )->StackLimit; r? $t2 = ((nt!_KTHREAD *) @#Thread )->InitialStack; dps @$t1 @$t2"
```

64비트 시스템에서의 컴플릿 스택 트레이스

앞서 64비트 시스템상의 32비트 프로세스 스레드로부터 32비트 스택 트레이스 획득 방법을 살펴봤다(3권, 43페이지). 하지만 (예를 들어 컴플릿 메모리 덤프에서처럼) 모든 종류의 스택 트레이스가 필요한 경우가 있다. 따라서 64비트와 WOW64 32비트 스택 트레이스 모두를 추출하기 위한 스크립트를 작성했다.

```
.load wow64exts
!for_each_thread "!thread @#Thread 1f;.thread /w @#Thread; .reload; kb 256; .effmach AMD64"
```

다음은 매우 긴 디버거 로그 파일에서 fffffa801f3a3bb0 스레드에 대한 WinDbg 예제 출력 부분이다.

```
[...]

Setting context for owner process...
.process /p /r fffffa8013177c10


THREAD fffffa801f3a3bb0  Cid 4b4c.5fec  Teb: 000000007efaa000 Win32Thread: fffff900c1efad50 WAIT:
(UserRequest) UserMode Non-Alertable
    fffffa8021ce4590  NotificationEvent
    fffffa801f3a3c68  NotificationTimer
Not impersonating
DeviceMap                 fffff8801b551720
Owning Process            fffffa8013177c10       Image:         application.exe
Attached Process          N/A        Image:         N/A
Wait Start TickCount      14066428   Ticks: 301 (0:00:00:04.695)
Context Switch Count      248             LargeStack
UserTime                  00:00:00.000
KernelTime                00:00:00.000
Win32 Start Address mscorwks!Thread::intermediateThreadProc (0x00000000733853b3)
Stack Init fffffa60190e5db0 Current fffffa60190e5940
Base fffffa60190e6000 Limit fffffa60190df000 Call 0
Priority 11 BasePriority 10 PriorityDecrement 0 IoPriority 2 PagePriority 5
Child-SP          RetAddr           Call Site
fffffa60`190e5980 fffff800`01cba0fa nt!KiSwapContext+0x7f
fffffa60`190e5ac0 fffff800`01caedab nt!KiSwapThread+0x13a
fffffa60`190e5b30 fffff800`01f1d608 nt!KeWaitForSingleObject+0x2cb
fffffa60`190e5bc0 fffff800`01cb7973 nt!NtWaitForSingleObject+0x98
fffffa60`190e5c20 00000000`75183d09 nt!KiSystemServiceCopyEnd+0x13 (TrapFrame @ fffffa60`190e5c20)
00000000`069ef118 00000000`75183b06 wow64cpu!CpupSyscallStub+0x9
00000000`069ef120 00000000`74f8ab46 wow64cpu!Thunk0ArgReloadState+0x1a
00000000`069ef190 00000000`74f8a14c wow64!RunCpuSimulation+0xa
```

```
00000000`069ef1c0 00000000`771605a8 wow64!Wow64LdrpInitialize+0x4b4
00000000`069ef720 00000000`771168de ntdll! ?? ::FNODOBFM::`string'+0x20aa1
00000000`069ef7d0 00000000`00000000 ntdll!LdrInitializeThunk+0xe


.process /p /r 0
Implicit thread is now fffffa80`1f3a3bb0
WARNING: WOW context retrieval requires
switching to the thread's process context.
Use .process /p fffffa80`1f6b2990 to switch back.
Implicit process is now fffffa80`13177c10
x86 context set
Loading Kernel Symbols
Loading User Symbols
Loading unloaded module list
Loading Wow64 Symbols
ChildEBP RetAddr
06aefc68 76921270 ntdll_772b0000!ZwWaitForSingleObject+0x15
06aefcd8 7328c639 kernel32!WaitForSingleObjectEx+0xbe
06aefd1c 7328c56f mscorwks!PEImage::LoadImage+0x1af
06aefd6c 7328c58e mscorwks!CLREvent::WaitEx+0x117
06aefd80 733770fb mscorwks!CLREvent::Wait+0x17
06aefe00 73377589 mscorwks!ThreadpoolMgr::SafeWait+0x73
06aefe64 733853f9 mscorwks!ThreadpoolMgr::WorkerThreadStart+0x11c
06aeff88 7699eccb mscorwks!Thread::intermediateThreadProc+0x49
06aeff94 7732d24d kernel32!BaseThreadInitThunk+0xe
06aeffd4 7732d45f ntdll_772b0000!__RtlUserThreadStart+0x23
06aeffec 00000000 ntdll_772b0000!_RtlUserThreadStart+0x1b
Effective machine: x64 (AMD64)

[...]
```

| 찾아보기 |

메모리 덤프로 윈도우 악성코드 분석하기 - 고급 2판
WinDbg 실습 교재

발 행 | 2019년 6월 27일

지은이 | 드미트리 보스토코프
옮긴이 | 이 명 수

펴낸이 | 권 성 준
편집장 | 황 영 주
편 집 | 조 유 나
디자인 | 박 주 란

에이콘출판주식회사
서울특별시 양천구 국회대로 287 (목동)
전화 02-2653-7600, 팩스 02-2653-0433
www.acornpub.co.kr / editor@acornpub.co.kr

한국어판 ⓒ 에이콘출판주식회사, 2019, Printed in Korea.
ISBN 979-11-6175-315-7
http://www.acornpub.co.kr/book/windows-memory-dump-2e

이 도서의 국립중앙도서관 출판시도서목록(CIP)은 서지정보유통지원시스템 홈페이지(http://seoji.nl.go.kr)와
국가자료공동목록시스템(http://www.nl.go.kr/kolisnet)에서 이용하실 수 있습니다.(CIP제어번호: CIP2019023391)

책값은 뒤표지에 있습니다.